시험에 나오는 것만 공부한다!

시나공

일본어능력시험

JLPT

N3

언어

김수경 지음

길벗
이지:톡

시나공 JLPT 일본어 능력시험 N2 단어

Crack the Exam! – JLPT N2 Voca

초판 발행 · 2022년 4월 5일
초판 2쇄 발행 · 2024년 2월 29일

지은이 · 김수경
발행인 · 이종원
발행처 · (주)도서출판 길벗
브랜드 · 길벗이지톡
출판사 등록일 · 1990년 12월 24일
주소 · 서울시 마포구 월드컵로 10길 56(서교동)
대표 전화 · 02)332-0931 | **팩스** · 02)323-0586
홈페이지 · www.gilbut.co.kr | **이메일** · eztok@gilbut.co.kr

기획 및 책임 편집 · 박정현(bonbon@gilbut.co.kr) | **디자인** · 최주연 | **제작** · 이준호, 손일순, 이진혁
마케팅 · 이수미, 최소영, 장봉석 | **영업관리** · 김명자, 심선숙 | **독자지원** · 윤정아

편집진행 및 교정교열 · 이경숙 | **전산편집** · 조영라
녹음 및 편집 · 와이알미디어 | **CTP 출력 및 인쇄** · 예림인쇄 | **제본** · 예림바인딩

- 잘못 만든 책은 구입한 서점에서 바꿔 드립니다.
- 이 책은 저작권법에 따라 보호받는 저작물이므로 무단전재와 무단복제를 금합니다.
- 이 책의 전부 또는 일부를 이용하려면 반드시 사전에 저작권자와 (주)도서출판 길벗의 서면 동의를 받아야 합니다.
- 책 내용에 대한 문의는 길벗 홈페이지(www.gilbut.co.kr) 고객센터에 올려 주세요.

ISBN 979-11-407-0821-5 03730
(길벗 도서번호 301184)

독자의 1초까지 아껴주는 정성 길벗출판사
(주)도서출판 길벗 | IT실용서, IT/일반 수험서, IT전문서, 경제경영서, 취미실용서, 건강실용서, 자녀교육서
더퀘스트 | 인문교양서, 비즈니스서
길벗이지톡 | 어학단행본, 어학수험서
길벗스쿨 | 국어학습서, 수학학습서, 유아학습서, 어학학습서, 어린이교양서, 교과서

페이스북 · www.facebook.com/gilbuteztok
네이버 포스트 · http://post.naver.com/gilbuteztok
유튜브 · https://www.youtube.com/gilbuteztok

단어 때문에 N2 시험 준비에 어려움을 겪고 계신 여러분께

여러분이 JLPT를 준비하는 이유는 다양하리라 생각합니다. 그렇지만 여러분이 목표로 하는 것은 단하나, '합격'일 텐데요. 단어를 몰라서 문자·어휘 영역뿐만 아니라 독해·청해까지 문제가 되는 분들이 많습니다. 게다가 단어는 보통 혼자 공부하는 경우가 많죠? 하지만 시중에는 표제어만 나열된 단순한 단어장이 많아 공부의 갈피를 잡기가 어렵습니다. 이 책은 이런 상황에 갈증을 느끼는 분들을 위해 만들어진 친절한 단어장입니다.

20일 안에 완벽한 단어 암기를 돕는 치밀한 구성!

평소 조금씩 꾸준히 공부해도 좋지만, 시험 준비 막바지 기간에 효율적으로 학습할 수 있도록 20일 플랜을 제안합니다. 20일 동안 매일 하루 50개의 어휘를 암기해 봅시다(물론 본인의 상황과 성향에 맞게 조절해도 좋습니다). 어휘는 단순 나열이 아닌 해당 어휘를 좀 더 잘 이해할 수 있도록 상세한 설명이 추가되어 있습니다. 어휘의 독법과 의미, 사용된 한자에 대한 정보는 물론, 빈출 표현, 연관 단어 및 추가 설명, 예문, 그리고 출제 가능 유형까지 제시합니다. 게다가 단순 암기로 끝나지 않고 매번 학습 상황을 확인할 수 있는 Day 문제, Week 문제도 수록되어 있습니다. 이렇게 이 책은 여러분이 어휘 학습과 더불어 습득까지 완벽하게 할 수 있도록 치밀하게 기획되었습니다.

철저한 분석·연구로 기출 500단어, 예상 500단어를 엄선!

일본어 능력시험을 주관하고 있는 국제교류기금은 시험의 공식 어휘 리스트를 제공하고 있지 않습니다. 그러므로 많은 예비 수험자분이 문자·어휘를 공부하는 데 어려움을 겪고 있습니다. 물론 수험용 문자·어휘 교재들이 존재하지만, 수록된 어휘의 양이 매우 많거나 최신 경향이 반영되지 않은 경우가 많습니다. 그래서 이러한 부분들을 보완하기 위해 2010년부터 가장 최근에 출제된 기출문제를 분석하고 연구하여 이 책을 집필하였습니다. 교재의 수록 어휘는 이를 바탕으로 한 핵심 단어 1,000개로 압축하였습니다. 또한 기출 어휘와 출제 예상 어휘를 분리·배치하여 짧은 시간 내에 출제 어휘의 난이도와 경향을 익힐 수 있도록 하였습니다.

일본어와 함께하는 여러분의 미래를 응원합니다!

이 책이 여러분을 JLPT 합격으로 이끄는 길잡이가 되길 바라며, 시험 합격을 통해 여러분이 원하는 길로 한 발 더 나아가길 진심으로 기원합니다. 일본어와 함께하는 여러분의 밝은 미래를 응원합니다.

저자 김수경

JLPT N2 문자·어휘 출제 유형

유형 1 한자읽기

밑줄 친 한자를 히라가나로 어떻게 읽는지를 고르는 문제로, 총 5문제 출제됩니다.

> 1 たまには息抜きも必要だ。
>
> 1 ゆきさき 2 ものおき 3 まばたき 4 いきぬき

Tip | 음독/훈독, 장음/단음, 청음/탁음, 촉음을 주의!

유형 2 한자표기

밑줄 친 히라가나의 한자 표기법을 고르는 문제로, 총 5문제 출제됩니다.

> 6 人気女性グループが2日、かいさんした。
>
> 1 階産 2 解散 3 開撒 4 改酸

Tip | 비슷한 모양의 한자, 뜻이 비슷한 한자, 음이 같은 한자를 주의!

유형 3 단어형성

파생어와 복합어 지식을 묻는 문제로, 총 5문제 출제됩니다.

> 11 彼は不真面目で責任（　　）もない。
>
> 1 感 2 性 3 心 4 度

Tip | 접두어/접미어, 복합동사, 복합파생어를 잘 알아 두기!

유형 4 **문맥**

문맥에 맞는 적절한 단어를 찾는 문제로, 총 7문제 출제됩니다.

16 今後もより（　　　）頑張ってください。
1 一斉　2 一切　3 一層　4 一気

Tip | 유의어, 반의어, 동의어 등을 외워 두면 도움!

유형 5 **유의표현**

밑줄 친 어휘의 대체어를 찾는 문제로, 총 5문제 출제됩니다.

23 これがおそらく日本一高いビルではないかと思う。
1 たぶん　2 いったん　3 けっして　4 あいにく

Tip | 제시된 단어의 뜻을 정확하게 알아 두기!

유형 6 **용법**

주어진 문장에서 밑줄 친 어휘가 올바르게 쓰였는지를 묻는 문제로, 총 5문제 출제됩니다.

28 上昇
1 彼は入社二年で課長に上昇した。
2 物価が継続的に上昇することを「インフレ」と呼ぶ。
3 好きなことは上昇が早いと言われている。
4 4月から上昇し、一人暮らしをしている。

Tip | 해당 단어가 어떤 단어와 함께 쓰이는지 평소에 익혀 두기!

목차&스케줄러

하루 분량을 이틀에 나눠서
공부해도 좋습니다.

각 분량을 복습한
날짜를 쓰세요.

	페이지	학습 날짜	학습 범위	복습 날짜	복습 체크
Day 1	11~32 쪽	월 일	☐ 1~25번 ☐ 26~50번 ☐ DAY 문제	월 일	☐ 단어 풀이 ☐ 연관 단어 ☐ 예문
Day 2	33~54 쪽	월 일	☐ 1~25번 ☐ 26~50번 ☐ DAY 문제	월 일	☐ 단어 풀이 ☐ 연관 단어 ☐ 예문
Day 3	55~76 쪽	월 일	☐ 1~25번 ☐ 26~50번 ☐ DAY 문제	월 일	☐ 단어 풀이 ☐ 연관 단어 ☐ 예문
Day 4	77~98 쪽	월 일	☐ 1~25번 ☐ 26~50번 ☐ DAY 문제	월 일	☐ 단어 풀이 ☐ 연관 단어 ☐ 예문
Day 5	99~120 쪽	월 일	☐ 1~25번 ☐ 26~50번 ☐ DAY 문제	월 일	☐ 단어 풀이 ☐ 연관 단어 ☐ 예문
Day 6	127~148 쪽	월 일	☐ 1~25번 ☐ 26~50번 ☐ DAY 문제	월 일	☐ 단어 풀이 ☐ 연관 단어 ☐ 예문
Day 7	149~170 쪽	월 일	☐ 1~25번 ☐ 26~50번 ☐ DAY 문제	월 일	☐ 단어 풀이 ☐ 연관 단어 ☐ 예문
Day 8	171~192 쪽	월 일	☐ 1~25번 ☐ 26~50번 ☐ DAY 문제	월 일	☐ 단어 풀이 ☐ 연관 단어 ☐ 예문
Day 9	193~214 쪽	월 일	☐ 1~25번 ☐ 26~50번 ☐ DAY 문제	월 일	☐ 단어 풀이 ☐ 연관 단어 ☐ 예문
Day 10	215~236 쪽	월 일	☐ 1~25번 ☐ 26~50번 ☐ DAY 문제	월 일	☐ 단어 풀이 ☐ 연관 단어 ☐ 예문

	페이지	학습 날짜	학습 범위	복습 날짜	복습 체크
Day 11	247~268 쪽	월　　일	☐ 1~25번 ☐ 26~50번 ☐ DAY 문제	월　　일	☐ 단어 풀이 ☐ 연관 단어 ☐ 예문
Day 12	269~290 쪽	월　　일	☐ 1~25번 ☐ 26~50번 ☐ DAY 문제	월　　일	☐ 단어 풀이 ☐ 연관 단어 ☐ 예문
Day 13	291~312 쪽	월　　일	☐ 1~25번 ☐ 26~50번 ☐ DAY 문제	월　　일	☐ 단어 풀이 ☐ 연관 단어 ☐ 예문
Day 14	313~334 쪽	월　　일	☐ 1~25번 ☐ 26~50번 ☐ DAY 문제	월　　일	☐ 단어 풀이 ☐ 연관 단어 ☐ 예문
Day 15	335~356 쪽	월　　일	☐ 1~25번 ☐ 26~50번 ☐ DAY 문제	월　　일	☐ 단어 풀이 ☐ 연관 단어 ☐ 예문
Day 16	363~384 쪽	월　　일	☐ 1~25번 ☐ 26~50번 ☐ DAY 문제	월　　일	☐ 단어 풀이 ☐ 연관 단어 ☐ 예문
Day 17	385~406 쪽	월　　일	☐ 1~25번 ☐ 26~50번 ☐ DAY 문제	월　　일	☐ 단어 풀이 ☐ 연관 단어 ☐ 예문
Day 18	407~428 쪽	월　　일	☐ 1~25번 ☐ 26~50번 ☐ DAY 문제	월　　일	☐ 단어 풀이 ☐ 연관 단어 ☐ 예문
Day 19	429~450 쪽	월　　일	☐ 1~25번 ☐ 26~50번 ☐ DAY 문제	월　　일	☐ 단어 풀이 ☐ 연관 단어 ☐ 예문
Day 20	451~472 쪽	월　　일	☐ 1~25번 ☐ 26~50번 ☐ DAY 문제	월　　일	☐ 단어 풀이 ☐ 연관 단어 ☐ 예문

PART 1

기출 단어 500

JLPT N2 시험에서는 기존에 출제되었던 단어들이 자주 다시 나옵니다. 조금씩 변형되어 나오기도 하고요. 그래서 PART 1에서는 시험에 나올 법한 중요한 **기출 단어 500**개를 정리했습니다. 하루 50개씩, 10일 동안 기출 단어를 확실히 익혀 봅시다!

WEEK 1

Day 1 ···· 11p
Day 2 ···· 33p
Day 3 ···· 55p
Day 4 ···· 77p
Day 5 ···· 99p

WEEK 문제 ···· 121p

WEEK 2

Day 6 ···· 127p
Day 7 ···· 149p
Day 8 ···· 171p
Day 9 ···· 193p
Day 10 ···· 215p

WEEK 문제 ···· 237p

WEEK
1

Day 1

Day 2

Day 3

Day 4

Day 5

WEEK 문제

Day 1

매일 품사별로 골고루! 오늘의 50단어 한눈에 보기!

음독명사

01. 違反
02. 意欲
03. 引退
04. 引用
05. 運賃
06. 演技
07. 開催
08. 解散
09. 解消
10. 改正
11. 改善

고유어

12. 憧れ
13. あと
14. 言い訳

복합파생

15. 悪〜
16. 〜明け
17. 異〜
18. 〜一色
19. 薄〜

い형용사

20. 怪しい
21. 粗い
22. 慌ただしい
23. 勇ましい

な형용사

24. 曖昧だ
25. 明らかだ
26. 鮮やかだ
27. 圧倒的だ
28. 哀れだ
29. 安易だ
30. 安全だ

기본동사

31. 相次ぐ
32. 焦る
33. 与える
34. 扱う
35. 当てる
36. 甘やかす
37. 誤る

38. 争う
39. 痛む

복합동사

40. 当てはまる
41. 受け入れる
42. 受け取る

부사

43. あいにく
44. 予め
45. 改めて
46. いきなり
47. 依然

가타카나

48. アレンジ
49. ウイルス
50. キャンセル

표제어	Step 1	단어 풀이(용법·의미)

음독명사

1

違反
위반

(한자풀이) 違 어긋날 위. 反 돌이킬 반

いはん

[의미] 위반

★빈출표현 駐車/契約/法律違反(주차/계약/법률 위반)

ルールに違反する(규칙에 위반되다)

＊출제가능유형 : 한자읽기 한자표기 용법

2

意欲
의욕

(한자풀이) 意 뜻 의. 欲 하고자 할 욕

いよく

[의미] 의욕

★빈출표현 意欲的(의욕적), 意欲が高い/湧く(의욕이 높다/샘솟다)

意欲がある/ない(의욕이 있다/없다)

意欲を搔き立てる(의욕을 돋우다)

＊출제가능유형 : 한자읽기 한자표기 단어형성 문맥

3

引退
은퇴

(한자풀이) 引 끌 인. 退 물러날 퇴

いんたい

[의미] 은퇴

★빈출표현 現役引退(현역 은퇴)

引退を発表する(은퇴를 발표하다)

引退を勧告される(은퇴를 권고받다)

＊출제가능유형 : 한자읽기 한자표기 유의표현

4

引用
인용

(한자풀이) 引 끌 인. 用 쓸 용

いんよう

[의미] 인용

★빈출표현 文献を引用する(문헌을 인용하다)

文章を引用する(문장을 인용하다)

＊출제가능유형 : 한자읽기 한자표기 유의표현

5

運賃
운임

(한자풀이) 運 옮길 운. 賃 품삯 임

うんちん

[의미] 운임, 삯

★빈출표현 運賃込み価格(운임 포함 가격), 運賃表(운임표)

運賃値上げ(운임 인상), タクシー運賃(택시비)

＊출제가능유형 : 한자읽기 한자표기 단어형성 용법

Step 2 | 연관 단어 🔍

유 背く 어기다
違憲 위헌　　　違法 위법

참 같은 한자 사용 단어
相違 상이
↔ 遵守 준수

유 やる気 하고 싶은 마음, 의욕

참 같은 한자 사용 단어
意識 의식　　　意志 의지
意思 의사　　　意外 의외

유 辞職 사직　　　辞任 사임

참 같은 한자 사용 단어
退く 물러나다　　　退職 퇴직
退任 퇴임　　　　　退陣 퇴진

참 索引 색인, 인덱스

참 같은 한자 사용 단어
運営 운영
賃貸 임대
家賃 집세

Step 3 | 예문 💬

スピード違反で警察に捕まった。

속도위반으로 경찰에 붙잡혔다.

勉強への意欲がぐんぐんと湧いてくる。

공부에 대한 의욕이 쭉쭉 샘솟는다.

引退した選手が現役に復した。

은퇴한 선수가 현역으로 복귀했다.

論文の文章を直接引用した。

논문의 문장을 직접 인용했다.

全国的に宅配業者、運送業者の運賃値上げ
が相次いでいる。

전국적으로 택배업자, 운송업자의 운임 인상이 잇따르고 있다.

| 표제어 | Step 1 | 단어 풀이(용법·의미) ✏️ |

6

演技
연기

한자풀이 演 펼 연, 技 재주 기

えんぎ

의미 연기, 배우가 행동이나 성격을 창조해서 표현하는 것

⭐빈출표현 演技力(연기력), 演技派(연기파)
演技が上手だ/下手だ(연기를 잘하다/잘 못하다)

＊출제가능유형 : 한자읽기 한자표기 단어형성 유의표현

7

開催
개최

한자풀이 開 열 개, 催 재촉할 최

かいさい

의미 개최

⭐빈출표현 開催日程(개최 일정), 開催中止(개최 중지)
開催の是非(개최 여부), 開催される(개최되다)

＊출제가능유형 : 한자읽기 한자표기 단어형성

음독명사

8

解散
해산

한자풀이 解 풀 해, 散 흩을 산

かいさん

의미 해산, 해체

⭐빈출표현 国会解散(국회 해산)
会社を解散する(회사를 해체하다)

＊출제가능유형 : 한자읽기 한자표기 단어형성

9

解消
해소

한자풀이 解 풀 해, 消 사라질 소

かいしょう

의미 해소, 지금까지의 상태나 관계를 없애는 것

⭐빈출표현 不安を解消する(불안을 해소하다)
不満を解消する(불만을 해소하다)

＊출제가능유형 : 한자읽기 한자표기 단어형성 문맥 유의표현 용법

10

改正
개정

한자풀이 改 고칠 개, 正 바를 정

かいせい

의미 개정, 고쳐서 바르게 하는 것

⭐빈출표현 改正案(개정안)
規則/法令を改正する(규칙/법령을 개정하다)

＊출제가능유형 : 한자읽기 한자표기 단어형성

유 芝居 연기
演技는 보통 TV나 영화, 체조 등에서의 '연기'를
의미하고, 芝居는 극장이나 무대에서의 배우의
'연기'를 의미해요.

참 같은 발음 단어
縁起 길흉의 조짐, 재수

その選手はダイナミックな演技を披露した。

그 선수는 다이내믹한 연기를 펼쳤다.

유 催す 개최하다

참 같은 한자 사용 단어
催促 재촉
催眠 최면

オリンピック開催に向け、着々と準備が進
められている。

올림픽 개최를 목표로 순조롭게 준비가 진행되고 있다.

유 散会 산회, 회합이 끝나고 헤어지는 것

참 같은 한자 사용 단어
散らかす 흩뜨리다, 어지르다
散歩 산책

人気アイドルグループが解散すると発表した。

인기 아이돌 그룹이 해체한다고 발표했다.

유 撤廃 철폐
廃止 폐지

참 같은 한자 사용 단어
消化 소화
消費 소비

過度にストレスを溜め込まないための解消
法を知っておくことが必要だ。

과도하게 스트레스를 쌓아 두지 않기 위한 해소법을 알아 두는 것이 필
요하다.

유 改定 개정, 법률이나 제도 등을 새롭게 정하는 것

참 같은 발음 단어
快晴 쾌청
回生 회생

食品の安全を確保するため、食品衛生法を
改正した。

식품의 안전을 확보하기 위해 식품 위생법을 개정했다.

표제어	Step 1	단어 풀이(용법·의미) ✏️

11

음독명사

改善
개선

한자풀이 改 고칠 개, 善 착할 선

かいぜん

의미 개선

⭐빈출표현 改善策(개선책)
状況/生活習慣を改善する(상황/생활 습관을 개선하다)
ライフスタイルを改善する(라이프 스타일을 개선하다)

＊출제가능유형: 한자읽기 한자표기 단어형성 유의표현

12

憧れ
동경

한자풀이 憧 동경할 동

あこがれ

의미 동경

⭐빈출표현 憧れの世界/職業(동경하는 세계/직업)
憧れの先輩/人(동경하는 선배/사람)

＊출제가능유형: 문맥 유의표현 용법

13

고유어

あと
흔적, 뒤

의미 ① 흔적, 자취 ② 자국 ③ 뒤

⭐빈출표현 靴/手術のあと(발/수술 자국)
あとを追う/継ぐ(뒤를 쫓다/잇다)

＊출제가능유형: 문맥 유의표현 용법

14

言い訳
변명

한자풀이 言 말씀 언, 訳 통변할 역

いいわけ

의미 변명, 핑계

⭐빈출표현 言い訳する(변명하다)

＊출제가능유형: 한자읽기 한자표기 문맥 유의표현 용법

15

복합파생

悪影響
악영향

한자풀이 悪 악할 악

あくえいきょう

의미 악영향

⭐빈출표현 悪影響を与える/及ぼす(악영향을 주다/끼치다)
悪影響を受ける(악영향을 받다)
悪影響がある/出る(악영향이 있다/나오다)

＊출제가능유형: 한자읽기 단어형성

유 改^{あらた}める 고치다

改良^{かいりょう} 개량

참 같은 한자 사용 단어

善悪^{ぜんあく} 선악

ライフスタイルを改善^{かいぜん}して肥満^{ひまん}を解消^{かいしょう}しましょう。

라이프 스타일을 개선하여 비만을 해소합시다.

유 憧憬^{どうけい} 동경

참 憧^{あこが}れる 동경하다

憧れの会社^{かいしゃ}に入^{はい}ることができた。

동경하는 회사에 들어갈 수 있었다.

유 痕跡^{こんせき} 흔적

跡形^{あとかた} 흔적, 자취　　傷跡^{きずあと} 상처 자국

참 한자로 사용하는 경우

跡^{あと} 흔적, 자취

痕^{あと} 흔적, 흉터

ニキビあとがいつの間^まにかほくろになってしまった。

여드름 자국이 어느샌가 점이 되어 버렸다.

유 弁明^{べんめい} 변명

弁解^{べんかい} 변명

釈明^{しゃくめい} 석명, 해명

言い訳をすると相手^{あいて}にネガティブなイメージを与^{あた}える可能性^{かのうせい}がある。

변명을 하면 상대에게 부정적인 인상을 줄 가능성이 있다.

참 悪条件^{あくじょうけん} 악조건

悪習慣^{あくしゅうかん} 나쁜 습관

悪循環^{あくじゅんかん} 악순환

大気汚染^{たいきおせん}は健康^{けんこう}に悪影響^{あくえいきょう}を及^{およ}ぼす。

대기 오염은 건강에 악영향을 끼친다.

표제어	Step 1 │ 단어 풀이(용법·의미) ✏

16

복합파생

夏休み明け
여름 방학이 끝난 직후

한자풀이 **明** 밝을 명

なつやすみあけ

의미 여름 방학이 끝난 직후

⭐빈출표현 夏休み明けの学校(여름 방학이 끝난 직후의 학교)
夏休み明けの授業(여름 방학이 끝난 직후의 수업)
夏休み明けの登校(여름 방학이 끝난 직후의 등교)

＊출제가능유형 : 한자읽기 단어형성

17

異文化
이문화

한자풀이 **異** 다를 이

いぶんか

의미 이문화, 다른 문화

⭐빈출표현 異文化コミュニケーション(이문화 커뮤니케이션)
異文化交流/体験/理解(이문화 교류/체험/이해)

＊출제가능유형 : 한자읽기 단어형성

18

ムード一色
무드 일색

한자풀이 **一** 한 일, **色** 빛 색

mood+いっしょく

의미 무드 일색, ～한 느낌·분위기

⭐빈출표현 ～ムード一色になる(～무드 일색이 되다)
～ムード一色に包まれる(～무드 일색으로 덮이다)

＊출제가능유형 : 한자읽기 단어형성

19

薄暗い
좀 어둡다

한자풀이 **薄** 엷을 박

うすぐらい

의미 좀 어둡다

⭐빈출표현 薄暗い場所/カフェ(좀 어두운 장소/카페)
薄暗い照明/店内(좀 어두운 조명/가게 안)

＊출제가능유형 : 한자읽기 단어형성

20

い형용사

怪しい
수상하다

한자풀이 **怪** 괴이할 괴

あやしい

의미 수상하다, 괴이하다, 의심스럽다, 믿을 수 없다

⭐빈출표현 怪しい人/行動(수상한 사람/행동)
怪しい人影(수상한 사람의 그림자)

＊출제가능유형 : 한자읽기 한자표기 문맥 유의표현 용법

참 休^{やす}み明^あけ 휴일이나 휴가 다음 날
梅雨^{つゆ}明^あけ 장마가 걷힘
連休^{れんきゅう}明^あけ 연휴가 끝난 다음 날

夏休み明^あけの登校^{とうこう}を苦^くにする生徒^{せいと}が増^ふえているそうだ。

여름 방학 직후의 등교를 걱정하는 학생이 늘고 있다고 한다.

참 異世界^{い せ かい} 다른 세계
異分析^{い ぶん せき} 다른 분석

異文化交流^{こうりゅう}とは、他文化^{た ぶん か}の人々^{ひとびと}とのコミュニケーションを指^さす言葉^{こと ば}である。

이문화 교류란, 타 문화 사람들과의 커뮤니케이션을 가리키는 말이다.

참 お祝^{いわ}いムード一色^{いっしょく} 축하 무드 일색
ハロウィンムード一色^{いっしょく} 핼러윈 무드 일색
祭^{まつ}りムード一色^{いっしょく} 축제 무드 일색

クリスマスムード一色だった街並^{まち な}みが一変^{いっぺん}し、今度^{こん ど}は年越^{とし こ}しムードになった。

크리스마스 무드 일색이었던 거리가 완전히 바뀌어 이번에는 연말 무드가 되었다.

참 薄気味悪^{うす ぎ み わる}い 어쩐지 기분 나쁘다
薄明^{うす あ}かり 희미하게 밝음

店内^{てんない}は少^{すこ}し薄暗^{うすぐら}い感^{かん}じで、音楽^{おんがく}もうるさくない。

가게 안은 조금 어두운 느낌이고, 음악도 시끄럽지 않다.

유 疑^{うたが}わしい 의심스럽다
訝^{いぶか}しい 의심스럽다, 수상쩍다
참 怪^{あや}しむ 수상히 여기다

怪^{あや}しい男^{おとこ}が近所^{きんじょ}をうろついている。

수상한 남자가 근처를 서성거리고 있다.

표제어	Step 1	단어 풀이(용법·의미)

い형용사

21

粗い
거칠다

(한자풀이) 粗 거칠 조

あらい
의미 ① 거칠다, 꺼칠꺼칠하다 ② 조잡하다

⭐ **빈출표현** 画質/粒子が粗い(화질/입자가 거칠다)
粗い肌(거친 피부), 粗い見積り(조잡한 견적)

＊**출제가능유형**: 한자읽기 | 한자표기 | 문맥 | 유의표현 | 용법

22

慌ただしい
어수선하다

(한자풀이) 慌 어리둥절할 황

あわただしい
의미 어수선하다, 분주하다

⭐ **빈출표현** 慌ただしい毎日を送る(분주한 매일을 보내다)
慌ただしく過ごす(분주하게 지내다)

＊**출제가능유형**: 한자읽기 | 한자표기 | 문맥 | 유의표현 | 용법

23

勇ましい
용감하다

(한자풀이) 勇 날랠 용

いさましい
의미 ① 용감하다, 용맹스럽다 ② 시원시원하다, 활발하다

⭐ **빈출표현** 勇ましい人/行動/発言(용감한 사람/행동/발언)
勇ましい応援(시원시원한 응원)

＊**출제가능유형**: 한자읽기 | 한자표기 | 문맥 | 유의표현 | 용법

な형용사

24

曖昧だ
애매하다

(한자풀이) 曖 희미할 애, 昧 어두울 매

あいまいだ
의미 애매하다, 모호하다

⭐ **빈출표현** 曖昧な言い方/関係/記憶(애매한 말투/관계/기억)
曖昧な言葉/態度(애매한 말/태도)
曖昧な表現/返事(애매한 표현/대답)

＊**출제가능유형**: 한자표기 | 문맥 | 유의표현 | 용법

25

明らかだ
분명하다

(한자풀이) 明 밝을 명

あきらかだ
의미 분명하다, 뚜렷하다, 밝다, 환하다

⭐ **빈출표현** 明らかな誤り/間違い/ミス(분명한 실수)
明らかにおかしい/する(분명히 이상하다/하다)
明らかになる(분명해지다)

＊**출제가능유형**: 한자읽기 | 한자표기 | 문맥 | 유의표현 | 용법

| Step 2 ｜ 연관 단어 🔍 | Step 3 ｜ 예문 💬 |

유 大ざっぱだ 조잡하다
大まかだ 대략적이다

참 荒い (주로 성격이나 언동이) 거칠다, 사납다, 난폭하다

⟷ すべすべ 매끈매끈

肌診断を受けたところ、同年代の平均より
肌のキメが粗いという結果が出た。

피부 진단을 받았더니 또래 평균보다 피부결이 거칠다는 결과가 나왔다.

유 忙しい 바쁘다

참 비슷한 한자

荒 거칠 황

引っ越し当日はやることが多く、どうして
もばたばたと慌ただしくなる。

이사 당일은 할 일이 많아서 아무래도 허둥지둥 분주해진다.

= 勇敢だ 용감하다
유 凛々しい 늠름하다, 씩씩하다

勇ましい兵士たちが、軍歌を歌いながら走っ
ている。

용감한 병사들이 군가를 부르면서 달리고 있다.

유 不確かだ 불확실하다
漠然だ 막연하다

うやむやだ 유야무야, 흐지부지하다, 애매하다

あやふやだ 불확실하다, 모호하다

日本語は曖昧な表現がとても多い言葉だ。

일본어는 애매한 표현이 매우 많은 말이다.

유 はっきり 확실히, 분명히
定かだ 확실하다, 분명하다

今回の調査で明らかになったのは、以下の
3点です。

이번 조사로 분명해진 것은 아래의 세 가지입니다.

표제어	Step 1 ㅣ 단어 풀이(용법·의미) ✏️

26

鮮やかだ
선명하다

(한자풀이) 鮮 고울 선

あざやかだ

[의미] 선명하다, 또렷하다, 산뜻하다

⭐ 빈출표현 鮮やかな色/虹(선명한 색/무지개)
　　　　　鮮やかな景色(산뜻한 경치)

＊출제가능유형 : 한자읽기 한자표기 문맥 유의표현 용법

27

圧倒的だ
압도적이다

(한자풀이) 圧 누를 압, 倒 넘어질 도, 的 과녁 적

あっとうてきだ

[의미] 압도적이다

⭐ 빈출표현 圧倒的な支持(압도적인 지지)
　　　　　圧倒的に多い/勝つ(압도적으로 많다/이기다)

＊출제가능유형 : 한자읽기 한자표기 문맥 유의표현 용법

28

な형용사

哀れだ
가련하다

(한자풀이) 哀 슬플 애

あわれだ

[의미] 가련하다, 불쌍하다

⭐ 빈출표현 哀れな人/顔(가련한 사람/얼굴)
　　　　　哀れな姿(가련한 모습)

＊출제가능유형 : 한자읽기 한자표기 문맥 유의표현 용법

29

安易だ
안이하다

(한자풀이) 安 편안 안, 易 쉬울 이

あんいだ

[의미] 안이하다, 손쉽다, 태평하다

⭐ 빈출표현 安易な考え(안이한 생각)
　　　　　安易な気持ち/行動(안이한 마음/행동)

＊출제가능유형 : 한자읽기 한자표기 문맥 유의표현 용법

30

安全だ
안전하다

(한자풀이) 安 편안 안, 全 온전 전

あんぜんだ

[의미] 안전하다

⭐ 빈출표현 安全な暮らし/車(안전한 생활/자동차)
　　　　　安全な食品/旅行(안전한 식품/여행)

＊출제가능유형 : 한자읽기 한자표기 문맥 유의표현 용법

Step 2 | 연관 단어 🔍

유 鮮明だ 선명하다

くっきり 또렷이, 선명하게

유 非常に勝っている 매우 우수하다

유 かわいそうだ 불쌍하다

気の毒だ 딱하다, 가엾다

참 哀れむ 불쌍히 여기다

유 容易い 쉽다, 용이하다

気楽だ 무사태평하다

유 無事だ 무사하다

平穏だ 평온하다

↔ 危険だ 위험하다

Step 3 | 예문 💬

雨が止んで、鮮やかな虹が現れた。

비가 그치고 선명한 무지개가 나타났다.

このアプリは若者から圧倒的な支持を得ている。

이 앱은 젊은이들로부터 압도적인 지지를 얻고 있다.

誰しも他人から哀れな人と思われたくはないはずだ。

누구나 타인에게 가련한 사람으로 여겨지고 싶지는 않을 것이다.

安易な気持ちで起業すれば、事業に失敗する可能性が高い。

안이한 마음으로 창업하면 사업에 실패할 가능성이 높다.

安全で快適な教育環境を維持するために努力している。

안전하고 쾌적한 교육 환경을 유지하기 위해 노력하고 있다.

표제어	Step 1 | 단어 풀이(용법·의미) ✏️

31

相次ぐ
잇따르다

(한자풀이) **相** 서로 상, **次** 버금 차

あいつぐ

[의미] 잇따르다, 연달다

⭐ 빈출표현 地震/被害が相次ぐ(지진/피해가 잇따르다)

キャンセルが相次ぐ(취소가 잇따르다)

*출제가능유형 : [한자표기] [문맥] [유의표현] [용법]

32

焦る
초조해하다

(한자풀이) **焦** 탈 초

あせる

[의미] 초조해하다, 안달하다, 애타다

⭐ 빈출표현 焦って失敗する(초조해해서 실패하다)

焦る気持ち(애타는 마음)

*출제가능유형 : [한자읽기] [한자표기] [문맥] [유의표현] [용법]

33

기본동사

与える
주다

(한자풀이) **与** 줄 여

あたえる

[의미] 주다, 수여하다

⭐ 빈출표현 エサ/賞を与える(먹이/상을 주다)

印象/影響を与える(인상/영향을 주다)

感動/希望/利益を与える(감동/희망/이익을 주다)

*출제가능유형 : [한자읽기] [한자표기] [문맥] [유의표현] [용법]

34

扱う
다루다

(한자풀이) **扱** 미칠 급

あつかう

[의미] 다루다, 취급하다, 처리하다

⭐ 빈출표현 商品を扱う(상품을 취급하다)

丁寧に扱う(공손히 다루다)

*출제가능유형 : [한자읽기] [한자표기] [문맥] [유의표현] [용법]

35

当てる
맞히다

(한자풀이) **当** 마땅 당

あてる

[의미] ① 맞히다, 명중시키다 ② 대다, 얹다 ③ (불·햇볕을) 쬐다

⭐ 빈출표현 的を当てる(과녁을 맞히다)

手を当てる(손을 대다)

日に当てる(햇볕을 쬐다)

*출제가능유형 : [한자읽기] [한자표기] [문맥] [유의표현] [용법]

유 続く 계속되다

記録的な大雨でがけ崩れや浸水被害が相次いでいる。

기록적인 큰비로 산사태와 침수 피해가 잇따르고 있다.

유 焦燥 초조
참 焦り 초조해함, 애간장, 조바심

いつも人前で話すと焦ってしまう。

항상 남 앞에서 이야기하면 초조해져 버린다.

유 あげる 주다
授与する 수여하다
提供する 제공하다

親が子供に与える影響は大きい。

부모가 아이에게 주는 영향은 크다.

유 取り扱う 다루다, 취급하다

日常生活で必要な様々な商品を扱っている。

일상생활에서 필요한 다양한 상품을 취급하고 있다.

유 ぶつける 부딪치다
密着させる 밀착시키다
さらす (햇볕을) 쬐다
참 当たる 맞다, 명중하다
充てる 할당하다, 충당하다

痛みを感じるところへ自然に手を当ててしまうことがある。

통증을 느끼는 곳에 저절로 손을 대 버리는 경우가 있다.

| 표제어 | Step 1 \| 단어 풀이(용법·의미) ✏️ |

36

甘やかす
응석 부리게 하다

(한자풀이) 甘 달 감

あまやかす

의미 응석 부리게 하다

⭐빈출표현 子供を甘やかす(아이를 응석 부리게 하다)
甘やかして育てる(응석받이로 키우다)

＊출제가능유형 : 한자읽기 한자표기 문맥 유의표현 용법

37

誤る
잘못되다

(한자풀이) 誤 그르칠 오

あやまる

의미 잘못되다, 실패하다, 실수하다, 틀리다

⭐빈출표현 誤った決断/行動(잘못된 결단/행동)
誤った情報/選択(잘못된 정보/선택)

＊출제가능유형 : 한자읽기 한자표기 문맥 유의표현 용법

기본동사

38

争う
다투다

(한자풀이) 争 다툴 쟁

あらそう

의미 다투다, 싸우다, 경쟁하다

⭐빈출표현 一刻を争う(일각을 다투다)
兄弟が争う(형제가 다투다)
優勝を争う(우승을 놓고 경쟁하다)

＊출제가능유형 : 한자읽기 한자표기 문맥 유의표현 용법

39

痛む
아프다

(한자풀이) 痛 아플 통

いたむ

의미 아프다, 상하다

⭐빈출표현 腕/関節が痛む(팔/관절이 아프다)
心/胸が痛む(마음/가슴이 아프다)

＊출제가능유형 : 한자읽기 한자표기 문맥 유의표현 용법

40

복합동사

当てはまる
들어맞다

(한자풀이) 当 마땅 당

あてはまる

의미 (꼭) 들어맞다, 적합하다

⭐빈출표현 規定/条件に当てはまる(규정/조건에 들어맞다)
ぴったり当てはまる(꼭 들어맞다)

＊출제가능유형 : 한자읽기 한자표기 문맥 유의표현 용법

유 ちやほやする 얼러 주다

わがままにさせる 제멋대로 굴게 하다

참 甘える 응석 부리다

甘やかされて育った子は、自立できない。

응석받이로 키워진 아이는 자립할 수 없다.

유 失敗する 실패하다, 실수하다

間違う 잘못되다, 틀리다

根拠のない誤った情報が広がっている。

근거 없는 잘못된 정보가 퍼지고 있다.

유 競争する 경쟁하다

競う 다투다, 경쟁하다, 겨루다

親の遺産をめぐって兄弟が争っている。

부모의 유산을 둘러싸고 형제가 다투고 있다.

유 痛い 아프다

痛み 통증

腐る 상하다, 썩다

참 같은 발음 단어

悼む 애도하다

傷口がずきずきと激しく痛む。

상처가 욱신욱신 심하게 아프다.

유 適合する 적합하다

条件がぴったりと当てはまったので、購入することにしました。

조건이 딱 들어맞아서 구입하기로 했습니다.

표제어	Step 1	단어 풀이(용법·의미) ✏

41

복합동사

受け入れる
받아들이다

(한자풀이) 受 받을 수, 入 들 입

うけいれる

[의미] 받아들이다, 수용하다

⭐빈출표현 留学生を受け入れる(유학생을 받아들이다)
異文化を受け入れる(이문화를 받아들이다)
多様性を受け入れる(다양성을 수용하다)

＊출제가능유형 [한자읽기] [한자표기] [문맥] [유의표현] [용법]

42

受け取る
수취하다

(한자풀이) 受 받을 수, 取 가질 취

うけとる

[의미] 수취하다, 받다

⭐빈출표현 年金/手紙を受け取る(연금/편지를 받다)
証明書/荷物を受け取る(증명서/짐을 수취하다)

＊출제가능유형 [한자읽기] [한자표기] [문맥] [유의표현] [용법]

43

あいにく
공교롭게도

[의미] 공교롭게도, 마침

⭐빈출표현 あいにく外出している(마침 외출 중이다)
あいにく売り切れだ(공교롭게도 품절이다)
あいにくの天気(공교로운 날씨, 날씨가 좋지 않음)

＊출제가능유형 [문맥] [유의표현] [용법]

44

부사

予め
미리

(한자풀이) 予 미리 예

あらかじめ

[의미] 미리, 사전에(격식 차린 말)

⭐빈출표현 予め用意する(미리 준비하다)
予め予約する(미리 예약하다)

＊출제가능유형 [한자읽기] [한자표기] [문맥] [유의표현] [용법]

45

改めて
다시

(한자풀이) 改 고칠 개

あらためて

[의미] ① 다시, 새롭게 다시 하는 모양 ② 새삼스럽게

⭐빈출표현 改めて連絡する(다시 연락하다)
改めて知る(새삼스럽게 알다)

＊출제가능유형 [한자읽기] [한자표기] [문맥] [유의표현] [용법]

Step 2 ㅣ 연관 단어 🔍	Step 3 ㅣ 예문 💬

유 認^{みと}める 인정하다

思^し考^{こう}の多^た様^{ようせい}性を受け入れてこそ組^そ織^{しきりょく}力が高^{たか}まる。

사고의 다양성을 받아들여야만 조직력이 높아진다.

유 受^{じゅりょう}領する 수령하다

65^{さい}歳になったので国^{こくみんねんきん}民年金を受け取りたい。

65세가 되었으므로 국민연금을 받고 싶다.

유 運^{うん わる}悪く 운 나쁘게
残^{ざんねん}念ながら 안타깝지만, 유감이지만

昨^{きのう}日はあいにくの天^{てん き}気でしたが、たくさんのお客^{きゃくさま}様にご来^{らいじょう}場いただきました。

어제는 공교롭게도 날씨가 좋지 않았습니다만, 많은 손님들이 와 주셨습니다.

유 前^{まえ}もって 미리, 앞서, 사전에

必^{ひつよう}要な書^{しょるい}類を予^{よう い}め用意しておいた。

필요한 서류를 미리 준비해 두었다.

유 もう一^{いち ど}度 한 번 더
別^{べつ き かい}の機会に 다른 기회에
今^{いまさら}更のように 새삼스럽게

子^{こ そだ}育てを始^{はじ}めて、改^{あらた}めて親^{おや}のありがたさを感^{かん}じました。

육아를 시작하고 새삼스럽게 부모님에 대한 감사함을 느꼈습니다.

| 표제어 | Step 1 | 단어 풀이(용법·의미) |

46

부
사

いきなり
갑자기

의미 갑자기, 돌연, 느닷없이

★ 빈출표현 いきなり飛び出す(갑자기 뛰어나오다)

＊출제가능유형 : 문맥 유의표현 용법

47

依然
여전히

한자
풀이 依 의지할 의, 然 그럴 연

いぜん

의미 여전히

★ 빈출표현 依然として(여전히)
依然続く(여전히 계속되다)

＊출제가능유형 : 한자읽기 한자표기 문맥 유의표현 용법

48

アレンジ
어레인지

arrange

의미 ① 배열, 배치, 정리 ② 준비를 갖춤 ③ 새롭게 구성함

★ 빈출표현 ヘア/部屋アレンジ(머리/방 정리)
アレンジレシピ(변형 레시피)
アレンジする(어레인지하다)

＊출제가능유형 : 문맥 유의표현 용법

49

가
타
카
나

ウイルス
바이러스

virus

의미 바이러스

★ 빈출표현 ウイルスに感染する(바이러스에 감염되다)
ウイルスを防ぐ(바이러스를 방지하다)

＊출제가능유형 : 문맥 유의표현 용법

50

キャンセル
캔슬

cancel

의미 캔슬, 취소, 해약

★ 빈출표현 キャンセルする(취소하다)
キャンセル待ち(예약 취소 대기)

＊출제가능유형 : 문맥 유의표현 용법

유 突然 돌연
急に 갑자기

知らない人にいきなり話しかけられた。

모르는 사람이 갑자기 말을 걸었다.

유 相変わらず 변함없이, 여전히

雇用状況は依然厳しい状況にある。

고용 상황은 여전히 혹독한 상황에 있다.

유 配置 배치
配列 배열
手配 준비
編曲 편곡

有名なクラシック曲を現代ジャズにアレンジしてみた。

유명한 클래식 곡을 현대 재즈로 어레인지(편곡)해 보았다.

유 細菌 세균
ばい菌 미균, 박테리아

참 ワクチン 백신

コンピューター・ウイルスに感染すると、個人情報が流出してしまう恐れがある。

컴퓨터 바이러스에 감염되면 개인정보가 유출되어 버릴 우려가 있다.

유 取り消す 취소하다
解約 해약
破談 파담, 약속을 깸

予約をキャンセルすると、キャンセル料金が発生する。

예약을 취소하면 취소 요금이 발생한다.

Day 1

1 다음 단어의 뜻을 쓰고 읽는 법을 고르세요.

1. 運賃　　(뜻:　　　　)　A. うんにん　　B. うんちん

2. 憧れ　　(뜻:　　　　)　A. あこがれ　　B. あこわれ

3. 勇ましい (뜻:　　　　)　A. いさましい　B. ゆさましい

4. 鮮やかだ (뜻:　　　　)　A. あさやかだ　B. あざやかだ

5. 誤る　　(뜻:　　　　)　A. あやまる　　B. うやまる

2 다음 빈칸에 공통으로 들어갈 수 있는 한자로 적절한 것을 고르세요.

6. (　)正　(　)善　(　)良
A. 開　B. 改　C. 会

7. (　)促　開(　)　(　)眠
A. 催　B. 睡　C. 店

8. (　)文化　(　)分析　(　)世界
A. 焦　B. 慌　C. 異

9. (　)気味悪い　(　)暗い　(　)明かり
A. 少　B. 薄　C. 多

10. (　)習慣　(　)影響　(　)条件
A. 悪　B. 高　C. 良

3 빈칸에 들어갈 단어로 적절한 것을 고르세요.

A. 受け取り　　B. あと　　C. いきなり　　D. アレンジ　　E. 改めて

11. 有名なクラシック曲を現代ジャズに＿＿＿＿＿＿してみた。

12. ニキビ＿＿＿＿＿＿＿がいつの間にかほくろになってしまった。

13. 65歳になったので国民年金を＿＿＿＿＿＿＿たい。

14. 子育てを始めて、＿＿＿＿＿＿親のありがたさを感じました。

15. 知らない人に＿＿＿＿＿＿話しかけられた。

정답 | 1. 운임. B　2. 동경. A　3. 용감하다. A　4. 선명하다. B　5. 잘못되다. A /
6. B　7. A　8. C　9. B　10. A / 11. D　12. B　13. A　14. E　15. C

Day 2

강의와
예문 듣기

매일 품사별로 골고루! 오늘의 50단어 한눈에 보기!

음독명사

01. 外見
02. 回復
03. 拡充
04. 拡張
05. 確保
06. 過剰
07. 活気
08. 格好
09. 勧誘
10. 管理
11. 完了

고유어

12. 勢い
13. 息抜き
14. 至る所

복합파생

15. 〜おきに
16. 〜下
17. 〜界
18. 〜街
19. 〜係

い형용사

20. 著しい
21. 偉い
22. 幼い
23. 思いがけない

な형용사

24. 永久だ
25. 大げさだ
26. 臆病だ
27. 穏やかだ
28. 温厚だ
29. 温暖だ
30. 微かだ

기본동사

31. 祝う
32. うつむく
33. 映る
34. うなずく
35. 得る
36. 覆う
37. 補う

38. 納める
39. 訪れる

복합동사

40. 打ち消す
41. 売り切れる
42. 追いつく

부사

43. 一気に
44. 一生懸命
45. 一斉に
46. 一層
47. いったん

가타카나

48. クレーム
49. コミュニケーション
50. シーズン

표제어	Step 1	단어 풀이(용법·의미) ✏️

음독명사

1

外見
외견

한자풀이 **外** 바깥 외, **見** 볼 견

がいけん

의미 (사람의) 외견, 외모, 겉보기

⭐ 빈출표현 外見に現れる(외견에 나타나다)

外見にこだわる(외모에 집착하다)

外見に気を使う(외모에 신경을 쓰다)

* 출제가능유형 : 한자읽기 한자표기 유의표현 용법

2

回復
회복

한자풀이 **回** 돌아올 회, **復** 회복할 복

かいふく

의미 회복

⭐ 빈출표현 名誉/関係を回復する(명예/관계를 회복하다)

損失を回復する(손실을 회복하다)

健康/経済が回復する(건강/경제가 회복되다)

* 출제가능유형 : 한자읽기 한자표기 유의표현 용법

3

拡充
확충

한자풀이 **拡** 넓힐 확, **充** 채울 충

かくじゅう

의미 확충

⭐ 빈출표현 工場/事業を拡充する(공장/사업을 확충하다)

体制を拡充する(체제를 확충하다)

* 출제가능유형 : 한자읽기 한자표기 문맥

4

拡張
확장

한자풀이 **拡** 넓힐 확, **張** 베풀 장

かくちょう

의미 확장

⭐ 빈출표현 容量/サービスを拡張する(용량/서비스를 확장하다)

道路/範囲を拡張する(도로/범위를 확장하다)

* 출제가능유형 : 한자읽기 한자표기 유의표현

5

確保
확보

한자풀이 **確** 굳을 확, **保** 지킬 보

かくほ

의미 확보

⭐ 빈출표현 安全/予算を確保する(안전/예산을 확보하다)

容疑者/利益を確保する(용의자/이익을 확보하다)

* 출제가능유형 : 한자읽기 한자표기 용법

유 見^みかけ 겉보기

見^みた目^め 겉보기

うわべ 겉, 외관

外観^{がいかん} (사람이나 사물의) 외관

人^{ひと}の外見^{がいけん}と内面^{ないめん}は同^{おな}じとは限^{かぎ}らない。

사람의 외견과 내면은 같다고는 할 수 없다.

유 快復^{かいふく} (병의) 쾌유, 쾌차

참 같은 한자 사용 단어

復元^{ふくげん} 복원

復旧^{ふっきゅう} 복구

退院後^{たいいんご}、体力^{たいりょく}が低下^{ていか}し、回復^{かいふく}しない。

퇴원 후, 체력이 저하되어 회복되지 않는다.

참 같은 한자 사용 단어

拡散^{かくさん} 확산

充電^{じゅうでん} 충전

充血^{じゅうけつ} 충혈

緊急事態宣言^{きんきゅうじたいせんげん}の延長^{えんちょう}に伴^{ともな}い、一部支援策^{いちぶしえんさく}の拡充^{かくじゅう}を行^{おこな}った。

긴급 사태 선언 연장에 따라 일부 지원책을 확충했다.

유 拡大^{かくだい} 확대

⟷ 縮小^{しゅくしょう} 축소

使^{つか}っていないベランダに部屋^{へや}を拡張^{かくちょう}した。

사용하지 않는 베란다에 방을 확장했다.

참 같은 한자 사용 단어

確実^{かくじつ} 확실

的確^{てきかく} 적확

保証^{ほしょう} 보증

保険^{ほけん} 보험

安全^{あんぜん}で快適^{かいてき}な生活環境^{せいかつかんきょう}を確保^{かくほ}することを目指^{めざ}している。

안전하고 쾌적한 생활 환경을 확보하는 것을 목표로 하고 있다.

| 표제어 | Step 1 | 단어 풀이(용법·의미) ✏ |

6

過剰
과잉

한자풀이 過 지날 과, 剰 남을 잉

かじょう

의미 과잉

☆**빈출표현** 過剰防衛(과잉 방위), 供給過剰(공급 과잉)
過剰に反応する(과잉 반응하다)

＊**출제가능유형**：한자읽기　한자표기　단어형성　유의표현

7

活気
활기

한자풀이 活 살 활, 気 기운 기

かっき

의미 활기

☆**빈출표현** 活気がある(활기가 있다)
活気を帯びる/失う(활기를 띠다/잃다)

＊**출제가능유형**：한자읽기　한자표기　단어형성　유의표현

음독명사

8

格好
모습

한자풀이 格 격식 격, 好 좋을 호

かっこう

의미 모습, 모양, 꼴

☆**빈출표현** 格好がつく(그럭저럭 모양이 잡히다)
格好をつける(모양을 갖추다)

＊**출제가능유형**：한자읽기　한자표기　용법

9

勧誘
권유

한자풀이 勧 권할 권, 誘 꾈 유

かんゆう

의미 권유

☆**빈출표현** 電話/保険勧誘(전화/보험 권유)
不審な勧誘(수상한 권유)
勧誘を受ける/断る(권유를 받다/거절하다)

＊**출제가능유형**：한자읽기　한자표기　유의표현

10

管理
관리

한자풀이 管 주관할 관, 理 다스릴 리

かんり

의미 관리

☆**빈출표현** 管理職(관리직)
管理を徹底する/怠る(관리를 철저히 하다/게을리하다)

＊**출제가능유형**：한자읽기　한자표기　단어형성　용법

Step 2 | 연관 단어 🔍	**Step 3** | 예문 💬

유 過度_{かど} 과도, 정도에 지나침
行_いき過_すぎ 도를 넘음
超過_{ちょうか} 초과

供給過剰_{きょうきゅうかじょう}になると、商品_{しょうひん}やサービスの価格_{かかく}は下_さがる。

공급 과잉이 되면 상품이나 서비스의 가격은 내려간다.

유 元気_{げんき} 원기, 기력
生気_{せいき} 생기, 활기
活力_{かつりょく} 활력

あの町_{まち}は、人情_{にんじょう}と活気_{かっき}に溢_{あふ}れていた。

그 마을은 인정과 활기로 넘쳐나고 있었다.

참 かっこいい 멋있다, 근사하다

今日_{きょう}は寒_{さむ}いから、暖_{あたた}かい格好_{かっこう}をしてください。

오늘은 추우니까 따뜻하게 입으세요.

유 勧_{すす}める 권하다
誘_{さそ}う 권유하다

不審_{ふしん}な勧誘_{かんゆう}などを受_うけた際_{さい}は、まずは消費生活_{しょうひせいかつ}センターへご連絡_{れんらく}ください。

수상한 권유 등을 받았을 때는 먼저 소비생활센터(일본의 소비자 보호원)로 연락 주세요.

참 같은 한자 사용 단어
管轄_{かんかつ} 관할
処理_{しょり} 처리   調理_{ちょうり} 조리
合理_{ごうり} 합리   原理_{げんり} 원리

顧客_{こきゃく}を満足_{まんぞく}させるために、社内_{しゃない}の情報_{じょうほう}管理_{かんり}を徹底_{てってい}している。

고객을 만족시키기 위해서 사내 정보 관리를 철저히 하고 있다.

| 표제어 | Step 1 | 단어 풀이(용법·의미) ✏️ |

11

음독명사

完了
완료

한자풀이 **完** 완전할 완, **了** 마칠 료

かんりょう

의미 완료, 일련의 동작이나 일을 끝내는 것

⭐빈출표현 手続き/登録が完了する(수속/등록이 완료되다)
タスク/取引を完了する(작업/거래를 완료하다)

＊출제가능유형 : 한자읽기 한자표기 유의표현

12

勢い
기세

한자풀이 **勢** 형세 세

いきおい

의미 기세, 기운

⭐빈출표현 すごい勢い(굉장한 기세)
勢いよく(기세 좋게)

＊출제가능유형 : 한자읽기 한자표기 문맥 유의표현 용법

13

고유어

息抜き
잠시 쉼

한자풀이 **息** 쉴 식, **抜** 뺄 발

いきぬき

의미 잠시 쉼, 숨을 돌림

⭐빈출표현 息抜きする(잠시 쉬다)

＊출제가능유형 : 한자읽기 한자표기 문맥 유의표현 용법

14

至る所
도처

한자풀이 **至** 이를 지, **所** 바 소

いたるところ

의미 도처, 여러 곳

⭐빈출표현 至る所で見かける(도처에서 발견되다)

＊출제가능유형 : 한자읽기 한자표기 문맥 용법

15

복합파생

一日おきに
하루 걸러

いちにちおきに

의미 하루 걸러, 하루 간격으로

⭐빈출표현 一日おきに運動する/休む(하루 걸러 운동하다/쉬다)
一日おきに過食する(하루 걸러 과식하다)
一日おきに断食する(하루 걸러 단식하다)

＊출제가능유형 : 한자읽기 단어형성

유 終了 종료, 시작한 일을 끝내는 것

참 같은 발음 단어
官僚 관료

⟷ 未完 미완

ウェブから簡単な操作で予約を完了することができます。

웹에서 간단한 조작으로 예약을 완료할 수 있습니다.

유 気勢 기세
活気 활기

酔った勢いで告白してしまった。

술 기운에 고백해 버렸다.

유 休息 휴식
休憩 휴게, 휴식

たまには息抜きしながら頑張ってください。

가끔은 잠시 쉬면서 계속 노력해 주세요.

유 あらゆる所 온갖 곳, 도처, 모든 곳

町の至る所にバラの花が咲いている。

마을 도처에 장미꽃이 피어 있다.

참 1メートルおきに 1미터 간격으로
5分おきに 5분 간격으로

最近、一日おきに過食している。

요즘 하루 걸러 과식하고 있다.

| 표제어 | Step 1 | 단어 풀이(용법·의미) ✏️ |

16

管理下
관리 하에

<한자풀이> 下 아래 하

かんりか

[의미] 관리 하에

⭐빈출표현 医師/親/学校の管理下 (의사/부모/학교의 관리 하에)
国/政府の管理下 (국가/정부의 관리 하에)

＊출제가능유형 : 한자읽기 단어형성

17

医学界
의학계

<한자풀이> 界 지경 계

いがくかい

[의미] 의학계

⭐빈출표현 医学界が認める (의학계가 인정하다)
医学界の巨星 (의학계의 거성)

＊출제가능유형 : 한자읽기 단어형성

18

복합파생

住宅街
주택가

<한자풀이> 街 거리 가

じゅうたくがい

[의미] 주택가

⭐빈출표현 住宅街の公園/道路 (주택가의 공원/도로)
住宅街にある (주택가에 있다)

＊출제가능유형 : 한자읽기 단어형성

19

予約係
예약 담당

<한자풀이> 係 맬 계

よやくがかり

[의미] 예약 담당

⭐빈출표현 客室予約係 (객실 예약 담당)
レストラン予約係 (레스토랑 예약 담당)

＊출제가능유형 : 한자읽기 단어형성

20

い형용사

著しい
현저하다

<한자풀이> 著 나타날 저

いちじるしい

[의미] 현저하다, 두드러지다

⭐빈출표현 著しい影響/効果 (현저한 영향/효과)
著しい進歩/差異 (현저한 진보/차이)

＊출제가능유형 : 한자읽기 한자표기 문맥 유의표현 용법

DAY 2

참 監視下 감시 하에
指導下 지도 하에

大人になっても親の管理下にあり、自立できない人もいる。

어른이 되어도 부모의 관리 하에 있어 자립 못 하는 사람도 있다.

참 文学界 문학계
映画界 영화계
社交界 사교계

医学界で認められていない特殊な治療は、健康保険では受けられない。

의학계에서 인정되지 않은 특수 치료는 건강보험으로는 받을 수 없다.

참 オフィス街 오피스가, 도심
繁華街 번화가

住宅街の人口密度は都心部に比べると圧倒的に低い。

주택가의 인구 밀도는 도심부에 비하면 압도적으로 낮다.

참 案内係 안내 담당
相談係 상담 담당
掃除係 청소 담당
料理係 요리 담당

ご宿泊の際は、事前に宿泊予約係にご予約ください。

숙박하실 때는 사전에 숙박 예약 담당에게 예약해 주세요.

유 顕著だ 현저하다
明白だ 명백하다

医療の著しい進歩によって、新しい薬や治療法が出てきている。

의료의 현저한 진보에 의해 새로운 약과 치료법이 나오고 있다.

| 표제어 | Step 1 ｜ 단어 풀이(용법·의미) ✎ |

21

偉い
훌륭하다

(한자풀이) **偉** 클 위

えらい
의미 ① 훌륭하다, 잘나다 ② 지위나 신분이 높다
③ 대단하다, 심하다

☆ 빈출표현 偉い人(훌륭한/신분이 높은 사람), 偉く暑い(심하게 덥다)
偉いことになる(큰일이 나다)

*출제가능유형: 한자읽기 | 한자표기 | 문맥 | 유의표현 | 용법

22

い형용사

幼い
어리다

(한자풀이) **幼** 어릴 유

おさない
의미 ① 어리다 ② 미숙하다, 유치하다

☆ 빈출표현 幼い頃(어린 시절)
幼い子供(어린아이)

*출제가능유형: 한자읽기 | 한자표기 | 문맥 | 유의표현 | 용법

23

思いがけない
의외다

(한자풀이) **思** 생각 사

おもいがけない
의미 의외다, 뜻밖이다

☆ 빈출표현 思いがけない出来事/事態(의외의 일/사태)
思いがけない幸運(의외의 행운)

*출제가능유형: 한자읽기 | 한자표기 | 문맥 | 유의표현 | 용법

24

な형용사

永久だ
영구적이다

(한자풀이) **永** 길 영. **久** 오랠 구

えいきゅうだ
의미 영구적이다

☆ 빈출표현 永久に使える/持つ(영구적으로 쓸 수 있다/소유하다)
永久に変わらない(영구적으로 변하지 않다)

*출제가능유형: 한자읽기 | 한자표기 | 문맥 | 유의표현 | 용법

25

大げさだ
과장되다

(한자풀이) **大** 큰 대

おおげさだ
의미 과장되다, 허풍을 떨다

☆ 빈출표현 大げさに言う/話す(과장하다, 허풍 떨다)
大げさな言い方(과장된 말투)
大げさな人(허풍 떠는 사람)

*출제가능유형: 한자읽기 | 한자표기 | 문맥 | 유의표현 | 용법

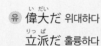

| **Step 2** \| 연관 단어 🔍 | **Step 3** \| 예문 💬 |

Step 2 | 연관 단어 🔍

Step 3 | 예문 💬

유 偉大(い だい)だ 위대하다
立派(りっ ぱ)だ 훌륭하다

よく知(し)らない人(ひと)に限(かぎ)って偉(えら)そうなことを言(い)う。

잘 모르는 사람이 꼭 잘난 척을 한다.

유 幼(いとけな)い 어리다
幼稚(よう ち)だ 유치하다
未熟(み じゅく)だ 미숙하다
若(わか)い 젊다
子供(こ ども)っぽい 어린애 같다, 유치하다

幼(おさな)い頃(ころ)から絵(え)を描(か)くのが好(す)きだった。

어릴 때부터 그림 그리는 것을 좋아했다.

유 思(おも)いのほか 의외로
案外(あんがい) 뜻밖에도
意外(い がい) 의외

予想(よ そう)もしない思(おも)いがけない出来事(で き ごと)が突然起(とつぜん お)こった。

예상치 못한 의외의 일이 갑자기 일어났다.

유 永久(と わ)に 영구히, 영원히
永遠(えいえん)だ 영원하다

このフラッシュライトはバッテリー不要(ふ よう)で永久(えいきゅう)に使(つか)える。

이 손전등은 배터리가 필요 없고 영구적으로 사용할 수 있다.

유 誇張(こ ちょう) 과장
誇大(こ だい) 과대
オーバー 오버(over), 초과함

課長(か ちょう)はいつも些細(さ さい)なことで大(おお)げさに注意(ちゅう い)したりする。

과장님은 언제나 사소한 일로 과장되게 주의를 주거나 한다.

DAY
2

표제어	Step 1	단어 풀이(용법·의미) ✏️

26

臆病だ
겁이 많다

(한자풀이) 臆 가슴 억, 病 병 병

おくびょうだ

[의미] 겁이 많다

⭐빈출표현 臆病な性格/人(겁이 많은 성격/사람)

臆病になる(겁이 많아지다)

＊출제가능유형 : [한자읽기] [한자표기] [문맥] [유의표현] [용법]

27

穏やかだ
온화하다

(한자풀이) 穏 평온할 온

おだやかだ

[의미] 온화하다, 평온하다, 온건하다

⭐빈출표현 穏やかな天気/日々(온화한 날씨/날들)

穏やかな性格/人(온화한 성격/사람)

＊출제가능유형 : [한자읽기] [한자표기] [문맥] [유의표현] [용법]

28

温厚だ
온후하다

(한자풀이) 温 따뜻할 온, 厚 두터울 후

おんこうだ

[의미] 온후하다, 온화하고 점잖다

⭐빈출표현 温厚な性格/人(온후한 성격/사람)

温厚な人柄(온후한 인품)

＊출제가능유형 : [한자읽기] [한자표기] [문맥] [유의표현] [용법]

29

温暖だ
온난하다

(한자풀이) 温 따뜻할 온, 暖 따뜻할 난

おんだんだ

[의미] 온난하다

⭐빈출표현 温暖な気候(온난한 기후)

温暖な地域(온난한 지역)

＊출제가능유형 : [한자읽기] [한자표기] [문맥] [유의표현] [용법]

30

微かだ
희미하다

(한자풀이) 微 작을 미

かすかだ

[의미] 희미하다, 미약하다, 미미하다, 어렴풋하다

⭐빈출표현 微かな音/記憶(희미한 소리/기억)

微かな期待/希望(희미한 기대/희망)

＊출제가능유형 : [한자읽기] [한자표기] [문맥] [유의표현] [용법]

な형용사

유 小心_{しょうしん} 소심
気が小さい 소심하다
気が弱い 마음이 약하다

人は年齢を重ねるほど臆病になるという。

사람은 나이를 먹을수록 겁이 많아진다고 한다.

유 優しい 온순하다, 상냥하다, 다정하다
大人しい 조용하다, 온순하다, 얌전하다
安らかだ 편안하다, 평화롭다

穏やかな人は感情的にならず、どんな場面でも落ち着いている。

온화한 사람은 감정적이 되지 않고, 어떤 상황에서도 침착하다.

유 温和だ 온화하다
穏健だ 온건하다

普段は温厚な人ほど怒らせたら本当に怖い。

평소에 온후한 사람일수록 화나게 하면 정말로 무섭다.

유 暖かい 따뜻하다
↔ 寒冷 한랭

九州や沖縄は、年間を通して温暖な気候である。

규슈와 오키나와는 일년 내내 온난한 기후다.

유 仄かだ 아련하다, 어렴풋하다

冷蔵庫から微かな動作音が聞こえる。

냉장고에서 희미한 동작음이 들린다.

| 표제어 | Step 1 │ 단어 풀이(용법·의미) ✏ |

31

祝う
축하하다

(한자풀이) 祝 빌 축

いわう

의미 축하하다, 축복하다, 축하 선물을 하다

⭐빈출표현 入学/卒業/就職を祝う(입학/졸업/취직을 축하하다)
新年/誕生日を祝う(새해/생일을 축하하다)

＊출제가능유형: 한자읽기 한자표기 문맥 유의표현 용법

32

うつむく
고개를 숙이다

의미 고개를 숙이다, 머리를 숙이다

⭐빈출표현 花がうつむく(꽃이 고개를 숙이다)
うつむいたまま(고개를 숙인 채)

＊출제가능유형: 문맥 유의표현 용법

33

기
본
동
사

映る
비치다

(한자풀이) 映 비칠 영

うつる

의미 비치다, 반영하다

⭐빈출표현 鏡/スクリーンに映る(거울/스크린에 비치다)
目/水面に映る(눈/수면에 비치다)
テレビがよく映る(TV가 잘 나오다)

＊출제가능유형: 한자읽기 한자표기 문맥 유의표현 용법

34

うなずく
끄덕이다

의미 (고개를) 끄덕이다, 수긍하다

⭐빈출표현 こっくりとうなずく(꾸벅하고 고개를 끄덕이다)
軽くうなずく(가볍게 고개를 끄덕이다)
何回もうなずく(몇 번이나 고개를 끄덕이다)

＊출제가능유형: 문맥 유의표현 용법

35

得る
얻다

(한자풀이) 得 얻을 득

える

의미 얻다, 획득하다

⭐빈출표현 共感/情報/信頼を得る(공감/정보/신뢰를 얻다)
力/利益/理解を得る(힘/이익/이해를 얻다)

＊출제가능유형: 한자읽기 한자표기 문맥 유의표현 용법

Step 2 | 연관 단어 🔍

유 喜ばしい 경사스럽다
祝福する 축복하다

유 下を向く 아래를 향하다, 머리를 숙이다
↔ 仰向く 위를 향하다, 위를 보다

유 現れる 나타나다
참 映す 비치게 하다

유 首を縦に振る 승낙하다, 찬성하다

유 手に入れる 손에 넣다, 입수하다
獲得する 획득하다

Step 3 | 예문 💬

新年を祝うカウントダウンパーティーを
開催することにした。

새해를 축하하는 카운트다운 파티를 개최하기로 했다.

彼女はうつむいたまま話を聞いていた。

그녀는 고개를 숙인 채 이야기를 듣고 있었다.

目に映るすべてのものが新鮮に見えた。

눈에 비치는 모든 것이 신선하게 보였다.

相手がうなずきながら話を聞いてくれる
と、嬉しくなる。

상대가 고개를 끄덕이면서 이야기를 들어 주면 기뻐진다.

彼の言葉は多くの共感を得た。

그의 말은 많은 공감을 얻었다.

표제어	Step 1	단어 풀이(용법·의미) ✏️

36

覆う
덮다, 가리다

(한자풀이) 覆 덮을 부

おおう

의미 ① 덮다, 씌우다 ② 가리다, 막다

⭐ **빈출표현** 雲/桜/雪に覆われる(구름/벚꽃/눈에 덮이다)
腕/手で覆う(팔/손으로 가리다)
顔/目を覆う(얼굴/눈을 가리다)

＊출제가능유형 : 한자읽기 | 한자표기 | 문맥 | 유의표현 | 용법

37

補う
보충하다

(한자풀이) 補 도울 보

おぎなう

의미 (부족분을) 보충하다, 메우다

⭐ **빈출표현** 解説/野菜不足を補う(해설/채소 부족을 보충하다)
赤字を補う(적자를 메우다)

＊출제가능유형 : 한자읽기 | 한자표기 | 문맥 | 유의표현 | 용법

기본동사

38

納める
납부하다, 끝내다

(한자풀이) 納 들일 납

おさめる

의미 ① 납부하다 ② 끝내다, 마치다

⭐ **빈출표현** 授業料/税金を納める(수업료/세금을 납부하다)
仕事を納める(일을 끝내다)

＊출제가능유형 : 한자읽기 | 한자표기 | 문맥 | 유의표현 | 용법

39

訪れる
방문하다

(한자풀이) 訪 찾을 방

おとずれる

의미 ① 방문하다, 찾다 ② 찾아오다

⭐ **빈출표현** 家/東京/観光地を訪れる(집/도쿄/관광지를 방문하다)
春/チャンスが訪れる(봄/찬스가 찾아오다)

＊출제가능유형 : 한자읽기 | 한자표기 | 문맥 | 유의표현 | 용법

40

복합동사

打ち消す
부정하다, 없애다

(한자풀이) 打 칠 타. 消 사라질 소

うちけす

의미 ① 부정하다 ② 없애다, 지우다

⭐ **빈출표현** 噂を打ち消す(소문을 부정하다[없애다])
不安/罪悪感を打ち消す(불안/죄책감을 없애다)
リスクを打ち消す(리스크를 없애다)

＊출제가능유형 : 한자읽기 | 한자표기 | 문맥 | 유의표현 | 용법

유 被^{かぶ}せる 덮다, 씌우다

隠^{かく}す 감추다, 숨기다

母^{はは}はいつも手^てで口^{くち}を覆^{わら}って笑^{わら}う。

엄마는 항상 손으로 입을 가리고 웃는다.

유 補充^{ほじゅう}する 보충하다

補足^{ほそく}する 부족한 부분을 채우다

埋^うめ合^あわせる 보충하다

青汁^{あおじる}で野菜不足^{やさいぶそく}を補^{おぎな}っている。

녹즙으로 채소 부족을 보충하고 있다.

유 納入^{のうにゅう}する 납입하다

終^おわりにする 끝내다

참 治^{おさ}める 다스리다　　収^{おさ}める 거두다

修^{おさ}める (학문을) 닦다, 수양하다

納^{おさ}まる 납부되다, 걷히다

授業料^{じゅぎょうりょう}は分割^{ぶんかつ}して納^{おさ}めることができる。

수업료는 분할해서 납부할 수 있다.

유 訪問^{ほうもん}する 방문하다

訪^{たず}ねる 찾다, 방문하다

人生^{じんせい}には、大^{おお}きなチャンスが何回^{なんかい}か訪^{おとず}れるらしい。

인생에는 큰 기회가 몇 번인가 찾아온다고 한다.

유 否定^{ひてい}する 부정하다

否認^{ひにん}する 부인하다

消^けし去^さる 지워 없애다

気持^{きも}ちを前向^{まえむ}きにすることで、不安^{ふあん}を打^うち消^けすことができた。

마음을 긍정적으로 먹는 것으로 불안을 없앨 수 있었다.

| 표제어 | Step 1 ㅣ 단어 풀이(용법·의미) ✏ |

41

복합동사

売り切れる
매진되다

(한자풀이) **売** 팔 매, **切** 끊을 절

うりきれる

<small>의미</small> 매진되다, 다 팔리다

⭐ 빈출표현 <ruby>商品<rt>しょうひん</rt></ruby>/チケットが売り切れる(상품/티켓이 매진되다)
<ruby>販売初日<rt>はんばいしょにち</rt></ruby>に売り切れる(판매 첫날에 다 팔리다)

＊출제가능유형 : 한자읽기 한자표기 문맥 유의표현 용법

42

追いつく
따라잡다

(한자풀이) **追** 쫓을 추

おいつく

<small>의미</small> 따라잡다, (뒤쫓아) 따라붙다

⭐ 빈출표현 <ruby>先進国<rt>せんしんこく</rt></ruby>/<ruby>先輩<rt>せんぱい</rt></ruby>に追いつく(선진국/선배를 따라잡다)
<ruby>前<rt>まえ</rt></ruby>の<ruby>車<rt>くるま</rt></ruby>を追いつく(앞차를 따라붙다)

＊출제가능유형 : 한자읽기 한자표기 문맥 유의표현 용법

43

부사

一気に
단숨에

(한자풀이) **一** 한 일, **気** 기운 기

いっきに

<small>의미</small> 단숨에, 일거에

⭐ 빈출표현 一気に<ruby>上昇<rt>じょうしょう</rt></ruby>する(단숨에 상승하다)
一気に<ruby>上達<rt>じょうたつ</rt></ruby>する(단숨에 기능이 향상되다)

＊출제가능유형 : 한자읽기 한자표기 문맥 유의표현 용법

44

一生懸命
열심히

(한자풀이) **一** 한 일, **生** 날 생, **懸** 달 현, **命** 목숨 명

いっしょうけんめい

<small>의미</small> 열심히, 목숨 걸고 일을 함, 매우 열심히 함

⭐ 빈출표현 一生懸命<ruby>勉強<rt>べんきょう</rt></ruby>する(열심히 공부하다)
一生懸命<ruby>働<rt>はたら</rt></ruby>く/<ruby>頑張<rt>がんば</rt></ruby>る(열심히 일하다/참고 노력하다)

＊출제가능유형 : 한자읽기 한자표기 문맥 유의표현 용법

45

一斉に
일제히

(한자풀이) **一** 한 일, **斉** 가지런할 제

いっせいに

<small>의미</small> 일제히, 여럿이 한꺼번에

⭐ 빈출표현 一斉に<ruby>走<rt>はし</rt></ruby>る/<ruby>動<rt>うご</rt></ruby>く(일제히 달리다/움직이다)
一斉に<ruby>立<rt>た</rt></ruby>ち<ruby>上<rt>あ</rt></ruby>がる(일제히 일어서다)

＊출제가능유형 : 한자읽기 한자표기 문맥 유의표현 용법

유 完売 완판, 모두 다 팖

行きたかったコンサートのチケットがわずか5分で売り切れてしまった。

가고 싶었던 콘서트 티켓이 불과 5분 만에 매진되어 버렸다.

유 追い抜く 앞지르다, 따라잡다

先輩方に追いつけるように頑張っていきたいと思います。

선배님들을 따라잡을 수 있도록 노력해 나가고 싶습니다.

유 一挙に 단번에, 일거에
一息に 대번에, 단숨에

短期間で一気に痩せようとすると、体への負担が大きくなる。

단기간에 단숨에 살을 빼려고 하면 몸에 부담이 커진다.

유 熱心に 열심히

初心を忘れずに、一生懸命頑張りたいと思います。

초심을 잊지 않고 열심히 노력하고 싶습니다.

유 同時に 동시에
一時に 동시에, 일시에
一緒に 함께
共に 함께, 같이, 동시에

メール内容をシェアする時、一斉にメールが送れるCCは便利だ。

메일 내용을 공유할 때, 한꺼번에 메일을 보낼 수 있는 CC는 편리하다.

46

부사

一層
한층 더

(한자풀이) 一 한 일, 層 층 층

いっそう

의미 한층 더, 더욱더

⭐빈출표현 より一層(한층 더), 一層の事(더 한층)

一層寒くなる(더욱더 추워지다)

＊출제가능유형 : 한자읽기 한자표기 문맥 유의표현 용법

47

いったん
일단

의미 일단, 한때, 잠시

⭐빈출표현 いったん帰る(일단 돌아가다)

いったんやめる(일단 그만두다)

＊출제가능유형 : 문맥 유의표현 용법

48

가타카나

クレーム
클레임

claim

의미 클레임, 불만, 손해 배상 청구, 권리 주장, 이의 제기

⭐빈출표현 クレームを言う(불평하다)

クレームを入れる/受ける(클레임을 넣다/받다)

＊출제가능유형 : 문맥 유의표현 용법

49

コミュニケーション
커뮤니케이션

communication

의미 커뮤니케이션, 의사소통

⭐빈출표현 コミュニケーションを取る(커뮤니케이션을 취하다)

コミュニケーションを図る(커뮤니케이션을 도모하다)

＊출제가능유형 : 문맥 유의표현 용법

50

シーズン
시즌

season

의미 시즌, 시기, 계절

⭐빈출표현 受験シーズン(입시 시즌)

シーズン開幕(시즌 개막)

シーズンが始まる(시즌이 시작되다)

＊출제가능유형 : 문맥 유의표현 용법

Step 2 | 연관 단어 🔍

（유）さらに 더 한층, 더욱더

もっと 더, 더욱

ますます 점점, 더욱더

（유）一度 한 번
一先ず 우선, 일단
一時的に 일시적으로

（유）苦情 고충, 불만, 푸념
文句 불평, 불만

（유）意思疎通 의사소통

（유）季節 계절
時節 시절, 시기, 때

Step 3 | 예문 💬

今年もより一層仕事に精進して参ります。

올해도 한층 더 일에 정진해 나가겠습니다.

元気になるためには、いったん体をリセットさせることが必要だ。

건강해지기 위해서는 일단 몸을 리셋시키는 것이 필요하다.

お客様からクレームの電話があった。

고객으로부터 클레임 전화가 왔다.

職場でなかなかコミュニケーションが取れず、孤立感を感じている。

직장에서 좀처럼 커뮤니케이션을 하지 못해 고립감을 느끼고 있다.

いよいよ本格的な受験シーズンが迫ってきた。

드디어 본격적인 입시 시즌이 다가왔다.

Day 2

—————— 문제로 확인하기 ——————

❶ 다음 단어의 뜻을 쓰고 읽는 법을 고르세요.

1. 過剰　　（뜻:　　　　）　A. かじょう　　B. かぞう

2. 勢い　　（뜻:　　　　）　A. いきおい　　B. いせい

3. 著しい　（뜻:　　　　）　A. いちしるしい　B. いちじるしい

4. 永久だ　（뜻:　　　　）　A. えいきゅうだ　B. えいくうだ

5. 納める　（뜻:　　　　）　A. おがめる　　B. おさめる

❷ 다음 빈칸에 공통으로 들어갈 수 있는 한자로 적절한 것을 고르세요.

6. （　）充　（　）張　（　）散
　　A. 格　B. 管　C. 拡

7. 確（　）　（　）険　（　）障
　　A. 保　B. 故　C. 信

8. 繁華（　）　住宅（　）　オフィス（　）
　　A. 町　B. 街　C. 道

9. 医学（　）　映画（　）　文学（　）
　　A. 界　B. 館　C. 系

10. 相談（　）　料理（　）　案内（　）
　　A. 役　B. 人　C. 係

❸ 빈칸에 들어갈 단어로 적절한 것을 고르세요.

| A. 一気に　　B. 売り切れて　　C. クレーム　　D. いったん　　E. 至る所 |

11. お客様から＿＿＿＿＿の電話があった。

12. 町の＿＿＿＿＿にバラの花が咲いている。

13. 行きたかったコンサートのチケットがわずか5分で＿＿＿＿＿しまった。

14. 短期間で＿＿＿＿＿痩せようとすると、体への負担が大きくなる。

15. 元気になるためには、＿＿＿＿＿体をリセットさせることが必要だ。

정답 | 1. 과잉, A　2. 기세, A　3. 현저하다, B　4. 영구적이다, A　5. 납부하다, B /
6. C　7. A　8. B　9. A　10. C / 11. C　12. E　13. B　14. A　15. D

Day 3

강의와
예문 듣기

매일 품사별로 골고루! **오늘의 50단어 한눈에 보기!**

음독명사

01. 機能
02. 寄付
03. 規模
04. 愚痴
05. 掲示
06. 軽傷
07. 継続
08. 警備
09. 景色
10. 下旬
11. 見解

고유어

12. かかりつけ
13. 肩
14. きっかけ

복합파생

15. 仮～
16. ～感
17. ～気味
18. 旧～
19. ～切れ

い형용사

20. 輝かしい
21. 賢い
22. くどい
23. 悔しい

な형용사

24. 勝手だ
25. 活発だ
26. 可哀想だ
27. 簡潔だ
28. 頑丈だ
29. 貴重だ

기본동사

30. 劣る
31. 衰える
32. 驚く
33. 覚える
34. 抱える
35. 欠かす
36. 隠す
37. 囲む

38. 傾く
39. 固める

복합동사

40. 落ち込む
41. 落ち着く
42. 思いつく

부사

43. 言わば
44. 大幅に
45. おそらく
46. およそ
47. かつて

가타카나

48. タイミング
49. トラブル
50. パンク

| 표제어 | Step 1 | 단어 풀이(용법·의미) ✎ |

1

機能
기능

(한자풀이) 機 틀 기, 能 능할 능

きのう

[의미] 기능

☆ 빈출표현 機能性(기능성)
機能がある/つく(기능이 있다/붙다)
機能が上がる/下がる(기능이 오르다/떨어지다)

*출제가능유형 : [한자읽기] [한자표기] [단어형성]

2

寄付
기부

(한자풀이) 寄 부칠 기, 付 줄 부

きふ

[의미] 기부

☆ 빈출표현 寄付金(기부금), 寄付をする(기부를 하다)
寄付を募る/受ける(기부를 모으다/받다)

*출제가능유형 : [한자읽기] [한자표기] [단어형성] [유의표현]

3

음독명사

規模
규모

(한자풀이) 規 법 규, 模 본뜰 모

きぼ

[의미] 규모

☆ 빈출표현 規模が小さい/大きい(규모가 작다/크다)

*출제가능유형 : [한자읽기] [한자표기] [유의표현]

4

愚痴
푸념

(한자풀이) 愚 어리석을 우, 痴 어리석을 치

ぐち

[의미] 푸념, 넋두리

☆ 빈출표현 愚痴話(푸념, 넋두리)
愚痴を言う/聞く(푸념을 하다/듣다)
愚痴をこぼす(투정을 부리다)

*출제가능유형 : [한자읽기] [한자표기] [문맥] [유의표현] [용법]

5

掲示
게시

(한자풀이) 掲 걸 게, 示 보일 시

けいじ

[의미] 게시

☆ 빈출표현 掲示板(게시판), 掲示物(게시물)
広告/ポスターを掲示する(광고/포스터를 게시하다)

*출제가능유형 : [한자읽기] [한자표기] [문맥]

| Step 2 \| 연관 단어 🔍 | Step 3 \| 예문 💬 |

Step 2 ｜ 연관 단어 🔍

유 働き 작용, 기능

참 같은 한자 사용 단어

芸能 예능

能率 능률

可能 가능

유 寄贈 기증

贈与 기여

유 スケール 스케일, 규모

참 小規模 소규모　　　大規模 대규모

참 같은 한자 사용 단어

規制 규제　　　模様 모양

참 같은 한자 사용 단어

痴漢 치한

音痴 음치

참 같은 한자 사용 단어

掲載 게재

참 같은 발음 단어

刑事 형사

Step 3 ｜ 예문 💬

最新のスマホは防水機能がついているものが多い。

최신 스마트폰은 방수 기능이 달려 있는 것이 많다.

ボランティア団体に50万円を寄付した。

봉사 단체에 50만 엔을 기부했다.

市場規模が大きく安定している。

시장 규모가 크고 안정되어 있다.

いくら愚痴を言ってもすっきりしない。

아무리 푸념을 해도 개운하지 않다.

校内には、今年度の行事写真をまとめた掲示物が飾られている。

교내에는 올해 행사 사진을 정리한 게시물이 장식되어 있다.

DAY 3

표제어	Step 1	단어 풀이(용법·의미)

6

軽傷
경상

한자풀이 軽 가벼울 경, 傷 다칠 상

けいしょう

의미 경상, 가벼운 상처

★빈출표현 軽傷で済む(경상으로 끝나다)

軽傷を負う(경상을 입다)

＊출제가능유형 : 한자읽기 한자표기 유의표현 용법

7

継続
계속

한자풀이 継 이을 계, 続 이을 속

けいぞく

의미 계속

★빈출표현 活動を継続する(활동을 계속하다)

継続する力(계속하는 힘)

＊출제가능유형 : 한자읽기 한자표기 문맥

8

음독명사

警備
경비

한자풀이 警 깨우칠 경, 備 갖출 비

けいび

의미 경비

★빈출표현 警備員(경비원), 警備会社(경비 회사)

警備を強化する(경비를 강화하다)

厳重な警備(엄중한 경비)

＊출제가능유형 : 한자읽기 한자표기 문맥

9

景色
경치

한자풀이 景 볕 경, 色 빛 색

けしき

의미 경치

★빈출표현 景色を見る/眺める(경치를 보다/바라보다)

景色を楽しむ(경치를 즐기다)

景色がいい(경치가 좋다)

＊출제가능유형 : 한자읽기 한자표기 유의표현 용법

10

下旬
하순

한자풀이 下 아래 하, 旬 열흘 순

げじゅん

의미 하순

★빈출표현 上旬から下旬まで(상순부터 하순까지)

＊출제가능유형 : 한자읽기 한자표기 문맥

참 **같은 발음 단어**

けいしょう
継承 계승

けいしょう
敬称 경칭, 공경하는 뜻으로 부르는 칭호

けいしょう
軽症 경증, 가벼운 증상

⟷ じゅうしょう
重傷 중상

くるま　　しょうとつ　　　　じょうきゃくふたり　　　　　ひとり　　けいしょう　お
車が衝突し、乗客2人のうち1人が軽傷を負
いました。

차가 충돌해 승객 두 명 중 한 명이 경상을 입었습니다.

참 つづ
続ける 계속하다

れんぞく
連続 연속

ボランティア活動を継続するには、無理を
かつどう　　　　　　　　　　　　　　　　　　　　　　　　む　り
しないことが大切です。
　　　　　　　　たいせつ

봉사 활동을 계속하려면 무리를 하지 않는 것이 중요합니다.

참 **같은 한자 사용 단어**

けいこく
警告 경고

よび
予備 예비

せいび
整備 정비

せつび
設備 설비

참 **같은 발음 단어**

けいび
軽微 경미, 가볍고 적음

テロが発生する可能性がある重要施設の警
　　　　はっせい　　　か　のうせい　　　じゅうよう　し　せつ　けい
戒警備を強化した。
かい　　きょう か

테러가 발생할 가능성이 있는 중요 시설의 경계 경비를 강화했다.

유 ふうけい
風景 풍경

なが
眺め 경치, 조망

き れい　　　けいしょく　　なが　　　こころ　いや
綺麗な景色を眺めて心を癒したい。

아름다운 경치를 바라보며 마음을 치유하고 싶다.

유 げつまつ
月末 월말

참 じょうじゅん
上旬 상순

ちゅうじゅん
中旬 중순

ふゆ　　　　　　　　　　　　　　　　　がつじょうじゅん　　げじゅん
冬のバーゲンセールは、1月上旬から下旬
までです。

겨울 바겐세일은 1월 상순부터 하순까지입니다.

11

음독명사

見解
견해

(한자풀이) 見 볼 견, 解 풀 해

けんかい

[의미] 견해

⭐빈출표현 見解を示す/述べる(견해를 나타내다/말하다)
　　　　見解を伺う/求める(견해를 묻다/구하다)

＊출제가능유형 : [한자읽기] [한자표기] [용법]

12

かかりつけ
단골

[의미] (의사나 약국 등의) 단골

⭐빈출표현 かかりつけの医者(주치의)
　　　　かかりつけ薬剤師/薬局(단골 약사/약국)

＊출제가능유형 : [문맥] [유의표현] [용법]

13

고유어

肩
어깨

(한자풀이) 肩 어깨 견

かた

[의미] 어깨

⭐빈출표현 肩こりがひどい(어깨 결림이 심하다)
　　　　肩を組む(어깨동무를 하다)

＊출제가능유형 : [한자읽기] [한자표기] [단어형성] [문맥] [유의표현] [용법]

14

きっかけ
계기, 시작

[의미] ① 계기, 동기 ② 시작, 시초

⭐빈출표현 きっかけを掴む/作る(계기를 잡다/만들다)
　　　　きっかけがある/ない(계기가 있다/없다)

＊출제가능유형 : [문맥] [유의표현] [용법]

15

복합파생

仮採用
임시 채용

(한자풀이) 仮 거짓 가

かりさいよう

[의미] 임시 채용, 가채용

⭐빈출표현 仮採用の期間(임시 채용 기간)
　　　　仮採用の通知(임시 채용 통지)

＊출제가능유형 : [한자읽기] [단어형성]

유 意見 의견
　所見 소견

政府の公式な見解が発表された。

정부의 공식적인 견해가 발표되었다.

유 主治医 주치의
참 行きつけ (음식점이나 상점 등의) 단골

かかりつけの医者から専門的な治療が受けられる病院を紹介してもらった。

주치의로부터 전문적인 치료를 받을 수 있는 병원을 소개받았다.

참 같은 한자 사용 단어
　肩書 직함
　肩代り 남을 대신해서 떠맡음

様々な方法を試しても、肩こりがなかなか治らない。

다양한 방법을 시도해도 어깨 결림이 좀처럼 낫지 않는다.

＝ 契機 계기
유 原因 원인
　動機 동기

何事もきっかけが大事だと思う。

무슨 일이든 계기(시작)가 중요하다고 생각한다.

참 仮住所 임시 주소
　仮所属 임시 소속
　仮ナンバー 임시 번호

試用期間とは、企業が人材を採用する時、本採用の前に設ける仮採用の期間のことだ。

수습 기간이란, 기업이 인재를 채용할 때 본채용 전에 마련하는 임시 채용 기간을 말한다.

16

責任感
책임감

(한자풀이) 感 느낄 감

せきにんかん

의미 책임감

☆ 빈출표현 責任感がある/強い(책임감이 있다/강하다)
責任感を感じる/持つ(책임감을 느끼다/가지다)

＊출제가능유형 : 한자읽기 단어형성

17

風邪気味
감기 기운

(한자풀이) 気 기운 기, 味 맛 미

かぜぎみ

의미 감기 기운

☆ 빈출표현 風邪気味でだるい(감기 기운으로 나른하다)
風邪気味で休む(감기 기운으로 쉬다)
風邪気味が続く(감기 기운이 계속되다)

＊출제가능유형 : 한자읽기 단어형성

18

복합파생

旧制度
구제도

(한자풀이) 旧 옛 구

きゅうせいど

의미 구제도

☆ 빈출표현 旧制度を適用する(구제도를 적용하다)

＊출제가능유형 : 한자읽기 단어형성

19

期限切れ
기간 만료

(한자풀이) 切 끊을 절

きげんぎれ

의미 기간 만료

☆ 빈출표현 期限切れの薬/パスポート(기간이 만료된 약/여권)
賞味/有効期限切れ(유통/유효 기한 만료)

＊출제가능유형 : 한자읽기 단어형성

20

い형용사

輝かしい
빛나다

(한자풀이) 輝 빛날 휘

かがやかしい

의미 빛나다, 훌륭하다

☆ 빈출표현 輝かしい未来(빛나는 미래)
輝かしい活躍(빛나는 활약)

＊출제가능유형 : 한자읽기 한자표기 문맥 유의표현 용법

DAY 3

참 安定感 _{あんていかん} 안정감   親近感 _{しんきんかん} 친근감
違和感 _{いわかん} 위화감   距離感 _{きょりかん} 거리감
義務感 _{ぎむかん} 의무감   使命感 _{しめいかん} 사명감

妹は真面目で責任感が強い。

여동생은 성실하고 책임감이 강하다.

참 焦り気味 _{あせ ぎみ} 초조한 기색
疲れ気味 _{つか ぎみ} 피곤한 기색
太り気味 _{ふと ぎみ} 살찌는 느낌

風邪気味の時は、体を温かくして早めに寝た方がいい。

감기 기운이 있을 때는 몸을 따뜻하게 하고 일찍 자는 편이 좋다.

참 旧正月 _{きゅうしょうがつ} 음력 설
旧暦 _{きゅうれき} 음력
旧姓 _{きゅうせい} 원래 성씨
旧住所 _{きゅうじゅうしょ} 구 주소, 옛날 주소

平成30年1月以降の保険料は旧制度が適用される。

2018년 1월 이후의 보험료는 구제도가 적용된다.

참 品切れ _{しなぎ} 품절
在庫切れ _{ざいこぎ} 재고 부족
息切れ _{いきぎ} 숨이 참
車検切れ _{しゃけんぎ} 자동차 점검 기간 만료

未開封の牛乳なら、賞味期限切れ2〜3日後でも飲めるらしい。

미개봉 우유라면 유통 기한 만료 2〜3일 후라도 마실 수 있다고 한다.

유 華々しい _{はなばな} 눈부시다, 매우 화려하다, 훌륭하다
참 輝く _{かがや} 빛나다, 반짝이다

あの選手はオリンピックで8個のメダルを獲得するという輝かしい活躍を見せた。

그 선수는 올림픽에서 8개의 메달을 획득하는 빛나는 활약을 보였다.

표제어	Step 1	단어 풀이(용법·의미)

21

賢い
현명하다

(한자풀이) 賢 어질 현

かしこい

의미 ① 현명하다, 영리하다 ② 요령이 좋다, 약다

☆ 빈출표현 賢い消費者(현명한 소비자)
　　　　　　賢い子供/頭(영리한 아이/머리)

＊출제가능유형 : 한자읽기　한자표기　문맥　유의표현　용법

22

くどい
장황하다, 느끼하다

의미 ① 장황하다, 끈덕지다 ② 느끼하다, 칙칙하다

☆ 빈출표현 話がくどい(이야기가 장황하다)
　　　　　　くどい人(끈덕진 사람), くどい味(느끼한 맛)

＊출제가능유형 : 문맥　유의표현　용법

23

悔しい
분하다

(한자풀이) 悔 뉘우칠 회

くやしい

의미 분하다

☆ 빈출표현 悔しい気持ち(분한 기분), 悔しくて泣く(분해서 울다)
　　　　　　悔しくてたまらない(분해서 참을 수 없다)

＊출제가능유형 : 한자읽기　한자표기　문맥　유의표현　용법

い형용사

24

勝手だ
제멋대로 하다

(한자풀이) 勝 이길 승, 手 손 수

かってだ

의미 제멋대로 하다

☆ 빈출표현 勝手なお願い/行動/人(제멋대로인 부탁/행동/사람)
　　　　　　勝手にする(제멋대로 하다)
　　　　　　勝手なことばかり言う(제멋대로 말하다)

＊출제가능유형 : 한자읽기　한자표기　문맥　유의표현　용법

な형용사

25

活発だ
활발하다

(한자풀이) 活 살 활, 発 필 발

かっぱつだ

의미 활발하다

☆ 빈출표현 活発な議論/意見交換(활발한 논의/의견 교환)
　　　　　　活発な活動/子/人(활발한 활동/아이/사람)

＊출제가능유형 : 한자읽기　한자표기　문맥　유의표현　용법

| **Step 2** | 연관 단어 | 🔍 | **Step 3** | 예문 | 💬 |

유 賢明だ 현명하다
　　要領がいい 요령이 좋다
　　利口だ 영리하다, 요령이 좋다
참 賢しい 영리하다, 현명하다, 건방지다

今から将来を見据えて賢いお金の使い方を考えていきたい。

이제부터 장래를 눈여겨보고 현명한 돈 쓰는 법을 생각해 나가고 싶다.

DAY 3

유 しつこい 끈질기다, 끈덕지다
　　しぶとい 고집이 세다, 끈질기다
　　執拗 집요

親切で丁寧な説明と、しつこくてくどい説明は、紙一重の差だ。

친절하고 공손한 설명과 집요하고 장황한 설명은 종이 한 장 차이다.

유 口惜しい 분하다, 유감스럽다
　　残念だ 분하다, 유감이다, 아쉽다

最近なかなか勝てなくて悔しい試合が続いている。

요즘 좀처럼 이기지 못 해서 분한 시합이 계속되고 있다.

유 気ままだ 제멋대로 하다
　　わがままだ 제멋대로 굴다
참 好き勝手 자기 좋을 대로만 함
　　自分勝手 제멋대로 함

誠に勝手ながら下記の通りお休みとさせていただきます。

참으로 제멋대로지만 아래와 같이 쉬도록 하겠습니다.

유 快活だ 쾌활하다
　　いきいき 생생함, 생기가 넘침

明るくて元気で活発な子に育てたい。

밝고 건강하고 활발한 아이로 키우고 싶다.

표제어	Step 1	단어 풀이(용법·의미) ✏️

26

可哀想だ
불쌍하다

한자풀이 **可** 옳을 가, **哀** 슬플 애, **想** 생각 상

かわいそうだ

의미 불쌍하다, 가엾다

★ 빈출표현 可哀想な人/顔(불쌍한 사람/얼굴)
可哀想に思う(가엾게 생각하다)

＊출제가능유형 : 문맥 유의표현 용법

27

な형용사

簡潔だ
간결하다

한자풀이 **簡** 간략할 간, **潔** 깨끗할 결

かんけつだ

의미 간결하다

★ 빈출표현 簡潔な説明/表現(간결한 설명/표현)
簡潔に話す/まとめる(간결하게 이야기하다/정리하다)

＊출제가능유형 : 한자읽기 한자표기 문맥 유의표현 용법

28

頑丈だ
튼튼하다

한자풀이 **頑** 완고할 완, **丈** 어른 장

がんじょうだ

의미 튼튼하다, 단단하다, 견고하다

★ 빈출표현 体が頑丈だ(몸이 튼튼하다), 頑丈な骨(튼튼한 뼈)
頑丈なスマホ/家/車(견고한 스마트폰/집/자동차)

＊출제가능유형 : 한자읽기 한자표기 문맥 유의표현 용법

29

貴重だ
귀중하다

한자풀이 **貴** 귀할 귀, **重** 무거울 중

きちょうだ

의미 귀중하다

★ 빈출표현 貴重なご意見/お話(귀중한 의견/말씀)
貴重な経験/時間(귀중한 경험/시간)

＊출제가능유형 : 한자읽기 한자표기 문맥 유의표현 용법

30

기본동사

劣る
뒤떨어지다

한자풀이 **劣** 못할 렬

おとる

의미 뒤떨어지다, 다른 것만 못하다

★ 빈출표현 価値/効果が劣る(가치/효과가 뒤떨어지다)
質が劣る(질이 뒤떨어지다)

＊출제가능유형 : 한자읽기 한자표기 문맥 유의표현 용법

유 気の毒だ 딱하다, 가련하다

哀れだ 가련하다

참 可愛い 귀엽다

他人から「可哀想だ」と思われるのも言われるのもいやだ。

타인에게 '불쌍하다'고 생각되는 것도 말을 듣는 것도 싫다.

DAY
3

유 手短だ 간략하다, 간단하다

箇条書を使うと、要点を簡潔にまとめることができる。

조목별로 적으면 요점을 간결하게 정리할 수 있다.

유 堅牢だ 단단하다, 견고하다

堅固だ 견고하다

頑丈な骨は、脳や内臓など柔らかな器官を保護してくれる。

튼튼한 뼈는 뇌나 장기 등 단단하지 않은 기관을 보호해 준다.

유 得難い 얻기 어렵다

大切だ 중요하다, 소중하다

とても貴重な経験をさせていただき、ありがとうございました。

매우 귀중한 경험을 하게 해 주셔서 감사했습니다.

유 後れる 뒤지다

↔ 勝る 낫다, 우수하다

布マスクは不織布のマスクより予防効果が劣るらしい。

천 마스크는 부직포 마스크보다 예방 효과가 뒤떨어진다는 것 같다.

| 표제어 | Step 1 | 단어 풀이(용법·의미) |

31

衰える
쇠약하다

(한자풀이) 衰 쇠할 쇠

おとろえる

의미 쇠약하다, 쇠퇴하다

☆ 빈출표현 気力/筋力が衰える(기력/근력이 쇠약해지다)
記憶力/文化が衰える(기억력/문화가 쇠퇴하다)

＊출제가능유형 : 한자읽기 한자표기 문맥 유의표현 용법

32

驚く
놀라다

(한자풀이) 驚 놀랄 경

おどろく

의미 놀라다, 경악하다

☆ 빈출표현 大きさ/おいしさに驚く(크기/맛에 놀라다)
実力/能力に驚く(실력/능력에 놀라다)

＊출제가능유형 : 한자읽기 한자표기 문맥 유의표현 용법

기본동사

33

覚える
기억하다, 익히다

(한자풀이) 覚 깨달을 각

おぼえる

의미 ① 기억하다, 외우다 ② 배우다, 익히다 ③ 느끼다

☆ 빈출표현 名前を覚える(이름을 기억하다)
技術を覚える(기술을 익히다)
疲れを覚える(피로를 느끼다)

＊출제가능유형 : 한자읽기 한자표기 문맥 유의표현 용법

34

抱える
안다

(한자풀이) 抱 안을 포

かかえる

의미 안다, 팔에 안다, 부둥켜 들다

☆ 빈출표현 荷物/枕を抱える(짐/베개를 안다)
ストレス/悩みを抱える(스트레스/고민을 안다)

＊출제가능유형 : 한자읽기 한자표기 문맥 유의표현 용법

35

欠かす
거르다

(한자풀이) 欠 이지러질 결

かかす

의미 거르다, 빠뜨리다

☆ 빈출표현 食事/練習を欠かす(식사/연습을 거르다)
欠かせない存在(빠뜨릴 수 없는 존재)

＊출제가능유형 : 한자읽기 한자표기 문맥 유의표현 용법

유 衰弱する 쇠약하다

こうれいしゃ　　き りょく　　きんりょく
高齢者は気力や筋力が衰えやすい。

고령자는 기력이나 근력이 쇠약해지기 쉽다.

유 びっくりする 깜짝 놀라다
　 感嘆する 감탄하다

ふ だん　　　　　　　　み
普段なかなか見ることのできない「ジャンボ
　　　　　　おお
マグロ」の大きさに驚いた。

평소에 좀처럼 볼 수 없는 '점보 참치'의 크기에 놀랐다.

유 記憶する 기억하다
　 習う 배워서 익히다
　 習得する 습득하다
　 感じる 느끼다

ひと　　な まえ　　かお　　　　　　　　にが て
人の名前や顔を覚えるのが苦手だ。

다른 사람의 이름이나 얼굴을 기억하는 것을 잘 못한다.

유 抱く (껴)안다
　 抱く (팔 · 가슴에) 안다, 마음속에 품다

げんだいじん　　だれ　　　　さまざま　　なや　　　もんだい
現代人は誰もが様々な悩みや問題を抱えて
いる。

현대인은 누구나가 다양한 고민이나 문제를 안고 있다.

유 怠る 게으름 피우다
　 欠く 빠뜨리다, 게을리하다, 소홀히 하다

あさ　　　　　　　いちにち　　かつどう
朝ごはんは一日の活動にとって欠かすこと
のできないエネルギー源だ。
　　　　　　　　　　　　　　　　げん

아침밥은 하루의 활동에 있어서 빠뜨릴 수 없는 에너지원이다.

| 표제어 | Step 1 | 단어 풀이(용법·의미) ✎ |

36

隠す
감추다

한자풀이 隠 숨을 은

かくす

의미 감추다, 숨기다

☆ 빈출표현 顔/姿/表情を隠す(얼굴/모습/표정을 감추다)
能力/物/ミスを隠す(능력/물건/실수를 숨기다)

＊출제가능유형 : 한자읽기 한자표기 문맥 유의표현 용법

37

기본동사

囲む
둘러싸다

한자풀이 囲 에워쌀 위

かこむ

의미 둘러싸다

☆ 빈출표현 大勢の人/花に囲まれる(많은 사람들/꽃에 둘러싸이다)
海/山に囲まれる(바다/산에 둘러싸이다)

＊출제가능유형 : 한자읽기 한자표기 문맥 유의표현 용법

38

傾く
기울다

한자풀이 傾 기울 경

かたむく

의미 ① 기울다 ② (사상·마음 등이) 한쪽으로 치우치다

☆ 빈출표현 賛成に傾く(찬성으로 기울다)
家/気持ちが傾く(집/마음이 기울다)

＊출제가능유형 : 한자읽기 한자표기 문맥 유의표현 용법

39

固める
굳히다

한자풀이 固 굳을 고

かためる

의미 굳히다, 단단히 하다

☆ 빈출표현 油を固める(기름을 굳히다)
意向/決心/方針を固める(의향/결심/방침을 굳히다)
基礎を固める(기초를 단단히 하다)

＊출제가능유형 : 한자읽기 한자표기 문맥 유의표현 용법

40

복합동사

落ち込む
침울해지다

한자풀이 落 떨어질 낙, 込 담을 입

おちこむ

의미 ① (기분이) 침울해지다 ② 빠지다

☆ 빈출표현 気持ちが落ち込む(기분이 침울해지다)
失敗して落ち込む(실패해서 침울해지다)
穴に落ち込む(구멍에 빠지다)

＊출제가능유형 : 한자읽기 한자표기 문맥 유의표현 용법

유 遮る 가리다, 막다
秘密にする 비밀로 하다
참 隠れる 숨다

ミスを隠そうと嘘をついてしまった。

실수를 감추려고 거짓말을 해 버렸다.

유 取り巻く 둘러싸다, 에워싸다
囲う 둘러싸다, 숨겨 두다
巡らす 돌리다, 두르다
巡る 둘러싸다, 에워싸다

大勢の人に囲まれているにもかかわらず、孤独を感じる。

많은 사람에게 둘러싸여 있음에도 불구하고 고독을 느낀다.

유 傾ぐ 기울다, 기울어지다

傾いた家に住み続けると平衡感覚が狂ってしまう。

기울어진 집에 계속 살면 평형 감각이 이상해져 버린다.

유 固くする 단단하게 하다, 딱딱하게 하다
強固にする 굳세게 하다
참 固まる 굳다, 딱딱해지다

片栗粉で油を固めて捨てた。

녹말로 기름을 굳혀서 버렸다.

유 落ちる 떨어지다
陥る 빠지다

仕事で失敗して落ち込んでいる後輩を励ました。

일에 실패해서 침울해져 있는 후배를 격려했다.

표제어	Step 1	단어 풀이(용법·의미)

41

복합동사

落ち着く
침착하다

(한자풀이) 落 떨어질 낙, 着 붙을 착

おちつく

의미 ① 침착하다, 차분하다 ② 안정되다

★ 빈출표현 落ち着いた人/雰囲気(차분한 사람/분위기)
心/仕事が落ち着く(마음/일이 안정되다)
落ち着いて行動する(침착하게 행동하다)

＊출제가능유형 : 한자읽기 한자표기 문맥 유의표현 용법

42

思いつく
문득 생각이 떠오르다

(한자풀이) 思 생각 사

おもいつく

의미 문득 생각이 떠오르다, 생각해 내다

★ 빈출표현 急用/方法を思いつく(급한 용무/방법이 떠오르다)
いいアイデアを思いつく(좋은 아이디어를 생각해 내다)

＊출제가능유형 : 한자읽기 한자표기 문맥 유의표현 용법

43

言わば
말하자면

(한자풀이) 言 말씀 언

いわば

의미 말하자면, 이를테면

★ 빈출표현 言わば～のようなものだ(말하자면 ～같은 것이다)

＊출제가능유형 : 문맥 유의표현 용법

44

부사

大幅に
큰 폭으로

(한자풀이) 大 큰 대, 幅 폭 폭

おおはばに

의미 큰 폭으로, 수량·가격 등의 변동이 큰 모양

★ 빈출표현 大幅に変更する(큰 폭으로 변경되다)
大幅に減少する(큰 폭으로 감소하다)
大幅に増加する(큰 폭으로 증가하다)

＊출제가능유형 : 한자읽기 한자표기 문맥 유의표현 용법

45

おそらく
아마

おそらく

의미 아마, 어쩌면, 필시

★ 빈출표현 おそらく違う(아마 다르다)
おそらく日本一(아마 일본 제일)

＊출제가능유형 : 문맥 유의표현 용법

유 静_{しず}まる (조용히) 가라앉다, 안정되다

治_{おさ}まる 안정되다, 잠잠해지다

彼_{かれ}は何_{なに}かあっても慌_{あわ}てたり取_とり乱_{みだ}したりせず、落_おち着_ついて行動_{こうどう}する。

그는 무슨 일이 있어도 당황하거나 흐트러지지 않고 침착하게 행동한다.

유 考_{かんが}えつく 생각나다, 생각이 떠오르다

ひらめく 번뜩이다

みんなで相談_{そうだん}すれば、いい方法_{ほうほう}を思_{おも}いつくかもしれない。

다 같이 의논하면 좋은 방법이 떠오를지도 모른다.

유 たとえて言_いえば 비유해서 말하면

オゾン層_{そう}は、言_いわば地球_{ちきゅう}の宇宙服_{うちゅうふく}のようなものだ。

오존층은 말하자면 지구의 우주복 같은 것이다.

↔ 小幅_{こはば}に 소폭으로

今月_{こんげつ}の新車販売台数_{しんしゃはんばいだいすう}は1年前_{ねんまえ}に比_{くら}べて大幅_{おおはば}に増加_{ぞうか}した。

이달 신차 판매 대수는 1년 전에 비해서 큰 폭으로 증가했다.

유 きっと 틀림없이

たぶん 아마

これがおそらく日本一_{にほんいち}おいしいラーメンではないかと思_{おも}う。

이것이 아마 일본에서 제일 맛있는 라면이 아닐까 싶다.

표제어	Step 1	단어 풀이(용법·의미) ✏️

46

およそ
대략

> **의미** 대략, 대강, 대충, 대개
>
> ⭐ **빈출표현** およそ 1 時間(대략 1시간)
>
> およそ 1 キロ/1 メートル(대략 1킬로그램/1미터)
>
> * **출제가능유형 :** 문맥 유의표현 용법

부사

47

かつて
예전

> **의미** 예전, 옛날, 전에, 일찍이
>
> ⭐ **빈출표현** かつてない(전에 없던), かつては(옛날에는)
>
> かつてのように(예전처럼)
>
> * **출제가능유형 :** 문맥 유의표현 용법

48

タイミング
타이밍

> timing
>
> **의미** 타이밍, 특정 시기
>
> ⭐ **빈출표현** タイミングがいい/悪い(타이밍이 좋다/나쁘다)
>
> タイミングが合う(타이밍이 맞다)
>
> タイミングを逃す(타이밍을 놓치다)
>
> * **출제가능유형 :** 문맥 유의표현 용법

49

トラブル
트러블

> trouble
>
> **의미** 트러블, 분쟁, 말썽
>
> ⭐ **빈출표현** トラブルが起こる/続く(트러블이 발생하다/계속되다)
>
> トラブルを避ける/防ぐ(트러블을 피하다/막다)
>
> トラブルを解決する(트러블을 해결하다)
>
> * **출제가능유형 :** 문맥 유의표현 용법

가타카나

50

パンク
펑크

> puncture
>
> **의미** 펑크, 타이어 구멍
>
> ⭐ **빈출표현** 自転車/車のタイヤがパンクする
>
> (자전거/자동차의 타이어가 펑크 나다)
>
> * **출제가능유형 :** 문맥 유의표현 용법

Step 2 | 연관 단어 🔍	Step 3 | 예문 💬

유 約 약

だいたい 대개, 대략

冷蔵状態の明太子の賞味期限はおよそ1〜2週間だそうだ。

냉장 상태의 명란의 유통 기한은 대략 1〜2주라고 한다.

유 以前 이전
昔 옛날

かつての日本には、歯を黒く染める慣習が存在していた。

옛날 일본에는 치아를 검게 물들이는 관습이 존재했었다.

유 時期 시기
瞬間 순간

株を売るタイミングは難しく、損失を大きくしてしまうことがある。

주식을 파는 타이밍은 어려워서 손실이 크게 나 버리는 경우가 있다.

유 もめ事 다툼, 분쟁
紛争 분쟁
騒ぎ 소동, 소란
摩擦 마찰
故障 고장

生活騒音でご近所トラブルになってしまった。

생활 소음 때문에 이웃 간 분쟁이 나고 말았다.

유 穴が開く 구멍이 나다
破損する 파손되다

自転車がパンクしたから、自転車屋さんに持っていって直してもらった。

자전거가 펑크 나서 자전거 가게에 가져가서 수리받았다.

Day 3

1 다음 단어의 뜻을 쓰고 읽는 법을 고르세요.

1. 寄付　　（뜻:　　　　　）　A. きふ　　　　　B. きふう

2. 肩　　　（뜻:　　　　　）　A. かた　　　　　B. がた

3. 悔しい　（뜻:　　　　　）　A. くわしい　　　B. くやしい

4. 頑丈だ　（뜻:　　　　　）　A. がんじょうだ　B. かんじょうだ

5. 隠す　　（뜻:　　　　　）　A. かかす　　　　B. かくす

2 다음 빈칸에 공통으로 들어갈 수 있는 한자로 적절한 것을 고르세요.

6. 音（　）愚（　）（　）漢
   A. 数　　B. 声　　C. 痴

7. 期限（　）息（　）在庫（　）
   A. 斬れ　　B. 切れ　　C. 裂れ

8. （　）採用　（　）住所　（　）ナンバー
   A. 仮　　B. 偽　　C. 本

9. （　）暦　（　）正月　（　）制度
   A. 古　　B. 旧　　C. 元

10. 疲れ（　）　風邪（　）　焦り（　）
    A. 気味　　B. 気　　C. 気配

3 빈칸에 들어갈 단어로 적절한 것을 고르세요.

> A. トラブル　　B. 思いつく　　C. 言わば　　D. きっかけ　　E. かつて

11. 生活騒音でご近所＿＿＿＿＿＿＿になってしまった。

12. 何事も＿＿＿＿＿＿＿が大事だと思う。

13. みんなで相談すればいい方法を＿＿＿＿＿＿＿かもしれない。

14. オゾン層は、＿＿＿＿＿＿＿地球の宇宙服のようなものだ。

15. ＿＿＿＿＿＿＿の日本には、歯を黒く染める慣習が存在していた。

| 정답 | 1. 기부. A　2. 어깨. A　3. 분하다. B　4. 튼튼하다. A　5. 감추다. B / |
| | 6. C　7. B　8. A　9. B　10. A / 11. A　12. D　13. B　14. C　15. E |

매일 품사별로 골고루! 오늘의 50단어 한눈에 보기!

음독명사

01. 限界
02. 講義
03. 交代
04. 合同
05. 混乱
06. 栽培
07. 削除
08. 撮影
09. 雑談
10. 刺激
11. 指摘

고유어

12. 暮らし
13. 心当たり
14. 素人

복합파생

15. 現〜
16. 高〜
17. 〜頃
18. 最〜

19. 再〜
20. 〜祭

い형용사

21. 詳しい
22. 濃い
23. 心強い

な형용사

24. 奇妙だ
25. 強力だ
26. 極端だ
27. 好調だ
28. 小柄だ
29. 質素だ

기본동사

30. 偏る
31. 叶う
32. 競う
33. 決める
34. 悔やむ
35. 暮らす

36. 削る
37. 凍る
38. 異なる
39. 逆らう

복합동사

40. 買い占める
41. 組み立てる
42. 差し支える

부사

43. がっかり
44. きっぱり
45. ぎりぎり
46. 快く
47. さっさと

가타카나

48. ブーム
49. プレッシャー
50. マイペース

표제어	Step 1 ㅣ 단어 풀이(용법・의미)

음독명사

1

限界
한계

한자풀이 限 한할 한, 界 지경 계

げんかい

의미 한계

★빈출표현 限界を超える/感じる(한계를 넘다/느끼다)
限界に挑戦する(한계에 도전하다)

＊출제가능유형 : 한자읽기 한자표기 문맥 유의표현 용법

2

講義
강의

한자풀이 講 외울 강, 義 옳을 의

こうぎ

의미 강의

★빈출표현 講義を行う(강의를 하다)
講義を受ける/聞く(강의를 받다/듣다)

＊출제가능유형 : 한자읽기 한자표기 유의표현 용법

3

交代
교대

한자풀이 交 사귈 교, 代 대신할 대

こうたい

의미 교대

★빈출표현 シフトを交代する(교대 근무를 하다)
交代で休憩する(교대로 쉬다)

＊출제가능유형 : 한자읽기 한자표기 유의표현 용법

4

合同
합동

한자풀이 合 합할 합, 同 한가지 동

ごうどう

의미 합동, 둘 이상이 하나가 됨

★빈출표현 合同で行う/作る(합동으로 실시하다/만들다)

＊출제가능유형 : 한자읽기 한자표기 문맥 용법

5

混乱
혼란

한자풀이 混 섞을 혼, 乱 어지러울 란

こんらん

의미 혼란

★빈출표현 混乱する(혼란스럽다)
混乱が起きる(혼란이 일어나다)
混乱を避ける/招く(혼란을 피하다/초래하다)

＊출제가능유형 : 한자읽기 한자표기 문맥 유의표현 용법

유 限度 한도
げんど

極限 극한
きょくげん

リミット 리밋, 한계, 한도

せいしんてき
精神的に限界がきていて仕事を辞めた。
　　　　　　　　　　　　　　しごと　や

정신적으로 한계가 와서 일을 그만두었다.

유 授業 수업
じゅぎょう

レクチャー 렉처(lecture), 강의, 강연

レッスン 레슨(lesson), 수업, 연습

참 같은 발음 단어

抗議 항의　　　　広義 광의, 넓은 의미
こうぎ　　　　　　こうぎ

しりょう　　じぜん　はいふ
いつも資料を事前に配布してくれるので、
しっかり講義の準備ができる。
　　　　　　　じゅんび

항상 자료를 사전에 나누어 주기 때문에 확실히 강의 준비를 할 수
있다.

참 같은 발음 단어

交替 교체
こうたい

抗体 항체
こうたい

後退 후퇴
こうたい

やす　と　　　　　　　しごと
交代で休みを取らないと仕事がストップし
てしまう。

교대로 휴식을 취하지 않으면 일이 멈춰 버린다.

참 같은 한자 사용 단어

合併 합병
がっぺい

合体 합체
がったい

連合 연합
れんごう

に ほんみんしゅとう　　じ ゆうとう　　　　　　じ ゆうみんしゅとう
日本民主党と自由党が合同し、自由民主党
が結成された。
けっせい

일본민주당과 자유당이 합당해서 자유민주당이 결성되었다.

참 같은 한자 사용 단어

混雑 혼잡
こんざつ

混同 혼동
こんどう

乱用 남용
らんよう

まね　　　　　　　　　　　　　　　ふか　　　　わ
混乱を招いてしまいましたことを深くお詫
び致します。
いた

혼란을 초래해 버린 것을 깊이 사과드립니다.

DAY 4

표제어	Step 1	단어 풀이(용법·의미)

6

栽培
재배

한자풀이 **栽** 심을 재, **培** 북을 돋울 배

さいばい

의미 재배

★빈출표현 野菜を栽培する(채소를 재배하다)
果物を栽培する(과일을 재배하다)

＊출제가능유형 : 한자읽기 한자표기 용법

7

削除
삭제

한자풀이 **削** 깎을 삭, **除** 덜 제

さくじょ

의미 삭제

★빈출표현 データを削除する(데이터를 삭제하다)
メールを削除する(메일을 삭제하다)

＊출제가능유형 : 한자읽기 한자표기 문맥

8

음독명사

撮影
촬영

한자풀이 **撮** 모을 촬, **影** 그림자 영

さつえい

의미 촬영

★빈출표현 記念撮影(기념 촬영), 撮影会(촬영회)
撮影する(촬영하다)

＊출제가능유형 : 한자읽기 한자표기 문맥 유의표현 용법

9

雑談
잡담

한자풀이 **雑** 섞일 잡, **談** 말씀 담

ざつだん

의미 잡담

★빈출표현 雑談をする(잡담을 하다)
雑談を交わす(잡담을 나누다)

＊출제가능유형 : 한자읽기 한자표기 문맥 유의표현 용법

10

刺激
자극

한자풀이 **刺** 찌를 자, **激** 격할 격

しげき

의미 자극

★빈출표현 刺激が強い/ない(자극이 강하다/없다)
刺激を与える/受ける(자극을 주다/받다)

＊출제가능유형 : 한자읽기 한자표기 문맥 유의표현 용법

참 **같은 한자 사용 단어**

盆栽 분재

培養 배양

自宅マンションのベランダで、野菜の栽培
を始めた。

자택 아파트 베란다에서 채소 재배를 시작했다.

참 **비슷한 한자**

削 깎을 삭, 肖 닮을 초, 硝 화약 초,

消 사라질 소

不要なアプリを削除して空き容量を確保した。

불필요한 앱을 삭제해서 가용 공간을 확보했다.

유 撮る (사진 등을) 찍다

참 **비슷한 한자**

最 가장 최, 景 볕 경

スマホで撮影した動画をアプリで編集した。

스마트폰으로 촬영한 동영상을 앱으로 편집했다.

유 無駄話 잡담, 쓸데없는 이야기

世間話 잡담, 세상 이야기

おしゃべり 잡담, 수다스러움

職場の上司や同僚との雑談で、コミュニケー
ションが円滑になることもある。

직장 상사나 동료와의 잡담으로 의사소통이 원활해지기도 한다.

참 **같은 한자 사용 단어**

名刺 명함

感激 감격

急激 급격

軽く運動をするだけで、脳に刺激を与える
ことができる。

가볍게 운동을 하는 것만으로 뇌에 자극을 줄 수 있다.

DAY 4

표제어	Step 1	단어 풀이(용법·의미) ✏️

11

음독명사

指摘
지적

한자풀이 指 가리킬 지, 摘 딸 적

してき
의미 지적

⭐빈출표현 指摘する(지적하다)
指摘を受ける(지적을 받다)

＊출제가능유형 : 한자읽기 한자표기 용법

12

暮らし
생활

한자풀이 暮 저물 모

くらし
의미 ① (일상)생활 ② 생계

⭐빈출표현 快適な暮らし(쾌적한 생활)
豊かな暮らし(풍족한 생활)

＊출제가능유형 : 한자읽기 한자표기 문맥 유의표현 용법

13

고유어

心当たり
짐작

한자풀이 心 마음 심, 当 마땅 당

こころあたり
의미 짐작, 짐작 가는 곳, 짚이는 데

⭐빈출표현 心当たりがある/ない(짚이는 데가 있다/없다)

＊출제가능유형 : 한자읽기 한자표기 문맥 유의표현 용법

14

素人
비전문가

한자풀이 素 본디 소, 人 사람 인

しろうと
의미 비전문가, 풋내기, 아마추어

⭐빈출표현 素人臭い(풋내기 같다, 미숙하다)
素人とは思えない(비전문가라고는 생각할 수 없다)

＊출제가능유형 : 한자읽기 한자표기 문맥 유의표현 용법

15

복합파생

現段階
현 단계

한자풀이 現 나타날 현

げんだんかい
의미 현 단계

⭐빈출표현 現段階での進行状況(현 단계에서의 진행 상황)
現段階では未定だ(현 단계에서는 미정이다)

＊출제가능유형 : 한자읽기 단어형성

참 비슷한 한자

適 맞을 적, 摘 딸 적, 敵 원수 적, 滴 물방울 적

謫 귀양갈 적, 嫡 정실 적, 鏑 화살촉 적

仕事のミスを指摘されて落ち込んだ。

업무 실수를 지적받아서 침울해졌다.

유 生活 생활

暮らす 하루를 보내다, 살아가다

みんなが安心して快適な暮らしができるような社会を作りたい。

모두가 안심하고 쾌적한 생활을 할 수 있는 사회를 만들고 싶다.

유 思い当たる 짚이다

図星 적중

お心当たりのある方はご連絡ください。

짐작 가는 곳이 있으신 분은 연락 주세요.

유 アマチュア 아마추어

ノンプロ 비전문가

未熟 미숙

↔ 玄人 전문가　　プロ 전문가

素人とは思えない仕上がりにびっくりした。

비전문가라고는 생각할 수 없는 완성도에 깜짝 놀랐다.

참 現会長 현 회장　　現社長 현 사장
現政府 현 정부　　現時点 현 시점
現チャンピオン 현 챔피언

現段階では通常通りにオリンピックを開催する予定です。

현 단계에서는 통상대로 올림픽을 개최할 예정입니다.

표제어	Step 1 │ 단어 풀이(용법·의미) ✏️

16

高収入
고수입

한자풀이 高 높을 고

こうしゅうにゅう

의미 고수입

⭐ 빈출표현 高収入のアルバイト/仕事(고수입 알바/일)
高収入を得る(고수입을 얻다)

＊출제가능유형 : 한자읽기 단어형성

17

食べ頃
제철

한자풀이 頃 이랑 경

たべごろ

의미 제철, 먹기에 적당한 시기

⭐ 빈출표현 食べ頃になる(제철이 되다)
食べ頃を迎える/逃す(제철을 맞이하다/놓치다)
桃/メロンの食べ頃(복숭아/멜론의 제철)

＊출제가능유형 : 한자읽기 단어형성

복합파생

18

最有力
최유력

한자풀이 最 가장 최

さいゆうりょく

의미 최유력, 가장 유력함

⭐ 빈출표현 最有力候補(최유력 후보)

＊출제가능유형 : 한자읽기 단어형성

19

再開発
재개발

한자풀이 再 두 재

さいかいはつ

의미 재개발

⭐ 빈출표현 再開発事業(재개발 사업)
市街地/都市再開発(시가지/도시 재개발)

＊출제가능유형 : 한자읽기 단어형성

20

文化祭
문화제

한자풀이 祭 제사 제

ぶんかさい

의미 문화제, 학교 축제

⭐ 빈출표현 文化祭の企画/準備(문화제 기획/준비)
文化祭が始まる/終わる(문화제가 시작되다/끝나다)

＊출제가능유형 : 한자읽기 단어형성

Step 2 | 연관 단어 🔍

참 高確率 높은 확률
　　 こうかくりつ

高水準 높은 수준
こうすいじゅん

高性能 고성능
こうせいのう

高品質 고품질
こうひんしつ

참 飲み頃 마시기에 적당한 시기
　　 の ごろ

見頃 보기에 적당한 시기
み ごろ

お手頃 능력이나 조건에 알맞음
て ごろ

お値頃 사기에 적당한 가격
ね ごろ

참 最優秀 최우수
　　 さいゆうしゅう

最高調 최고조
さいこうちょう

最先端 최첨단
さいせんたん

最前線 최전선
さいぜんせん

참 再放送 재방송
　　 さいほうそう

再利用 재이용
さいりよう

再提出 재제출
さいていしゅつ

再スタート 재출발
さい

再チャレンジ 재도전
さい

참 体育祭 체육대회, 중고생 운동회
　　 たいいくさい

大学祭 대학 축제
だいがくさい

感謝祭 감사제, 추수감사절
かんしゃさい

Step 3 | 예문 💬

高収入と安定を目指して、転職先を選んだ。
こうしゅうにゅう　あんてい　　め ざ　　　　てんしょくさき　えら

고수입과 안정을 목표로 이직처를 골랐다.

アボカドは食べ頃を見極めるのが難しい。
　　　　　　た ごろ　み きわ　　　　　むずか

아보카도는 제철을 판별하는 것이 어렵다.

村上春樹は毎年ノーベル文学賞の最有力候
むらかみはるき　　まいとし　　　　　　ぶんがくしょう　　こう

補として挙げられている。
ほ　　　　あ

무라카미 하루키는 매년 노벨 문학상 최유력 후보로 꼽히고 있다.

新宿駅周辺では大規模な街の再開発が進ん
しんじゅくえきしゅうへん　だい き ぼ　まち　　　　　すす

でいる。

신주쿠역 주변에서는 대규모 거리 재개발이 진행되고 있다.

明日から本格的に文化祭の準備を始めること
あした　　ほんかくてき　ぶんかさい　じゅん び　はじ

にした。

내일부터 본격적으로 문화제 준비를 시작하기로 했다.

DAY 4

표제어	Step 1	단어 풀이(용법·의미)

21

詳しい
상세하다, 정통하다

(한자풀이) **詳** 자세할 상

くわしい

[의미] ① 상세하다 ② 자세히 알고 있다, 환하다, 정통하다

⭐빈출표현 詳しく説明する/教える(상세히 설명하다/알려 주다)
詳しく知っている(자세히 알고 있다)
詳しい人(정통한 사람)

*출제가능유형: [한자읽기] [한자표기] [문맥] [유의표현] [용법]

22

い형용사

濃い
진하다

(한자풀이) **濃** 짙을 농

こい

[의미] 진하다, 짙다

⭐빈출표현 濃い味/香り(진한 맛/향기)
化粧/疑いが濃い(화장/혐의가 짙다)

*출제가능유형: [한자읽기] [한자표기] [문맥] [유의표현] [용법]

23

心強い
마음 든든하다

(한자풀이) **心** 마음 심, **強** 강할 강

こころづよい

[의미] 마음 든든하다

⭐빈출표현 心強い人/存在(마음 든든한 사람/존재)
心強い限りだ(마음 든든하기 짝이 없다)

*출제가능유형: [한자읽기] [한자표기] [문맥] [유의표현] [용법]

24

な형용사

奇妙だ
기묘하다

(한자풀이) **奇** 기특할 기, **妙** 묘할 묘

きみょうだ

[의미] 기묘하다, 이상하다

⭐빈출표현 奇妙な出来事/現象/話(기묘한 일/현상/이야기)
奇妙な行動/事件/体験(기묘한 행동/사건/체험)

*출제가능유형: [한자읽기] [한자표기] [문맥] [유의표현] [용법]

25

強力だ
강력하다

(한자풀이) **強** 강할 강, **力** 힘 력

きょうりょくだ

[의미] 강력하다

⭐빈출표현 強力な機能/措置/対策(강력한 기능/조치/대책)
強力な薬/台風/サポート(강력한 약/태풍/지원)

*출제가능유형: [한자읽기] [한자표기] [문맥] [유의표현] [용법]

유 詳細 상세

精通 정통

もっと詳しく知りたい方は、ぜひご覧ください。

좀 더 자세히 알고 싶으신 분은 꼭 봐 주세요.

유 濃厚だ 농후하다

↔ 薄い 흐리다, 옅다

淡い 진하지 않다, 옅다

濃い眉毛を整えて薄くした。

짙은 눈썹을 정리해서 옅게 했다.

유 気強い 마음 든든하다, 안심이다

↔ 心細い 어쩐지 마음이 안 놓이다, 불안하다

心強い先輩のサポートがあるから頑張れた。

든든한 선배의 지원이 있어서 끝까지 노력할 수 있었다.

유 不思議だ 불가사의하다

妙だ 묘하다

奇怪だ 기괴하다

去年から学校で奇妙な現象が相次いでいる。

작년부터 학교에서 기묘한 현상이 잇따르고 있다.

유 強い 강하다, 세다

強大 강대

참 強力 강력

より強力な対策を講じる必要がある。

보다 강력한 대책을 강구할 필요가 있다.

표제어	Step 1	단어 풀이(용법·의미)

26

極端だ
극단적이다

(한자풀이) 極 다할 극, 端 끝 단

きょくたんだ

[의미] 극단적이다

⭐ 빈출표현 極端な言い方/話(극단적인 말투/이야기)
極端な考え方(극단적인 생각)

*출제가능유형: [한자읽기] [한자표기] [문맥] [유의표현] [용법]

27

好調だ
순조롭다

(한자풀이) 好 좋을 호, 調 고를 조

こうちょうだ

[의미] 순조롭다, 호조를 보이다

⭐ 빈출표현 好調な滑り出し/スタート(순조로운 출발/스타트)
売れ行き/売上が好調だ(팔림새/매상이 호조를 보이다)

*출제가능유형: [한자읽기] [한자표기] [문맥] [유의표현] [용법]

な형용사

28

小柄だ
몸집이 작다

(한자풀이) 小 작을 소, 柄 자루 병

こがらだ

[의미] ① 몸집이 작다 ② 모양·무늬가 작다

⭐ 빈출표현 小柄な選手/体型(몸집이 작은 선수/체형)
小柄な動物/人(몸집이 작은 동물/사람)

*출제가능유형: [한자읽기] [한자표기] [문맥] [유의표현] [용법]

29

質素だ
검소하다

(한자풀이) 質 바탕 질, 素 본디 소

しっそだ

[의미] 검소하다

⭐ 빈출표현 質素な暮らし/生活(검소한 생활)
質素な食事/服装(검소한 식사/복장)

*출제가능유형: [한자읽기] [한자표기] [문맥] [유의표현] [용법]

30

기본동사

偏る
치우치다

(한자풀이) 偏 치우칠 편

かたよる

[의미] ① (한쪽으로) 치우치다 ② 불공평하다

⭐ 빈출표현 栄養/考え方が偏る(영양/생각이 치우치다)
左に偏る(왼쪽으로 치우치다)

*출제가능유형: [한자읽기] [한자표기] [문맥] [유의표현] [용법]

㊤ 極度に 극도로

「白か黒か」という極端な考え方はやめた方がいい。

'백이나 흑이냐' 하는 극단적인 생각은 관두는 편이 좋다.

㊤ 順調だ 순조롭다
　快調だ 쾌조를 보이다, 매우 좋다
㊎ 絶好調 절정
↔ 不調だ 상태가 나쁘다, 성사되지 않다

今年は好調なスタートを切った。

올해는 순조로운 스타트를 끊었다.

㊤ 体格が小さい 체격이 작다
↔ 大柄だ 몸집이 크다

小柄な体型に合う丈の服を見つけた。

몸집이 작은 체형에 맞는 길이의 옷을 찾았다.

㊤ 素朴だ 소박하다
　簡素だ 간소하다
　慎ましい 검소하다, 조신하다
↔ 贅沢だ 사치스럽다

本当のお金持ちの人は質素な生活をしているという話を聞いたことがある。

진짜 부자인 사람은 검소한 생활을 한다는 이야기를 들은 적이 있다.

㊤ 傾く 기울다
　偏する 치우치다, 기울다

栄養が偏ると太ると言われている。

영양이 한쪽으로 치우치면 살찐다고 한다.

| 표제어 | Step 1 \| 단어 풀이(용법·의미) ✏️ |

31

叶う
이루어지다

(한자풀이) 叶 맞을 협

かなう
의미 이루어지다, 희망대로 되다

⭐ **빈출표현** 恋/夢が叶う(사랑/꿈이 이루어지다)
願い/念願が叶う(바람/염원이 이루어지다)

＊출제가능유형 : 한자읽기 한자표기 문맥 유의표현 용법

32

競う
겨루다

(한자풀이) 競 다툴 경

きそう
의미 겨루다, 경쟁하다

⭐ **빈출표현** 腕/技術を競う(솜씨/기술을 겨루다)
魅力/技を競う(매력/재주를 겨루다)

＊출제가능유형 : 한자읽기 한자표기 문맥 유의표현 용법

33

기본동사

決める
정하다

(한자풀이) 決 결단할 결

きめる
의미 정하다, 결정하다

⭐ **빈출표현** 代表/方法を決める(대표/방법을 정하다)
日時/日にち/場所を決める(일시/날짜/장소를 정하다)

＊출제가능유형 : 한자읽기 한자표기 문맥 유의표현 용법

34

悔やむ
후회하다

(한자풀이) 悔 뉘우칠 회

くやむ
의미 후회하다, 애석하게 여기다

⭐ **빈출표현** 過去/失敗を悔やむ(과거/실패를 후회하다)
過ぎ去ったことを悔やむ(지나간 일을 후회하다)

＊출제가능유형 : 한자읽기 한자표기 문맥 유의표현 용법

35

暮らす
살다

(한자풀이) 暮 저물 모

くらす
의미 살다, 하루를 보내다

⭐ **빈출표현** のんびり暮らす(한가로이 살다)
都会で暮らす(도시에서 살다)

＊출제가능유형 : 한자읽기 한자표기 문맥 유의표현 용법

유 実現する 실현하다

10年越しの夢がやっと叶った。

10년에 걸친 꿈이 드디어 이루어졌다.

유 競争する 경쟁하다
　争う 경쟁하다, 다투다, 싸우다

和食料理の腕を競う大会が開かれた。

일식 요리 솜씨를 겨루는 대회가 열렸다.

유 決定する 결정하다
　定める 정하다, 결정하다(문어적, 관용적)
　決心する 결심하다
　選定する 선정하다
참 決まる 정해지다, 결정되다

日にちを先に決めてから、行きたい場所を
決めることにした。

날짜를 먼저 정하고 나서 가고 싶은 장소를 정하기로 했다.

유 後悔する 후회하다
　悔いる 후회하다, 뉘우치다
　悼む 애도하다, 슬퍼하다

過去を悔やんでも仕方ない。

과거를 후회해도 어쩔 수 없다.

유 過ごす 보내다, 지내다
　生活する 생활하다

老後は田舎でのんびり暮らしたい。

노후에는 시골에서 한가로이 살고 싶다.

표제어	Step 1	단어 풀이(용법·의미)

36

削る
깎다

(한자풀이) 削 깎을 삭

けずる

의미 깎다, 삭감하다

⭐ **빈출표현** 鉛筆を削る(연필을 깎다)
生活費/予算/人員を削る(생활비/예산/인원을 삭감하다)

＊**출제가능유형**: 한자읽기 한자표기 문맥 유의표현 용법

37

凍る
얼다

(한자풀이) 凍 얼 동

こおる

의미 얼다, 차게 느껴지다

⭐ **빈출표현** 池/野菜が凍る(연못/채소가 얼다)
空気が凍る(공기가 얼다, 차게 느껴지다)

＊**출제가능유형**: 한자읽기 한자표기 문맥 유의표현 용법

기본동사

38

異なる
다르다

(한자풀이) 異 다를 이

ことなる

의미 다르다(문어적이고 딱딱한 표현)

⭐ **빈출표현** 習慣/性格が異なる(습관/성격이 다르다)
内容が異なる(내용이 다르다)

＊**출제가능유형**: 한자읽기 한자표기 문맥 유의표현 용법

39

逆らう
거역하다

(한자풀이) 逆 거스를 역

さからう

의미 거역하다, 거스르다

⭐ **빈출표현** 親/上司に逆らう(부모/상사를 거역하다)
運命/風に逆らう(운명/바람을 거스르다)

＊**출제가능유형**: 한자읽기 한자표기 문맥 유의표현 용법

40

복합동사

買い占める
매점하다

(한자풀이) 買 살 매, 占 점령할 점

かいしめる

의미 (상품・주식 등을) 매점하다, 사들이다, 사재기하다

⭐ **빈출표현** 株/土地を買い占める(주식/토지를 매점하다)
グッズを買い占める(상품을 사재기하다)

＊**출제가능유형**: 한자읽기 한자표기 문맥 유의표현 용법

유 削ぐ 뾰족하게 자르다
削減する 삭감하다

참 剃る 박박 깎다, 면도하다

20万円の固定費があるから生活費を削ることは非常に難しい。

20만 엔의 고정 비용이 있어서 생활비를 깎는 것은 대단히 어렵다.

유 凍り付く 얼어붙다
凍結する 동결하다, 얼어붙다

冷蔵庫の野菜室に入れた野菜が凍ってしまった。

냉장고 야채실에 넣은 채소가 얼어 버렸다.

유 違う 다르다
相違する 상이하다, 다르다

求人募集の労働条件と実際の条件が異なる場合もある。

구인 모집의 노동 조건과 실제 조건이 다른 경우도 있다.

유 反抗する 반항하다
歯向かう 거스르다, 맞서다
盾着く 반항하다, 대들다

上司に逆らってクビになってしまった。

상사를 거역해서 해고되고 말았다.

유 買い切る 몽땅 사다, 남김없이 사다

買い占めた株を、その発行会社に買わせた。

매점한 주식을 그 발행 회사가 사게 했다.

표제어	Step 1	단어 풀이(용법·의미)

41

복합동사

組み立てる
조립하다

(한자풀이) 組 짤 조, 立 설 립

くみたてる

의미 조립하다, 구성하다

⭐ 빈출표현 家具を組み立てる(가구를 조립하다)
話/文を組み立てる(이야기/문장을 구성하다)

＊출제가능유형 : 한자읽기 한자표기 문맥 유의표현 용법

42

差し支える
지장이 있다

(한자풀이) 差 다를 차, 支 지탱할 지

さしつかえる

의미 지장이 있다

⭐ 빈출표현 検査に差し支える(검사에 지장이 있다)
仕事/勉強に差し支える(일/공부에 지장이 있다)

＊출제가능유형 : 한자읽기 한자표기 문맥 유의표현 용법

43

がっかり
실망하는 모양

의미 실망·낙담하는 모양

⭐ 빈출표현 がっかりする(실망하다)

＊출제가능유형 : 문맥 유의표현 용법

44

부사

きっぱり
딱 잘라

의미 딱 잘라, 단호히

⭐ 빈출표현 きっぱり断る(딱 잘라 거절하다)
きっぱりあきらめる(단호히 포기하다)

＊출제가능유형 : 문맥 유의표현 용법

45

ぎりぎり
아슬아슬

의미 아슬아슬, 간신히

⭐ 빈출표현 時間ぎりぎりまで(주어진 시간이 다할 때까지)
ぎりぎりで(아슬아슬하게)
ギリギリセーフ(아슬아슬하게 세이프)

＊출제가능유형 : 문맥 유의표현 용법

유 作^{つく}り上^あげる 만들어 내다

電動^{でんどう}ドライバーがあると、早^{はや}く家具^{かぐ}が組^くみ立^たてられる。

전동 드라이버가 있으면 빨리 가구를 조립할 수 있다.

유 支障^{ししょう}を生^{しょう}じる 지장을 초래하다
참 差^さし支^{つか}えなければ 지장이 없다면, 폐가 되지 않는다면

早^{はや}く寝^ねないと、明日^{あした}の仕事^{しごと}に差^さし支^{つか}えますよ。

빨리 자지 않으면 내일 일에 지장이 있어요.

= 失望^{しつぼう} 실망
유 落胆^{らくたん} 낙담

有名^{ゆうめい}な観光地^{かんこうち}だから行^いってみたけど、かなりがっかりした。

유명한 관광지라서 가 봤는데, 상당히 실망했다.

유 断固^{だんこ} 단호히, 단연코
断然^{だんぜん} 단연, 단연히

好^すきな人^{ひと}をデートに誘^{さそ}ったらきっぱり断^{ことわ}られた。

좋아하는 사람에게 데이트 신청을 했는데 딱 잘라 거절당했다.

유 限度^{げんど}いっぱい 한도 가득

大学入試^{だいがくにゅうし}をぎりぎりで合格^{ごうかく}した。

대학 입시를 아슬아슬하게 합격했다.

표제어	Step 1	단어 풀이(용법·의미)

46

快く
흔쾌히

(한자풀이) 快 쾌할 쾌

부사

こころよく

[의미] 흔쾌히, 선뜻

☆ 빈출표현 　快く応じる/承諾する(흔쾌히 응하다/승낙하다)
快く引き受ける(흔쾌히 맡다)

＊출제가능유형 : 문맥 유의표현 용법

47

さっさと
빨리

[의미] 빨리, 빨랑빨랑, 척척, 망설이거나 지체하지 않는 모양

☆ 빈출표현 　さっさと帰る/歩く(빨리 돌아가다/걷다)
さっさと終わらせる(빨리 끝내다)

＊출제가능유형 : 문맥 유의표현 용법

48

ブーム
붐

boom

[의미] 붐, 유행

☆ 빈출표현 　キャンプブーム(캠핑 붐)
ブームが起こる/巻き起こる(붐이 일어나다/일다)
ブームを呼ぶ(붐을 부르다), ブームに乗る(붐을 타다)

＊출제가능유형 : 문맥 유의표현 용법

49

가타카나

プレッシャー
프레셔

pressure

[의미] 프레셔, 압력, 정신적 중압감

☆ 빈출표현 　プレッシャーをかける(프레셔를 가하다)
プレッシャーを感じる/受ける(프레셔를 느끼다/받다)
プレッシャーに弱い(프레셔에 약하다)

＊출제가능유형 : 문맥 유의표현 용법

50

マイペース
마이 페이스

my＋pace

[의미] 마이 페이스, 자기 나름의 진도·방식

☆ 빈출표현 　マイペースを保つ(마이 페이스를 지키다)
マイペースでやる(마이 페이스로 하다)

＊출제가능유형 : 문맥 유의표현 용법

유 気持ちよく 기분 좋게

참 快い 상쾌하다, 기분 좋다, 호의적이다

急なお願いにもかかわらず、快く引き受け
てくださり、ありがとうございます。

갑작스런 부탁에도 불구하고 흔쾌히 맡아 주셔서 감사합니다.

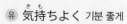

유 素早く 재빨리

今日はもうさっさと終わらせて帰りたい。

오늘은 정말이지 빨리 끝내고 돌아가고 싶다.

유 盛行 성행

盛んになる 왕성해지다

最近、空前のキャンプブームが巻き起こっ
ている。

요즘 공전의 캠핑 붐이 일고 있다.

유 精神的圧力 정신적 압력

プレッシャーに弱い性格を克服したい。

프레셔에 약한 성격을 극복하고 싶다.

참 マイペース는 부사 또는 형용사로도 사용
돼요.

姉は周りに流されないマイペースで、自由
な性格の人だ。

언니는 주위에 휩쓸리지 않는 마이 페이스이고, 자유로운 성격의 사람
이다.

Day 4

❶ 다음 단어의 뜻을 쓰고 읽는 법을 고르세요.

1. 混乱　　（뜻:　　　　） A. こんなん　　B. こんらん
2. 素人　　（뜻:　　　　） A. しろうと　　B. しろひと
3. 濃い　　（뜻:　　　　） A. こうい　　　B. こい
4. 極端だ　（뜻:　　　　） A. ごくたんだ　B. きょくたんだ
5. 凍る　　（뜻:　　　　） A. こおる　　　B. こごおる

❷ 다음 빈칸에 공통으로 들어갈 수 있는 한자로 적절한 것을 고르세요.

6. 刺( )　急( )　感( )
   A. 転　B. 激　C. 心

7. 体育( )　大学( )　文化( )
   A. 祭　B. 会　C. 集

8. ( )政府　( )段階　( )会長
   A. 元　B. 現　C. 古

9. ( )開発　( )スタート　( )放送
   A. 最　B. 生　C. 再

10. ( )性能　( )収入　( )確率
    A. 高　B. 好　C. 多

❸ 빈칸에 들어갈 단어로 적절한 것을 고르세요.

> A. さっさと　　B. 心当たり　　C. マイペース　　D. ぎりぎり　　E. 組み立て

11. 姉は周りに流されない＿＿＿＿＿で、自由な性格の人だ。

12. お＿＿＿＿＿のある方はご連絡ください。

13. 電動ドライバーがあると、早く家具が＿＿＿＿＿られる。

14. 大学入試で＿＿＿＿＿で合格した。

15. 今日はもう＿＿＿＿＿終わらせて帰りたい。

정답 | 1. 혼란, B　2. 비전문가, A　3. 진하다, B　4. 극단적이다, B　5. 얼다, A /
6. B　7. A　8. B　9. C　10. A / 11. C　12. B　13. E　14. D　15. A

Day 5

강의와
예문 듣기

매일 품사별로 골고루! 오늘의 50단어 한눈에 보기!

음독명사

01. 視野
02. 収納
03. 充満
04. 取材
05. 首相
06. 出世
07. 趣味
08. 上昇
09. 招待
10. 象徴
11. 焦点

고유어

12. 立場
13. 頼り

복합파생

14. 〜式
15. 主〜
16. 〜集
17. 準〜
18. 〜順
19. 諸〜

い형용사

20. 怖い
21. 鋭い
22. 騒々しい
23. そそっかしい

な형용사

24. 真剣だ
25. 深刻だ
26. 慎重だ
27. 邪魔だ
28. 柔軟だ
29. 順調だ

기본동사

30. ささやく
31. 誘う
32. 定める
33. さびる
34. 仕上げる
35. 従う
36. 染みる
37. 湿る

38. 占める
39. 生じる

복합동사

40. すれ違う
41. 立ち並ぶ
42. 問い合わせる

부사

43. さっぱり
44. 更に
45. じっと
46. スムーズに
47. 精一杯

가타카나

48. リストラ
49. リラックス
50. レンタル

| 표제어 | Step 1 ㅣ 단어 풀이(용법·의미) ✏ |

음독명사

1

視野
시야

(한자풀이) **視** 볼 시, **野** 들 야

しや

[의미] 시야

⭐빈출표현 視野が広い/狭い(시야가 넓다/좁다)
　　　　 視野を広げる(시야를 넓히다)

＊출제가능유형 : 한자읽기 ㅣ 한자표기 ㅣ 문맥

2

収納
수납

(한자풀이) **収** 거둘 수, **納** 들일 납

しゅうのう

[의미] 수납

⭐빈출표현 収納スペース(수납 공간)
　　　　 収納上手(수납을 잘함)
　　　　 収納する(수납하다)

＊출제가능유형 : 한자읽기 ㅣ 한자표기 ㅣ 용법

3

充満
충만

(한자풀이) **充** 채울 충, **満** 찰 만

じゅうまん

[의미] 충만, 가득 참

⭐빈출표현 充満する(충만하다)

＊출제가능유형 : 한자읽기 ㅣ 한자표기 ㅣ 유의표현

4

取材
취재

(한자풀이) **取** 가질 취, **材** 재목 재

しゅざい

[의미] 취재

⭐빈출표현 密着取材(밀착 취재)
　　　　 取材をする/受ける(취재를 하다/받다)

＊출제가능유형 : 한자읽기 ㅣ 한자표기 ㅣ 유의표현 ㅣ 용법

5

首相
수상

(한자풀이) **首** 머리 수, **相** 서로 상

しゅしょう

[의미] 수상, 총리

⭐빈출표현 首相会見(수상 회견)
　　　　 首相官邸(수상 관저)

＊출제가능유형 : 한자읽기 ㅣ 한자표기 ㅣ 유의표현

참 같은 한자 사용 단어

監視 감시

視聴 시청

分野 분야

野生 야생

海外に出てたくさんの人に関わり、自分の価値観や視野を広げていきたい。

해외에 나가서 많은 사람들과 관계를 맺으며 자신의 가치관이나 시야를 넓혀 나가고 싶다.

참 たんす 장롱

クローゼット 옷장

収納ボックス 수납 박스

一人暮らしの狭いワンルームだと、収納に困ることがある。

혼자 사는 좁은 원룸이라면 수납이 곤란한 경우가 있다.

DAY 5

유 満ちる 가득 차다

참 같은 발음 단어

十万 10만

コーヒーをこぼしてしまい、部屋にコーヒーの匂いが充満している。

커피를 쏟아 버려서 방에 커피 향이 가득 차 있다.

유 インタビュー 인터뷰

참 같은 한자 사용 단어

取得 취득

木材 목재

今回は、日本の人気ゲームクリエイターを取材しました。

이번에는 일본의 인기 게임 크리에이터를 취재했습니다.

유 内閣総理大臣 내각 총리대신

宰相 재상, 수상

「首相」は行政機関のトップの通称として用いられる。

'수상'은 행정 기관의 톱의 통칭으로서 사용된다.

표제어	Step 1 │ 단어 풀이(용법·의미) ✏️

음독명사

6

出世
출세

한자풀이 出 날 출, 世 인간 세

しゅっせ

의미 출세

⭐빈출표현 出世払い(금전 따위를 성공했을 때 갚는 일)

出世する(출세하다)

＊출제가능유형 : 한자읽기 한자표기

7

趣味
취미

한자풀이 趣 뜻 취, 味 맛 미

しゅみ

의미 취미

⭐빈출표현 趣味を持つ(취미를 가지다)

趣味を見つける(취미를 찾다)

＊출제가능유형 : 한자읽기 한자표기 용법

8

上昇
상승

한자풀이 上 윗 상, 昇 오를 승

じょうしょう

의미 상승

⭐빈출표현 上昇気流(상승 기류), 人気上昇中(인기 상승 중)

物価/金利が上昇する(물가/금리가 상승하다)

＊출제가능유형 : 한자읽기 한자표기 문맥 유의표현 용법

9

招待
초대

한자풀이 招 부를 초, 待 기다릴 대

しょうたい

의미 초대

⭐빈출표현 招待状(초대장), 招待券(초대권)

招待する(초대하다)

＊출제가능유형 : 한자읽기 한자표기 유의표현

10

象徴
상징

한자풀이 象 코끼리 상, 徴 부를 징

しょうちょう

의미 상징

⭐빈출표현 平和の象徴(평화의 상징)

象徴する(상징하다)

＊출제가능유형 : 한자읽기 한자표기 유의표현 용법

참 **같은 한자 사용 단어**
しし ゅつ
支出 지출
ぞくし ゅつ
続出 속출
せ けん
世間 세간, 세상

さいきん、　しゅっせ　　　　　　　かんりしょく
最近、出世したくないから管理職になりた
わかもの　　ふ
くないという若者が増えているそうだ。

요즘 출세하고 싶지 않아서 관리직이 되고 싶지 않다는 젊은이들이
늘고 있다고 한다.

참 **같은 한자 사용 단어**
しゅ し
趣旨 취지
つよ み
強味 강점
よわ み
弱味 약점

きょうつう　　　しゅみ　　も　　　ともだち　　まわ
共通の趣味を持つ友達が周りにいない。

공통의 취미를 가진 친구가 주위에 없다.

↔ か こう
下降 하강
てい か
低下 저하

ぶっか　　　けいぞくてき
インフレーションとは、物価が継続的に上
じょうたい　　つうか　　かち　さ
昇する状態で、通貨の価値は下がる。

인플레이션이란 물가가 계속적으로 상승하는 상태로, 통화 가치는 떨어
진다.

유 まね
招く 초대하다
よ
呼ぶ 부르다

참 **같은 발음 단어**
しょうたい
正体 정체

けっこんしき　　しょうたい　　じょう　へんしん　　　　　にち い ない
結婚式の招待状の返信は、2～3日以内に
するのがマナーです。

결혼식 초대장의 답신은 2～3일 이내로 하는 것이 매너입니다.

유 シンボル 심볼, 상징

참 **같은 한자 사용 단어**
ちゅうしょう
抽象 추상
とくちょう
特徴 특징

てんのう　に ほんこく　　　　　　に ほんこくみんとうごう
天皇は日本国および日本国民統合の象徴で
ある。

일왕은 일본국 및 일본 국민 통합의 상징이다.

DAY 5

표제어	Step 1	단어 풀이(용법·의미) ✏

11

음독명사

焦点
초점

한자풀이 焦 탈 초, 点 점 점

しょうてん

의미 초점

☆ 빈출표현 焦点が会う/合わない(초점이 맞다/맞지 않다)
焦点を当てる/絞る(초점을 맞추다/좁히다)

*출제가능유형 : 한자읽기 한자표기 문맥 유의표현 용법

12

고유어

立場
입장

한자풀이 立 설 립, 場 마당 장

たちば

의미 ① 입장, 처지 ② 설 곳 ③ 관점

☆ 빈출표현 賛成の立場(찬성 입장)
立場をとる(입장을 취하다)
立場がない(설 곳이 없다)

*출제가능유형 : 한자읽기 한자표기 문맥 유의표현 용법

13

頼り
의지

한자풀이 頼 의뢰할 뢰

たより

의미 의지, 마음을 붙여 도움을 받음

☆ 빈출표현 頼りにする(의지하다)
頼りになる(의지가 되다)

*출제가능유형 : 한자읽기 한자표기 문맥 유의표현 용법

14

복합파생

日本式
일본식

한자풀이 式 법 식

にほんしき

의미 일본식

☆ 빈출표현 日本式結婚式/住宅(일본식 결혼식/주택)
日本式英語/教育(일본식 영어/교육)

*출제가능유형 : 한자읽기 단어형성

15

主成分
주성분

한자풀이 主 주인 주

しゅせいぶん

의미 주성분

☆ 빈출표현 主成分を調べる(주성분을 조사하다)

*출제가능유형 : 한자읽기 단어형성

참 같은 발음 단어

しょうてん
商店 상점

しょうてん
昇天 승천

こうけん
貢献に焦点を合わせることこそ、成果を上
げる鍵だ。

공헌에 초점을 맞추는 것이야말로 성과를 올리는 열쇠다.

かんてん
유 観点 관점

じぶん　いけん　の　とき
自分の意見を述べる時は、立場を明らかに
ひつよう
する必要がある。

자기 의견을 말할 때는 입장을 분명하게 할 필요가 있다.

たよ
유 頼る 의지하다

참 같은 발음 단어

たよ
便り 소식, 편지

もくてきち　い
カーナビを頼りにして、目的地まで行った。

자동차 내비게이션을 의지해서 목적지까지 갔다.

でんどうしき
참 電動式 전동식

せいようしき
西洋式 서양식

しき
アナログ式 아날로그식

しき
デジタル式 디지털식

がっこう　きょういく　と　い
エジプトの学校で日本式教育を取り入れる
こころ　すす
試みが進んでいる。

이집트 학교에서 일본식 교육을 도입하는 시도가 진행되고 있다.

しゅさんち
참 主産地 주산지

しゅこきゃく
主顧客 주 고객

しゅとりひきさき
主取引先 주 거래처

らんおう　しゅせいぶん　しつ
卵黄の主成分はたんぱく質である。

노른자의 주성분은 단백질이다.

| 표제어 | Step 1 ｜ 단어 풀이(용법·의미) ✏️ |

16

作品集
작품집

한자풀이 集 모을 집

さくひんしゅう

의미 작품집

★ 빈출표현 作品集が完成する(작품집이 완성되다)
作品集を作る/発売する(작품집을 만들다/발매하다)

＊출제가능유형 : 한자읽기 단어형성

17

복합파생

準優勝
준우승

한자풀이 準 준할 준

じゅんゆうしょう

의미 준우승

★ 빈출표현 準優勝者/チーム(준우승자/팀)
準優勝を収める/果たす(준우승을 거두다/달성하다)

＊출제가능유형 : 한자읽기 단어형성

18

年代順
연대순

한자풀이 順 순할 순

ねんだいじゅん

의미 연대순

★ 빈출표현 年代順に編集する(연대순으로 편집하다)
年代順に並べる(연대순으로 늘어놓다)
年代順にまとめる(연대순으로 정리하다)

＊출제가능유형 : 한자읽기 단어형성

19

諸問題
여러 문제

한자풀이 諸 모두 제

しょもんだい

의미 여러 문제, 제문제

★ 빈출표현 諸問題を検討する(여러 문제를 검토하다)
諸問題を考える(여러 문제를 생각하다)
諸問題を解決する(여러 문제를 해결하다)

＊출제가능유형 : 한자읽기 단어형성

20

い형용사

怖い
무섭다

한자풀이 怖 두려워할 포

こわい

의미 무섭다(구어체)

★ 빈출표현 怖い話/夢/先生(무서운 이야기/꿈/선생님)

＊출제가능유형 : 한자읽기 한자표기 문맥 유의표현 용법

참 論文集 논문집
　　資料集 자료집
　　問題集 문제집
　　写真集 사진집

自分の作品を並べたオリジナル作品集を作ってみたい。

자신의 작품을 나열한 오리지널 작품집을 만들어 보고 싶다.

참 準決勝 준결승
　　準会員 준회원
　　準公務員 준공무원

高校サッカー選手権大会で準優勝を果たした。

고교 축구 선수권 대회에서 준우승을 달성했다.

참 先着順 선착순
　　年齢順 연령순
　　ひらがな順 히라가나순
　　アルファベット順 알파벳순

資料を年代順にまとめた。

자료를 연대순으로 정리했다.

참 諸外国 여러 외국
　　諸事情 여러 사정
　　諸手続き 여러 절차
　　諸注意 여러 주의(사항)

現代社会の諸問題を理解し、その解決の方策について議論した。

현대 사회의 여러 문제를 이해하고, 그 해결 방책에 관해 논의했다.

유 恐ろしい 두렵다, 무섭다, 겁나다
참 恐い 무섭다
　　恐怖 공포

職場の厳しい先輩が怖くて会社を辞めたい。

직장의 엄한 선배가 무서워서 회사를 관두고 싶다.

표제어	Step 1	단어 풀이(용법・의미)

21

鋭い
날카롭다

(한자풀이) 鋭 날카로울 예

するどい

의미 날카롭다, 예리하다, 예민하다

⭐ **빈출표현** 鋭い目つき/攻撃/ナイフ (날카로운 눈매/공격/칼)
鋭い指摘/判断 (예리한 지적/판단)

＊출제가능유형 : 한자읽기 | 한자표기 | 문맥 | 유의표현 | 용법

い형용사

22

騒々しい
떠들썩하다

(한자풀이) 騒 떠들 소

そうぞうしい

의미 떠들썩하다, 시끄럽다

⭐ **빈출표현** 騒々しい場所/世界 (떠들썩한 장소/세계)
騒々しい音/人 (시끄러운 소리/사람)

＊출제가능유형 : 한자읽기 | 한자표기 | 문맥 | 유의표현 | 용법

23

そそっかしい
경솔하다

의미 경솔하다, 덜렁대다

⭐ **빈출표현** そそっかしい人 (경솔한 사람)
そそっかしい子供/性格 (덜렁대는 아이/성격)

＊출제가능유형 : 문맥 | 유의표현 | 용법

な형용사

24

真剣だ
진지하다

(한자풀이) 真 참 진, 剣 칼 검

しんけんだ

의미 진지하다, 진심이다

⭐ **빈출표현** 真剣な顔/話/眼差し (진지한 얼굴/이야기/눈빛)
真剣に考える (진지하게 생각하다)
真剣に向き合う (진지하게 마주하다)

＊출제가능유형 : 한자읽기 | 한자표기 | 문맥 | 유의표현 | 용법

25

深刻だ
심각하다

(한자풀이) 深 깊을 심, 刻 새길 각

しんこくだ

의미 심각하다

⭐ **빈출표현** 深刻な社会問題 (심각한 사회 문제)
深刻な状況/話/表情 (심각한 상황/이야기/표정)

＊출제가능유형 : 한자읽기 | 한자표기 | 문맥 | 유의표현 | 용법

<table>
<tr><td>

유 鋭利 예리

シャープ 샤프, 날카로움, 예민함

← 鈍い 무디다
</td><td>

鋭い洞察力とは、多角的に深く考えることで身につく力のことである。

예리한 통찰력이란, 다각적으로 깊게 생각함으로써 몸에 배는 힘을 말한다.
</td></tr>
<tr><td>

유 うるさい 시끄럽다, 번거롭다, 귀찮다

騒がしい 소란하다, 시끄럽다

やかましい 시끄럽다, 떠들썩하다, 요란스럽다, 성가시다
</td><td>

騒々しいカフェでは、なかなか勉強や仕事に集中できない。

시끄러운 카페에서는 좀처럼 공부나 일에 집중할 수 없다.
</td></tr>
<tr><td>

유 慌て者 덜렁이, 촐랑이

おっちょこちょい 덜렁이, 촐랑이, 경박함
</td><td>

そそっかしい人はミスが多く、周囲に迷惑をかけることが多い。

덜렁대는 사람은 실수가 많아 주위에 민폐를 끼치는 경우가 많다.
</td></tr>
<tr><td>

유 真面目だ 진지하다, 진심이다, 성실하다

本気だ 진심이다, 진지하다
</td><td>

先生は生徒の質問に真剣な表情で答えている。

선생님은 학생의 질문에 진지한 표정으로 대답하고 있다.
</td></tr>
<tr><td>

유 大変だ 큰일이다
</td><td>

少子高齢化を背景に労働力不足が深刻な社会問題となっている。

저출산 고령화를 배경으로 노동력 부족이 심각한 사회 문제가 되고 있다.
</td></tr>
</table>

DAY 5

26

慎重だ
신중하다

(한자풀이) 慎 삼갈 신, 重 무거울 중

しんちょうだ

[의미] 신중하다

☆[빈출표현] 慎重な態度/性格(신중한 태도/성격)
慎重に選ぶ/検討する(신중하게 고르다/검토하다)
慎重に決める/行動する(신중하게 결정하다/행동하다)

*출제가능유형: [한자읽기] [한자표기] [문맥] [유의표현] [용법]

27

邪魔だ
방해되다

(한자풀이) 邪 간사할 사, 魔 마귀 마

じゃまだ

[의미] 방해되다

☆[빈출표현] 邪魔な広告/存在(방해되는 광고/존재)
邪魔になる(방해가 되다)

*출제가능유형: [한자읽기] [한자표기] [문맥] [유의표현] [용법]

な형용사

28

柔軟だ
유연하다

(한자풀이) 柔 부드러울 유, 軟 연할 연

じゅうなんだ

[의미] 유연하다

☆[빈출표현] 柔軟な体/思考/発想(유연한 몸/사고/발상)
柔軟な対応/態度(유연한 대응/태도)

*출제가능유형: [한자읽기] [한자표기] [문맥] [유의표현] [용법]

29

順調だ
순조롭다

(한자풀이) 順 순할 순, 調 고를 조

じゅんちょうだ

[의미] 순조롭다

☆[빈출표현] 順調な滑り出し/人生(순조로운 출발/인생)
順調に進む/終わる(순조롭게 진행되다/끝나다)

*출제가능유형: [한자읽기] [한자표기] [문맥] [유의표현] [용법]

30

기본동사

ささやく
속삭이다

[의미] 속삭이다, 소곤거리다

☆[빈출표현] 耳元でささやく(귓전에 대고 속삭이다)
甘い言葉をささやく(달콤한 말을 속삭이다)
ささやくように話す(속삭이듯 말하다)

*출제가능유형: [문맥] [유의표현] [용법]

유 注意深い 매우 조심스럽다, 신중하다
用心深い 신중하다, 조심성이 많다
↔ 軽率だ 경솔하다

慎重に言葉を選んでメッセージを送った。

신중하게 말을 골라서 메시지를 보냈다.

유 妨害 방해
妨げる 방해하다
참 邪魔する 방해하다

ネットの邪魔な広告をブロックした。

인터넷상의 방해되는 광고를 차단했다.

유 柔らかい 부드럽다
しなやかだ 보들보들하다
↔ 強硬だ 강경하다

子供たちのユニークで柔軟な発想に驚いた。

아이들의 독특하고 유연한 발상에 놀랐다.

유 快調だ 쾌조를 보이다, 상태가 매우 좋다
好調だ 순조롭다, 호조를 보이다

新作ゲームの開発が順調に進んでいる。

신작 게임 개발이 순조롭게 진행되고 있다.

유 ひそひそ 소곤소곤
呟く 중얼거리다

母はいつもささやくように話す。

어머니는 언제나 속삭이듯이 이야기한다.

DAY
5

| 표제어 | Step 1 | 단어 풀이(용법·의미) |

31

誘う
권유하다

(한자풀이) 誘 꾈 유

さそう

의미 권유하다, 부르다, 초대하다

☆빈출표현 カラオケ/食事に誘う(노래방/식사에 초대하다)

ドライブに誘う(드라이브하러 가지고 하다)

*출제가능유형 : 한자읽기 한자표기 문맥 유의표현 용법

32

定める
정하다

(한자풀이) 定 정할 정

さだめる

의미 정하다, 결정하다, 제정하다(문어적, 딱딱한 느낌)

☆빈출표현 基準/規則を定める(기준/규칙을 정하다)

休日/制度/法律を定める(휴일/제도/법률을 정하다)

*출제가능유형 : 한자읽기 한자표기 문맥 유의표현 용법

33

기본동사

さびる
녹슬다

의미 녹슬다, 녹나다

☆빈출표현 鉄がさびる(철이 녹슬다)

剃刀がさびる(면도칼이 녹슬다)

*출제가능유형 : 문맥 유의표현 용법

34

仕上げる
완성하다

(한자풀이) 仕 섬길 사. 上 윗 상

しあげる

의미 완성하다, 끝내다

☆빈출표현 作品/論文を仕上げる(작품/논문을 완성하다)

仕事を仕上げる(일을 끝내다)

*출제가능유형 : 한자읽기 한자표기 문맥 유의표현 용법

35

従う
따르다

(한자풀이) 従 좇을 종

したがう

의미 따르다, 좇다

☆빈출표현 基準/指示に従う(기준/지시에 따르다)

法則/ルールに従う(법칙/룰에 따르다)

*출제가능유형 : 한자읽기 한자표기 문맥 유의표현 용법

유 勧誘する 권유하다
連れ出す 데리고 나가다
促す 재촉하다, 촉구하다

友達に誘われてゴルフを始めた。

친구에게 권유받아 골프를 시작했다.

유 決める 정하다
制定する 제정하다
참 定まる 결정되다

地方自治法の規定に基づき、市の休日を定めた。

지방 자치법의 규정에 의거해 시의 휴일을 정했다.

유 さびつく 녹슬어 엉겨 붙다

剃刀はキレイに乾燥させないとさびてしまう。

면도칼은 완전히 건조시키지 않으면 녹슬어 버린다.

유 完成させる 완성시키다

後輩に手伝ってもらって、ようやく作品を仕上げることができた。

후배가 도와줘서 겨우 작품을 완성할 수 있었다.

유 ついて行く 따라나서다
沿う 따르다
順応する 순응하다

上司の指示に従って仕事を進めた。

상사의 지시에 따라 일을 진행시켰다.

표제어	Step 1 │ 단어 풀이(용법·의미) ✎

36

染みる
스며들다

한자풀이 染 물들 염

しみる

의미 스며들다, 배다, 번지다

☆빈출표현 汗/味/匂いが染みる(땀/맛/향기가 배다)
身に染みる(몸에 스미다, 마음을 찌르다)

＊출제가능유형 : 한자읽기 한자표기 문맥 유의표현 용법

37

湿る
축축해지다

한자풀이 湿 젖을 습

しめる

의미 축축해지다, 촉촉히 젖다

☆빈출표현 地面が湿る(지면이 축축해지다)
洗濯物が湿る(세탁물이 축축해지다)

＊출제가능유형 : 한자읽기 한자표기 문맥 유의표현 용법

기본동사

38

占める
차지하다

한자풀이 占 점령할 점

しめる

의미 차지하다, 자리잡다

☆빈출표현 過半数/６割を占める(과반수/60%를 차지하다)
重要な役割を占める(중요한 역할을 차지하다)

＊출제가능유형 : 한자읽기 한자표기 문맥 유의표현 용법

39

生じる
발생하다

한자풀이 生 날 생

しょうじる

의미 발생하다, 생기다, 일어나다

☆빈출표현 被害/問題が生じる(피해/문제가 발생하다)
疑惑/違いが生じる(의혹/차이가 생기다)

＊출제가능유형 : 한자읽기 한자표기 문맥 유의표현 용법

복합동사

40

すれ違う
스치듯 지나가다

한자풀이 違 어긋날 위

すれちがう

의미 스치듯 지나가다, 엇갈리다

☆빈출표현 対向車とすれ違う(마주 오는 차와 스쳐 지나가다)
人とすれ違う(사람과 스쳐 지나가다)
話がすれ違う(이야기가 엇갈리다)

＊출제가능유형 : 한자읽기 한자표기 문맥 유의표현 용법

㋴ 滲む 번지다, 스미다

この煮物は味がよく染みてとても美味しい。

이 조림은 맛이 잘 배어서 아주 맛있다.

㋴ 濡れる 젖다
潤う 습기를 띠다, 축축해지다

ベランダで夕方まで干した洗濯物が湿っている。

베란다에서 저녁때까지 말린 세탁물이 축축하다.

D
A
Y
5

㋴ 占有する 점유하다
占領する 점령하다
占拠する 점거하다

賛成が過半数を占めている。

찬성이 과반수를 차지하고 있다.

㋴ 生まれる 생기다, 태어나다
起きる 일어나다, 기상하다
起こる 일어나다, 발생하다

不用物の排出による環境汚染の問題が生じてきている。

불용물(쓰지 않는 물건) 배출에 의한 환경 오염 문제가 생겨나고 있다.

㋴ 通り過ぎる 지나가다, 통과하다

人とすれ違う時は、ぶつからないように気をつけている。

다른 사람과 스치듯 지나갈 때에는 부딪히지 않도록 주의하고 있다.

표제어	Step 1 | 단어 풀이(용법·의미) ✏

41

복합동사

立ち並ぶ
줄지어 서다

(한자풀이) 立 설 립, 並 나란히 병

たちならぶ

의미 줄지어 서다, 나란히 서다, 늘어서다, 즐비하다

★ **빈출표현** 家/ビル/店が立ち並ぶ(집/빌딩/가게가 늘어서다)

ずらりと立ち並ぶ(죽 늘어서다)

＊**출제가능유형 :** 한자읽기 한자표기 문맥 유의표현 용법

42

問い合わせる
문의하다

(한자풀이) 問 물을 문, 合 합할 합

といあわせる

의미 문의하다, 물어서 확인하다

★ **빈출표현** 専門家に問い合わせる(전문가에게 문의하다)

電話/メールで問い合わせる(전화/메일로 문의하다)

＊**출제가능유형 :** 한자읽기 한자표기 문맥 유의표현 용법

43

부사

さっぱり
산뜻하게, 전혀

의미 ① 후련·산뜻·말쑥한 모양, 맛이 담백한 모양
② 남김없이, 깨끗이 ③ (부정 표현 수반) 전혀, 조금도

★ **빈출표현** さっぱりする(산뜻하다), さっぱりした味(담백한 맛)

さっぱり忘れる(깨끗이 잊다)

さっぱりわからない(전혀 모르다)

＊**출제가능유형 :** 문맥 유의표현 용법

44

更に
더욱더

(한자풀이) 更 고칠 경

さらに

의미 ① 더욱더 ② 게다가

★ **빈출표현** 更によくなる/悪くなる(더욱더 좋아지다/나빠지다)

更に美味しくなる(더욱더 맛있어지다)

＊**출제가능유형 :** 문맥 유의표현 용법

45

じっと
가만히

의미 ① 가만히 ② 물끄러미

★ **빈출표현** じっとする(가만히 있다)

じっと見る(가만히 보다)

＊**출제가능유형 :** 문맥 유의표현 용법

㊤ 並んで立つ 나란히 서다

彼女は著名人の家が立ち並ぶ高級住宅街に住んでいる。

그녀는 유명 인사의 집이 즐비한 고급 주택가에 살고 있다.

㊤ 確かめる 확실히 하다, 확인하다
聞き合わせる 문의하다, 조회하다

詳細はお電話にてお問い合わせください。

자세한 내용은 전화로 문의해 주세요.

㊤ すっきり 산뜻·세련·말끔·상쾌한 모양
あっさり 담박하게, 산뜻하게, 깨끗이
すっかり 모두, 죄다, 몽땅
全く 완전히, 전혀
全然 전혀

過去の嫌な出来事はきれいさっぱり忘れた。

과거의 불쾌한 일은 깨끗하게 잊었다.

㊤ もっと 더욱, 좀 더
ますます 점점, 더욱더
一層 한층 더

カレーにチョコを入れると更に美味しくなる。

카레에 초콜릿을 넣으면 더욱더 맛있어진다.

㊤ 動かない 움직이지 않다

赤ちゃんがお母さんの目をじっと見つめている。

아기가 엄마의 눈을 가만히 응시하고 있다.

표제어	Step 1	단어 풀이(용법·의미) ✏️

46

부
사

スムーズに
순조롭게

의미 순조롭게, 원활하게

★ 빈출표현 スムーズに進(すす)む(순조롭게 진행되다)
スムーズに対応(たいおう)する(원활하게 대응하다)

＊출제가능유형: 문맥 유의표현 용법

47

精一杯
힘껏

한자풀이 精 정할 정. 一 한 일. 杯 잔 배

せいいっぱい

의미 힘껏, 최대한으로

★ 빈출표현 精一杯頑張(がんば)る(힘껏 분발하다)
精一杯努力(どりょく)する(힘껏 노력하다)

＊출제가능유형: 문맥 유의표현 용법

48

リストラ
구조 조정

restructuring

의미 구조 조정(リストラクチャリング의 준말)

★ 빈출표현 リストラする(구조 조정하다)

＊출제가능유형: 문맥 유의표현 용법

49

가
타
카
나

リラックス
릴랙스

relax

의미 릴랙스, 긴장을 풀고 쉼

★ 빈출표현 リラックスする(릴랙스하다)

＊출제가능유형: 문맥 유의표현 용법

50

レンタル
렌털

rental

의미 렌털, 대여

★ 빈출표현 レンタルショップ(렌털 숍), レンタル店(てん)(대여점)
レンタルする(렌털하다, 대여하다)

＊출제가능유형: 문맥 유의표현 용법

유 円滑に 원활하게

チェックリストを見れば、スムーズに作業を進めることができる。

체크 리스트를 보면 순조롭게 일을 진행할 수 있다.

유 力一杯 힘껏

極力 극력, 힘껏

できる限り 가능한 한, 되도록

皆様のお役に立てるよう、精一杯頑張ります。

여러분께 도움이 될 수 있도록 힘껏 노력하겠습니다.

유 企業再構築 기업 재구축

解雇 해고

クビになる 해고되다

世界不況で多くの企業がリストラを余儀なくされている。

세계 불황으로 많은 기업이 구조 조정을 어쩔 수 없이 하고 있다.

유 くつろぐ 유유자적하다, 편안히 지내다

憩う 쉬다, 휴식하다

お風呂に入ると、1日の疲れがとれてリラックスできる。

목욕을 하면 하루의 피로가 풀려서 릴랙스할 수 있다.

유 賃貸 임대

リース 리스(lease), 장기간의 임대차

貸し出す 빌려주다

レンタルショップで借りたDVDをうっかり返し忘れてしまった。

렌털 숍에서 빌린 DVD를 깜빡하고 돌려주는 것을 잊어버렸다.

Day 5

❶ 다음 단어의 뜻을 쓰고 읽는 법을 고르세요.

1. 首相 　　(뜻: 　　　　) 　A. しゅしょう 　　B. しゅうしょ

2. 充満 　　(뜻: 　　　　) 　A. じゅうまん 　　B. ちゅうまん

3. 騒々しい (뜻: 　　　　) 　A. さわざわしい 　B. そうぞうしい

4. 慎重だ 　(뜻: 　　　　) 　A. しんじゅうだ 　B. しんちょうだ

5. 湿る 　　(뜻: 　　　　) 　A. しめる 　　　　B. しける

❷ 다음 빈칸에 공통으로 들어갈 수 있는 한자로 적절한 것을 고르세요.

6. 視( ) 分( ) ( )生
　　A. 球　B. 野　C. 線

7. 続( ) 支( ) ( )世
　　A. 出　B. 行　C. 持

8. 先着( ) 年代( ) ひらがな( )
　　A. 準　B. 番　C. 順

9. ( )問題 ( )事情 ( )手続き
　　A. 大　B. 多　C. 諸

10. ( )顧客 ( )産地 ( )成分
　　A. 全　B. 主　C. 前

❸ 빈칸에 들어갈 단어로 적절한 것을 고르세요.

　　A. リラックス 　　B. 問い合わせ 　　C. 頼り 　　D. じっと 　　E. さっぱり

11. お風呂に入ると、1日の疲れがとれて＿＿＿＿＿できる。

12. カーナビを＿＿＿＿＿にして、目的地まで行った。

13. 詳細はお電話にてお＿＿＿＿＿ください。

14. 過去の嫌な出来事はきれい＿＿＿＿＿忘れた。

15. 赤ちゃんがお母さんの目を＿＿＿＿＿見つめている。

| 정답 | 1. 수상, A　2. 충만, A　3. 떠들썩하다, B　4. 신중하다, B　5. 축축해지다, A /
 6. B　7. A　8. C　9. C　10. B / 11. A　12. C　13. B　14. E　15. D |

WEEK
문제

1주 차를 무사히 마치셨네요, 대단합니다!
이번 주에는 무려 250단어를 배웠는데요,
다음 장의 WEEK 문제를 풀면서 실력을 점검해 봅시다.
틀린 것들은 해설에 적힌 단어 위치를 따라가서
다시 한 번 읽으며 내 것으로 만드세요!

다음 장으로 GO! ➡

WEEK 1 : 문제

실전형 문제로 복습하기 —————

問題1. _____の言葉の読み方として最もよいものを、1・2・3・4から一つ選びなさい。

1 たまには息抜きも必要だ。
　　① ゆきさき　　　② ものおき　　　③ まばたき　　　④ いきぬき

2 狭いワンルームだと、収納に困ることがある。
　　① しゅのう　　　② しゅの　　　③ しゅうの　　　④ しゅうのう

問題2. _____の言葉を漢字で書くとき、最もよいものを1・2・3・4から一つ選びなさい。

3 人気女性グループが2日、かいさんした。
　　① 階産　　　② 解散　　　③ 開撒　　　④ 改酸

4 ファストフードばかり食べていると、栄養がかたよる。
　　① 片る　　　② 編る　　　③ 返る　　　④ 偏る

問題3. (　　)に入れるのに最もよいものを、1・2・3・4から一つ選びなさい。

5 彼は不真面目で責任(　　)もない。
　　① 感　　　② 性　　　③ 心　　　④ 度

6 好きなイラスト作品(　　)を2冊購入した。
　　① 本　　　② 書　　　③ 集　　　④ 展

問題4. (　　)に入れるのに最もよいものを、1・2・3・4から一つ選びなさい。

7 今後もより(　　)頑張ってください。
　　① 一斉　　　② 一切　　　③ 一層　　　④ 一気

8 私は（　　）に弱いタイプだ。

① ジャンル　　　　② タイミング　　　③ ウイルス　　　　④ プレッシャー

9 子供を（　　）育てると、自立できなくなる。

① 抱えて　　　　　② 甘やかして　　　③ 従って　　　　　④ 覆って

問題5. ＿＿＿＿の言葉に意味が最も近いものを、1・2・3・4から一つ選びなさい。

10 これがおそらく日本一高いビルではないかと思う。

① たぶん　　　　　② いったん　　　　③ けっして　　　　④ あいにく

11 見たことのない大きさのカツオに驚いた。

① さっぱりした　　② じっとした　　　③ びっくりした　　④ がっかりした

問題6. 次の言葉の使い方として最もよいものを、1・2・3・4から一つ選びなさい。

12 上昇

① 彼は入社二年で課長に上昇した。

② 物価が継続的に上昇することを「インフレ」と呼ぶ。

③ 好きなことは上昇が早いと言われている。

④ 8月から上昇し、一人暮らしをしている。

13 さっさと

① 最近、眠りが浅いし、さっさと目覚めてしまう。

② 夫がさっさと仕事辞めたいと言ってきた。

③ 時間内に終わらせてさっさと帰りたい。

④ さっさと返事してくれてありがとう。

WEEK 1 : 정답 및 해설

: 정답 :

1 ④ **2** ④ / **3** ② **4** ④ / **5** ① **6** ③

7 ③ **8** ④ **9** ② / **10** ① **11** ③ / **12** ② **13** ③

: 해석 :

문제 1.

1 たまには息抜き(いきぬき)も必要だ。　`Day 2 - 13번`

가끔은 잠시 쉬는 것도 필요하다.

2 狭いワンルームだと、収納(しゅうのう)に困ることがある。　`Day 5 - 2번`

좁은 원룸이라면 수납이 곤란한 경우가 있다.

문제 2.

3 人気女性グループが2日、かいさん(解散)した。　`Day 1 - 8번`

인기 여성 그룹이 2일 해체했다.

4 ファストフードばかり食べていると、栄養がかたよる(偏る)。　`Day 4 - 30번`

패스트푸드만 먹으면 영양이 한쪽으로 치우친다.

문제 3.

5 彼は不真面目で責任(感)もない。　`Day 3 - 16번`

그는 불성실하고 책임감도 없다.

6 好きなイラスト作品(集)を2冊購入した。　`Day 5 - 16번`

좋아하는 일러스트 작품집을 2권 구입했다.

문제 4.

7 今後もより(一層)頑張ってください。 `Day 2 - 46번`

앞으로도 더 한층 노력해 주세요.

8 私は(プレッシャー)に弱いタイプだ。 `Day 4 - 49번`

나는 프레셔에 약한 타입이다.

9 子供を(甘やかして)育てると、自立できなくなる。 `Day 1 - 36번`

아이를 응석받이로 키우면 자립할 수 없게 된다.

문제 5.

10 これがおそらく(＝たぶん)日本一高いビルではないかと思う。 `Day 3 - 45번`

이것이 아마 일본에서 제일 높은 빌딩이 아닌가 하고 생각한다.

11 見たことのない大きさのカツオに驚いた(＝びっくりした)。 `Day 3 - 32번`

본 적 없는 크기의 가다랑어에 놀랐다.

문제 6.

12 物価が継続的に上昇することを「インフレ」と呼ぶ。 `Day 5 - 8번`

물가가 계속적으로 상승하는 것을 '인플레이션'이라고 부른다.

13 時間内に終わらせてさっさと帰りたい。 `Day 4 - 47번`

시간 내에 끝내고 빨랑 돌아가고 싶다.

WEEK
2

Day 6

Day 7

Day 8

Day 9

Day 10

WEEK 문제

Day 6

매일 품사별로 골고루!   오늘의 50단어 한눈에 보기!

음독명사

01. 省略
02. 初歩
03. 所有
04. 性格
05. 世間
06. 接続
07. 専念
08. 相互
09. 装置
10. 続出
11. 素材

고유어

12. 強み
13. 手入れ

복합파생

14. 初〜
15. 〜賞
16. 〜状
17. 〜場
18. 〜色
19. 〜性
20. 〜制

い형용사

21. たくましい
22. 頼もしい
23. だらしない

な형용사

24. 清潔だ
25. 贅沢だ
26. 積極的だ
27. 率直だ
28. 大変だ
29. 多彩だ
30. 妥当だ

기본동사

31. 絞る
32. 救う
33. 済ます
34. 責める

35. 属する
36. 備える
37. 揃える
38. 蓄える
39. 畳む

복합동사

40. 飛び散る
41. 取り上げる
42. 取り組む
43. 乗り継ぐ

부사

44. 徐々に
45. せめて
46. 相当
47. 即座に
48. 直ちに

의성어·의태어

49. 生き生き
50. かさかさ

표제어	Step 1 | 단어 풀이(용법·의미) ✏

1

음독명사

省略
생략

(한자풀이) **省** 덜 생, **略** 간략할 략

しょうりゃく
[의미] 생략
⭐[빈출표현] 省略する(생략하다)
＊**출제가능유형** : [한자읽기] [한자표기] [유의표현] [용법]

2

初歩
초보

(한자풀이) **初** 처음 초, **歩** 걸음 보

しょほ
[의미] 초보
⭐[빈출표현] 初歩的な(초보적인)
初歩の初歩(왕초보)
＊**출제가능유형** : [한자읽기] [한자표기] [유의표현] [용법]

3

所有
소유

(한자풀이) **所** 바 소, **有** 있을 유

しょゆう
[의미] 소유
⭐[빈출표현] 所有権(소유권)
所有する(소유하다)
＊**출제가능유형** : [한자읽기] [한자표기] [유의표현] [용법]

4

性格
성격

(한자풀이) **性** 성품 성, **格** 격식 격

せいかく
[의미] 성격
⭐[빈출표현] 性格がいい/悪い(성격이 좋다/나쁘다)
性格が合う/合わない(성격이 맞다/맞지 않다)
＊**출제가능유형** : [한자읽기] [한자표기] [단어형성] [문맥] [유의표현] [용법]

5

世間
세간

(한자풀이) **世** 인간 세, **間** 사이 간

せけん
[의미] ① 세간, 세상 ② 사람들과의 교제 범위
⭐[빈출표현] 世間知らず(세상 물정에 어두운 사람)
世間を騒がす(세간을 떠들썩하게 하다)
世間が狭い/広い(교제 범위가 좁다/넓다)
＊**출제가능유형** : [한자읽기] [한자표기] [유의표현] [용법]

유 省_{はぶ}く 생략하다, 덜다

略_{りゃく}す 생략하다, 간단히 하다

時間_{じかん}の制約_{せいやく}があるため、重要_{じゅうよう}な部分以外_{ぶぶんいがい}は
省略_{しょうりゃく}します。

시간 제약이 있기 때문에 중요한 부분 이외에는 생략하겠습니다.

유 第一歩_{だいいっぽ} 첫걸음

참 같은 한자 사용 단어

初対面_{しょたいめん} 초면, 첫 대면

歩道_{ほどう} 보도

仕事_{しごと}で初歩的_{しょてき}なミスをしてしまい、上司_{じょうし}に
怒_{おこ}られた。

업무에서 초보적인 실수를 해 버려서 상사에게 혼났다.

유 有_{ゆう}する 가지다

所持_{しょじ} 소지

保有_{ほゆう} 보유

所蔵_{しょぞう} 소장

家族_{かぞく}と週末_{しゅうまつ}を過_すごすための別荘_{べっそう}を所有_{しょゆう}して
いる。

가족과 주말을 보내기 위한 별장을 소유하고 있다.

DAY
6

유 キャラクター 캐릭터

性質_{せいしつ} 성질

ペアを組_くむことになった同僚_{どうりょう}と考_{かんが}え方_{かた}や性
格_{かく}が合_あわなくて悩_{なや}んでいる。

한 팀이 된 동료와 사고방식과 성격이 맞지 않아서 고민하고 있다.

유 世_よ 세상

世_よの中_{なか} 세상, 세간

世界_{せかい} 세계

世間_{せけん}を騒_{さわ}がしたあの事件_{じけん}の真相_{しんそう}が明_{あき}らかに
なった。

세상을 떠들썩하게 한 그 사건의 진상이 밝혀졌다.

표제어	Step 1 | 단어 풀이(용법·의미) ✏

6

接続
접속

(한자풀이) 接 이을 접, 続 이을 속

せつぞく

의미 접속

⭐**빈출표현** 接続がいい/悪い(접속이 좋다/나쁘다)

接続できる(접속할 수 있다)

*출제가능유형 : [한자읽기] [한자표기] [문맥] [유의표현] [용법]

7

専念
전념

(한자풀이) 専 오로지 전, 念 생각 념

せんねん

의미 전념

⭐**빈출표현** 専念する(전념하다)

*출제가능유형 : [한자읽기] [한자표기] [유의표현] [용법]

음독명사

8

相互
상호

(한자풀이) 相 서로 상, 互 서로 호

そうご

의미 상호

⭐**빈출표현** 相互協力/関係/作用(상호 협력/관계/작용)

*출제가능유형 : [한자읽기] [한자표기] [유의표현] [용법]

9

装置
장치

(한자풀이) 装 꾸밀 장, 置 둘 치

そうち

의미 장치

⭐**빈출표현** 安全/舞台装備(안전/무대 장치)

装置を備える/外す(장치를 갖추다/제거하다)

*출제가능유형 : [한자읽기] [한자표기] [문맥] [유의표현] [용법]

10

続出
속출

(한자풀이) 続 이을 속, 出 날 출

ぞくしゅつ

의미 속출

⭐**빈출표현** 続出する(속출하다)

*출제가능유형 : [한자읽기] [한자표기] [문맥] [유의표현] [용법]

유 連結 연결

突然インターネットに接続できなくなった。

갑자기 인터넷에 접속할 수 없게 되었다.

유 打ち込む 열중하다
没頭 몰두
没入 몰입

참 같은 발음 단어
千年 천 년

どうか焦らず、じっくりと治療に専念して
ください。

부디 초조해하지 말고 차분히 치료에 전념하세요.

유 お互い 서로

相互関係を深め、異文化理解も深めよう。

상호 관계를 깊게 하여 이문화 이해도 깊게 하자.

DAY
6

유 装備 장비

安全性の向上を図るための装置を備えてお
いた。

안전성 향상을 꾀하기 위한 장치를 갖춰 두었다.

유 続発 속발, 연발
連発 연발

各地で大雨による被害が続出している。

각지에서 큰비에 의한 피해가 속출하고 있다.

| 표제어 | Step 1 | 단어 풀이(용법·의미) |

11

음독명사

素材
소재

한자풀이 **素** 본디 소, **材** 재목 재

そざい

의미 소재

★ 빈출표현 素材がいい/悪い(소재가 좋다/나쁘다)
素材を生かす/使う(소재를 살리다/사용하다)

＊출제가능유형 : 한자읽기 한자표기 문맥 유의표현 용법

12

強み
강점, 세기

한자풀이 **強** 강할 강

つよみ

의미 ① 강점, 장점 ② 강도, 세기

★ 빈출표현 私の強み(저의 강점)
強みを増す(강도를 더하다, 더욱 강해지다)

＊출제가능유형 : 한자읽기 한자표기 문맥 유의표현 용법

고유어

13

手入れ
고침

한자풀이 **手** 손 수, **入** 들 입

ていれ

의미 고침, 손질함

★ 빈출표현 手入れする(고치다)
手入れが行き届く(손질이 잘되어 있다)

＊출제가능유형 : 한자읽기 한자표기 문맥 유의표현 용법

14

初年度
초년도

한자풀이 **初** 처음 초

しょねんど

의미 초년도, 첫해

★ 빈출표현 初年度年収/ボーナス(첫해 연봉/보너스)
初年度納入金(첫해 납입금)

＊출제가능유형 : 한자읽기 단어형성

복합파생

15

文学賞
문학상

한자풀이 **賞** 상줄 상

ぶんがくしょう

의미 문학상

★ 빈출표현 文学賞を取る(문학상을 타다)
文学賞を受賞する(문학상을 수상하다)

＊출제가능유형 : 한자읽기 단어형성

유 原料 원료
材料 재료

素材の味を生かすために、味付けは最小限にしている。

소재의 맛을 살리기 위해서 양념은 최소한으로 하고 있다.

유 長所 장점

私の強みはコツコツと努力を積み重ね、目標を達成することです。

나의 강점은 꾸준히 노력을 쌓아서 목표를 달성하는 것입니다.

DAY
6

유 整備 정비
補修 보수

建物自体は古かったですが、隅々まで手入れが行き届いていて綺麗でした。

건물 자체는 낡았지만, 구석구석까지 손질이 잘되어 있어 깨끗했습니다.

참 初対面 초면, 첫 대면
初 처음, 최초

日本の正社員の初年度の平均年収は450万円くらいだ。

일본 정사원의 첫해 평균 연봉은 450만 엔 정도다.

참 ノーベル賞 노벨상
特別賞 특별상
参加賞 참가상
残念賞 애석상
優秀賞 우수상

日本の文学賞の中で最も権威があるのは芥川賞と直木賞である。

일본의 문학상 중에서 가장 권위가 있는 것은 아쿠타가와상과 나오키상이다.

| 표제어 | Step 1 | 단어 풀이(용법·의미) ✎ |

16

招待状
초대장

(한자풀이) **状** 문서 장

しょうたいじょう

〔의미〕 초대장

★빈출표현 招待状を送る/出す(초대장을 보내다/부치다)
招待状が届く(초대장이 도착하다)

＊출제가능유형 : 한자읽기 단어형성

17

スキー場
스키장

(한자풀이) **場** 마당 장

ski＋じょう

〔의미〕 스키장

★빈출표현 スキー場オープン(스키장 오픈)
スキー場に行く(스키장에 가다)

＊출제가능유형 : 한자읽기 단어형성

18

복합파생

国際色
국제색

(한자풀이) **色** 빛 색

こくさいしょく

〔의미〕 국제색, 국제적 색채

★빈출표현 国際色豊かな(국제적 색채가 짙은)

＊출제가능유형 : 한자읽기 단어형성

19

危険性
위험성

(한자풀이) **性** 성품 성

きけんせい

〔의미〕 위험성

★빈출표현 危険性がある/ない(위험성이 있다/없다)
危険性が高い/低い(위험성이 높다/낮다)

＊출제가능유형 : 한자읽기 단어형성

20

会員制
회원제

(한자풀이) **制** 절제할 제

かいいんせい

〔의미〕 회원제

★빈출표현 会員制スポーツジム(회원제 스포츠 클럽)
会員制リゾート(회원제 리조트)
会員制で運営される(회원제로 운영되다)

＊출제가능유형 : 한자읽기 단어형성

참 案内状 안내장
年賀状 연하장
液体状 액체 상태
クリーム状 크림 상태

참 競技場 경기장
試験場 시험장
運動場 운동장
ボーリング場 볼링장

참 地方色 지방색
郷土色 향토색
地域色 지역색

참 安全性 안전성
人間性 인간성
一貫性 일관성
アルカリ性 알칼리성

참 内閣制 내각제
抽選制 추첨제
定額制 정액제
公募制 공모제

結婚式の招待状を送ったのに、返信ハガキがなかなか返ってこない。

결혼식 초대장을 보냈는데 회신 엽서가 좀처럼 돌아오지 않는다.

スキー場のオープン予定日は11月1日です。

스키장의 오픈 예정일은 11월 1일입니다.

別府市は国際色豊かな学園都市としても知られている。

벳부시는 국제적 색채가 짙은 학술 도시로도 알려져 있다.

スピードを出せば出すほど、交通事故の危険性が高まる。

속도를 내면 낼수록 교통사고 위험성이 높아진다.

最近、会員制スポーツジムに通っている。

요즘 회원제 스포츠 클럽에 다니고 있다.

DAY 6

| 표제어 | Step 1 │ 단어 풀이(용법·의미) ✎ |

21

たくましい
늠름하다, 씩씩하다

의미 ① 늠름하다, 몸이 억세 보이다 ② 씩씩하다, 왕성하다

★ 빈출표현 たくましい体/子供(튼튼한 몸/아이)
たくましい腕/脚(튼튼한 팔/다리)

＊출제가능유형 : 문맥 유의표현 용법

22

い형용사

頼もしい
믿음직하다

한자풀이 頼 의뢰할 뢰

たのもしい

의미 믿음직하다, 미덥다, 기대할 만하다

★ 빈출표현 頼もしい先輩/後輩(믿음직한 선배/후배)
頼もしい存在(믿음직한 존재)

＊출제가능유형 : 한자읽기 한자표기 문맥 유의표현 용법

23

だらしない
칠칠치 못하다

의미 칠칠치 못하다, 야무지지 못하다, 깔끔하지 못하다

★ 빈출표현 だらしない人(칠칠치 못한 사람)
だらしない性格(야무지지 못한 성격)
だらしない生活(깔끔하지 못한 생활)

＊출제가능유형 : 문맥 유의표현 용법

24

な형용사

清潔だ
청결하다

한자풀이 清 맑을 청, 潔 깨끗할 결

せいけつだ

의미 청결하다

★ 빈출표현 清潔な環境/空間(청결한 환경/공간)
清潔な暮らし/タオル/手(청결한 생활/수건/손)
清潔に保つ(청결하게 유지하다)

＊출제가능유형 : 한자읽기 한자표기 문맥 유의표현 용법

25

贅沢だ
사치스럽다

한자풀이 贅 혹 췌, 沢 못 택

ぜいたくだ

의미 사치스럽다, 비용이 많이 든다, 호화롭다

★ 빈출표현 贅沢な暮らし(호화로운 생활)
贅沢な食事/時間(사치스러운 식사/시간)

＊출제가능유형 : 한자읽기 한자표기 문맥 유의표현 용법

㊌ 頑丈だ 튼튼하다

タフ 터프(tough), 튼튼함

心身ともにたくましい子供に育てたい。

마음과 몸 모두 튼튼한 아이로 키우고 싶다.

㊌ 信頼できる 신뢰할 수 있다
心強い 마음 든든하다
良心的 양심적
↔ 頼りない 믿음직하지 못하다

心強い仲間が増えて頼もしい限りです。

든든한 동료가 늘어서 믿음직하기 짝이 없습니다.

㊌ ふがいない 칠칠치 못하다, 패기가 없다

しまりがない 긴장감이 없다,
　　　　　　　야무지지 못하다

だらしない人は自分に甘く、けじめのない生活を自分で変えられない。

야무지지 못한 사람은 자신에게 엄하지 않아서 분간 없는 생활을 스스로 바꿀 수 없다.

㊌ きれいだ 깨끗하다
衛生的だ 위생적이다
↔ 不潔だ 불결하다

心地よい眠りのために、寝具を清潔に保っている。

상쾌한 수면을 위해 침구를 청결하게 유지하고 있다.

㊌ 豪華だ 호화롭다
↔ 質素だ 검소하다

今日は普段より少し贅沢な食事を楽しみたい。

오늘은 평소보다 조금 사치스러운 식사를 즐기고 싶다.

DAY 6

| 표제어 | Step 1 | 단어 풀이(용법·의미) ✏️ |

26

積極的だ
적극적이다

(한자풀이) 積 쌓을 적, 極 극진할 극, 的 과녁 적

せっきょくてきだ
[의미] 적극적이다

⭐ 빈출표현 積極的な姿勢/態度(적극적인 자세/태도)
積極的に行動する(적극적으로 행동하다)
積極的に取り組む(적극적으로 대처하다)

*출제가능유형 : [한자읽기] [한자표기] [문맥] [유의표현] [용법]

27

率直だ
솔직하다

(한자풀이) 率 거느릴 솔, 直 곧을 직

そっちょくだ
[의미] 솔직하다

⭐ 빈출표현 率直な意見/感想/気持ち(솔직한 의견/감상/심정)
率直に言う/話す(솔직하게 말하다/이야기하다)
率直に伝える(솔직하게 전달하다)

*출제가능유형 : [한자읽기] [한자표기] [문맥] [유의표현] [용법]

28

な형용사

大変だ
힘들다

(한자풀이) 大 큰 대, 変 변할 변

たいへんだ
[의미] 힘들다, 큰일이다

⭐ 빈출표현 大変な仕事/状況(힘든 일/상황)
大変な事になる(큰일나다)

*출제가능유형 : [한자읽기] [한자표기] [문맥] [유의표현] [용법]

29

多彩だ
다채롭다

(한자풀이) 多 많을 다, 彩 채색 채

たさいだ
[의미] 다채롭다

⭐ 빈출표현 多彩な色使い/魅力(다채로운 배색/매력)
多彩なイベント/趣味(다채로운 이벤트/취미)

*출제가능유형 : [한자읽기] [한자표기] [문맥] [유의표현] [용법]

30

妥当だ
타당하다

(한자풀이) 妥 온당할 타, 当 마땅 당

だとうだ
[의미] 타당하다

⭐ 빈출표현 妥当な意見/理由(타당한 의견/이유)
妥当な金額/判断/方法(타당한 금액/판단/방법)

*출제가능유형 : [한자읽기] [한자표기] [문맥] [유의표현] [용법]

유 能動的だ 능동적이다
自発的だ 자발적이다
↔ 消極的だ 소극적이다

向上心を持ち、積極的に行動し続けたい。

향상심을 가지고 계속 적극적으로 행동하고 싶다.

유 正直だ 정직하다
有りのまま 있는 그대로
ストレート 스트레이트(straight),
직접적인, 솔직한

私は自分の気持ちを率直に伝えるのが苦手だ。

나는 내 마음을 솔직하게 전하는 것을 잘 못한다.

유 苦労する 고생하다
重大だ 중대하다

大変な状況ですが、みんなで力を合わせて頑張りましょう。

힘든 상황이지만, 다 같이 힘을 합쳐서 참고 노력합시다.

유 いろいろだ 여러 가지다, 다양하다
様々だ 여러 가지다, 가지각색이다
多様だ 다양하다

多彩な趣味を持つことで、活気に満ちた毎日を過ごすことができる。

다채로운 취미를 가짐으로써 활기 넘치는 매일을 보낼 수 있다.

유 適切だ 적절하다
穏当だ 온당하다

公正かつ妥当な方法によって、適切な体制を整えた。

공정하고도 타당한 방법에 의해 적절한 체제를 마련했다.

DAY
6

| 표제어 | Step 1 ｜ 단어 풀이(용법·의미) ✏ |

기 본 동 사

31

絞る
(쥐어)짜다

한자풀이 絞 목맬 교

しぼる

의미 (쥐어)짜다, 짜내다, 좁히다

⭐빈출표현 タオルを絞る(수건을 짜다)
知恵を絞る(지혜를 짜내다)
一つに絞る(하나로 좁히다)

*출제가능유형: 한자읽기 한자표기 문맥 유의표현 용법

32

救う
구하다

한자풀이 救 구원할 구

すくう

의미 구하다, 건지다, 살리다

⭐빈출표현 人類/地球を救う(인류/지구를 구하다)
命を救う(생명을 구하다)

*출제가능유형: 한자읽기 한자표기 문맥 유의표현 용법

33

済ます
끝내다

한자풀이 済 건널 제

すます

의미 ① 끝내다, 마치다 ② 때우다, 해결하다

⭐빈출표현 仕事/食事を済ます(일/식사를 끝내다)
軽く済ます(가볍게 때우다)

*출제가능유형: 한자읽기 한자표기 문맥 유의표현 용법

34

責める
비난하다

한자풀이 責 꾸짖을 책

せめる

의미 (잘못 등을) 비난하다, 나무라다

⭐빈출표현 過ち/失敗/自分を責める(잘못/실패/자신을 비난하다)
他人に責められる(타인에게 비난받다)

*출제가능유형: 한자읽기 한자표기 문맥 유의표현 용법

35

属する
속하다

한자풀이 属 무리 속

ぞくする

의미 (어떤 범위 안에) 속하다, 딸리다

⭐빈출표현 営業部に属する(영업부에 속하다)
哺乳類に属する(포유류에 속하다)

*출제가능유형: 한자읽기 한자표기 문맥 유의표현 용법

Step 2 ㅣ 연관 단어 🔍	**Step 3** ㅣ 예문 💬

유 ねじる 비틀다, 쥐어짜다

みんなでアイデアを絞って完成させた。

다 같이 아이디어를 짜내서 완성시켰다.

유 助ける 구하다

命を救うために、日夜献身的に力を尽くしている。

생명을 구하기 위해 밤낮을 헌신적으로 힘쓰고 있다.

DAY 6

유 終える 마치다
참 済む 끝나다, 해결되다

いつも昼食をしっかり食べて、朝食と夕食は軽く済ます。

언제나 점심을 든든히 먹고, 아침과 저녁은 가볍게 때운다.

유 非難する 비난하다
とがめる 책망하다, 비난하다
なじる 힐책하다, 따지다

彼は自分のことは棚に上げて他人の過ちを責めている。

그는 자신의 일은 모른 척 문제 삼지 않고 남의 잘못을 비난하고 있다.

유 従属する 종속되다
含まれる 포함되다

姉は営業部に属している正社員だ。

누나는 영업부에 속해 있는 정사원이다.

표제어	Step 1	단어 풀이(용법·의미) ✏

36

備える
대비하다, 갖추다

(한자풀이) 備 갖출 비

そなえる

[의미] ① 대비하다, 준비하다 ② 갖추다, 구비하다

★빈출표현 試験/地震に備える(시험/지진에 대비하다)
機能を備える(기능을 갖추다)

*출제가능유형 : [한자읽기] [한자표기] [문맥] [유의표현] [용법]

37

揃える
가지런히 하다, 맞추다

(한자풀이) 揃 자를 전

そろえる

[의미] ① 가지런히 하다 ② 맞추다, 일치시키다

★빈출표현 靴を揃える(신발을 가지런히 하다)
口/長さを揃える(말/길이를 맞추다)

*출제가능유형 : [한자읽기] [한자표기] [문맥] [유의표현] [용법]

기본동사

38

蓄える
비축하다

(한자풀이) 蓄 모을 축

たくわえる

[의미] 비축하다, 저장하다, 쌓다, 모으다

★빈출표현 米/食糧を蓄える(쌀/식량을 비축하다)
資産を蓄える(자산을 모으다)
力/知識を蓄える(힘/지식을 쌓다)

*출제가능유형 : [한자읽기] [한자표기] [문맥] [유의표현] [용법]

39

畳む
접다

(한자풀이) 畳 겹쳐질 첩

たたむ

[의미] 접다, 개다

★빈출표현 傘/店を畳む(우산/가게를 접다).
タオル/布団を畳む(수건/이불을 개다)

*출제가능유형 : [한자읽기] [한자표기] [문맥] [유의표현] [용법]

40

복합동사

飛び散る
튀다

(한자풀이) 飛 날 비, 散 흩을 산

とびちる

[의미] 튀다, 사방에 흩날리다

★빈출표현 油/ソースが飛び散る(기름/소스가 튀다)
水/火花が飛び散る(물/불꽃이 튀다)

*출제가능유형 : [한자읽기] [한자표기] [문맥] [유의표현] [용법]

유 準備する 준비하다 具備する 구비하다 참 備わる 갖추어지다, 구비되다	被害を防ぐためには地震に備えて日ごろから防災を行う必要がある。 피해를 방지하기 위해서는 지진에 대비하여 평소부터 방재를 할 필요가 있다.
유 調える 갖추다, 마련하다 참 揃う 갖추어지다, 한곳에 모이다	脱いだ靴はきちんと揃えましょう。 벗은 신발은 가지런히 정리합시다.
유 溜める 모으다, 저축하다	災害用の水や食糧を蓄えておいた。 재해용 물과 식량을 비축해 두었다.
유 折り畳む 접어서 작게 하다	店を畳んでふるさとに帰ることになった。 가게를 접고 고향으로 돌아가게 되었다.
유 跳ねる 튀다	お気に入りのシャツにソースが飛び散った。 좋아하는 셔츠에 소스가 튀었다.

DAY 6

| 표제어 | Step 1 │ 단어 풀이(용법·의미) |

41

복합동사

取り上げる
거둬들이다, 들어 올리다

(한자풀이) **取** 가질 취. **上** 윗 상

とりあげる

의미 ① 거둬들이다, 빼앗다 ② 집어 들다, 들어 올리다
③ 채택하다

⭐ **빈출표현** 資格/免許を取り上げる(자격/면허를 빼앗다)
箸を取り上げる(젓가락을 집어 들다)
メディアに取り上げられる(미디어에 채택되다)

＊**출제가능유형** : 한자읽기 │ 한자표기 │ 문맥 │ 유의표현 │ 용법

42

取り組む
임하다

(한자풀이) **取** 가질 취. **組** 짤 조

とりくむ

의미 임하다, 몰두하다, 대처하다

⭐ **빈출표현** 環境問題/対策に取り組む(환경 문제/대책에 임하다)
新規事業/勉強に取り組む(신규 사업/공부에 몰두하다)

＊**출제가능유형** : 한자읽기 │ 한자표기 │ 문맥 │ 유의표현 │ 용법

43

乗り継ぐ
갈아타고 가다

(한자풀이) **乗** 탈 승. **継** 이을 계

のりつぐ

의미 갈아타고 가다, 다른 탈것으로 갈아타고 목적지로 가다

⭐ **빈출표현** 電車を乗り継ぐ(전철을 갈아타고 가다)
バスを乗り継ぐ(버스를 갈아타고 가다)

＊**출제가능유형** : 한자읽기 │ 한자표기 │ 문맥 │ 유의표현 │ 용법

44

부사

徐々に
서서히

(한자풀이) **徐** 천천히 할 서

じょじょに

의미 서서히

⭐ **빈출표현** 徐々に上がる/下がる(서서히 올라가다/내려가다)
徐々に回復する(서서히 회복하다)

＊**출제가능유형** : 문맥 │ 유의표현 │ 용법

45

せめて
적어도

의미 적어도, 하다못해, 최소한

⭐ **빈출표현** せめて連絡くらい(적어도 연락 정도)
せめて2位(최소한 2위)

＊**출제가능유형** : 문맥 │ 유의표현 │ 용법

유 手に取る 손에 들다, 손에 쥐다

奪う 빼앗다

成績が下がって親にスマホを取り上げられた。

성적이 떨어져서 부모님한테 스마트폰을 빼앗겼다.

유 全力で事に当たる 전력을 다해 일에 임하다

多くの企業が真剣に環境問題に取り組んでいる。

많은 기업이 진지하게 환경 문제에 임하고 있다.

유 乗り換える 갈아타다

バスを降りて、地下鉄に乗り継いだ。

버스를 내려서 지하철로 갈아탔다.

유 だんだん 차차, 점점

次第に 차차, 점점

日々の生活習慣から徐々に体力が落ちてしまい、疲れやすい体へと変化していっている。

매일의 생활 습관으로 서서히 체력이 떨어져 버려서, 쉽게 지치는 몸으로 변화해 가고 있다.

유 少なくとも 적어도

せめて一日2時間は勉強してほしい。

적어도 하루 2시간은 공부했으면 한다.

DAY 6

표제어	Step 1 | 단어 풀이(용법·의미)

46

相当
상당히

(한자풀이) **相** 서로 상, **当** 마땅 당

そうとう

[의미] 상당히, 상당함, 정도가 어지간한 모양

☆ 빈출표현 相当高い/多い(상당히 비싸다/많다)

*출제가능유형 : [문맥] [유의표현] [용법]

47

부사

即座に
즉시

(한자풀이) **即** 곧 즉, **座** 자리 좌

そくざに

[의미] 즉시, 당장, 즉석에서

☆ 빈출표현 即座に対応する(즉시 대응하다)
即座に行動に移す(즉시 행동에 옮기다)

*출제가능유형 : [문맥] [유의표현] [용법]

48

直ちに
즉각

(한자풀이) **直** 곧을 직

ただちに

[의미] 즉각, 곧, 바로

☆ 빈출표현 直ちに行う(즉각 시행하다)
直ちに影響はない(바로 영향은 없다)

*출제가능유형 : [문맥] [유의표현] [용법]

49

의성어 · 의태어

生き生き
생생

(한자풀이) **生** 날 생

いきいき

[의미] 생생, (모양 · 표정 · 움직임이) 생기가 넘치는 모양

☆ 빈출표현 生き生きとした表情(생생한 표정)

*출제가능유형 : [문맥] [유의표현] [용법]

50

かさかさ
거칠거칠

[의미] 거칠거칠, 말라서 물기가 없는 모양

☆ 빈출표현 かさかさする(거칠거칠하다)

*출제가능유형 : [문맥] [유의표현] [용법]

유 かなり 상당히

このラーメンは、麺もスープも相当おいしい。

이 라면은 면도 수프도 상당히 맛있다.

유 即刻 즉각
即時 즉시

災害時に即座に対応できる体制を構築した。

재해 시에 즉시 대응할 수 있는 체제를 구축했다.

유 すぐ 곧, 즉시
直に 곧, 금방, 바로

火災・救急・救助などの場合は、直ちに
119番通報してください。

화재, 구급, 구조 등의 경우에는 즉시 119로 신고해 주세요.

유 瑞々しい 신선하고 생기가 있다
참 生々しい (기억 등이) 생생하다, 새롭다

生き生きと充実した人生を送りたい。

생기 있고 충실한 인생을 보내고 싶다.

참 乾燥 건조
乾く 마르다, 건조하다

冬になると、肌が乾いてかさかさしたり、
かゆみが出たりする。

겨울이 되면 피부가 건조하고 거칠거칠하거나 가려워지거나 한다.

Day 6

① 다음 단어의 뜻을 쓰고 읽는 법을 고르세요.

1. 所有 　（뜻:　　　　） 　A. しょゆう 　　B. しょうゆう
2. 頼もしい（뜻:　　　　） 　A. たくもしい 　B. たのもしい
3. 大変だ 　（뜻:　　　　） 　A. たいへんだ 　B. だいへんだ
4. 蓄える 　（뜻:　　　　） 　A. たくわえる 　B. たくえる
5. 畳む 　　（뜻:　　　　） 　A. ただむ 　　B. たたむ

② 다음 빈칸에 공통으로 들어갈 수 있는 한자로 적절한 것을 고르세요.

6. （　）の中　（　）界　（　）間
   A. 人　B. 世　C. 境

7. 初（　）　（　）道　第一（　）
   A. 歩　B. 回　C. 期

8. 液体（　）　招待（　）　年賀（　）
   A. 化　B. 状　C. 上

9. アルカリ（　）　人間（　）　危険（　）
   A. 姓　B. 制　C. 性

10. 地域（　）　郷土（　）　国際（　）
    A. 食　B. 差　C. 色

③ 빈칸에 들어갈 단어로 적절한 것을 고르세요.

A. 即座に 　　B. 責め 　　C. かさかさ 　　D. 手入れ 　　E. 乗り継いだ

11. 彼は自分のことは棚に上げて他人の過ちを＿＿＿＿＿＿＿ている。

12. 隅々まで＿＿＿＿＿＿＿が行き届いていて綺麗でした。

13. バスを降りて、地下鉄に＿＿＿＿＿＿＿。

14. 災害時に＿＿＿＿＿＿＿対応できる体制を構築した。

15. 冬になると、肌が乾いて＿＿＿＿＿＿＿したり、かゆみが出たりする。

정답	1. 소유, A 　2. 믿음직하다, B 　3. 힘들다, A 　4. 비축하다, A 　5. 접다, B /
	6. B 　7. A 　8. B 　9. C 　10. C / 11. B 　12. D 　13. E 　14. A 　15. C

WEEK 2

Day 7

강의와
예문 듣기

매일 품사별로 골고루! 오늘의 50단어 한눈에 보기!

음독명사

- 01. 組織
- 02. 損
- 03. 存在
- 04. 尊重
- 05. 損得
- 06. 対象
- 07. 中継
- 08. 超過
- 09. 調節
- 10. 追加
- 11. 抵抗

고유어

- 12. 隣
- 13. 悩み

복합파생

- 14. 前〜
- 15. 総〜
- 16. 〜沿い
- 17. 〜対〜
- 18. 〜団

- 19. 〜賃
- 20. 〜漬け

い형용사

- 21. 辛い
- 22. 乏しい
- 23. 憎い

な형용사

- 24. 抽象的だ
- 25. 手軽だ
- 26. 適度だ
- 27. でたらめだ
- 28. 特殊だ
- 29. 和やかだ
- 30. なだらかだ

기본동사

- 31. 達する
- 32. 束ねる
- 33. 保つ
- 34. 縮む

- 35. 散らかす
- 36. ついている
- 37. 通じる
- 38. 尽きる
- 39. 包む

복합동사

- 40. 引き受ける
- 41. 引き返す
- 42. 引き止める
- 43. 引っかかる

부사

- 44. たちまち
- 45. たっぷり
- 46. たびたび
- 47. たまたま
- 48. 着々

의성어·의태어

- 49. ぐったり
- 50. ごちゃごちゃ

149

표제어	Step 1	단어 풀이(용법·의미) ✏️

1

組織
조직

(한자풀이) 組 짤 조, 織 짤 직

そしき

의미 조직

⭐빈출표현 組織を作る/変える(조직을 만들다/바꾸다)
組織が壊れる(조직이 깨지다)

＊출제가능유형: 한자읽기 한자표기 문맥 유의표현 용법

2

損
손해

(한자풀이) 損 덜 손

そん

의미 손해, 불이익

⭐빈출표현 損する(손해 보다)
損したくない(손해 보고 싶지 않다)

＊출제가능유형: 한자읽기 한자표기 유의표현 용법

3

存在
존재

(한자풀이) 存 있을 존, 在 있을 재

そんざい

의미 존재

⭐빈출표현 存在感(존재감), 存在する(존재하다)
大切な存在(소중한 존재)

＊출제가능유형: 한자읽기 한자표기 문맥 유의표현

4

尊重
존중

(한자풀이) 尊 높을 존, 重 무거울 중

そんちょう

의미 존중

⭐빈출표현 相手を尊重する(상대를 존중하다)

＊출제가능유형: 한자읽기 한자표기 문맥 유의표현 용법

5

損得
손익

(한자풀이) 損 덜 손, 得 얻을 득

そんとく

의미 손익, 득실, 손해와 이득

⭐빈출표현 損得勘定(이해타산), 損得ずく(손익을 따짐, 타산적임)
損得を考える(득실을 생각하다)

＊출제가능유형: 한자읽기 한자표기 유의표현 용법

음독명사

참 **같은 한자 사용 단어**

組合 조합

織る (옷감 등을) 짜다, 엮다

組織を変えるためには、まずこれまでのやり方を見直さなければならない。

조직을 바꾸기 위해서는 먼저 이제까지의 방식을 재검토해야 한다.

유 損害 손해

不利益 불이익

↔ 得 이익, 이득

益 이익, 벌이

儲け 벌이, 이익

心配して損した。

걱정해서 손해 봤다(괜히 걱정했다).

참 **같은 한자 사용 단어**

既存 기존

現存 현존

所在 소재, 있는 곳, 거처

人は誰もかけがえのない大切な存在である。

사람은 누구나 둘도 없는 소중한 존재이다.

유 重んじる 중요시하다, 존중하다

重視 중시

相互の人格と個性を尊重し、支え合いましょう。

상호의 인격과 개성을 존중하고 서로 협력합시다.

유 損益 손익

利害 이익과 손해

참 損失 손실

常に物事を損得で考えてしまう。

항상 매사를 손해와 이득으로 생각해 버린다.

| 표제어 | Step 1 | 단어 풀이(용법·의미) ✏️ |

6

対象
대상

한자풀이 **対** 대할 대, **象** 코끼리 상

たいしょう

의미 대상

★ 빈출표현 調査対象(조사 대상), 対象にする(대상으로 하다)
対象になる(대상이 되다)

*출제가능유형 : 한자읽기 한자표기 유의표현 용법

7

中継
중계

한자풀이 **中** 가운데 중, **継** 이을 계

ちゅうけい

의미 중계

★ 빈출표현 生中継(생중계), ライブ中継(라이브 중계)
中継する(중계하다)

*출제가능유형 : 한자읽기 한자표기 문맥 유의표현 용법

8

超過
초과

한자풀이 **超** 뛰어넘을 초, **過** 지날 과

ちょうか

의미 초과

★ 빈출표현 超過する(초과하다)

*출제가능유형 : 한자읽기 한자표기 유의표현

9

調節
조절

한자풀이 **調** 고를 조, **節** 마디 절

ちょうせつ

의미 조절

★ 빈출표현 調節する(조절하다)

*출제가능유형 : 한자읽기 한자표기 유의표현 용법

10

追加
추가

한자풀이 **追** 쫓을 추, **加** 더할 가

ついか

의미 추가

★ 빈출표현 追加質問/注文(추가 질문/주문)
追加する(추가하다)

*출제가능유형 : 한자읽기 한자표기 유의표현 용법

음독명사

참 같은 발음 단어
対称 대칭
対照 대조
大賞 대상

全国の21歳から69歳の男女を対象にアンケートを実施した。

전국의 21세~69세의 남녀를 대상으로 앙케트를 실시했다.

유 中継ぎ 중계, 중개

今年の甲子園は、インターネットによるライブ中継で実施される。

올해 고시엔(고교 야구 대회)은 인터넷에 의한 라이브 중계로 실시된다.

유 オーバー 오버(over)
行き過ぎ 지나침
過度 과도
過剰 과잉

データ量を超過した場合、追加データを購入すればまた利用できます。

데이터 용량을 초과한 경우, 추가 데이터를 구입하면 다시 이용할 수 있습니다.

DAY
7

유 調整 조정

音の大きさは音量ボタンで調節できる。

소리의 크기는 음량 버튼으로 조절할 수 있다.

유 加える 가하다, 더하다
足す 더하다, 보태다
付加 부가

飲み物とサイドメニューを追加注文した。

음료와 사이드 메뉴를 추가 주문했다.

| 표제어 | Step 1 │ 단어 풀이(용법·의미) |

11

음독명사

抵抗
저항

(한자풀이) 抵 막을 저, 抗 겨룰 항

ていこう

의미 저항

⭐ 빈출표현 抵抗がある/ない(저항이 있다/없다)
抵抗する(저항하다), 抵抗を受ける(저항을 받다)

＊출제가능유형 : 한자읽기 한자표기 문맥 유의표현 용법

12

고유어

隣
옆

(한자풀이) 隣 이웃 린

となり

의미 ① 옆 ② 이웃집

⭐ 빈출표현 隣の席/町(옆 자리/마을)
隣の人(옆 사람, 옆집 사람)

＊출제가능유형 : 한자읽기 한자표기 문맥 유의표현 용법

13

悩み
고민

(한자풀이) 悩 번뇌할 뇌

なやみ

의미 고민

⭐ 빈출표현 悩みがある/尽きない(고민이 있다/끊이지 않다)
悩みを打ち明ける(고민을 털어놓다)
悩みを相談する/解決する(고민을 상담하다/해결하다)

＊출제가능유형 : 한자읽기 한자표기 문맥 유의표현 용법

14

복합파생

前社長
전 사장

(한자풀이) 前 앞 전

ぜんしゃちょう

의미 전 사장, 이전 사장

⭐ 빈출표현 前社長が退任する(전 사장이 퇴임하다)

＊출제가능유형 : 한자읽기 단어형성

15

総売上
총매출

(한자풀이) 総 다 총

そううりあげ

의미 총매출, 총수익

⭐ 빈출표현 総売上額(총매출액)
今年/前年の総売上(금년/전년 총매출)

＊출제가능유형 : 한자읽기 단어형성

유 反抗 반항
逆らう 거스르다
歯向かう 맞서다, 대항하다
手向かう 반항하다, 저항하다

「ぼっち飯」に心理的な抵抗を感じる人がけっこう多いらしい。

'혼밥'에 심리적인 저항을 느끼는 사람이 꽤 많은 것 같다.

참 같은 한자 사용 단어
隣接 인접
近隣 근린
隣国 이웃나라

隣の人の生活音がうるさくて悩んでいる。

옆집 사람의 생활 소음이 시끄러워서 괴로워하고 있다.

유 悩む 괴로워하다, 고민하다
心配 걱정
苦悩 고뇌

悩みを人に打ち明けて話すだけで、悩みの9割は解決する。

고민을 다른 사람에게 털어놓고 이야기하는 것만으로, 고민의 90%는 해결된다.

참 前市長 전 시장
前世紀 전 세기
前近代的 전 근대적

来月、前社長の退任式を行うことにした。

다음 달에 전 사장의 퇴임식을 하기로 했다.

참 総収入 총수입
総支出 총지출
総選挙 총선거, 총선
総人口 총인구

本年12月をもって総売上2兆円を達成した。

금년 12월로 총매출 2조 엔을 달성했다.

DAY 7

| 표제어 | Step 1 | 단어 풀이(용법 · 의미) ✏ |

16

線路沿い
철로변

한자풀이 沿 따를 연

せんろぞい

의미 철로변, 철길을 따라 있음

★빈출표현 線路沿いの家(철로변의 집)
線路沿いにある/住む(철로변에 있다/산다)

＊출제가능유형 : 한자읽기 단어형성

17

2 対 1
2 대 1

한자풀이 対 대할 대

にたいいち

의미 2 대 1

★빈출표현 2 対 1で終わる(2 대 1로 끝나다)
2 対 1で勝つ/負ける(2 대 1로 이기다/지다)

＊출제가능유형 : 한자읽기 단어형성

18

복합파생

応援団
응원단

한자풀이 団 둥글 단

おうえんだん

의미 응원단

★빈출표현 応援団に入る(응원단에 들어가다)
応援団を退会する(응원단을 탈퇴하다)

＊출제가능유형 : 한자읽기 단어형성

19

電車賃
전철 요금

한자풀이 賃 품삯 임

でんしゃちん

의미 전철 요금

★빈출표현 電車賃が高い/安い(전철 요금이 비싸다/싸다)
電車賃が足りない(전철 요금이 모자라다)

＊출제가능유형 : 한자읽기 단어형성

20

勉強漬け
공부에만 열중함

한자풀이 漬 담글 지

べんきょうづけ

의미 공부에만 열중함

★빈출표현 勉強漬けの毎日/子供(공부에만 열중하는 매일/아이)
勉強漬けになる(공부에만 열중하게 되다)

＊출제가능유형 : 한자읽기 단어형성

참 川沿い 강가, 강변

山沿い 산기슭에 연해 있음

海沿い 바닷가, 해안

道沿い 길가

線路沿いのマンションは騒音が激しい。

철로변 아파트는 소음이 심하다.

참 男対女 남자 대 여자

人対人 사람 대 사람

今日の試合は 2 対 1 で日本チームが勝った。

오늘 시합은 2 대 1로 일본 팀이 이겼다.

참 消防団 소방단, 지역 주민의 자치 소방 단체

弁護団 변호단

青年団 청년단

選手団 선수단

サーカス団 서커스단

応援団の役割は選手に力を与えることだ。

응원단의 역할은 선수에게 힘을 주는 것이다.

참 家賃 집세

船賃 뱃삯

手間賃 품삯

電車賃を安くするために回数券を利用している。

전철 요금을 싸게 하기 위해서 회수권을 이용하고 있다.

참 醤油漬け 간장 절임

白菜漬け 배추 절임

薬漬け 의사가 다량의 약을 함부로 환자에게 투여하는 일

高校生になり、勉強漬けの毎日を送っている。

고등학생이 되어서 공부에만 열중하는 매일을 보내고 있다.

DAY 7

| 표제어 | Step 1 │ 단어 풀이(용법·의미) ✏️ |

21

い형용사

辛い
괴롭다

한자풀이 辛 매울 신

つらい
의미 괴롭다, 고통스럽다, 모질다, 가혹하다

★ 빈출표현 辛い思い出/過去(괴로운 추억/과거)
辛い経験/痛み(고통스러운 경험/통증)
辛い思いをする(쓰라린 경험을 하다)

*출제가능유형 : 한자읽기 한자표기 문맥 유의표현 용법

22

乏しい
모자라다

한자풀이 乏 모자랄 핍

とぼしい
의미 모자라다, 부족하다, 결핍하다

★ 빈출표현 知識が乏しい(지식이 부족하다)
経験/才能に乏しい(경험/재능이 부족하다)

*출제가능유형 : 한자읽기 한자표기 문맥 유의표현 용법

23

憎い
밉다

한자풀이 憎 미울 증

にくい
의미 밉다

★ 빈출표현 憎い人/相手/気持ち(미운 사람/상대/기분)

*출제가능유형 : 한자읽기 한자표기 문맥 유의표현 용법

24

な형용사

抽象的だ
추상적이다

한자풀이 抽 뽑을 추, 象 코끼리 상, 的 과녁 적

ちゅうしょうてきだ
의미 추상적이다

★ 빈출표현 抽象的な言葉/質問/表現(추상적인 말/질문/표현)
抽象的に考える(추상적으로 생각하다)

*출제가능유형 : 한자읽기 한자표기 문맥 유의표현 용법

25

手軽だ
손쉽다

한자풀이 手 손 수, 軽 가벼울 경

てがるだ
의미 손쉽다, 간단하다

★ 빈출표현 手軽な副業/運動(손쉬운 부업/운동)
手軽に作れる(손쉽게 만들 수 있다)
手軽に食べられる(간단하게 먹을 수 있다)

*출제가능유형 : 한자읽기 한자표기 문맥 유의표현 용법

| **Step 2** | 연관 단어 🔍 | **Step 3** | 예문 💬 |

유 苦しい 괴롭다
切ない 괴롭다, 안타깝다, 애달프다
やるせない 기분을 풀 길이 없다, 안타깝다
たまらない 참을 수 없다

辛い現実から逃げたい時には逃げてもいい。

괴로운 현실에서 도망치고 싶을 때는 도망쳐도 된다.

유 足りない 부족하다, 모자라다
貧しい 가난하다
貧乏 빈곤, 가난

知識に乏しい人ほど、自分の意見を絶対完全なものと信じ込むものだ。

지식이 부족한 사람일수록 자기 의견을 절대 완전한 것으로 맹신하는 법이다.

유 憎らしい 밉살스럽다, 얄밉다

悔しいからといって憎い相手に仕返しをしても、さらに嫌な気分になるだけだ。

분하다고 해서 미운 상대에게 복수를 해 봤자 더욱 싫은 기분이 될 뿐이다.

유 はっきりしない 확실하지 않다
具体性がない 구체성이 없다
↔ 具体的だ 구체적이다

説明が上手な人は、抽象的な言葉は使わない。

설명을 잘하는 사람은 추상적인 말은 쓰지 않는다.

유 簡単だ 간단하다
手数がかからない 수고가 들지 않는다

自宅でできる手軽な副業を探している。

집에서 할 수 있는 손쉬운 부업을 찾고 있다.

표제어	Step 1	단어 풀이(용법·의미)

26

適度だ
적당하다

한자풀이 **適** 맞을 적, **度** 법도 도

てきどだ

의미 적당하다, 알맞다

⭐ 빈출표현 適度な温度/湿度(알맞은 온도/습도)
適度な飲酒/距離感(적당한 음주/거리감)

*출제가능유형 : 한자읽기 한자표기 문맥 유의표현 용법

27

でたらめだ
엉터리다

의미 엉터리다, 터무니없다

⭐ 빈출표현 でたらめな会社/話(엉터리 회사/이야기)
でたらめなことを言う(허튼소리를 하다)

*출제가능유형 : 문맥 유의표현 용법

28

な형용사

特殊だ
특수하다

한자풀이 **特** 특별할 특, **殊** 다를 수

とくしゅだ

의미 특수하다

⭐ 빈출표현 特殊な体質/能力/関係(특수한 체질/능력/관계)
特殊な装置/物質(특수한 장치/물질)

*출제가능유형 : 한자읽기 한자표기 문맥 유의표현 용법

29

和やかだ
온화하다

한자풀이 **和** 화할 화

なごやかだ

의미 온화하다, (기색이나 공기가) 부드럽다

⭐ 빈출표현 和やかな家庭/気持ち(온화한 가정/기분)
和やかな空間/雰囲気(온화한 공간/분위기)

*출제가능유형 : 한자읽기 한자표기 문맥 유의표현 용법

30

なだらかだ
완만하다

의미 완만하다, 원활하다, 온화하다

⭐ 빈출표현 なだらかな道/坂道(완만한 길/비탈길)
なだらかな丘/山(완만한 언덕/산)

*출제가능유형 : 문맥 유의표현 용법

(유) 適当だ 적당하다
てきとう

程度が程よい 정도가 알맞다
てい ど ほど

同僚と適度な距離感を保つことで、職場の
どうりょう   てき ど   きょ り かん   たも   しょく ば
人間関係を良好に保つことができる。
にんげんかんけい   りょうこう たも

동료와 적당한 거리감을 유지함으로써 직장의 인간관계를 양호하게

유지할 수 있다.

(유) いい加減だ 무책임하다, 엉터리다
か げん

根拠がない 근거가 없다
こん きょ

全くのでたらめな噂を流された。
まった   うわさ なが

완전히 엉터리 소문이 퍼졌다.

(유) 特別だ 특별하다
とくべつ

格別だ 각별하다
かくべつ

別格だ 특별하다
べっかく

(↔) 普通 보통
ふ つう

一般 일반
いっぱん

遺伝子は4つの特殊な物質を組み合わせた
い でん し   よっ   とくしゅ ぶっしつ く あ
文字で遺伝子情報を表現している。
も じ い でん し じょうほう ひょうげん

유전자는 4개의 특수 물질을 조합한 문자로 유전자 정보를 표현하고

있다.

(유) 穏やかだ 온화하다, 평온하다
おだ

社内の雰囲気はアットホームで和やかです。
しゃない   ふん い き   なご

사내 분위기는 편안하고 온화합니다.

(유) 緩やかだ 완만하다
ゆる

なだらかな道を歩くだけで息が切れてしまう。
みち ある   いき き

완만한 길을 걷기만 해도 숨이 차 버린다.

표제어	Step 1 │ 단어 풀이(용법·의미) ✏

기본동사

31

達する
도달하다

한자풀이 達 통달할 달

たっする

의미 도달하다, 달하다, 이르다

⭐빈출표현 目標/レベルに達する(목표/레벨에 도달하다)
山頂に達する(산 정상에 이르다)

*출제가능유형 : 한자읽기 한자표기 문맥 유의표현 용법

32

束ねる
묶다

한자풀이 束 묶을 속

たばねる

의미 묶다, 한 묶음으로 하다

⭐빈출표현 髪/花を束ねる(머리/꽃을 묶다)
配線を束ねる(배선을 묶다)

*출제가능유형 : 한자읽기 한자표기 문맥 유의표현 용법

33

保つ
유지하다

한자풀이 保 지킬 보

たもつ

의미 (상태를) 유지하다, 보전하다, 지키다

⭐빈출표현 温度/若さを保つ(온도/젊음을 유지하다)
秩序を保つ(질서를 지키다)

*출제가능유형 : 한자읽기 한자표기 문맥 유의표현 용법

34

縮む
줄어들다

한자풀이 縮 줄일 축

ちぢむ

의미 줄어들다, 오그라들다

⭐빈출표현 寿命/服が縮む(수명/옷이 줄어들다)
風船が縮む(풍선이 오그라들다)

*출제가능유형 : 한자읽기 한자표기 문맥 유의표현 용법

35

散らかす
어지르다

한자풀이 散 흩을 산

ちらかす

의미 어지르다, 흩뜨리다

⭐빈출표현 家/机を散らかす(집/책상을 어지르다)
部屋を散らかす(방을 어지르다)

*출제가능유형 : 한자읽기 한자표기 문맥 유의표현 용법

유 至る 이르다, 도달하다

及ぶ 미치다, 달하다, 이르다

達成する 달성하다

一定のレベルに達すると、それ以上のレベルアップは難しい。

일정한 레벨에 도달하면 그 이상의 레벨 업은 어렵다.

유 括る 묶다, 매다

束ねる 다발로 묶다

小さい花瓶に花を束ねて生けてみた。

작은 꽃병에 꽃을 묶어서 꽂아 봤다.

유 支える 떠받치다, 유지하다, 지원하다

持ちこたえる 계속 유지하다, 버티다

運動は若さを保つための最善の策と言われている。

운동은 젊음을 유지하기 위한 최선의 방책이라고 한다.

DAY 7

유 縮れる 주름이 져서 오그라지다, 작아지다

縮こまる 움츠러들다, 오그라지다

참 縮める 줄이다, 단축하다

新しく買った服を洗濯したら、縮んでしまった。

새로 산 옷을 빨았더니 줄어들었다.

유 ばらばらにする 뿔뿔이 되게 하다, 분해하다

참 散らかる 흩어지다, 어지러지다

部屋を散らかして母に怒られた。

방을 어질러서 엄마한테 혼났다.

표제어	Step 1 ㅣ 단어 풀이(용법·의미)

36

ついている
재수가 있다

의미 재수가 있다, 행운이 따르다

★ **빈출표현** 今日はついている(오늘은 재수가 있다)
今日はついていない(오늘은 재수가 없다)

* **출제가능유형 :** 문맥 유의표현 용법

37

기본동사

通じる
통하다

(한자풀이) 通 통할 통

つうじる

의미 통하다

★ **빈출표현** 電話が通じる(전화가 통하다, 연락이 되다)
日本語/話が通じる(일본어/이야기가 통하다)

* **출제가능유형 :** 한자읽기 한자표기 문맥 유의표현 용법

38

尽きる
다하다

(한자풀이) 尽 다할 진

つきる

의미 다하다, 끝나다, 떨어지다

★ **빈출표현** 気力/寿命/体力が尽きる(기력/수명/체력이 다하다)
悩みが尽きない(고민이 끊이지 않다)
資金が尽きる(자금이 떨어지다)

* **출제가능유형 :** 한자읽기 한자표기 문맥 유의표현 용법

39

包む
싸다

(한자풀이) 包 쌀 포

つつむ

의미 싸다, 포장하다

★ **빈출표현** ラップで包む(랩으로 싸다)

* **출제가능유형 :** 한자읽기 한자표기 문맥 유의표현 용법

40

복합동사

引き受ける
(떠)맡다

(한자풀이) 引 끌 인, 受 받을 수

ひきうける

의미 (떠)맡다, 인수하다

★ **빈출표현** 会社経営を引き受ける(회사 경영을 맡다)
仕事を引き受ける(일을 맡다)

* **출제가능유형 :** 한자읽기 한자표기 문맥 유의표현 용법

유 運^{うん}がいい 운이 좋다
運^{うん}が向^むく 운이 트이다
幸運^{こううん}だ 행운이다

今日^{きょう}は全^{まった}くついていない。

오늘은 완전 운이 없다.

유 通^{とお}る 통하다, 뚫리다
伝^{つた}わる 전해지다

あの人^{ひと}とは話^{はなし}が通じない。

그 사람과는 이야기가 통하지 않는다.

유 無^なくなる 없어지다
極^{きわ}まる 끝나다, 다하다
참 尽^つかす 소진하다

体力^{たいりょく}も気力^{きりょく}も尽きて何^{なに}も手^てにつかない。

체력도 기력도 다해서 아무것도 손에 잡히지 않는다.

유 覆^{おお}う 덮다, 씌우다
取^とり囲^{かこ}む 둘러싸다, 에워싸다
隠^{かく}す 감추다, 숨기다

余^{あま}った食材^{しょくざい}をラップで包^{つつ}んで冷凍保存^{れいとうほぞん}した。

남은 식재료를 랩으로 싸서 냉동 보관했다.

유 受^うけ持^もつ 맡다, 담당하다

認知症^{にんちしょう}の父親^{ちちおや}の介護^{かいご}を引^ひき受^うけた。

치매 환자인 아버지의 간병을 맡았다.

DAY 7

표제어	Step 1	단어 풀이(용법·의미) ✏

41

복합동사

引き返す
되돌아가다

(한자풀이) 引 끌 인, 返 돌이킬 반

ひきかえす

의미 되돌아가다, 되돌아오다

⭐빈출표현 慌てて引き返す(당황해서 되돌아가다)
途中で引き返す(도중에 되돌아가다)

*출제가능유형 : 한자읽기 | 한자표기 | 문맥 | 유의표현 | 용법

42

引き止める
붙들다

(한자풀이) 引 끌 인, 止 그칠 지

ひきとめる

의미 붙들다, 만류하다, 말리다

⭐빈출표현 客/友達を引き止める(손님/친구를 붙들다)
退職を引き止める(퇴직을 만류하다)

*출제가능유형 : 한자읽기 | 한자표기 | 문맥 | 유의표현 | 용법

43

引っかかる
걸리다

(한자풀이) 引 끌 인

ひっかかる

의미 걸리다, 속다

⭐빈출표현 のどに引っかかる(목구멍에 걸리다)
詐欺/罠に引っかかる(사기/덫에 걸리다)

*출제가능유형 : 한자읽기 | 한자표기 | 문맥 | 유의표현 | 용법

44

부사

たちまち
순식간에

의미 순식간에, 금방

⭐빈출표현 たちまち広がる(순식간에 퍼지다)
たちまち治る/変わる(순식간에 낫다/바뀌다)

*출제가능유형 : 문맥 | 유의표현 | 용법

45

たっぷり
듬뿍

의미 ① 듬뿍, 잔뜩, 많이, 충분히 넘칠 만큼 많은 모양
② 넉넉, 낙낙, 충분하고 여유가 있는 모양

⭐빈출표현 たっぷりある(잔뜩 있다)
たっぷり入っている(듬뿍 들어 있다)
たっぷり使える(넉넉하게 쓸 수 있다)

*출제가능유형 : 문맥 | 유의표현 | 용법

유 戻る 되돌아가다

塾へ行く途中に体調が悪くなり、引き返した。

학원에 가는 도중에 몸 상태가 나빠져서 되돌아왔다.

유 引っ張る 잡아끌다
止める 멈추다

怒って帰ろうとする友達を引き止めた。

화가 나서 돌아가려는 친구를 붙들었다.

유 かかる 걸리다

フィッシング詐欺に引っかかってお金を騙し取られた。

피싱 사기에 걸려서 돈을 사기당했다.

유 急激に 급격히
急速に 급속히

それほど安いものではないが、たちまち売り切れてしまった。

그렇게 싼 게 아닌데 순식간에 다 팔려 버렸다.

유 十分だ 충분하다

野菜と牛肉をたっぷり入れたスープを作った。

채소와 소고기를 듬뿍 넣은 수프를 만들었다.

DAY 7

표제어	Step 1 │ 단어 풀이(용법·의미) ✏

46

たびたび
여러 번

의미 여러 번, 자주, 몇 번이고

⭐ **빈출표현** たびたびある(자주 있다)

*출제가능유형 : 문맥 │ 유의표현 │ 용법

47

부사

たまたま
때마침

의미 때마침, 우연히

⭐ **빈출표현** たまたま通りかかる(때마침 지나가다)
たまたま会う(우연히 만나다)
たまたま見つける(우연히 발견하다)

*출제가능유형 : 문맥 │ 유의표현 │ 용법

48

着々
착착

한자풀이 **着** 붙을 착

ちゃくちゃく

의미 착착, 순조롭게

⭐ **빈출표현** 着々と進む(착착 진행되다)
着々と集まる(착착 모이다)

*출제가능유형 : 문맥 │ 유의표현 │ 용법

49

의성어·의태어

ぐったり
녹초가 됨

의미 녹초가 됨, 축 늘어짐

⭐ **빈출표현** ぐったりする(축 늘어지다)
ぐったりとなる(녹초가 되다)

*출제가능유형 : 문맥 │ 유의표현 │ 용법

50

ごちゃごちゃ
어수선한 모양

의미 어수선한 모양, 너저분함, 복작복작

⭐ **빈출표현** ごちゃごちゃする(어수선하다)
ごちゃごちゃとした街(복작복작한 거리)

*출제가능유형 : 문맥 │ 유의표현 │ 용법

유 よく 자주

しばしば 종종, 자주

たびたび申し訳ありませんが、よろしくお
願い致します。

몇 번이고 죄송합니다만, 잘 부탁드립니다.

유 偶然 우연히

たまたま患者が少なくて、待ち時間なしで
すぐ診察してもらった。

때마침 환자가 적어서 대기 시간 없이 바로 진찰을 받았다.

유 次々と 연달아, 잇달아, 계속해서

順序よく 차례대로

結婚式の準備は着々と進んでいる。

결혼식 준비는 착착 진행되고 있다.

유 へとへと 몹시 지쳐서 힘이 없는 모양

くたくた 아주 녹초가 된 모양

참 くたびれる 지치다

毎日暑くて、夕方にはぐったり疲れてしまう。

매일 더워서 저녁에는 녹초가 되어 지쳐 버린다.

참 散らかる 흩어지다, 어지러지다

おもちゃでリビングがごちゃごちゃしている。

장난감으로 거실이 너저분하다.

Day 7

① 다음 단어의 뜻을 쓰고 읽는 법을 고르세요.

1. 中継 (뜻:)　　A. ちゅうけ　　B. ちゅうけい
2. 隣 (뜻:)　　A. となり　　B. どなり
3. 乏しい (뜻:)　　A. とぼしい　　B. まずしい
4. 適度だ (뜻:)　　A. てきとうだ　　B. てきどだ
5. 散らかす (뜻:)　　A. ちらかす　　B. さらかす

② 다음 빈칸에 공통으로 들어갈 수 있는 한자로 적절한 것을 고르세요.

6. ( )象 ( )称 ( )照
　 A. 呼　B. 対　C. 愛

7. 勉強( ) 薬( ) 醤油( )
　 A. 嫌い　B. 漬け　C. 局

8. ( )世紀 ( )社長 ( )近代的
　 A. 元　B. 半　C. 前

9. 手間( ) 家( ) 電車( )
　 A. 賃　B. 代　C. 費

10. 川( ) 線路( ) ( )道
　 A. 坂　B. 側　C. 沿い

③ 빈칸에 들어갈 단어로 적절한 것을 고르세요.

A. たっぷり　　B. 着々　　C. ぐったり　　D. 尽き　　E. 引き受けた

11. 体力も気力も_____て何も手につかない。

12. 認知症の父親の介護を_____。

13. 野菜と牛肉を_____入れたスープを作った。

14. 毎日暑くて、夕方には_____疲れてしまう。

15. 結婚式の準備は_____と進んでいる。

| 정답 | 1. 중계, B　2. 옆, A　3. 모자라다, A　4. 적당하다, B　5. 어지르다, A /
| | 6. B　7. B　8. C　9. A　10. C / 11. D　12. E　13. A　14. C　15. B |

Day 8

강의와
예문 듣기

매일 품사별로 골고루!   오늘의 50단어 한눈에 보기!

음독명사

01. 転勤
02. 伝統
03. 添付
04. 同情
05. 導入
06. 動揺
07. 登録
08. 日中
09. 廃止
10. 発揮

고유어

11. 場面
12. 針
13. 本物

복합파생

14. 〜連れ
15. 〜手
16. 低〜
17. 〜的
18. 〜発

19. 〜離れ
20. 半〜

い형용사

21. 鈍い
22. 激しい
23. 等しい

な형용사

24. ハードだ
25. 卑怯だ
26. 必死だ
27. 敏感だ
28. 不安だ
29. 不安定だ
30. ぶかぶかだ

기본동사

31. 努める
32. つまずく
33. 詰まる
34. 積む

35. 伴う
36. 握る
37. 憎む
38. 濁る
39. 除く

복합동사

40. 引っ張る
41. 振り込む
42. 振り向く

부사

43. 常に
44. とっくに
45. とりあえず
46. のんびり
47. 果たして
48. びっしょり

의성어・의태어

49. ごろごろ
50. じろじろ

표제어	Step 1	단어 풀이(용법·의미)

1

음독명사

転勤
전근

(한자풀이) 転 구를 전, 勤 부지런할 근

てんきん

(의미) 전근

☆ 빈출표현 転勤する(전근하다)
転勤になる(전근되다)

＊출제가능유형 : 한자읽기 한자표기 문맥 유의표현 용법

2

伝統
전통

(한자풀이) 伝 전할 전, 統 거느릴 통

でんとう

(의미) 전통

☆ 빈출표현 伝統的(전통적), 伝統文化(전통문화)
伝統を守る/受け継ぐ(전통을 지키다/계승하다)

＊출제가능유형 : 한자읽기 한자표기 문맥 유의표현 용법

3

添付
첨부

(한자풀이) 添 더할 첨, 付 줄 부

てんぷ

(의미) 첨부

☆ 빈출표현 添付ファイル(첨부 파일)
添付する(첨부하다)

＊출제가능유형 : 한자읽기 한자표기 문맥 유의표현 용법

4

同情
동정

(한자풀이) 同 한가지 동, 情 뜻 정

どうじょう

(의미) 동정

☆ 빈출표현 同情する(동정하다)
同情を引く/得る(동정을 끌다/얻다)

＊출제가능유형 : 한자읽기 한자표기 문맥 유의표현 용법

5

導入
도입

(한자풀이) 導 인도할 도, 入 들 입

どうにゅう

(의미) 도입

☆ 빈출표현 導入する(도입하다)

＊출제가능유형 : 한자읽기 한자표기 문맥 유의표현 용법

유 転任 てんにん 전임, 본래의 관직이나 임무에서 옮겨 감

転職 てんしょく 전직

赴任 ふにん 부임

東京本社 とうきょうほんしゃ から地方 ちほう の支店 してん に転勤になった。

도쿄 본사에서 지방의 지점으로 전근되었다.

유 因習 いんしゅう 인습, 이전부터 전해 내려오는 습관

習慣 しゅうかん 습관, 관습

伝統文化 でんとうぶんか を継承 けいしょう し、世界中 せかいじゅう に伝 つた えたい。

전통문화를 계승해서 전 세계에 전하고 싶다.

유 付け添 つ そ える 첨부하다

참 비슷한 한자

府 관청 부, 附 붙을 부, 符 부호 부

受信 じゅしん したメールの添付ファイルが開 あ かない。

수신한 메일의 첨부 파일이 열리지 않는다.

DAY 8

유 哀 あわ れみ 불쌍히 여김, 동정

思 おも いやり 동정, 배려

참 같은 발음 단어

道場 どうじょう (무예를 수련하는) 도장

同乗 どうじょう 동승, 같이 탐

子供 こども は、親 おや にかまってもらいたくて、同情を引 ひ こうとすることがある。

아이는 부모가 돌봐 주기를 바라서 동정을 끌려고 하는 경우가 있다.

유 引き入 ひ い れる 끌어넣다, 끌어들이다

投入 とうにゅう 투입

↔ 導出 どうしゅつ 도출

業務改善 ぎょうむかいぜん のために新 あたら しいシステムを導入したのに、うまくいかず悩 なや んでいる。

업무 개선을 위해 새로운 시스템을 도입했는데 잘되지 않아 고민하고 있다.

| 표제어 | Step 1 | 단어 풀이(용법·의미) ✏️ |

6

音読名詞

動揺
동요

^{한자}_{풀이} 動 움직일 동. 揺 흔들 요

どうよう
의미 동요, 흔들리고 움직임

⭐ **빈출표현** 動揺する(동요하다)

* **출제가능유형 :** 한자읽기 한자표기 문맥 유의표현 용법

7

登録
등록

^{한자}_{풀이} 登 오를 등. 録 기록할 록

とうろく
의미 등록

⭐ **빈출표현** 会員登録(회원 등록)
　　　　　　　登録する(등록하다)

* **출제가능유형 :** 한자읽기 한자표기 문맥 유의표현 용법

8

日中
주간, 낮

^{한자}_{풀이} 日 날 일. 中 가운데 중

にっちゅう
의미 ① 주간, 낮 ② 일본과 중국

⭐ **빈출표현** 日中の気温(낮 기온)
　　　　　　　日中関係(일중 관계)

* **출제가능유형 :** 한자읽기 한자표기 문맥 유의표현 용법

9

廃止
폐지

^{한자}_{풀이} 廃 폐할 폐. 止 그칠 지

はいし
의미 폐지

⭐ **빈출표현** 廃止する(폐지하다)
　　　　　　　廃止になる(폐지되다)

* **출제가능유형 :** 한자읽기 한자표기 문맥 유의표현 용법

10

発揮
발휘

^{한자}_{풀이} 発 필 발. 揮 휘두를 휘

はっき
의미 발휘

⭐ **빈출표현** 力を発揮する(힘을 발휘하다)
　　　　　　　実力を発揮する(실력을 발휘하다)

* **출제가능유형 :** 한자읽기 한자표기 문맥 유의표현 용법

유 揺れ動く 흔들리다, 동요하다

참 같은 발음 단어

同様 같음

童謡 동요, 어린이의 노래

なにごと
何事にも動揺しない心を作りたい。

어떤 일에도 동요하지 않는 마음을 만들고 싶다.

유 登記 등기

참 비슷한 한자

緑 초록빛 록, 碌 푸른 돌 록, 禄 녹 록

れんらくさき   ばんごう い がい   ちゃくしんきょ
連絡先に登録した番号以外はすべて着信拒
ひ
否した。

연락처에 등록한 번호 이외에는 모두 착신 거부했다.

유 昼 낮

昼間 주간, 낮 동안

さいきん   よるねむ   にっちゅう ねむ
最近、夜眠れないのに日中も眠くならない。

요즘 밤에 잠을 못 자는데 낮에도 졸리지 않다.

유 撤廃 철폐

撤回 철회

解消 해소

⇄ 存置 존치

ほ ゆう   かぶしき   じょうじょう
保有している株式が上場廃止になってし
まった。

보유하고 있는 주식이 상장 폐지가 되어 버렸다.

참 비슷한 한자

輝 빛날 휘, 暉 빛 휘

し けんほんばん   じつりょく
試験本番で、しっかり実力を発揮してきて
くださいね。

시험 실전에서 꼭 실력을 발휘하고 오세요.

표제어	Step 1 | 단어 풀이(용법·의미)

11

고유어

場面
장면

(한자풀이) 場 마당 장, 面 낯 면

ばめん
의미 장면, 상황

★ **빈출표현** 名場面(명장면), 場面が変わる(장면이 바뀌다)
場面に直面する(상황에 직면하다)

＊**출제가능유형**: 한자읽기 한자표기 단어형성 문맥 유의표현 용법

12

針
바늘

(한자풀이) 針 바늘 침

はり
의미 바늘, 침, 심

★ **빈출표현** 時計の針(시곗바늘), 蜂の針(벌침)
ホチキスの針(스테이플러 심)
針を打つ(침을 놓다)

＊**출제가능유형**: 한자읽기 한자표기 문맥 용법

13

本物
진짜, 전문가

(한자풀이) 本 근본 본, 物 물건 물

ほんもの
의미 ① 진짜 ② 실물 ③ 전문가

★ **빈출표현** 本物のダイヤモンド(진품 다이아몬드)
本物になる(전문가가 되다)

＊**출제가능유형**: 한자읽기 한자표기 단어형성 문맥 유의표현 용법

14

복합파생

家族連れ
가족 동반

(한자풀이) 連 잇닿을 련

かぞくづれ
의미 가족 동반

★ **빈출표현** 家族連れのお客様(가족 동반 손님)
家族連れで混む(가족 동반으로 붐비다)

＊**출제가능유형**: 한자읽기 단어형성

15

働き手
일꾼

(한자풀이) 手 손 수

はたらきて
의미 (유능한) 일꾼, 일손

★ **빈출표현** 働き手を探す(일꾼을 찾다)
働き手が足りない(일손이 부족하다)
働き手が見つからない(일손이 찾아지지 않는다)

＊**출제가능유형**: 한자읽기 단어형성

유 場 장, 장면

シーン 신(scene), 장면

大事な場面で、緊張しすぎて実力が発揮で
きなかった。

중요한 상황에서 너무 긴장해서 실력을 발휘하지 못 했다.

참 針金 철사

참 같은 한자 사용 단어

指針 지침

方針 방침

針に糸がなかなか通らないうえに、糸通し
も見つからない。

바늘에 실이 좀처럼 들어가지 않는 데다가, 실 꿰는 도구도 보이지
않는다.

유 本当だ 진짜다, 정말이다
本格的だ 본격적이다
実物 실물
⟷ 偽物 가짜

有名になるのは簡単だが、本物になるのは
難しい。

유명해지는 것은 간단하지만 전문가가 되는 것은 어렵다.

참 子供連れ 아이 동반
親子連れ 부모 자식 동반
二人連れ 일행인 두 사람
犬連れ 개 동반

遊園地は子供連れや家族連れなどで混んで
いた。

놀이공원은 아이 동반이나 가족 동반 등으로 혼잡했다.

참 やり手 수완가
送り手 보내는 사람
受け手 받는 사람
話し手 말하는 사람
聞き手 듣는 사람

日本人の働き手だけではもう労働市場を回
していくことは不可能かもしれない。

일본인의 일손만으로는 이제 노동 시장을 돌리는 것은 불가능할지도
모른다.

DAY 8

| 표제어 | Step 1 \| 단어 풀이(용법·의미) ✏️ |

16

低カロリー
저칼로리

한자풀이 低 낮을 저

てい+calorie

의미 저칼로리

⭐ 빈출표현 低カロリー食材/食品(저칼로리 식재료/식품)

低カロリーデザート(저칼로리 디저트)

* 출제가능유형 : 한자읽기 단어형성

17

全般的
전반적

한자풀이 的 과녁 적

ぜんぱんてき

의미 전반적

⭐ 빈출표현 全般的な説明/知識(전반적인 설명/지식)

全般的に好きだ(전반적으로 좋아하다)

* 출제가능유형 : 한자읽기 단어형성

18

복합파생

東京駅発
도쿄역 출발

한자풀이 発 필 발

とうきょうえきはつ

의미 도쿄역 출발

⭐ 빈출표현 東京駅発高速バス(도쿄역 출발 고속버스)

東京駅発新幹線(도쿄역 출발 신칸센)

東京駅発特急列車(도쿄역 출발 특급 열차)

* 출제가능유형 : 한자읽기 단어형성

19

現実離れ
현실과 동떨어짐

한자풀이 離 떠날 리

げんじつばなれ

의미 현실과 동떨어짐

⭐ 빈출표현 現実離れした空想/想像(현실과 동떨어진 공상/상상)

現実離れした夢/話/人(현실과 동떨어진 꿈/이야기/사람)

* 출제가능유형 : 한자읽기 단어형성

20

半透明
반투명

한자풀이 半 반 반

はんとうめい

의미 반투명

⭐ 빈출표현 半透明のビニール傘(반투명 비닐우산)

半透明のセロハンテープ(반투명 접착 테이프)

半透明のゴミ袋(반투명 쓰레기봉투)

* 출제가능유형 : 한자읽기 단어형성

참 低姿勢 저자세
ていしせい

低気圧 저기압
ていきあつ

低価格 저가, 낮은 가격
ていかかく

低体温 저체온
ていたいおん

低血圧 저혈압
ていけつあつ

オートミールは低カロリーで栄養価の高い
えいようか　たか
食べ物だ。
たもの

오트밀은 저칼로리이고 영양가 높은 음식이다.

참 意識的 의식적
いしきてき

圧倒的 압도적
あっとうてき

威圧的 위압적
いあつてき

積極的 적극적
せっきょくてき

基本的 기본적
きほんてき

業界の全般的な知識を身につけ、資格を
ぎょうかい　　　　　ちしき　み　　　　しかく
取得した。
しゅとく

업계의 전반적인 지식을 익혀 자격증을 취득했다.

참 10時発 10시 출발
じはつ

ニューヨーク発 뉴욕발
はつ

東京駅発の高速バスは、電話予約もできる。
こうそく　　　　でんわよやく

도쿄역 출발 고속버스는 전화 예약도 할 수 있다.

참 素人離れ 초심자답지 않게 익숙함
しろうとばなれ

親離れ 자녀가 자립함
おやばなれ

政治離れ 정치에 무관심해짐
せいじばなれ

活字離れ 인쇄물에 무관심해짐,
かつじばなれ
　　　　　인쇄물을 잘 읽지 않음

妹は現実離れした夢を追いかけている。
いもうと　　げんじつばな　　ゆめ　お

여동생은 현실과 동떨어진 꿈을 쫓고 있다.

참 半袖 반팔
はんそで

半ズボン 반바지
はん

燃えるごみは透明または半透明のゴミ袋で
も　　　　　　とうめい　　　　　　　　　　ぶくろ
出してください。
だ

타는 쓰레기는 투명 또는 반투명 쓰레기봉투로 배출해 주세요.

| 표제어 | **Step 1** ┃ 단어 풀이(용법·의미) |

21

鈍い
둔하다, 느리다

^{한자}_{풀이} 鈍 둔할 둔

にぶい

의미 ① 둔하다, 무디다, 탁하다 ② 굼뜨다, 느리다

★빈출표현 鈍い人(둔한 사람), 鈍い音(둔탁한 소리)
切れ味が鈍い(날이 무디다)
反応が鈍い(반응이 느리다)

＊출제가능유형 : 한자읽기 ┃ 한자표기 ┃ 문맥 ┃ 유의표현 ┃ 용법

22

い형용사

激しい
격심하다

^{한자}_{풀이} 激 격할 격

はげしい

의미 격심하다, 격렬하다, 세차다

★빈출표현 激しい雨(세찬 비)
激しい痛み/騒音(격심한 통증/소음)
激しい運動/競争(격렬한 운동/경쟁)

＊출제가능유형 : 한자읽기 ┃ 한자표기 ┃ 문맥 ┃ 유의표현 ┃ 용법

23

等しい
동일하다

^{한자}_{풀이} 等 무리 등

ひとしい

의미 동일하다, 동등하다

★빈출표현 大きさ/長さが等しい(크기/길이가 동일하다)
価格/価値が等しい(가격/가치가 동일하다)
ゼロ/無きに等しい(제로/없는 것과 같다)

＊출제가능유형 : 한자읽기 ┃ 한자표기 ┃ 문맥 ┃ 유의표현 ┃ 용법

24

な형용사

ハードだ
딱딱하다, 힘겹다

hard+だ

의미 ① 딱딱하다, 하드하다 ② 힘겹다, 격하다

★빈출표현 ハードなケース(하드 케이스)
ハードな仕事/練習(힘든 일/연습)

＊출제가능유형 : 문맥 ┃ 유의표현 ┃ 용법

25

卑怯だ
비겁하다

^{한자}_{풀이} 卑 낮을 비, 怯 겁낼 겁

ひきょうだ

의미 비겁하다

★빈출표현 卑怯な性格/人(비겁한 성격/사람)
卑怯な振る舞い(비겁한 행동)

＊출제가능유형 : 한자읽기 ┃ 한자표기 ┃ 문맥 ┃ 유의표현 ┃ 용법

유 鈍感(どんかん) 둔감

無神経(むしんけい) 무신경

참 鈍(のろ)い 느리다, 재빠르지 않다, 둔하다

⟷ 鋭(するど)い 날카롭다, 예리하다

包丁(ほうちょう)の切(き)れ味(あじ)が鈍(にぶ)くなった。

식칼의 날이 무뎌졌다.

유 ひどい 심하다, 가혹하다

すごい 굉장하다, 지독하다

きつい 심하다, 엄하다

今日(きょう)の夕方(ゆうがた)まで非常(ひじょう)に激(はげ)しい雨(あめ)が続(つづ)く見通(みとお)しです。

오늘 저녁때까지 매우 세찬 비가 계속될 전망입니다.

유 同(おな)じだ 같다

同様(どうよう)だ 같다

同然(どうぜん)だ 서로 같다

一緒(いっしょ)だ 같다

あのプロジェクトが成功(せいこう)する可能性(かのうせい)は残念(ざんねん)ながら皆無(かいむ)に等(ひと)しい。

그 프로젝트가 성공할 가능성은 안타깝지만 전무한 것과 같다.

유 堅(かた)い 단단하다, 딱딱하다

激(はげ)しい 격하다

厳(きび)しい 심하다

⟷ ソフトだ 소프트하다, 부드럽다

いきなりハードな運動(うんどう)をすると、筋肉痛(きんにくつう)のリスクが高(たか)くなる。

갑자기 격한 운동을 하면 근육통의 위험이 높아진다.

유 卑劣(ひれつ)だ 비열하다

ルールやマナーを守(まも)り、卑怯(ひきょう)な振(ふ)る舞(ま)いや反則(はんそく)はしないこと。

규칙과 매너를 지키고 비겁한 행동이나 반칙은 하지 말 것.

| 표제어 | Step 1 │ 단어 풀이(용법·의미) |

26

必死だ
필사적이다

^{한자}_{풀이} 必 반드시 필, 死 죽을 사

ひっしだ

의미 필사적이다

☆ 빈출표현 必死に生きる/守る(필사적으로 살다/지키다)
必死に頑張る/逃げる(필사적으로 노력하다/달아나다)

＊출제가능유형 : 한자읽기 │ 한자표기 │ 문맥 │ 유의표현 │ 용법

27

敏感だ
민감하다

^{한자}_{풀이} 敏 민첩할 민, 感 느낄 감

びんかんだ

의미 민감하다

☆ 빈출표현 敏感な肌/人/問題(민감한 피부/사람/문제)

＊출제가능유형 : 한자읽기 │ 한자표기 │ 문맥 │ 유의표현 │ 용법

28

な
형
용
사

不安だ
불안하다

^{한자}_{풀이} 不 아니 불, 安 편안 안

ふあんだ

의미 불안하다

☆ 빈출표현 不安な顔/表情(불안한 얼굴/표정)
不安な気持ち/毎日(불안한 심정/매일)

＊출제가능유형 : 한자읽기 │ 한자표기 │ 문맥 │ 유의표현 │ 용법

29

不安定だ
불안정하다

^{한자}_{풀이} 不 아니 불, 安 편안 안, 定 정할 정

ふあんていだ

의미 불안정하다

☆ 빈출표현 不安定な収入/未来(불안정한 수입/미래)
不安定な状態/天気(불안정한 상태/날씨)

＊출제가능유형 : 한자읽기 │ 한자표기 │ 문맥 │ 유의표현 │ 용법

30

ぶかぶかだ
헐렁하다

의미 헐렁하다

☆ 빈출표현 ぶかぶかなズボン/帽子(헐렁한 바지/모자)

＊출제가능유형 : 문맥 │ 유의표현 │ 용법

유 命がけ 목숨을 걺
全力を尽くす 전력을 다하다

生活を守るために必死で職を探している。

생활을 지키기 위해서 필사적으로 일자리를 찾고 있다.

유 過敏だ 과민하다
↔ 鈍感だ 둔감하다

妹は周囲の刺激に敏感で傷つきやすい。

여동생은 주위의 자극에 민감해서 쉽게 상처받는다.

유 心配だ 걱정이다
気がかり 근심
憂い 근심, 걱정

先行きの見えない、不安な日々が続いている。

장래가 보이지 않는 불안한 나날이 계속되고 있다.

유 不確かだ 불확실하다
참 安定 안정

不安定な未来が怖くて悩んでいる。

불안정한 미래가 두려워서 고민하고 있다.

DAY 8

유 緩い 느슨하다, 헐겁다
だぶだぶだ 헐렁하다
↔ きちきち 꼭 낌, 빽빽함

ぶかぶかな帽子のサイズを調整した。

헐렁한 모자의 사이즈를 조정했다.

표제어	Step 1	단어 풀이(용법·의미) ✏️

31

努める
힘쓰다

(한자풀이) 努 힘쓸 노

つとめる

의미 힘쓰다, 노력하다, 애쓰다

☆ **빈출표현** 勉強に努める(공부에 힘쓰다)
向上に努める(향상에 힘쓰다)

*출제가능유형 : 한자읽기 | 한자표기 | 문맥 | 유의표현 | 용법

32

つまずく
발이 걸려 넘어지다, 실패하다

의미 ① 발이 걸려 넘어지다, 발이 무엇에 채이다
② 좌절하다, 실패하다

☆ **빈출표현** つまずいて転ぶ(발이 걸려 넘어지다)
つまずいて転倒する(발이 걸려 전도되다)
経営につまずく(경영에 실패하다)

*출제가능유형 : 문맥 | 유의표현 | 용법

33

詰まる
가득 차다

(한자풀이) 詰 물을 힐

つまる

의미 가득 차다, 막히다

☆ **빈출표현** 予定/予約が詰まる(예정/예약이 가득 차다)
息/鼻が詰まる(숨/코가 막히다)

*출제가능유형 : 한자읽기 | 한자표기 | 문맥 | 유의표현 | 용법

34

積む
쌓다, 싣다

(한자풀이) 積 쌓을 적

つむ

의미 ① 쌓다 ② (차·배 따위에) 싣다

☆ **빈출표현** 経験/ブロックを積む(경험/블럭을 쌓다)
荷物を積む(짐을 싣다)

*출제가능유형 : 한자읽기 | 한자표기 | 문맥 | 유의표현 | 용법

35

伴う
따르다, 동반하다

(한자풀이) 伴 짝 반

ともなう

의미 ① 따르다, 수반하다 ② 동반하다, 함께 가다

☆ **빈출표현** 時間の経過に伴って(시간의 경과에 따라)
成長するに伴って(성장함에 따라)
リスクを伴う(리스크를 동반하다)

*출제가능유형 : 한자읽기 | 한자표기 | 문맥 | 유의표현 | 용법

기본동사

유 努力する 노력하다
堪る 참다, 견디다
참 務まる 잘 수행해 내다, 감당해 내다

日々の努力で知識や技術の向上に努めている。

매일의 노력으로 지식이나 기술 향상에 힘쓰고 있다.

유 突き当たる 부딪치다, 충돌하다

ちょっとした石につまずいて転びそうになった。

작은 돌에 발이 걸려서 넘어질 뻔했다.

유 いっぱいになる 꽉 차다
通じなくなる 통하지 않게 되다
참 詰める 채우다, 막다

今週は予定がぎっしり詰まっている。

이번 주는 예정이 꽉 차 있다.

유 重ねる 포개다, 쌓아 올리다
荷を載せる 짐을 싣다
繰り返す 되풀이하다, 반복하다
참 積る 쌓이다

多様な経験を積むことで視野を広げることができる。

다양한 경험을 쌓음으로써 시야를 넓힐 수 있다.

DAY 8

유 一緒に行く 함께 가다
率いる 거느리다, 인솔하다, 이끌다

すべての投資はリスクを伴う。

모든 투자는 리스크를 동반한다.

| 표제어 | Step 1 | 단어 풀이(용법·의미) ✏️ |

36

握る
쥐다

🔤 握 쥘 악

にぎる

의미 쥐다, 잡다

⭐ **빈출표현** ハンドル/ペンを握る(핸들/펜을 잡다)
せいけん て よわ
政権/手/弱みを握る(정권/손/약점을 잡다)

しっかりと握る(꽉 쥐다)

＊출제가능유형 : 한자읽기 한자표기 문맥 유의표현 용법

37

憎む
미워하다

🔤 憎 미울 증

にくむ

의미 미워하다, 증오하다

⭐ **빈출표현** せけん たにん
世間/他人を憎む(세상/타인을 증오하다)
はんざい
犯罪を憎む(범죄를 증오하다)

＊출제가능유형 : 한자읽기 한자표기 문맥 유의표현 용법

기본동사

38

濁る
탁해지다

🔤 濁 흐릴 탁

にごる

의미 탁해지다, 흐려지다

⭐ **빈출표현** くうき みず
空気/水が濁る(공기/물이 탁해지다)

＊출제가능유형 : 한자읽기 한자표기 문맥 유의표현 용법

39

除く
제외하다, 제거하다

🔤 除 덜 제

のぞく

의미 ① 제외하다, 빼다 ② 제거하다, 없애다

⭐ **빈출표현** いちぶ ふたり
一部/二人を除く(일부/두 사람을 제외하다)
とうきょう どにち
東京/土日を除く(도쿄/주말을 제외하다)

＊출제가능유형 : 한자읽기 한자표기 문맥 유의표현 용법

복합동사

40

引っ張る
(잡아)끌다

🔤 引 끌 인, 張 베풀 장

ひっぱる

의미 (잡아)끌다, 끌어당기다, 이끌다

⭐ **빈출표현** あし
足を引っ張る(발목을 잡아끌다, 방해가 되다)
ひも
紐を引っ張る(끈을 잡아당기다)
けいざい
経済/チームを引っ張る(경제/팀을 이끌다)

＊출제가능유형 : 한자읽기 한자표기 문맥 유의표현 용법

유 掴む 잡다, 쥐다, 붙잡다

握手をする時は、相手の手をしっかりと握った方がいい。

악수를 할 때에는 상대방의 손을 꽉 잡는 편이 좋다.

유 憎い 밉다
嫌う 싫어하다, 미워하다
嫌がる 싫어하다

他人が自分より優れている状態をうらやましく思って憎む人もいる。

다른 사람이 자신보다 우수한 상태를 부러워해서 미워하는 사람도 있다.

유 混濁する 혼탁하다
참 濁す 흐리게 하다, 탁하게 하다
↔ 澄む 맑다

蛇口から濁った水が出ている。

수도꼭지에서 탁한 물이 나오고 있다.

유 取りのける 없애다, 제거하다
除去する 제거하다
除外する 제외하다

東京を除く近郊6県だけでも人口は約3千万人に上る。

도쿄를 제외한 근교 6현만으로도 인구는 약 3천만 명에 이른다.

유 引き寄せる 가까이 (끌어)당기다

先輩はいつも先頭に立ってみんなを引っ張ってくれた。

선배는 언제나 선두에 서서 모두를 이끌어 주었다.

표제어	Step 1	단어 풀이(용법·의미) ✏️

41

振り込む
납입하다

한자풀이 振 떨칠 진, 込 담을 입

ふりこむ

의미 (대체 계좌 등에) 납입하다, 돈을 내다

⭐ 빈출표현 口座に振り込む(계좌에 납입하다)
お金/保険料を振り込む(돈/보험료를 내다)

＊출제가능유형 : 한자읽기 한자표기 문맥 유의표현 용법

복합동사

42

振り向く
(뒤)돌아보다

한자풀이 振 떨칠 진, 向 향할 향

ふりむく

의미 (뒤)돌아보다

⭐ 빈출표현 後ろを振り向く(뒤를 돌아보다)
呼ばれて振り向く(누가 불러서 돌아보다)
誰も振り向かない(아무도 돌아보지 않다)

＊출제가능유형 : 한자읽기 한자표기 문맥 유의표현 용법

43

常に
항상

한자풀이 常 항상 상

つねに

의미 항상, 늘, 언제나(딱딱한 표현)

⭐ 빈출표현 常に考える/緊張する(항상 생각하다/긴장하다)
常に疲れる/変化する(항상 피곤하다/변화하다)

＊출제가능유형 : 문맥 유의표현 용법

부사

44

とっくに
훨씬 전에

의미 훨씬 전에, 벌써

⭐ 빈출표현 とっくに終わった/忘れた(훨씬 전에 끝났다/잊었다)
とっくに過ぎている(훨씬 전에 지났다)

＊출제가능유형 : 문맥 유의표현 용법

45

とりあえず
우선

의미 우선

⭐ 빈출표현 とりあえず謝る/知らせる(우선 사과하다/알리다)
とりあえず連絡する(우선 연락하다)

＊출제가능유형 : 문맥 유의표현 용법

유 払い込む 납입하다

保険料を振り込む銀行口座を教えてください。

보험료를 납입할 은행 계좌를 알려 주세요.

유 振り返る (뒤를) 돌아다보다

誰かに名前を呼ばれて振り向いたら、誰も
いなかった。

누군가가 이름을 불러서 뒤돌아봤더니 아무도 없었다.

유 いつも 늘
絶えず 끊임없이

この世界は常に変化し続けている。

이 세계는 항상 계속 변화하고 있다.

유 もう 이제, 이미, 벌써
もはや 벌써, 이미, 어느새
すでに 이미, 벌써

もうとっくに終わった話なので、話題にし
たくない。

이미 훨씬 전에 끝난 이야기니까 화제 삼고 싶지 않다.

유 まず第一に 우선 첫 번째로
ひとまず 우선, 일단

安いからとりあえず買っておいた。

싸서 우선 사 두었다.

DAY 8

| 표제어 | Step 1 | 단어 풀이(용법·의미) ✎ |

46

のんびり
유유히

의미 유유히, 한가로이, 태평스럽게

⭐ 빈출표현 のんびりする(한가로이 지내다)
のんびり休む(한가로이 쉬다)
のんびりした性格(태평한 성격)

＊출제가능유형 : 문맥 유의표현 용법

47

부사

果たして
과연, 정말로

한자풀이 果 실과 과

はたして

의미 ① 과연, 역시 ② 예상[추측]한 대로, 정말로

⭐ 빈출표현 果たして結果は(과연 결과는)
果たしてそうかな(정말 그럴까)

＊출제가능유형 : 문맥 유의표현 용법

48

びっしょり
흠뻑

의미 흠뻑, 완전히 젖은 모양

⭐ 빈출표현 びっしょり濡れる(흠뻑 젖다)
汗びっしょり(땀에 흠뻑 젖음)

＊출제가능유형 : 문맥 유의표현 용법

49

의성어·의태어

ごろごろ
데굴데굴

의미 데굴데굴, 우글우글, 빈둥빈둥

⭐ 빈출표현 ごろごろと転がる(데굴데굴 구르다)
ごろごろする(여기저기 나뒹굴다, 우글거리다, 빈둥거리다)

＊출제가능유형 : 문맥 유의표현 용법

50

じろじろ
빤히

의미 빤히, 유심히, 뚫어지게

⭐ 빈출표현 じろじろと見る(빤히 보다)

＊출제가능유형 : 문맥 유의표현 용법

유 ゆったり 마음 편히, 느긋하게

のびのび 느긋한 모양

ゆっくり 마음 편히, 느긋하게

休日は外に遊びに行くより家でのんびり過ごしたい。

휴일에는 밖에 놀러 나가기보다 집에서 유유히 보내고 싶다.

유 案の定 생각한 대로, 예측대로

本当に 정말로

一体 도대체

果たして「働き方改革」は成功したのか。

과연 '근로 방식 개혁'은 성공한 것인가?

≡ びしょびしょ 흠뻑 젖음

雨でスニーカーがびっしょり濡れてしまった。

비 때문에 운동화가 흠뻑 젖어 버렸다.

유 ころころ 대굴대굴

참 물건 등이 굴러가는 모습을 표현할 때 비교적 작고 가벼운 것은 ころころ, 크고 무게가 있는 것은 ごろごろ를 사용해요.

転がる 구르다, 넘어지다

休日になると、家で一日中ごろごろしている。

휴일이 되면 집에서 하루 종일 빈둥거린다.

참 じっと 물끄러미, 가만히

まじまじと 물끄러미, 찬찬히

人の顔をじろじろと見るのは失礼に当たる。

다른 사람의 얼굴을 빤히 보는 것은 실례가 된다.

Day 8

1 다음 단어의 뜻을 쓰고 읽는 법을 고르세요.

1. 導入　　（뜻:　　　　） 　A. どうにゅう　　B. とうにゅ
2. 本物　　（뜻:　　　　） 　A. ほんもの　　　B. ほんぶつ
3. 等しい　（뜻:　　　　） 　A. ひさしい　　　B. ひとしい
4. 敏感だ　（뜻:　　　　） 　A. びんかんだ　　B. みんかんだ
5. 伴う　　（뜻:　　　　） 　A. ともなう　　　B. したがう

2 다음 빈칸에 공통으로 들어갈 수 있는 한자로 적절한 것을 고르세요.

6. （　）任　（　）勤　（　）職
   A. 転　B. 赴　C. 通

7. （　）価格　（　）カロリー　（　）気温
   A. 底　B. 低　C. 氏

8. 二人（　）　犬（　）　家族（　）
   A. 共に　B. 従い　C. 連れ

9. ニューヨーク（　）　東京駅（　）　10時（　）
   A. 行　B. 寄　C. 発

10. 積極（　）　意識（　）　全般（　）
    A. 性　B. 的　C. 手

3 빈칸에 들어갈 단어로 적절한 것을 고르세요.

A. 振り向い　　B. 積む　　C. 常に　　D. 引っ張って　　E. びっしょり

11. 多様な経験を_____ことで視野を広げることができる。

12. 誰かに名前を呼ばれて_____たら、誰もいなかった。

13. 先輩はいつも先頭に立ってみんなを_____くれた。

14. 雨でスニーカーが_____濡れてしまった。

15. この世界は_____変化し続けている。

정답	1. 도입. A　2. 진짜. A　3. 동일하다. B　4. 민감하다. A　5. 따르다. A / 6. A　7. B　8. C　9. C　10. B / 11. B　12. A　13. D　14. E　15. C

WEEK 2

Day 9

  오늘의 50단어 한눈에 보기!

음독명사

01. 破片
02. 範囲
03. 反映
04. 反省
05. 批判
06. 比例
07. 評判
08. 分析
09. 分担
10. 分野

고유어

11. 祭り
12. 窓口
13. 身元

복합파생

14. 非〜
15. 不〜
16. 〜風
17. 副〜
18. 〜別

19. 真〜
20. 未〜

い형용사

21. 相応しい
22. 目覚ましい
23. 物足りない

な형용사

24. 物騒だ
25. 豊富だ
26. 稀だ
27. 妙だ
28. 夢中だ
29. 面倒だ
30. 優秀だ

기본동사

31. 外す
32. 果たす
33. 離れる
34. 省く

35. 拾う
36. 含める
37. 塞ぐ
38. 触れる
39. 隔てる

복합동사

40. 待ち合わせる
41. 見逃す
42. 持ち上げる

부사

43. ほっと
44. ほぼ
45. ぼんやり
46. 間際に
47. ますます
48. 自ら

의성어·의태어

49. だぶだぶ
50. にっこり

| 표제어 | Step 1 | 단어 풀이(용법·의미) |

음독명사

1

破片
파편

（한자풀이）破 깨뜨릴 파, 片 조각 편

はへん

의미 파편

★빈출표현 ガラスの破片(유리 파편)
破片が飛ぶ/飛び散る(파편이 튀다)
破片が刺さる(파편이 박히다)

＊출제가능유형 : 한자읽기 한자표기 문맥 유의표현 용법

2

範囲
범위

（한자풀이）範 법 범, 囲 에워쌀 위

はんい

의미 범위

★빈출표현 範囲を超える(범위를 넘다)
範囲が広い/狭い(범위가 넓다/좁다)

＊출제가능유형 : 한자읽기 한자표기 문맥 유의표현 용법

3

反映
반영

（한자풀이）反 돌이킬 반, 映 비칠 영

はんえい

의미 반영

★빈출표현 反映する(반영하다)

＊출제가능유형 : 한자읽기 한자표기 문맥 유의표현 용법

4

反省
반성

（한자풀이）反 돌이킬 반, 省 살필 성

はんせい

의미 반성

★빈출표현 反省する(반성하다)
反省を促す(반성을 촉구하다)

＊출제가능유형 : 한자읽기 한자표기 문맥 유의표현 용법

5

批判
비판

（한자풀이）批 비평할 비, 判 판단할 판

ひはん

의미 비판

★빈출표현 批判的(비판적), 批判する(비판하다)
批判を受ける(비판을 받다)

＊출제가능유형 : 한자읽기 한자표기 문맥 유의표현 용법

유 かけら 조각, 단편

참 비슷한 한자

波 물결 파

ガラスが割れて^{まわ}り^わに破^と片が飛び散^ちった。

ガラスが割れて周りに破片が飛び散った。

유리가 깨져서 주변에 파편이 튀었다.

참 같은 한자 사용 단어

周囲 주위

雰囲気 분위기

無理のない範囲でアルバイトをしようと思っている。

무리하지 않는 범위에서 아르바이트를 하려고 생각하고 있다.

유 反映する 반영하다

참 映す 비치게 하다, 투영하다

学生の意見を反映することで授業への積極性が高まる。

학생의 의견을 반영함으로써 수업에 대한 적극성이 높아진다.

유 自省 자성, 자기반성

内省 내성, 반성

多くの方に不快な思いをさせてしまったことを深く反省し、心からお詫び致します。

많은 분들께 불쾌한 생각을 들게 해 버린 점을 깊이 반성하고 진심으로 사죄드립니다.

DAY
9

참 非難 비난

참 비슷한 한자

比 견줄 비

失敗や批判を恐れずにどんどんチャレンジしてほしい。

실패와 비판을 두려워하지 말고 계속 도전해 주었으면 좋겠다.

| 표제어 | Step 1 | 단어 풀이(용법·의미) ✏ |

6

음독명사

比例
비례

한자풀이 **比** 견줄 비, **例** 법식 례

ひれい

의미 비례

⭐빈출표현 比例する(비례하다)

＊출제가능유형 : 한자읽기　한자표기　문맥　용법

7

評判
평판

한자풀이 **評** 평할 평, **判** 판단할 판

ひょうばん

의미 평판

⭐빈출표현 評判がいい/悪^{わる}い/高^{たか}い(평판이 좋다/나쁘다/높다)
評判を落^おとす(평판을 떨어뜨리다)

＊출제가능유형 : 한자읽기　한자표기　문맥　유의표현　용법

8

分析
분석

한자풀이 **分** 나눌 분, **析** 쪼갤 석

ぶんせき

의미 분석

⭐빈출표현 データ分析(데이터 분석)
分析する(분석하다)

＊출제가능유형 : 한자읽기　한자표기　문맥　유의표현　용법

9

分担
분담

한자풀이 **分** 나눌 분, **担** 멜 담

ぶんたん

의미 분담

⭐빈출표현 分担する(분담하다)

＊출제가능유형 : 한자읽기　한자표기　문맥　유의표현　용법

10

分野
분야

한자풀이 **分** 나눌 분, **野** 들 야

ぶんや

의미 분야

⭐빈출표현 専門^{せんもん}分野(전문 분야)

＊출제가능유형 : 한자읽기　한자표기　문맥　유의표현　용법

유 呼応 호응
連動 연동
⟷ 反比例 반비례

読書量と読解力は比例するわけではない。

독서량과 독해력은 비례하는 것이 아니다.

유 世評 세평, 세상에 떠도는 평판

口コミサイトで評判が悪い企業には、転職しない方がいい。

입소문 사이트에서 평판이 나쁜 기업에는 전직하지 않는 편이 좋다.

유 解剖 해부
解釈 해석

ビッグデータを収集・分析してビジネスに活用している。

빅 데이터를 수집, 분석해서 비즈니스에 활용하고 있다.

유 分業 분업
割り当て 할당, 배당, 분담
手分け 분담

7割以上の夫婦が家事分担でのトラブルを経験したという。

70% 이상의 부부가 가사 분담에서의 트러블을 경험했다고 한다.

DAY 9

유 領域 영역
方面 방면

医療、介護、福祉などの分野で働いてみたい。

의료, 간호, 복지 등의 분야에서 일해 보고 싶다.

| 표제어 | Step 1 | 단어 풀이(용법·의미) |

11

祭り
축제

(한자풀이) 祭 제사 제

まつり

(의미) 축제, 제사

⭐빈출표현 夏祭り(여름 축제), 祭りがある(축제가 있다)
　　　　　祭りが始まる/終わる(축제가 시작되다/끝나다)

＊출제가능유형 : 한자읽기 | 한자표기 | 문맥 | 용법

고유어

12

窓口
창구

(한자풀이) 窓 창 창, 口 입 구

まどぐち

(의미) 창구

⭐빈출표현 銀行/郵便局の窓口(은행/우체국 창구)
　　　　　2番/相談窓口(2번/상담 창구)

＊출제가능유형 : 한자읽기 | 한자표기 | 문맥 | 용법

13

身元
신원

(한자풀이) 身 몸 신, 元 으뜸 원

みもと

(의미) 신원

⭐빈출표현 身元保証人(신원 보증인)
　　　　　身元が分かる(신원이 밝혀지다)
　　　　　身元を調べる(신원을 조사하다)

＊출제가능유형 : 한자읽기 | 한자표기 | 문맥 | 유의표현 | 용법

14

非公開
비공개

(한자풀이) 非 아닐 비

ひこうかい

(의미) 비공개

⭐빈출표현 非公開求人/作品(비공개 구인/작품)
　　　　　非公開で行う/進める(비공개로 하다/진행하다)

＊출제가능유형 : 한자읽기 | 단어형성

복합파생

15

不正確
부정확

(한자풀이) 不 아닐 부

ふせいかく

(의미) 부정확

⭐빈출표현 不正確なデータ/統計(부정확한 데이터/통계)
　　　　　不正確な時計/発音(부정확한 시계/발음)

＊출제가능유형 : 한자읽기 | 단어형성

유 祭礼 제례
さいれい

祭典 제전
さいてん

祭祀 제사
さい し

金魚すくいは夏祭りの屋台の定番だ。
きんぎょ　　　　　なつまつ　　　　や たい　　ていばん

금붕어 건지기는 여름 축제 포장마차의 단골 메뉴다.

유 受付 접수(처)
うけつけ

詳しくは窓口でお尋ねください。
くわ　　　　まどぐち　　　たず

자세한 것은 창구로 문의해 주세요.

유 素性 혈통, 신원
す じょう

友人が就職することになり、身元保証人に
ゆうじん　しゅうしょく　　　　　　　　　　　　み もとほ しょうにん

なってほしいと言われた。
い

친구가 취직하게 되어서 신원 보증인이 되어 주었으면 좋겠다고 했다.

참 非常識 비상식
ひ じょうしき

非現実 비현실
ひ げんじつ

非科学的 비과학적
ひ か がくてき

非民主的 비민주적
ひ みんしゅてき

非論理的 비논리적
ひ ろん り てき

非公開求人とは、一般にはオープンされて
ひ こうかいきゅうじん　　　　いっぱん

いない求人のことである。
きゅうじん

비공개 구인이란 일반에게는 오픈되지 않은 구인을 말한다.

DAY
9

참 不完全 불완전
ふ かんぜん

不必要 불필요
ふ ひつよう

不一致 불일치
ふ いっ ち

不景気 불경기
ふ けい き

不人情 몰인정
ふ にんじょう

不正確な統計は、判断を誤らせる危険がある。
ふ せいかく　とうけい　　　はんだん　あやま　　　　き けん

부정확한 통계는 판단을 그르치게 할 위험이 있다.

| 표제어 | Step 1 ㅣ 단어 풀이(용법·의미) |

16

会社員風
회사원풍

(한자풀이) 風 바람 풍

かいしゃいんふう

[의미] 회사원풍, 회사원 같은

☆ 빈출표현 会社員風の男/男性(회사원풍의 남자/남성)
会社員風の服装(회사원풍의 복장)

*출제가능유형 : [한자읽기] [단어형성]

17

副社長
부사장

(한자풀이) 副 버금 부

ふくしゃちょう

[의미] 부사장

☆ 빈출표현 副社長に就任する(부사장으로 취임하다)
副社長を務める(부사장을 맡다)

*출제가능유형 : [한자읽기] [단어형성]

복합파생

18

学年別
학년별

(한자풀이) 別 나눌 별

がくねんべつ

[의미] 학년별

☆ 빈출표현 学年別指導/大会/分類(학년별 지도/대회/분류)
学年別に分かれる(학년별로 나뉘다)

*출제가능유형 : [한자읽기] [단어형성]

19

真後ろ
바로 뒤

(한자풀이) 真 참 진

まうしろ

[의미] 바로 뒤

☆ 빈출표현 真後ろに座る/張り付く(바로 뒤에 앉다/달라붙다)
真後ろに倒れる(뒤로 자빠지다)

*출제가능유형 : [한자읽기] [단어형성]

20

未経験
미경험

(한자풀이) 未 아닐 미

みけいけん

[의미] 미경험

☆ 빈출표현 未経験者(미경험자)
未経験の職種/分野(미경험 직종/분야)

*출제가능유형 : [한자읽기] [단어형성]

Step 2 | 연관 단어 🔍

참 ビジネスマン風 ふう 비즈니스맨풍

　　ヨーロッパ風 ふう 유럽풍

　　今風 いまふう 당세풍, 요즘(의) 유행

참 副大臣 ふくだいじん 부대신, 차관

　　副教材 ふくきょうざい 부교재

　　副院長 ふくいんちょう 부원장

　　副知事 ふくちじ 부지사

참 能力別 のうりょくべつ 능력별

　　業種別 ぎょうしゅべつ 업종별

　　分野別 ぶんやべつ 분야별

　　地域別 ちいきべつ 지역별

　　年齢別 ねんれいべつ 연령별

참 真夜中 まよなか 한밤중, 심야

　　真新しい まあたらしい 아주 새롭다

　　真正直 ましょうじき 정직하기만 함

　　真ん中 まんなか 한가운데

　　真っ黒 まっくろ 새까맘

참 未使用 みしよう 미사용

　　未成年 みせいねん 미성년

　　未提供 みていきょう 미제공

　　未解決 みかいけつ 미해결

　　未契約 みけいやく 미계약

Step 3 | 예문 💬

店内 てんない は会社員風 だんせい の男性 ひとり 一人しかいなかった。

가게 안에는 회사원 같은 남성 한 명밖에 없었다.

高橋 たかはし 副社長が5月 がつ 30日 にちづけ 付で社長 しゃちょう に就任 しゅうにん する
ことになった。

다카하시 부사장이 5월 30일자로 사장으로 취임하게 되었다.

明日 あした から3日間 みっかかん 、学年別 うんどうかい 運動会が開催 かいさい される。

내일부터 3일간, 학년별 운동회가 개최된다.

トラックの真後 まうし ろに、バイクが張 は り付 つ いて
走行 そうこう している。

트럭 바로 뒤에 오토바이가 달라붙어서 주행하고 있다.

未経験の分野 ぶんや で起業 きぎょう する場合 ばあい 、失敗 しっぱい するリ
スクが高 たか い。

미경험 분야에서 창업하는 경우, 실패할 위험이 높다.

표제어	Step 1	단어 풀이(용법·의미)

21

相応しい
어울리다

한자풀이 **相** 서로 상, **応** 응할 응

い형용사

ふさわしい
의미 어울리다, 적합하다

★ 빈출표현 相応しい相手/格好(어울리는 상대/모습)
相応しい行動/言葉/対応(적합한 행동/말/대응)

*출제가능유형 : 한자읽기 한자표기 문맥 유의표현 용법

22

目覚ましい
눈부시다

한자풀이 **目** 눈 목, **覚** 깨달을 각

めざましい
의미 눈부시다, 놀랍다

★ 빈출표현 目覚ましい活躍/成長(눈부신 활약/성장)
目覚ましい発展(눈부신 발전)

*출제가능유형 : 한자읽기 한자표기 문맥 유의표현 용법

23

物足りない
어딘가 부족하다

한자풀이 **物** 물건 물, **足** 발 족

ものたりない
의미 어딘가 부족하다, 어딘지 불만스럽다

★ 빈출표현 ちょっと物足りない(어딘가 좀 부족하다)
説明が物足りない(설명이 좀 부족하다)
おかず/味が物足りない(반찬/맛이 좀 부족하다)

*출제가능유형 : 한자읽기 한자표기 문맥 유의표현 용법

24

物騒だ
뒤숭숭하다

한자풀이 **物** 물건 물, **騒** 떠들 소

な형용사

ぶっそうだ
의미 (세상이) 뒤숭숭하다

★ 빈출표현 物騒な事件(뒤숭숭한 사건)
物騒な世の中(뒤숭숭한 세상)

*출제가능유형 : 한자읽기 한자표기 문맥 유의표현 용법

25

豊富だ
풍부하다

한자풀이 **豊** 풍년 풍, **富** 부유할 부

ほうふだ
의미 풍부하다

★ 빈출표현 豊富な経験/知識(풍부한 경험/지식)
豊富な資源(풍부한 자원)

*출제가능유형 : 한자읽기 한자표기 문맥 유의표현 용법

유 似_につかわしい 알맞다, 어울리다, 적합하다

相応_{そうおう}する 상응하다

職場_{しょくば}や職種_{しょくしゅ}によって相応_{ふさわ}しいと考_{かんが}える服装_{ふくそう}は異_{こと}なる。

직장이나 직종에 따라서 적합하다고 생각하는 복장은 다르다.

유 素晴_{すば}らしい 훌륭하다, 근사하다, 굉장하다

あの企業_{きぎょう}はここ5年間_{ねんかん}目覚_{めざ}ましい成長_{せいちょう}を遂_とげた。

그 기업은 최근 5년간 눈부신 성장을 했다.

유 足_たりない 모자라다, 부족하다

不十分_{ふじゅうぶん}だ 불충분하다

いまいちだ 조금 부족하다

メイン料理_{りょうり}だけでは物足_{ものた}りない感_{かん}じがする。

메인 요리만으로는 어딘가 부족한 느낌이 든다.

유 物騒_{ものさわ}がしい 떠들썩하다, 어수선하다, 뒤숭숭하다

最近_{さいきん}、物騒_{ものさわ}な事件_{じけん}が後_{あと}を絶_たたない。

요즘 뒤숭숭한 사건이 끊이지 않는다.

DAY 9

유 豊_{ゆた}かだ 풍족하다, 풍부하다

ふんだんにある 충분히 있다

人生経験_{じんせいけいけん}が豊富_{ほうふ}な人_{ひと}は、広_{ひろ}い視野_{しや}を持_もっている。

인생 경험이 풍부한 사람은 넓은 시야를 가지고 있다.

| 표제어 | Step 1 | 단어 풀이(용법·의미) |

26

稀だ
드물다

(한자풀이) 稀 드물 희

まれだ

의미 드물다, 좀처럼 없다

⭐ **빈출표현** 稀なケース/タイプ(드문 케이스/타입)
稀な血液型(けつえきがた)/才能(さいのう)(희귀한 혈액형/재능)

＊**출제가능유형**: 한자읽기　한자표기　문맥　유의표현　용법

27

妙だ
묘하다

(한자풀이) 妙 묘할 묘

みょうだ

의미 묘하다, 이상하다

⭐ **빈출표현** 妙な違和感(いわかん)/親近感(しんきんかん)(묘한 위화감/친근감)
妙な気分(きぶん)になる(묘한 기분이 들다)

＊**출제가능유형**: 한자읽기　한자표기　문맥　유의표현　용법

28

な형용사

夢中だ
열중하다

(한자풀이) 夢 꿈 몽, 中 가운데 중

むちゅうだ

의미 열중하다, 몰두하다

⭐ **빈출표현** 夢中になる(열중하다)
夢中で頑張(がんば)る(열중해서 참고 노력하다)

＊**출제가능유형**: 한자읽기　한자표기　문맥　유의표현　용법

29

面倒だ
귀찮다

(한자풀이) 面 낯 면, 倒 넘어질 도

めんどうだ

의미 귀찮다, 성가시다

⭐ **빈출표현** 面倒な家事(かじ)/仕事(しごと)(귀찮은 집안일/업무)
面倒な後輩(こうはい)(성가신 후배)

＊**출제가능유형**: 한자읽기　한자표기　문맥　유의표현　용법

30

優秀だ
우수하다

(한자풀이) 優 뛰어날 우, 秀 빼어날 수

ゆうしゅうだ

의미 우수하다

⭐ **빈출표현** 優秀な学生(がくせい)/作品(さくひん)(우수한 학생/작품)
優秀な人材(じんざい)(우수한 인재)

＊**출제가능유형**: 한자읽기　한자표기　문맥　유의표현　용법

유 珍しい 드물다
　非常に少ない 매우 적다

に ほんじんせんしゅ　おうしゅう い せき　きわ
日本人選手の欧州移籍は極めて稀なケース
である。

일본인 선수의 유럽 이적은 극히 드문 케이스다.

유 不思議だ 불가사의하다, 이상하다
　奇妙だ 기묘하다
　奇怪だ 기괴하다
　奇異だ 기이하다

なん　　　　しんきんかん　　　　　　わ
何だか妙な親近感みたいなものが湧いてきた。

왠지 묘한 친근감 같은 것이 솟아났다.

유 没頭 몰두
　熱中 열중

がん ば　　　　　　　　　せい か　で
夢中で頑張っているけれど、成果が出ない。

열중해서 참고 노력하고 있는데 성과가 안 나온다.

유 面倒い 아주 귀찮다(속어)
　面倒臭い 아주 귀찮다
참 面倒を見る 돌보다

しょく ば　じょう し　　　　　　しごと　お　つ
職場の上司から面倒な仕事を押し付けられた。

직장 상사가 귀찮은 업무를 떠넘겼다.

유 優れる 뛰어나다, 우수하다
　優等 우등, 우수
　優越 우월
↔ 劣悪だ 열악하다
　劣等だ 열등하다

さくひん　　ぼ しゅう　おこな　　　　なか　　　　ゆうしゅう　　さくひん
作品の募集を行い、その中から優秀な作品
ひょうしょう
を表彰した。

작품을 모집해서 그중에서 우수한 작품을 표창했다.

표제어	Step 1	단어 풀이(용법·의미)

31

外す
떼다, 풀다

(한자풀이) 外 바깥 외

はずす

의미 ① 떼다, 벗기다, 벗다 ② 풀다 ③ (자리를) 비우다, 뜨다

★빈출표현 看板/ポスターを外す(간판/포스터를 떼다)
眼鏡を外す(안경을 벗다), 席を外す(자리를 비우다)
ネクタイを外す(넥타이를 풀다)

＊출제가능유형 : 한자읽기　한자표기　문맥　유의표현　용법

32

果たす
다하다

(한자풀이) 果 실과 과

はたす

의미 다하다, 완수하다

★빈출표현 義務/責任/役割を果たす(의무/책임/역할을 다하다)
仕事を果たす(일을 완수하다)

＊출제가능유형 : 한자읽기　한자표기　문맥　유의표현　용법

33

기본동사

離れる
떨어지다, 멀어지다

(한자풀이) 離 떠날 리

はなれる

의미 ① (붙어 있던 것이) 떨어지다, 떠나다 ② (거리가) 멀어지다

★빈출표현 地元/都会を離れる(근거지/도시를 떠나다)
親から離れる(부모로부터 독립하다)
離れて暮らす(떨어져서 살다)

＊출제가능유형 : 한자읽기　한자표기　문맥　유의표현　용법

34

省く
덜다, 생략하다

(한자풀이) 省 덜 생

はぶく

의미 덜다, 생략하다, 줄이다

★빈출표현 手間を省く(수고를 덜다), 説明を省く(설명을 생략하다)
時間を省く(시간을 줄이다)

＊출제가능유형 : 한자읽기　한자표기　문맥　유의표현　용법

35

拾う
줍다

(한자풀이) 拾 주울 습

ひろう

의미 (떨어진 것을) 줍다

★빈출표현 お金/財布を拾う(돈/지갑을 줍다)
ゴミを拾う(쓰레기를 줍다)

＊출제가능유형 : 한자읽기　한자표기　문맥　유의표현　용법

유 取り去る 없애다, 제거하다
取り除く 없애다, 제거하다
참 外れる 빠지다, 벗겨지다, 풀어지다, 누락되다

専門業者以外の人が看板を外すのは危険だ。

전문업자 이외의 사람이 간판을 떼는 것은 위험하다.

유 成し遂げる 끝까지 해내다, 완수하다
全うする 완수하다, 다하다

自分に与えられた役割に対する責任を果たした。

자신에게 주어진 역할에 대한 책임을 다했다.

유 別々になる 따로따로되다
遠ざかる 멀어지다
참 離す 떼다, 풀다, 옮기다

都会を離れて田舎で暮らす人が増えている。

도시를 떠나 시골에서 사는 사람이 늘고 있다.

유 取り除く 없애다, 제거하다
減らす 줄이다
節約する 절약하다

時間と手間を省くために、業務を効率化した。

시간과 수고를 덜기 위해 업무를 효율화시켰다.

DAY 9

유 拾得する 습득하다
↔ 捨てる 버리다

財布を拾ったらすぐ交番に届けた方がいい。

지갑을 주우면 바로 파출소에 신고하는 편이 좋다.

표제어	Step 1	단어 풀이(용법·의미) ✏️

36

含める
포함시키다

(한자풀이) **含** 머금을 함

ふくめる

의미 포함시키다

⭐빈출표현 サービス料を含める(서비스 요금을 포함시키다)
消費税を含める(소비세를 포함시키다)

*출제가능유형 : 한자읽기 | 한자표기 | 문맥 | 유의표현 | 용법

37

기본동사

塞ぐ
막다, 메우다

(한자풀이) **塞** 막힐 색

ふさぐ

의미 ① 막다, 틀어막다, (장애물로) 가로막다 ② 메우다

⭐빈출표현 口/耳/道を塞ぐ(입/귀/길을 막다)
隙間を塞ぐ(틈을 메우다)

*출제가능유형 : 한자읽기 | 한자표기 | 문맥 | 유의표현 | 용법

38

触れる
닿다, 대다

(한자풀이) **触** 닿을 촉

ふれる

의미 ① 닿다 ② 대다, 만지다, 접촉하다

⭐빈출표현 手が触れる(손이 닿다), 手を触れる(손을 대다)
異文化に触れる(이문화에 접촉하다)

*출제가능유형 : 한자읽기 | 한자표기 | 문맥 | 유의표현 | 용법

39

隔てる
사이를 두다, 가로막다

(한자풀이) **隔** 사이 뜰 격

へだてる

의미 ① 사이를 두다 ② 가로막다, 칸을 막다, 갈라놓다

⭐빈출표현 １メートル隔てる(1미터 사이를 두다)
壁で隔てる(벽으로 가로막다)
部屋を隔てる(방을 갈라놓다)

*출제가능유형 : 한자읽기 | 한자표기 | 문맥 | 유의표현 | 용법

40

복합동사

待ち合わせる
만나기로 하다

(한자풀이) **待** 기다릴 대, **合** 합할 합

まちあわせる

의미 (시간·장소를 미리 정하고) 만나기로 하다

⭐빈출표현 1時に待ち合わせる(1시에 만나기로 하다)
駅前で待ち合わせる(역 앞에서 만나기로 하다)

*출제가능유형 : 한자읽기 | 한자표기 | 문맥 | 유의표현 | 용법

Step 2 | 연관 단어 🔍

윤 一緒(いっしょ)に扱(あつか)う 같이 취급하다

込(こ)める 포함하다, 담다

참 含(ふく)む 포함하다, 함유하다

윤 詰(つ)める 채우다

閉(と)じる 닫히다

阻(はば)む 방해하다, 저지하다

윤 触(さわ)る 닿다, 손을 대다

接(せっ)する 접(촉)하다, 바싹 가까이 대다

윤 距離(きょり)を置(お)く 거리를 두다

遮(さえぎ)る 가리다, 가로막다, 차단하다

仕切(しき)る 칸을 막다

윤 待(ま)つ 기다리다

Step 3 | 예문 💬

商品(しょうひん)の価格(かかく)は消費税(しょうひぜい)を含(ふく)めて表示(ひょうじ)している。

상품의 가격은 소비세를 포함시켜서 표시하고 있다.

数人(すうにん)で横並(よこなら)びになって歩(ある)き、道(みち)を塞(ふさ)いでいる。

몇 사람이 옆으로 나란히 걸어서 길을 막고 있다.

軽(かる)く触(ふ)れる程度(ていど)の刺激(しげき)だけでも痛(いた)い。

살짝 닿는 정도의 자극만으로도 아프다.

駅(えき)はここから３メートルほど隔(へだ)てたところにある。

역은 여기에서 3미터 정도 떨어진 곳에 있다.

午後(ごご)1時(じ)に駅前(えきまえ)で待(ま)ち合(あ)わせた。

오후 1시에 역 앞에서 만나기로 했다.

표제어	Step 1	단어 풀이(용법·의미)

41

복합동사

見逃す
놓치다, 묵인하다

(한자풀이) 見 볼 견, 逃 도망할 도

みのがす

의미 ① 놓치다, 못 보다 ② 묵인하다, 눈감아 주다

☆ 빈출표현 異変を見逃す(이변을 못 보다)
スピード違反を見逃す(속도 위반을 눈감아 주다)

＊출제가능유형 : 한자읽기 한자표기 문맥 유의표현 용법

42

持ち上げる
들어 올리다

(한자풀이) 持 가질 지, 上 윗 상

もちあげる

의미 들어 올리다

☆ 빈출표현 重い物を持ち上げる(무거운 물건을 들어 올리다)
荷物/ボールを持ち上げる(짐/공을 들어 올리다)

＊출제가능유형 : 한자읽기 한자표기 문맥 유의표현 용법

43

부사

ほっと
안심하는 모양

의미 안심하는 모양, 한숨 쉬는 모양

☆ 빈출표현 ほっとする(안심하다)

＊출제가능유형 : 문맥 유의표현 용법

44

ほぼ
거의

의미 거의, 대부분

☆ 빈출표현 ほぼ満点だ/決まった(거의 만점이다/결정됐다)
ほぼ同じだ(대부분 같다)

＊출제가능유형 : 문맥 유의표현 용법

45

ぼんやり
어렴풋이, 멍하니

의미 ① 어렴풋이, 아련히, 뚜렷하지 않은 모양
② 멍하니, 의식 상태가 흐린 모양

☆ 빈출표현 ぼんやりする(어렴풋하다)
ぼんやり見える(희미하게 보이다)
ぼんやりと過ごす(멍하니 지내다)

＊출제가능유형 : 문맥 유의표현 용법

유 見過ごす 간과하다, 못 본 체하다
　見落とす 빠뜨리다, 간과하다

決定的な瞬間を見逃した。

결정적인 순간을 놓쳤다.

유 持つ 들다
　上げる 올리다

重い物を持ち上げると腰が痛い。

무거운 물건을 들어 올리면 허리가 아프다.

유 安心する 안심하다
　息を吐く 숨을 내쉬다

みんなが試験に合格したと聞いてほっとした。

모두가 시험에 합격했다고 들어서 안심했다.

유 大体 대개, 대다수
　ほとんど 대부분, 거의

台風8号の進路がほぼ決まったそうだ。

태풍 8호의 진로가 거의 정해졌다고 한다.

유 ぼうっと 멍하니
↔ はっきり 확실히

遠くを見た時にピントが合わず、字や物が
ぼんやり見えてしまう。

먼 곳을 봤을 때 초점이 안 맞아서 글자나 사물이 흐릿하게 보인다.

표제어	Step 1 ㅣ 단어 풀이(용법·의미) ✏️

46

間際に
직전에

(한자풀이) 間 사이 간, 際 즈음 제

まぎわに

[의미] 직전에, 찰나

⭐빈출표현 出発間際に(출발 직전에)
間際になる(직전이 되다)

＊출제가능유형 : 문맥 유의표현 용법

부사

47

ますます
점점 더

[의미] 점점 더, 더욱더

⭐빈출표현 ますます悪化する(점점 더 악화되다)
ますます厳しくなる(점점 더 심해지다)

＊출제가능유형 : 문맥 유의표현 용법

48

自ら
몸소

(한자풀이) 自 스스로 자

みずから

[의미] 몸소, 스스로

⭐빈출표현 自ら実践する(몸소 실천하다)
自ら考える/認める(스스로 생각하다/인정하다)

＊출제가능유형 : 문맥 유의표현 용법

의성어 · 의태어

49

だぶだぶ
헐렁헐렁

[의미] 헐렁헐렁, 옷이 커서 헐렁한 모양

⭐빈출표현 だぶだぶしたズボン(헐렁한 바지)
だぶだぶの服(헐렁한 옷)

＊출제가능유형 : 문맥 유의표현 용법

50

にっこり
생긋

[의미] 생긋, 방긋

⭐빈출표현 にっこりと笑う(방긋 웃다)
にっこりと微笑む(생긋 미소 짓다)

＊출제가능유형 : 문맥 유의표현 용법

유 直前^{ちょくぜん}に 직전에
寸前^{すんぜん}に 직전에, 바로 전에

彼^{かれ}は試合終了^{しあいしゅうりょう}間際^{まぎわ}に同点^{どうてん}ゴールを決^きめた。

그는 시합 종료 직전에 동점 골을 터뜨렸다.

유 さらに 더욱더, 게다가
もっと 더, 더욱더
一層^{いっそう} 한층 더

ますますのご活躍^{かつやく}を心^{こころ}よりお祈^{いの}り致^{いた}します。

점점 더 활약하시기를 진심으로 바랍니다.

유 自分^{じぶん}で <u>스스로</u>

理想^{りそう}のリーダーとは、自^{みずか}ら行動^{こうどう}して部下^{ぶか}に手本^{てほん}を見^みせる人^{ひと}だと思^{おも}う。

이상적인 리더란, 스스로 행동해서 부하에게 모범을 보이는 사람이라고 생각한다.

유 ルーズ 루즈(loose), 칠칠치 못함, 헐렁함
オーバーサイズ 오버사이즈(oversize)
ぶかぶか (모자나 옷, 장갑 등이) 헐렁헐렁함

妹^{いもうと}はだぶだぶの古着^{ふるぎ}っぽいものが好^すきなようだ。

여동생은 헐렁헐렁한 구제 옷 같은 것을 좋아하는 것 같다.

= にこり 벙긋, 생긋
유 にこにこ 싱글벙글, 생긋생긋
にこやか 생글생글, 상냥한 모양

彼^{かれ}は目^めが合^あうと、にっこり笑^{わら}ってくれた。

그는 눈이 마주치면 생긋 웃어 주었다.

DAY 9

Day 9

❶ 다음 단어의 뜻을 쓰고 읽는 법을 고르세요.

1. 破片   (뜻:)   A. ぱへん   B. はへん

2. 窓口   (뜻:)   A. まどぐち   B. まどくち

3. 目覚ましい (뜻:)   A. めさましい   B. めざましい

4. 豊富だ   (뜻:)   A. ほうふうだ   B. ほうふだ

5. 塞ぐ   (뜻:)   A. ふさぐ   B. ふせぐ

❷ 다음 빈칸에 공통으로 들어갈 수 있는 한자로 적절한 것을 고르세요.

6. 批( ) ( )定 評( )
    A. 論   B. 判   C. 決

7. ( )野 ( )析 ( )担
    A. 分   B. 平   C. 解

8. 学年( ) 業種( ) 地域( )
    A. 別   B. 各   C. 層

9. ( )現実 ( )公開 ( )常識
    A. 未   B. 異   C. 非

10. ( )夜中 ( )後ろ ( )正直
    A. 真   B. 最   C. 本

❸ 빈칸에 들어갈 단어로 적절한 것을 고르세요.

> A. にっこり   B. 隔てた   C. 離れて   D. ますます   E. 見逃した

11. 駅はここから３メートルほど＿＿＿＿ところにある。

12. 都会を＿＿＿＿田舎で暮らす人が増えている。

13. 決定的な瞬間を＿＿＿＿。

14. ＿＿＿＿のご活躍を心よりお祈り致します。

15. 彼は目が合うと、＿＿＿＿笑ってくれた。

정답
1. 파편. B   2. 창구. A   3. 눈부시다. B   4. 풍부하다. B   5. 막다. A /
6. B   7. A   8. A   9. C   10. A / 11. B   12. C   13. E   14. D   15. A

강의와
예문 듣기

Day 10

매일 품사별로 골고루! **오늘의 50단어 한눈에 보기!**

음독명사

01. 防災
02. 方針
03. 保存
04. 矛盾
05. 模範
06. 優勝
07. 油断
08. 要求
09. 用心
10. 利益
11. 礼儀

고유어

12. 役目
13. 世の中
14. 割合

복합파생

15. 無〜
16. 〜元
17. 来〜
18. 〜率

19. 〜流
20. 〜類

い형용사

21. やかましい
22. やむを得ない
23. 柔らかい
24. 煩わしい

な형용사

25. 有利だ
26. 愉快だ
27. 陽気だ
28. 幼稚だ
29. 利口だ
30. 冷静だ
31. わがままだ

기본동사

32. 混じる
33. 乱れる
34. 導く

35. 恵まれる
36. めくる
37. 目指す
38. 面する
39. 戻る
40. 敗れる

복합동사

41. 呼び出す
42. 呼び止める
43. 割り込む

부사

44. むしろ
45. めったに
46. やっぱり
47. やや
48. 割と

의성어·의태어

49. ひそひそ
50. ぶらぶら

표제어	Step 1	단어 풀이(용법·의미) ✏

1

防災
방재

한자풀이 **防** 막을 방, **災** 재앙 재

ぼうさい

의미 방재, 재해를 방지함

★빈출표현 **防災訓練**(방재 훈련)
防災を学ぶ(방재를 배우다)

*출제가능유형 : 한자읽기 한자표기 문맥 유의표현 용법

2

方針
방침

한자풀이 **方** 모 방, **針** 바늘 침

ほうしん

의미 방침

★빈출표현 **教育方針**(교육 방침)
方針を決める/立てる(방침을 정하다/세우다)

*출제가능유형 : 한자읽기 한자표기 문맥 유의표현 용법

3

음독명사

保存
보존

한자풀이 **保** 지킬 보, **存** 있을 존

ほぞん

의미 보존

★빈출표현 **保存する**(보존하다)
保存が効く(잘 보존되다)

*출제가능유형 : 한자읽기 한자표기 문맥 유의표현 용법

4

矛盾
모순

한자풀이 **矛** 창 모, **盾** 방패 순

むじゅん

의미 모순

★빈출표현 **矛盾する**(모순되다)

*출제가능유형 : 한자읽기 한자표기 문맥 유의표현 용법

5

模範
모범

한자풀이 **模** 본뜰 모, **範** 법 범

もはん

의미 모범

★빈출표현 **模範を示す**(모범을 보이다)
模範になる(모범이 되다)

*출제가능유형 : 한자읽기 한자표기 문맥 유의표현 용법

참 같은 한자 사용 단어

防ぐ 막다, 방어하다, 방지하다
ふせ

火災 화재
か さい

災難 재난
さいなん

災い 재앙, 재난
わざわ

地域の防災訓練に家族で参加した。
ち いき　ぼうさいくんれん　か ぞく　さん か

지역의 방재 훈련에 가족과 함께 참가했다.

유 指針 지침
し しん

참 같은 발음 단어

放心 방심
ほうしん

営業力強化のために営業の基本方針を決めた。
えいぎょうりょくきょうか　　　　　えいぎょう　き ほんほうしん　き

영업력 강화를 위해 영업의 기본 방침을 정했다.

유 保管 보관
ほ かん

きれいに撮れた写真はピクチャフォルダー
と　　しゃしん
に保存した。

예쁘게 찍힌 사진은 사진 폴더에 보존(저장)했다.

유 撞着 당착, 말이나 행동 등의 앞뒤가 맞지 않음
どうちゃく

참 矛 창
ほこ

盾 방패
たて

話の前後が完全に矛盾している。
はなし　ぜん ご　　かんぜん

이야기의 앞뒤가 완전히 모순되어 있다.

유 手本 본보기, 모범
て ほん

規範 규범
き はん

典型 전형, 기준이 되는 형
てんけい

モデル 모델

部下や後輩の模範になりたい。
ぶ か　こうはい

부하나 후배의 모범이 되고 싶다.

DAY
10

| 표제어 | Step 1 | 단어 풀이(용법·의미) ✎ |

6

優勝
우승

(한자풀이) 優 뛰어날 우, 勝 이길 승

ゆうしょう

[의미] 우승

★ 빈출표현 優勝チーム(우승 팀), 優勝する(우승하다)
優勝を果たす(우승을 달성하다)

*출제가능유형 : [한자읽기] [한자표기] [문맥] [유의표현] [용법]

7

油断
방심

(한자풀이) 油 기름 유, 断 끊을 단

ゆだん

[의미] 방심, 부주의

★ 빈출표현 油断ならない(방심할 수 없다)
油断もすきもない(조금도 빈틈이 없다)

*출제가능유형 : [한자읽기] [한자표기] [문맥] [유의표현] [용법]

8

음독명사

要求
요구

(한자풀이) 要 요긴할 요, 求 구할 구

ようきゅう

[의미] 요구

★ 빈출표현 要求する(요구하다)
要求を飲む(요구를 받아들이다)

*출제가능유형 : [한자읽기] [한자표기] [문맥] [유의표현] [용법]

9

用心
조심

(한자풀이) 用 쓸 용, 心 마음 심

ようじん

[의미] 조심, 주의, 경계

★ 빈출표현 用心する(조심하다)
用心深い(주의 깊다)

*출제가능유형 : [한자읽기] [한자표기] [문맥] [유의표현] [용법]

10

利益
이익

(한자풀이) 利 이로울 리, 益 더할 익

りえき

[의미] 이익

★ 빈출표현 利益が出る(이익이 나다)
利益が上がる/下がる(이익이 나다/떨어지다)
利益を生む/追及する(이익을 내다/추구하다)

*출제가능유형 : [한자읽기] [한자표기] [문맥] [유의표현] [용법]

유 制覇 제패

참 같은 한자 사용 단어

優れる 우수하다, 뛰어나다

勝つ 이기다

ワールドカップで2大会連続の優勝を果たした。

월드컵에서 대회 2연속 우승을 달성했다.

유 不注意 부주의

⟷ 警戒 경계

何もかも順調にいっている時ほど、油断して、大きな失敗をしやすいものだ。

무엇이든 순조롭게 진행되고 있을 때일수록 방심해서 큰 실수를 하기 쉬운 법이다.

유 求める 요구하다

要望 요망

要請 요청

請求 청구

一人平均5,000円相当の賃金引き上げを要求した。

1인 평균 5천 엔 상당의 임금 인상을 요구했다.

유 注意 주의, 조심, 경계

留意 유의

用心するに越したことはない。

조심하는 것보다 더 좋은 것은 없다.

유 儲け 벌이, 이익

利潤 이윤

참 利益 공덕, 부처님의 은혜

⟷ 損失 손실

売上をいくら上げても利益が残らない。

매상을 아무리 올려도 이익이 남지 않는다.

DAY 10

표제어	Step 1	단어 풀이(용법·의미)

11

고유어

礼儀
예의

(한자풀이) 礼 예도 례, 儀 거동 의

れいぎ

의미 예의

★빈출표현 礼儀正しい(예의 바르다)
礼儀知らず(예의를 모르는 것, 무례한 사람)

*출제가능유형 : [한자읽기] [한자표기] [단어형성] [문맥] [유의표현] [용법]

12

役目
임무, 역할

(한자풀이) 役 부릴 역, 目 눈 목

やくめ

의미 임무, 책임, 직무, 역할

★빈출표현 親の役目(부모의 역할)
役目を果たす(책임을 다하다)

*출제가능유형 : [한자읽기] [한자표기] [단어형성] [문맥] [유의표현] [용법]

13

世の中
세상

(한자풀이) 世 인간 세, 中 가운데 중

よのなか

의미 세상

★빈출표현 世の中に出る(사회에 나아가다)
世の中が騒がしい(세상이 떠들썩하다)

*출제가능유형 : [한자읽기] [한자표기] [문맥] [유의표현] [용법]

14

割合
비율

(한자풀이) 割 벨 할, 合 합할 합

わりあい

의미 비율

★빈출표현 割合が高い/低い(비율이 높다/낮다)

*출제가능유형 : [한자읽기] [한자표기] [문맥] [유의표현] [용법]

15

복합파생

無責任
무책임

(한자풀이) 無 없을 무

むせきにん

의미 무책임

★빈출표현 無責任な親/行動(무책임한 부모/행동)
無責任な言葉/発言(무책임한 말/발언)

*출제가능유형 : [한자읽기] [단어형성]

ⓤ エチケット 에티켓, 예절

マナー 매너, 예의

作法 예의범절
さ ほう

行儀 예의범절, 예절, 행동거지
ぎょう ぎ

礼儀正しい人は周りからの評価も高い。
れい ぎ ただ ひと まわ ひょう か たか

예의 바른 사람은 주위로부터의 평가도 높다.

ⓤ 役 역(할)   役割 역할
やく   やくわり

役回り 배당된 역할   お役目 (공적인) 일
やくまわ   やく め

ⓒ 役目는 일상생활과 관련된 표현이 많고, 구어적인 느낌이에요.

役目を終えた冷蔵庫を処分した。
やく め お れいぞう こ しょぶん

소임을 다한 냉장고를 처분했다.

ⓤ 世 세상
よ

世間 세간, 세상
せ けん

世界 세계
せ かい

社会 사회
しゃかい

世の中には色々なタイプの人がいる。
よ なか いろいろ ひと

세상에는 여러 부류의 사람이 있다.

ⓒ 割合に ~치고는, ~에 비해
わりあい

ⓒ 같은 한자 사용 단어

役割 역할
やくわり

割り算 나눗셈
わ ざん

若年層ほど家事の分担割合は高いらしい。
じゃくねんそう か じ ぶんたん わりあい たか

젊은층일수록 가사 분담 비율이 높은 것 같다.

ⓒ 無計画 무계획
む けいかく

無感心 무관심
む かんしん

無意味 무의미
む い み

無感覚 무감각
む かんかく

無資格 무자격
む し かく

無責任な発言で子供を傷つけてしまった。
む せきにん はつげん こ ども きず

무책임한 발언으로 아이를 상처 입히고 말았다.

DAY 10

| 표제어 | **Step 1** | 단어 풀이(용법·의미) |

16

送信元
송신원(발신지)

(한자풀이) 元 으뜸 원

そうしんもと

의미 보낸 사람, 보낸 곳

★빈출표현 送信元メールアドレス(보낸 사람 메일 주소)
送信元を確認する(보낸 곳을 확인하다)
送信元を調査する(보낸 곳을 조사하다)

＊출제가능유형 : 한자읽기 단어형성

17

来学期
다음 학기

(한자풀이) 来 올 래

らいがっき

의미 다음 학기

★빈출표현 来学期の学費(다음 학기 학비)
来学期の授業(다음 학기 수업)

＊출제가능유형 : 한자읽기 단어형성

18

복합파생

進学率
진학률

(한자풀이) 率 비율 률

しんがくりつ

의미 진학률

★빈출표현 大学進学率(대학 진학률)
進学率が高い/低い(진학률이 높다/낮다)
進学率が上がる/下がる(진학률이 올라가다/떨어지다)

＊출제가능유형 : 한자읽기 단어형성

19

日本流
일본식

(한자풀이) 流 흐를 류

にほんりゅう

의미 일본식, 일본 스타일

★빈출표현 日本流の考え方/やり方(일본식 사고방식/방법)
日本流にアレンジする(일본식으로 변형하다)

＊출제가능유형 : 한자읽기 단어형성

20

食器類
식기류

(한자풀이) 類 무리 류

しょっきるい

의미 식기류

★빈출표현 食器類を扱う(식기류를 취급하다)
食器類を購入する(식기류를 구입하다)

＊출제가능유형 : 한자읽기 단어형성

유 発信元 발신원(발신지)

참 製造元 제조원

販売元 판매원

迷惑メールの送信者は送信元メールアドレスを頻繁に変更するらしい。

스팸메일 송신자는 보낸 사람 메일 주소를 빈번하게 변경한다고 한다.

참 来シーズン 다음 시즌

来世代 다음 세대

来年度 내년도

来学期から担任を受け持つことになった。

다음 학기부터 담임을 맡게 되었다.

참 成功率 성공률

投票率 투표율

就職率 취직률

正解率 정답률

大学進学率の高い高校に入りたい。

대학 진학률이 높은 고등학교에 들어가고 싶다.

참 自己流 자기식, 자기류

西洋流 서양식

外国料理を日本流にアレンジした。

외국 요리를 일본식으로 변형했다.

참 魚介類 어패류

哺乳類 포유류

爬虫類 파충류

紙類 종이류

鳥類 조류

あの店は国内外の多様な食器類を扱っている。

저 가게는 국내외의 다양한 식기류를 취급하고 있다.

DAY 10

표제어	Step 1	단어 풀이(용법·의미) ✏️

21

やかましい
떠들썩하다

의미 떠들썩하다, 요란스럽다, 성가시다

⭐**빈출표현** やかましい音(떠들썩한 소리)
やかましい声(요란한 목소리)
やかましい人(성가신 사람)

*출제가능유형 : 문맥 유의표현 용법

22

やむを得ない
어쩔 수 없다

한자풀이 得 얻을 득

やむをえない

의미 어쩔 수 없다, 부득이하다

⭐**빈출표현** やむを得ない決断(부득이한 결단)
やむを得ない事情/理由(부득이한 사정/이유)

*출제가능유형 : 문맥 유의표현 용법

23

い형용사

柔らかい
부드럽다

한자풀이 柔 부드러울 유

やわらかい

의미 부드럽다, 말랑하다, 유연하다

⭐**빈출표현** 柔らかい体(유연한 몸)
柔らかい話し方/食べ物(부드러운 말투/음식)
手/肌が柔らかい(손/피부가 부드럽다)

*출제가능유형 : 한자읽기 한자표기 문맥 유의표현 용법

24

煩わしい
번거롭다

한자풀이 煩 번거로울 번

わずらわしい

의미 번거롭다, 귀찮다, 성가시다

⭐**빈출표현** 煩わしい手続き(번거로운 절차)
人間関係が煩わしい(인간관계가 성가시다)

*출제가능유형 : 한자읽기 한자표기 문맥 유의표현 용법

25

な형용사

有利だ
유리하다

한자풀이 有 있을 유, 利 이로울 리

ゆうりだ

의미 유리하다

⭐**빈출표현** 有利な位置/条件/立場(유리한 위치/조건/입장)
有利な契約/資格(유리한 계약/자격)

*출제가능유형 : 한자읽기 한자표기 문맥 유의표현 용법

유 煩わしい 번거롭다, 귀찮다, 성가시다
面倒臭い 아주 귀찮다, 몹시 성가시다

うるさい 시끄럽다, 번거롭다, 귀찮다

せみの声がやかましくなってきたら夏の到
来を実感する。

매미 소리가 요란해지면 여름이 왔음을 실감한다.

유 仕方ない 어쩔 수 없다
仕様がない 할 도리가 없다, 어쩔 수 없다

やむを得ない事情で予約をキャンセルする
ことになった。

부득이한 사정으로 예약을 취소하게 되었다.

유 柔軟だ 유연하다
しなやかだ 보들보들하다, 나긋나긋하다
↔ 硬い 단단하다

体を柔らかくすることで、疲れにくい体にな
るらしい。

몸을 유연하게 만듦으로써 쉽게 지치지 않는 몸이 된다고 한다.

유 面倒臭い 아주 귀찮다, 몹시 성가시다
ややこしい 복잡하다, 까다롭다

煩わしい手続きを経ることなく、迅速に商
品化することができる。

번거로운 절차를 거치지 않고 신속하게 상품화할 수 있다.

DAY
10

유 利益がある 이익이 있다
↔ 不利だ 불리하다

就職に有利な資格を取った。

취직에 유리한 자격증을 땄다.

표제어	Step 1 │ 단어 풀이(용법·의미) ✏

26

愉快だ
유쾌하다

(한자풀이) 愉 즐거울 유, 快 쾌할 쾌

ゆかいだ

의미 유쾌하다

★ 빈출표현 　愉快な気持ち(유쾌한 기분)
　　　　　　愉快な話/人(유쾌한 이야기/사람)

* 출제가능유형 : 한자읽기 　한자표기 　문맥 　유의표현 　용법

27

陽気だ
밝고 쾌활하다

(한자풀이) 陽 볕 양, 気 기운 기

ようきだ

의미 (성질이) 밝고 쾌활하다

★ 빈출표현 　陽気な音楽/声/人(밝은 음악/목소리/사람)
　　　　　　陽気に笑う(밝게 웃다)

* 출제가능유형 : 한자읽기 　한자표기 　문맥 　유의표현 　용법

28

な형용사

幼稚だ
유치하다

(한자풀이) 幼 어릴 유, 稚 어릴 치

ようちだ

의미 유치하다

★ 빈출표현 　幼稚な考え/発想(유치한 생각/발상)
　　　　　　幼稚な人(유치한 사람)

* 출제가능유형 : 한자읽기 　한자표기 　문맥 　유의표현 　용법

29

利口だ
영리하다

(한자풀이) 利 이로울 리, 口 입 구

りこうだ

의미 영리하다, 똑똑하다, 요령이 좋다

★ 빈출표현 　利口な子供/犬(영리한 아이/개)
　　　　　　利口に振る舞う(요령 좋게 행동하다)

* 출제가능유형 : 한자읽기 　한자표기 　문맥 　유의표현 　용법

30

冷静だ
냉정하다

(한자풀이) 冷 찰 랭, 静 고요할 정

れいせいだ

의미 냉정하다

★ 빈출표현 　冷静な対応/判断/人(냉정한 대응/판단/사람)
　　　　　　冷静に行動する/話す(냉정하게 행동하다/이야기하다)
　　　　　　冷静になる(냉정해지다)

* 출제가능유형 : 한자읽기 　한자표기 　문맥 　유의표현 　용법

유 面白い 재미있다
楽しい 즐겁다
↔ 不愉快だ 불쾌하다

久々に会った友人は相変わらず愉快な人
だった。

오랜만에 만난 친구는 변함없이 유쾌한 사람이었다.

유 にぎやかで明るい 활기차고 밝다
↔ 陰気だ 음침하다

幸せな人生を送るために大切なのは、自分
らしく陽気に生きることだ。

행복한 인생을 보내기 위해서 중요한 것은 자신답게 밝게 사는 것이다.

유 幼い 어리다
未熟だ 미숙하다

彼は精神年齢が低く、幼稚な人だ。

그는 정신 연령이 낮고 유치한 사람이다.

유 頭がいい 머리가 좋다
賢い 현명하다, 영리하다
참 お利口 (아이 등이) 온순하고 말을 잘 들음

チワワはとても利口だ。

치와와는 매우 영리하다.

유 沈着 침착
참 같은 한자 사용 단어
平静 평정, 평안하고 고요함

適切な状況判断ができない時は、一度冷静
になって考えることが大切だ。

적절한 상황 판단이 안 될 때는 한 번 냉정해져서 생각하는 것이 중요
하다.

| 표제어 | Step 1 ┃ 단어 풀이(용법·의미) ✎ |

31

な형용사

わがままだ
제멋대로 굴다

의미 제멋대로 굴다, 버릇없다

⭐ **빈출표현** わがままな子供(버릇없는 아이)
わがままな言動/性格(버릇없는 언동/성격)

＊출제가능유형 : 문맥 유의표현 용법

32

混じる
섞이다

(한자풀이) 混 섞을 혼

まじる

의미 섞이다, 혼입하다

⭐ **빈출표현** 色/雑穀が混じる(색/잡곡이 섞이다)
ノイズが混じる(잡음이 섞이다)

＊출제가능유형 : 한자읽기 한자표기 문맥 유의표현 용법

33

기본동사

乱れる
흐트러지다

(한자풀이) 乱 어지러울 란

みだれる

의미 흐트러지다, 어지러워지다, 혼란해지다

⭐ **빈출표현** 髪/呼吸が乱れる(머리카락/호흡이 흐트러지다)
生活が乱れる(생활이 흐트러지다)

＊출제가능유형 : 한자읽기 한자표기 문맥 유의표현 용법

34

導く
인도하다, 안내하다

(한자풀이) 導 인도할 도

みちびく

의미 ① 인도하다, 이끌다 ② 안내하다 ③ 지도하다

⭐ **빈출표현** 結論を導く(결론을 이끌다)
客を導く(손님을 안내하다)
生徒を導く(학생을 이끌다, 지도하다)

＊출제가능유형 : 한자읽기 한자표기 문맥 유의표현 용법

35

恵まれる
혜택받다

(한자풀이) 恵 은혜 혜

めぐまれる

의미 혜택받다, 풍족하다, 타고나다

⭐ **빈출표현** 恵まれた家庭(풍족한 가정)
恵まれた環境(혜택받은 환경)
才能に恵まれる(재능을 타고나다)

＊출제가능유형 : 한자읽기 한자표기 문맥 유의표현 용법

유 気ままだ 제멋대로 하다, 방자하다
勝手だ 제멋대로다

息子をわがままな子に育てたくない。

아들을 버릇없는 아이로 키우고 싶지 않다.

유 混ざる 섞이다　　混合 혼합
참 混る 섞다
참 같은 발음 단어
交じる 사귀다, 교제하다

音声が途切れたり、雑音が混じったりして
よく聞こえない。

음성이 끊기거나 잡음이 섞이거나 해서 잘 들리지 않는다.

유 ばらばらになる 뿔뿔이 흩어지다
崩れる 무너지다, 흐트러지다
だらしない 야무지지 못하다, 칠칠치 못하다
참 乱す 어지럽히다, 흐트러뜨리다, 혼란시키다

強風が吹いて髪が乱れた。

강풍이 불어서 머리카락이 흐트러졌다.

유 道案内をする 길 안내를 하다
指導する 지도하다
働きかける 작용하다

生徒をより良い方向へ導こうと努力している。

학생을 보다 좋은 방향으로 이끌고자 노력하고 있다.

유 運よく与えられる 운 좋게 부여받다
참 恵む 은혜를 베풀다, 인정을 베풀다

恵まれた環境で生まれ育ったことを感謝し
ている。

혜택받은 환경에서 태어나고 자란 것을 감사하고 있다.

DAY
10

표제어	Step 1 | 단어 풀이(용법·의미) ✏

36

めくる
넘기다

의미 넘기다, 젖히다, 벗기다

★ **빈출표현** 雑誌/ページ/本をめくる(잡지/페이지/책을 넘기다)
布団をめくる(이불을 벗기다)

＊**출제가능유형** : 문맥　유의표현　용법

37

기본동사

目指す
목표로 하다

한자풀이 目 눈 목, 指 가리킬 지

めざす

의미 목표로 하다, 지향하다

★ **빈출표현** 合格/優勝を目指す(합격/우승을 목표로 하다)
女優を目指す(여배우를 목표로 하다)

＊**출제가능유형** : 한자읽기　한자표기　문맥　유의표현　용법

38

面する
면하다

한자풀이 面 낯 면

めんする

의미 면하다, 인접하다, 향하다, 마주 대하다

★ **빈출표현** 海/道路に面する(바다/도로에 인접하다)
危機に面する(위기에 직면하다)

＊**출제가능유형** : 한자읽기　한자표기　문맥　유의표현　용법

39

戻る
되돌아가다

한자풀이 戻 돌릴 려

もどる

의미 되돌아가다, 되돌아오다

★ **빈출표현** 過去/元に戻る(과거/원래로 되돌아가다)
来た道を戻る(온 길을 되돌아가다)

＊**출제가능유형** : 한자읽기　한자표기　문맥　유의표현　용법

40

敗れる
지다

한자풀이 敗 패할 패

やぶれる

의미 지다, 패배하다

★ **빈출표현** 決勝戦で敗れる(결승전에서 지다)
敵に敗れる(적에게 패배하다)

＊**출제가능유형** : 한자읽기　한자표기　문맥　유의표현　용법

㈜ まくる 젖히다, 넘기다, (소매 등을) 걷다, 걷어 올리다

ページをめくって読み進めていった。

페이지를 넘겨서 계속 읽어 나갔다.

㈜ 志向する 지향하다
目標とする 목표로 하다

大学合格を目指して勉強に励んでいる。

대학 합격을 목표로 공부에 매진하고 있다.

㈜ 向く 향하다
向き合う 마주 보다, 마주 대하다
対する 대하다, 마주 보다, 마주하다

海に面したおしゃれなカフェでコーヒーを飲んだ。

바다에 인접한 멋진 카페에서 커피를 마셨다.

㈜ 帰る 돌아가다, 돌아오다
引き返す 되돌아가다, 되돌아오다

できるものなら過去に戻ってやり直したい。

가능한 것이라면 과거로 돌아가서 다시 시작하고 싶다.

DAY
10

㈜ 負ける 지다
⟷ 勝つ 이기다

決勝でブラジルに敗れ、銀メダルとなった。

결승에서 브라질에 패해 은메달이 되었다.

| 표제어 | Step 1 | 단어 풀이(용법·의미) ✏ |

41

복합동사

呼び出す
불러내다

한자풀이 呼 부를 호, 出 날 출

よびだす

의미 불러내다, 호출하다

⭐빈출표현 電話で呼び出す(전화로 호출하다)
機能を呼び出す(기능을 불러내다)
早朝に呼び出す(이른 아침에 불러내다)

＊출제가능유형 : 한자읽기 한자표기 문맥 유의표현 용법

42

呼び止める
불러 세우다

한자풀이 呼 부를 호, 止 그칠 지

よびとめる

의미 불러 세우다

⭐빈출표현 人を呼び止める(사람을 불러 세우다)
タクシーを呼び止める(택시를 불러 세우다)

＊출제가능유형 : 한자읽기 한자표기 문맥 유의표현 용법

43

割り込む
끼어들다

한자풀이 割 벨 할, 込 담을 입

わりこむ

의미 끼어들다, 비집고 들어가다, 새치기하다

⭐빈출표현 列に割り込む(줄에 끼어들다, 새치기하다)
他人の話に割り込む(다른 사람 이야기에 끼어들다)

＊출제가능유형 : 한자읽기 한자표기 문맥 유의표현 용법

44

부사

むしろ
오히려

의미 오히려, 차라리

⭐빈출표현 むしろいい(오히려 좋다)
むしろ〜くらいだ(차라리 〜정도다)

＊출제가능유형 : 문맥 유의표현 용법

45

めったに
좀처럼

의미 좀처럼, 거의

⭐빈출표현 めったにない/会えない(거의 없다/못 만나다)
めったに起こらない(좀처럼 발생하지 않다)

＊출제가능유형 : 문맥 유의표현 용법

유 呼び立てる 소리 높여 부르다,
　　　　일부러 불러내다

召し出す 불러내다, 부르다

よく使うアプリを簡単に呼び出せるように
設定しておいた。

자주 사용하는 앱을 간단히 불러낼 수 있도록 설정해 두었다.

유 声をかける 말을 걸다

財布を落とした人を呼び止めた。

지갑을 떨어뜨린 사람을 불러 세웠다.

유 入り込む 비집고 들어가다

列に並んでいると、何食わぬ顔で割り込ん
でくる人がいた。

줄에 서 있으니 시치미를 떼고 새치기해 오는 사람이 있었다.

유 どちらかと言うと 어느 쪽이냐 하면

かえって 오히려

いっそ 도리어, 차라리

むしろこっちが聞きたいくらいだ。

오히려 이쪽이 묻고 싶을 정도다.

DAY 10

유 まれ 드묾, 좀처럼 없음

和牛は好きだけど、高いからめったに食べ
られない。

와규는 좋아하지만 비싸서 좀처럼 먹을 수 없다.

| 표제어 | Step 1 | 단어 풀이(용법·의미) |

46

やっぱり
역시

의미 역시(속어, 구어)

⭐ **빈출표현** やっぱり気になる(역시 신경 쓰이다)
やっぱり違う(역시 다르다)

＊**출제가능유형 :** 문맥 유의표현 용법

부
사

47

やや
약간

의미 약간, 좀, 어느 정도 그 경향을 띠고 있음

⭐ **빈출표현** やや高い/硬い(약간 비싸다/딱딱하다)
やや難しい(약간 어렵다)

＊**출제가능유형 :** 문맥 유의표현 용법

48

割と
비교적

(한자풀이) 割 벨 할

わりと

의미 비교적

⭐ **빈출표현** 割と面白い(비교적 재미있다)
割と遠い/近い(비교적 멀다/가깝다)
割と多い/少ない(비교적 많다/적다)

＊**출제가능유형 :** 문맥 유의표현 용법

의
성
어
·
의
태
어

49

ひそひそ
소곤소곤

의미 소곤소곤, 작은 목소리로 속삭이는 모양

⭐ **빈출표현** ひそひそ話す(소곤소곤 이야기하다)

＊**출제가능유형 :** 문맥 유의표현 용법

50

ぶらぶら
흔들흔들, 빈둥빈둥

의미 ① 흔들흔들 ② 어슬렁어슬렁 ③ 빈둥빈둥

⭐ **빈출표현** 手足をぶらぶらさせる(손발을 흔들거리다)
ぶらぶらと散歩する(어슬렁어슬렁 산책하다)
ぶらぶらする(빈둥거리다)

＊**출제가능유형 :** 문맥 유의표현 용법

= やはり 역시
유 案の定 생각한 대로, 예측대로

やっぱり断ればよかったと後悔している。

역시 거절하는 게 좋았다고 후회하고 있다.

유 ちょっと 조금, 잠시, 잠깐
少々 조금, 잠시, 잠깐

来週は厳しい暑さはやや落ち着きそうです。

다음 주는 심한 더위는 약간 진정될 것 같습니다.

유 思ったより 생각보다
比較的 비교적
結構 그런대로, 제법, 충분히

仕事が割と早く終わったので、買い物に行った。

일이 비교적 빨리 끝나서 쇼핑하러 갔다.

유 こそこそ 소곤소곤, 살금살금, 몰래 하는 모양

自分の近くで誰かがひそひそ話をしていると不安になってしまう。

내 근처에서 누군가가 소곤소곤 이야기를 하고 있으면 불안해져 버린다.

DAY 10

참 ぶらりと 대롱대롱, 훌쩍, 빈둥빈둥

卒業後1年くらいちゃんと就職せず、無職でぶらぶらしている。

졸업 후 1년 정도 제대로 취직하지 않고 무직으로 빈둥거리고 있다.

Day 10

1 다음 단어의 뜻을 쓰고 읽는 법을 고르세요.

1. 利益　　　(뜻:　　　　)　　A. りえき　　　　B. りいき

2. 割合　　　(뜻:　　　　)　　A. かつあい　　　B. わりあい

3. 煩わしい　(뜻:　　　　)　　A. わずらわしい　B. やからわしい

4. 愉快だ　　(뜻:　　　　)　　A. ゆうかいだ　　B. ゆかいだ

5. 乱れる　　(뜻:　　　　)　　A. みだれる　　　B. なだれる

2 다음 빈칸에 공통으로 들어갈 수 있는 한자로 적절한 것을 고르세요.

6. (　)求　(　)請　(　)望　　　　9. (　)シーズン　(　)世代　(　)学期
　　A. 要　B. 希　C. 追　　　　　　　A. 来　B. 次　C. 昨

7. 哺乳(　)　紙(　)　食器(　)　　10. 進学(　)　正解(　)　就職(　)
　　A. 派　B. 面　C. 類　　　　　　　A. 先　B. 率　C. 校

8. (　)計画　(　)責任　(　)感覚
　　A. 有　B. 在　C. 無

3 빈칸에 들어갈 단어로 적절한 것을 고르세요.

　　A. めくって　　B. めったに　　C. 割り込んで　　D. ひそひそ　　E. 呼び止めた

11. ページを_____読み進めていった。

12. 列に並んでいると、何食わぬ顔で_____くる人がいた。

13. 財布を落とした人を_____。

14. 自分の近くで誰かが_____話をしていると不安になってしまう。

15. 和牛は好きだけど、高いから_____食べられない。

정답	1. 이익, A　2. 비율, B　3. 번거롭다, A　4. 유쾌하다, B　5. 흐트러지다, A / 6. A　7. C　8. C　9. A　10. B / 11. A　12. C　13. E　14. D　15. B

WEEK
문제

2주 차를 무사히 마치셨네요, 대단합니다!
이번 주에도 250단어를 배웠는데요,
다음 장의 WEEK 문제를 풀면서 실력을 점검해 봅시다.
틀린 것들은 해설에 적힌 단어 위치를 따라가서
다시 한 번 읽으며 내 것으로 만드세요!

다음 장으로 GO!

WEEK 2 : 문제

실전형 문제로 복습하기

問題1. _____の言葉の読み方として最もよいものを、1・2・3・4から一つ選びなさい。

1 隣の人がうるさくて、夜寝られない。
　① となり　　　② よこ　　　　③ そば　　　　④ ちかく

2 学生の意見を大学の運営に反映することにした。
　① ばんえい　　② はんえ　　　③ はんえい　　④ ばんえん

問題2. _____の言葉を漢字で書くとき、最もよいものを1・2・3・4から一つ選びなさい。

3 勉強にせんねんするために部活を辞めた。
　① 博念　　　　② 専念　　　　③ 専捻　　　　④ 博捻

4 風で髪がみだれてしまった。
　① 崩れて　　　② 散れて　　　③ 離れて　　　④ 乱れて

問題3. （　　）に入れるのに最もよいものを、1・2・3・4から一つ選びなさい。

5 企業経営に関する全般（　　）な知識を身に付けた。
　① 色　　　　　② 的　　　　　③ 風　　　　　④ 率

6 最近、会員（　　）リゾートホテルの人気が高まっている。
　① 式　　　　　② 制　　　　　③ 集　　　　　④ 場

問題4. （　　）に入れるのに最もよいものを、1・2・3・4から一つ選びなさい。

7 彼女はチームをまとめて（　　）いく能力がある。
　① 引き受けて　　② 引っかかって　　③ 引っ張って　　④ 引き上げて

8 たまには（　　　）時間を過ごしたい。

① 贅沢な　　　　② 豊富な　　　　③ 陽気な　　　　④ 妥当な

9 休みの日は家で（　　　）過ごしたい。

① ぐったり　　　② ぼんやり　　　③ のんびり　　　④ びっしょり

問題5. ＿＿＿＿の言葉に意味が最も近いものを、1・2・3・4から一つ選びなさい。

10 今日はついていない一日だった。

① 仲が悪い　　　② 質が悪い　　　③ 頭が悪い　　　④ 運が悪い

11 敗者復活戦で敗れ、メダル獲得はならなかった。

① 負け　　　　　② 責め　　　　　③ 触れ　　　　　④ 尽き

問題6. 次の言葉の使い方として最もよいものを、1・2・3・4から一つ選びなさい。

12 引き返す

① 誰かに名前を呼ばれて引き返した。

② 着なくなった洋服を引き返した。

③ 退職する同僚の仕事を私が引き返すことになった。

④ 学校へ行く途中にお腹が痛くなり引き返した。

13 たっぷり

① たっぷり練習してもっと上手になりたい。

② 野菜がたっぷり入っているカレーを食べた。

③ 駅前にたっぷりの人が集まっている。

④ 彼女はいい考えをたっぷり持っている。

WEEK 2 : 정답 및 해설

: 정답 :

1 ① **2** ③ / **3** ② **4** ④ / **5** ② **6** ②

7 ③ **8** ① **9** ③ / **10** ④ **11** ① / **12** ④ **13** ②

: 해석 :

문제 1.

1 隣(となり)の人がうるさくて、夜寝られない。 `Day 7-12번`

옆집 사람이 시끄러워서 밤에 잘 수가 없다.

2 学生の意見を大学の運営に反映(はんえい)することにした。 `Day 9-3번`

학생의 의견을 대학 운영에 반영하기로 했다.

문제 2.

3 勉強にせんねん(専念)するために部活を辞めた。 `Day 6-7번`

공부에 전념하기 위해서 동아리 활동을 그만뒀다.

4 風で髪がみだれて(乱れて)しまった。 `Day 10-33번`

바람 때문에 머리카락이 흐트러져 버렸다.

문제 3.

5 企業経営に関する全般(的)な知識を身に付けた。 `Day 8-17번`

기업 경영에 관한 전반적인 지식을 익혔다.

6 最近、会員(制)リゾートホテルの人気が高まっている。 `Day 6-20번`

요즘 회원제 리조트 호텔의 인기가 높아지고 있다.

문제 4.

7 彼女はチームをまとめて(引っ張って)いく能力がある。　`Day 8 - 40번`

그녀는 팀을 통합해서 이끌어 가는 능력이 있다.

8 たまには(贅沢な)時間を過ごしたい。　`Day 6 - 25번`

가끔은 호화로운 시간을 보내고 싶다

9 休みの日は家で(のんびり)過ごしたい。　`Day 8 - 46번`

휴일에는 집에서 한가로이 보내고 싶다.

문제 5.

10 今日はついていない(＝運が悪い)一日だった。　`Day 7 - 36번`

오늘은 운이 없는 하루였다.

11 敗者復活戦で敗れ(＝負け)、メダル獲得はならなかった。　`Day 10 - 40번`

패자 부활전에서 져서 메달 획득은 실패했다.

문제 6.

12 学校へ行く途中にお腹が痛くなり引き返した。　`Day 7 - 41번`

학교에 가는 도중에 배가 아파져서 되돌아왔다.

13 野菜がたっぷり入っているカレーを食べた。　`Day 7 - 45번`

채소가 듬뿍 들어 있는 카레를 먹었다.

시험에 나오는 것만 공부한다!

시나공
JLPT
일본어능력시험

N2 단어

1권 기출 단어 500
2권 예상 단어 500
으로 분책 가능한 단어장!

2권 예상 단어

한자풀이＋용법＋빈출표현＋관련단어＋예문＋강의까지!

김수경 지음

길벗
이지:톡

PART 2

예상 단어 500

JLPT시험에는 나왔던 단어도 많이 나오지만, 매 시험마다 새로운 단어도 등장합니다. 그래서 PART 2에서는 지금까지 나온 적은 없지만, 실제로 활용도가 높고 시험에 나올 법한 **예상 단어 500개**를 정리했습니다. 하루 50개씩, 10일 동안 예상 단어들을 확실히 익혀 봅시다!

WEEK 3

Day 11 ······· 247p
Day 12 ······· 269p
Day 13 ······· 291p
Day 14 ······· 313p
Day 15 ······· 335p

WEEK 문제 ···· 358p

WEEK 4

Day 16 ······· 363p
Day 17 ······· 385p
Day 18 ······· 407p
Day 19 ······· 429p
Day 20 ······· 451p

WEEK 문제 ···· 474p

WEEK
3

Day 11
Day 12
Day 13
Day 14
Day 15

WEEK 문제

Day 11

매일 품사별로 골고루! 오늘의 50단어 한눈에 보기!

음독명사

01. 愛情
02. 圧勝
03. 安定
04. 維持
05. 意識
06. 一転
07. 移転
08. 移動
09. 依頼
10. 印刷
11. 宇宙
12. 影響
13. 衛生
14. 延期
15. 援助
16. 欧米
17. 往来
18. 汚染
19. 恩恵

고유어

20. 合図

21. 明け方
22. あご
23. あざ

가타카나

24. イメージ
25. インフレ
26. オリジナル

い형용사

27. 厚かましい
28. 淡い

な형용사

29. 新ただ
30. 異常だ
31. 偉大だ
32. 快適だ

기본동사

33. 呆れる
34. 暴れる

35. 余る
36. 編む
37. 改める
38. 荒れる
39. 抱く
40. 威張る
41. 浮かぶ

복합동사

42. 売り込む
43. 追いかける

부사

44. 相変わらず
45. あくまで
46. いちいち
47. 一応

복합파생

48. 各〜
49. 〜号〜
50. 〜券

표제어	Step 1 | 단어 풀이(용법·의미) ✏

1

음
독
명
사

愛情
애정

(한자풀이) 愛 사랑 애, 情 뜻 정

あいじょう

[의미] 애정, 사랑

⭐ 빈출표현 愛情表現/不足/たっぷり(애정 표현/결핍/가득)
愛情を注ぐ(애정을 쏟다)

＊출제가능유형: [한자읽기] [한자표기] [문맥]

2

圧勝
압승

(한자풀이) 圧 누를 압, 勝 이길 승

あっしょう

[의미] 압승, 경기나 선거에서 큰 차이로 일방적으로 이김

⭐ 빈출표현 ダブルスコアで圧勝する(더블 스코어로 압승하다)
与党の圧勝に終わる(여당의 압승으로 끝나다)

＊출제가능유형: [한자읽기] [한자표기] [문맥] [유의표현] [용법]

3

安定
안정

(한자풀이) 安 편안 안, 定 정할 정

あんてい

[의미] 안정

⭐ 빈출표현 安定感(안정감), 生活の安定(생활 안정)
安定を保つ/失う(안정을 지키다/잃다)

＊출제가능유형: [한자읽기] [한자표기] [단어형성]

4

維持
유지

(한자풀이) 維 벼리 유, 持 가질 지

いじ

[의미] 유지, 현재 상태를 그대로 지킴

⭐ 빈출표현 現状/秩序を維持する(현상/질서를 유지하다)
健康を維持する(건강을 유지하다)

＊출제가능유형: [한자읽기] [한자표기] [단어형성] [유의표현]

5

意識
의식

(한자풀이) 意 뜻 의, 識 알 식

いしき

[의미] 의식

⭐ 빈출표현 罪の意識(죄의식), 競争意識(경쟁 의식)
意識的(의식적), 健康を意識する(건강을 의식하다)
意識を取り戻す(의식을 되찾다)

＊출제가능유형: [한자읽기] [한자표기] [단어형성]

Step 2 | 연관 단어 🔍

Step 3 | 예문 💬

유 愛着 애착

참 愛는 단독으로 '사랑'이란 의미로 사용되며, 뒤에 表現(표현), 不足(부족), たっぷり(듬뿍)와 같은 어휘는 붙을 수 없어요.

母は私にたくさんの愛情を注いでくれた。

어머니는 나에게 많은 애정을 쏟아 주셨다.

유 快勝 쾌승　　大勝 대승
참 楽勝 낙승
↔ 惨敗 참패　　完敗 완패

サッカーの試合で、ブラジルに8対0で圧勝した。

축구 시합에서 브라질에 8 대 0으로 압승했다.

유 落ち着く 안정되다
참 安定だ 안정적이다
　 安定する 안정되다
↔ 不安定 불안정

経済的、精神的にも安定した生活を送りたい。

경제적, 정신적으로도 안정된 생활을 보내고 싶다.

참 비슷한 한자
　 待 기다릴 대
참 같은 한자 사용 단어
　 繊維 섬유　　持病 지병
참 같은 발음 단어
　 意地 고집

軽自動車は普通車より維持費が安いらしい。

경차는 일반 차보다 유지비가 싸다고 한다.

참 같은 한자 사용 단어
　 常識 상식
　 知識 지식
　 認識 인식
↔ 無意識 무의식

健康を意識し、生活習慣を見直した。

건강을 의식해서 생활 습관을 재검토했다.

| 표제어 | Step 1 | 단어 풀이(용법·의미) ✏ |

6

一転
일전, 일 회전

한자
풀이 一 한 일, 転 구를 전

いってん

의미 ① 일전, 일변(완전히 바뀜) ② 일 회전(한 바퀴)

★ 빈출표현 心機一転(심기일전), 一転して(완전히 바뀌어서)
時代/場面が一転する(시대/장면이 완전히 바뀌다)

＊출제가능유형 : 한자읽기 한자표기 문맥 유의표현 용법

7

음
독
명
사

移転
이전

한자
풀이 移 옮길 이, 転 구를 전

いてん

의미 이전, 위치·주소·권리 등을 바꾸는 것

★ 빈출표현 移転のお知らせ(이전 통지)
オフィス移転(사무실 이전)
本社を移転させる(본사를 이전시키다)

＊출제가능유형 : 한자읽기 한자표기 유의표현

8

移動
이동

한자
풀이 移 옮길 이, 動 움직일 동

いどう

의미 이동, 장소를 옮기는 것

★ 빈출표현 席移動(자리 이동), 移動販売(이동 판매)
素早く移動させる(재빨리 이동시키다)

＊출제가능유형 : 한자읽기 한자표기 유의표현 용법

9

依頼
의뢰

한자
풀이 依 의지할 의, 頼 의뢰할 뢰

いらい

의미 의뢰, 업무·사무 등을 부탁하는 것

★ 빈출표현 依頼者(의뢰인)
依頼を受ける/断る(의뢰를 받다/거절하다)

＊출제가능유형 : 한자읽기 한자표기

10

印刷
인쇄

한자
풀이 印 도장 인, 刷 인쇄할 쇄

いんさつ

의미 인쇄

★ 빈출표현 印刷会社(인쇄 회사), 印刷物(인쇄물)
黒インクで印刷する(검정 잉크로 인쇄하다)

＊출제가능유형 : 한자읽기 한자표기 단어형성 유의표현

유 一変 일변, 크게 바뀜

急転 급전, 갑자기 바뀜

참 같은 한자 사용 단어

運転 운전　　回転 회전　　転々 전전

참 같은 발음 단어

一点 한 점, 1점

2年間の減少傾向から一転して増加に転じた。

2년간의 감소 경향에서 일전하여(완전히 바뀌어) 증가로 돌아섰다.

유 移る 옮기다　　引っ越し 이사

참 같은 한자 사용 단어

転移 전이　　推移 추이

移行 이행

友人のオフィス移転お祝いに花を贈った。

친구의 사무실 이전 축하 선물로 꽃을 보냈다.

유 移る 옮기다

異動 이동, 직장에서 지위나 근무가 바뀌는 것

참 같은 한자 사용 단어

動物 동물　　運動 운동

自動 자동

空いている席に自由に移動することができる。

비어 있는 자리로 자유롭게 이동할 수 있다.

유 頼む (일상생활 전반에 걸쳐) 부탁하다

참 같은 한자 사용 단어

依然 여전　　依存 의존

信頼 신뢰

企業から依頼を受け、顧客満足度調査を
行った。

기업으로부터 의뢰를 받아 고객 만족도 조사를 실시했다.

유 刷る 인쇄하다, 찍다

プリント 프린트

참 같은 한자 사용 단어

印象 인상　　印鑑 인감

印刷が悪すぎて読めない。

인쇄 상태가 너무 나빠서 읽을 수 없다.

| 표제어 | Step 1 | 단어 풀이(용법·의미) ✏ |

11

宇宙
우주

(한자풀이) 宇 집 우, 宙 집 주

うちゅう

의미 우주

★빈출표현 宇宙旅行(우주여행), 宇宙船(우주선)
宇宙開発(우주 개발)

＊출제가능유형 : 한자읽기 한자표기

12

影響
영향

(한자풀이) 影 그림자 영, 響 울릴 향

えいきょう

의미 영향

★빈출표현 影響力(영향력), 悪影響(악영향)
影響を与える/及ぼす(영향을 주다/끼치다)

＊출제가능유형 : 한자읽기 한자표기 단어형성 문맥 용법

13

음독명사

衛生
위생

(한자풀이) 衛 지킬 위, 生 날 생

えいせい

의미 위생

★빈출표현 衛生管理(위생 관리), 衛生的(위생적)
公衆衛生(공중위생), 衛生を保つ(위생을 지키다)

＊출제가능유형 : 한자읽기 한자표기 단어형성 문맥 유의표현 용법

14

延期
연기

(한자풀이) 延 늘일 연, 期 기약할 기

えんき

의미 연기, 정해진 기한을 뒤로 미루는 것

★빈출표현 延期される(연기되다)

＊출제가능유형 : 한자읽기 한자표기 유의표현

15

援助
원조

(한자풀이) 援 도울 원, 助 도울 조

えんじょ

의미 원조, 물질적으로 도와줌

★빈출표현 援助を受ける(원조를 받다)
資金を援助する(자금을 원조하다)

＊출제가능유형 : 한자읽기 한자표기 유의표현

Step 2 | 연관 단어 🔍

참 地球(ちきゅう) 지구

참 같은 한자 사용 단어
響(ひび)く 울리다
反響(はんきょう) 반향, 메아리, 반응
撮影(さつえい) 촬영

참 清潔(せいけつ) 청결

참 비슷한 한자
偉 클 위, 違 어긋날 위, 衝 찌를 충

참 같은 발음 단어
衛星(えいせい) 위성

유 日延(ひの)べ (기일의) 연기, (기간의) 연장
延長(えんちょう) 연장, 공간적 길이나 시간을 늘림

유 支援(しえん) 지원   後援(こうえん) 후원
応援(おうえん) 응원   フォロー 보조
バックアップ 백업, 뒤에서 보조함

Step 3 | 예문 💬

いつか宇宙(うちゅう)旅行(りょこう)をしてみたい。

언젠가 우주여행을 해 보고 싶다.

周(まわ)りにいい影響(えいきょう)を与(あた)える人(ひと)になりたい。

주변에 좋은 영향을 주는 사람이 되고 싶다.

建物(たてもの)の衛生的(えいせいてき)な環境(かんきょう)を保(たも)つためには、適切(てきせつ)な維持管理(いじかんり)が不可欠(ふかけつ)である。

건물의 위생적인 환경을 유지하기 위해서는 적절한 유지 관리가 꼭 필요하다.

会議(かいぎ)は来週(らいしゅう)の木曜日(もくようび)に延期(えんき)された。

회의는 다음 주 목요일로 연기되었다.

東日本大震災(ひがしにほんだいしんさい)が起(お)きた時(とき)、世界中(せかいじゅう)から多大(ただい)な援助(えんじょ)を受(う)けた。

동일본 대지진이 일어났을 때, 전 세계로부터 많은 원조를 받았다.

표제어	Step 1 ㅣ 단어 풀이(용법·의미) ✏️

16

欧米
구미, 유럽과 미국

(한자풀이) 欧 토할 구, 米 쌀 미

おうべい

[의미] 구미, 유럽과 미국

☆ 빈출표현 欧米人(구미인), 欧米諸国(구미 여러 나라)
欧米文化(구미 문화)

*출제가능유형 : [한자읽기] [한자표기] [단어형성] [문맥] [유의표현] [용법]

17

음독명사

往来
왕래

(한자풀이) 往 갈 왕, 来 올 래

おうらい

[의미] 왕래, 오고 가고 함

☆ 빈출표현 往来がある/多い(왕래가 있다/많다)
往来が増える/激しい(왕래가 늘다/잦다)
往来する(왕래하다)

*출제가능유형 : [한자읽기] [한자표기]

18

汚染
오염

(한자풀이) 汚 더러울 오, 染 물들 염

おせん

[의미] 오염

☆ 빈출표현 汚染水(오염수)
汚染される(오염되다)

*출제가능유형 : [한자읽기] [한자표기] [유의표현]

19

恩恵
은혜

(한자풀이) 恩 은혜 은, 恵 은혜 혜

おんけい

[의미] 은혜

☆ 빈출표현 恩恵を受ける(은혜를 받다)
恩恵を施す(은혜를 베풀다)

*출제가능유형 : [한자읽기] [한자표기] [용법]

20

고유어

合図
신호

(한자풀이) 合 합할 합, 図 그림 도

あいず

[의미] 신호

☆ 빈출표현 合図を送る(신호를 보내다)
手を振って合図する(손을 흔들어 신호하다)

*출제가능유형 : [한자읽기] [한자표기] [문맥] [용법]

Step 2 | 연관 단어 🔍

참 欧州 구주, 유럽
おうしゅう

米国 미국
べいこく

참 비슷한 한자

住 살 주, 柱 기둥 주

참 같은 한자 사용 단어

往復 왕복
おうふく

往診 왕진
おうしん

유 汚い 더럽다
きたな

참 染みる 스며들다
し

伝染 전염
でんせん

感染 감염
かんせん

유 恩 은혜
おん

恵み 은혜
めぐ

참 恩人 은인
おんじん

유 信号 신호, 신호등
しんごう

シグナル 시그널
　　　(合図와 信号 양쪽의 의미를 가진
　　　가타카나어예요.)

サイン 사인
　　　(주로 스포츠 용어로 쓰여요.)

Step 3 | 예문 💬

日本文化と欧米文化を比較してレポートを
に ほんぶん か　　ぶん か　　ひ かく

書いた。
か

일본 문화와 구미 문화를 비교해서 리포트를 썼다.

この周辺は車の往来が多いので、危ない思
しゅうへん　くるま　　おうらい　おお　　　あぶ　　おも

いをすることが多い。
おお

이 주변은 자동차의 왕래가 많아서 위험하다는 느낌이 들 때가 많다.

産業廃水や生活廃水などによって水質が汚
さんぎょうはいすい　　せいかつはいすい　　　　　すいしつ

染されている。
せん

산업 폐수나 생활 폐수에 의해 수질이 오염되어 있다.

自然は私達に大きな恩恵を与えてくれる。
し ぜん　わたしたち　おお　　おんけい　あた

자연은 우리에게 큰 은혜를 베풀어 준다.

バスが近付いたら手を挙げて合図してくだ
ちか づ　　　て　あ　　あいず

さい。

버스가 다가오면 손을 들어 신호해 주세요.

표제어	Step 1 │ 단어 풀이(용법·의미) ✏

21

明け方
새벽녘

(한자풀이) **明** 밝을 명, **方** 모 방

あけがた

[의미] 새벽녘, 동틀녘

☆ 빈출표현 明け方に目が覚める(새벽녘에 잠을 깨다)

＊출제가능유형 : 한자읽기 한자표기 단어형성 문맥 유의표현 용법

22

고유어

あご
턱

[의미] 턱

☆ 빈출표현 あごが痛い(턱이 아프다)
あごが鳴る(턱에서 소리가 나다)
あごが外れる(턱이 빠지다, 크게 웃다)

＊출제가능유형 : 문맥 유의표현 용법

23

あざ
멍

[의미] 멍, 반점

☆ 빈출표현 あざができる/消える(멍이 생기다/사라지다)
あざが残る(멍이 남다)

＊출제가능유형 : 문맥 유의표현 용법

24

イメージ
이미지

image

[의미] 이미지, 인상, 심상

☆ 빈출표현 イメージがある/湧く(이미지가 있다/떠오르다)
イメージと違う(이미지와 다르다)

＊출제가능유형 : 문맥 유의표현 용법

25

가타카나

インフレ
인플레이션

inflation

[의미] 인플레이션(インフレーション의 준말), 통화 팽창

☆ 빈출표현 インフレが起きる(인플레이션이 일어나다)
インフレが続く(인플레이션이 계속되다)

＊출제가능유형 : 문맥 유의표현 용법

Step 2 | 연관 단어 🔍

🈎 夜明け 새벽
　曙 새벽, 여명
　未明 미명, 날이 채 밝지 않음
↔ 暮れ方 해질 녘

🈎 おとがい 아래턱

🈎 斑紋 반문, 얼룩무늬

🈎 印象 인상
　感じ 느낌

↔ デフレ 디플레이션, 통화 수축
　　　(デフレーション의 준말)

Step 3 | 예문 💬

今夜遅くから明日明け方にかけて、激しい雨の降る所があるでしょう。

오늘 밤 늦게부터 내일 새벽녘에 걸쳐 세찬 비가 내리는 곳이 있겠습니다.

硬いものを食べるとあごが痛くなる。

딱딱한 것을 먹으면 턱이 아파진다.

ぶつかってできたあざがなかなか消えない。

부딪혀서 생긴 멍이 좀처럼 없어지지 않는다.

購入した商品がイメージと違ったので、返品した。

구입한 상품이 이미지와 달라서 반품했다.

インフレが進むと、為替は円安に動きやすくなる。

인플레이션이 진행되면 환율은 엔저로 움직이기 쉬워진다.

| 표제어 | Step 1 │ 단어 풀이(용법·의미) |

26

가타카나

オリジナル
오리지널, 원작

original

의미 오리지널, 원작, 원본, 독창적, 고유의

⭐ **빈출표현** オリジナル商品(오리지널 상품)
　　　　　 オリジナル作品(오리지널 작품, 원작)

＊**출제가능유형** : 문맥 │ 유의표현 │ 용법

27

厚かましい
염치없다

한자풀이 厚 두터울 후

あつかましい

의미 염치없다, 뻔뻔스럽다

⭐ **빈출표현** 厚かましい人(염치없는 사람)
　　　　　 厚かましいお願い(염치없는 부탁)

＊**출제가능유형** : 한자읽기 │ 한자표기 │ 문맥 │ 유의표현 │ 용법

い형용사

28

淡い
연하다

한자풀이 淡 맑을 담

あわい

의미 ① (빛깔 등이) 연하다, 옅다 ② 관심이 적다
　　　 ③ 어슴푸레하다

⭐ **빈출표현** 淡い色(옅은 색), 淡い期待(적은 기대)
　　　　　 淡い日差し(어슴푸레한 햇볕)

＊**출제가능유형** : 한자읽기 │ 한자표기 │ 문맥 │ 유의표현 │ 용법

29

新ただ
새롭다

한자풀이 新 새 신

あらただ

의미 새롭다, 새로 시작하다, 생생하다

⭐ **빈출표현** 新たな動き/価値/始まり(새로운 움직임/가치/시작)
　　　　　 気持ちを新たにする(마음을 새롭게 하다)

＊**출제가능유형** : 한자읽기 │ 한자표기 │ 문맥 │ 유의표현 │ 용법

な형용사

30

異常だ
이상하다

한자풀이 異 다를 이, 常 떳떳할 상

いじょうだ

의미 이상하다

⭐ **빈출표현** 異常に暑い/眠い(이상하게 덥다/졸리다)
　　　　　 異常な動き/行動(이상한 움직임/행동)
　　　　　 異常なほど(이상할 정도로)

＊**출제가능유형** : 한자읽기 │ 한자표기 │ 문맥 │ 유의표현 │ 용법

Step 2 | 연관 단어 🔍

유 原作 원작
　げんさく

独創的 독창적
　どくそうてき

유 図々しい 뻔뻔스럽다, 넉살 좋다, 낯 두껍다
　ずうずう

참 厚い 두껍다, 두텁다
　あつ

유 薄い 연하다
　うす

　かすかだ 희미하다

　ほのかだ 아련하다, 어렴풋하다

↔ 濃い 진하다
　こ

유 新しい 새롭다, 오래지 않다, 싱싱하다
　あたら

真新しい 아주 새롭다
　ま あたら

유 変だ 이상하다
　へん

↔ 正常だ 정상이다
　せいじょう

Step 3 | 예문 💬

オリジナルグッズを制作して販売している。
　　　　　　　　　せいさく　　はんばい

오리지널 굿즈를 제작해서 판매하고 있다.

厚かましいお願いですが、どうぞよろしく
　　　　　ねが
お願いします。
　ねが

염치없는 부탁입니다만, 아무쪼록 잘 부탁드립니다.

私は濃い色より淡い色の方が似合うと思う。
わたし　こ　いろ　　いろ　ほう　に あ　　おも

나는 짙은 색보다 연한 색이 더 어울린다고 생각한다.

IT技術の発展により産業構造が大きく変わ
　　ぎじゅつ　はってん　　　　さんぎょうこうぞう　おお　　か
り、新たな経済価値が生まれつつある。
　　あら　　けいざいかち　う

IT 기술의 발전으로 산업 구조가 크게 변해 새로운 경제 가치가 생겨나
고 있다.

今年の冬は、異常なほど雪が降らない。
ことし　ふゆ　　いじょう　　　ゆき　ふ

올겨울은 이상할 정도로 눈이 내리지 않는다.

표제어	Step 1	단어 풀이(용법·의미) ✏

31

な형용사

偉大だ
위대하다

^{한자}_{풀이} 偉 클 위, 大 큰 대

いだいだ

의미 위대하다

⭐빈출표현 偉大な科学者(위대한 과학자)
　　　　　偉大な作家/人物(위대한 작가/인물)

＊출제가능유형 : 한자읽기　한자표기　문맥　유의표현　용법

32

快適だ
쾌적하다

^{한자}_{풀이} 快 쾌할 쾌, 適 맞을 적

かいてきだ

의미 쾌적하다

⭐빈출표현 快適な温度/環境/湿度(쾌적한 온도/환경/습도)
　　　　　快適な睡眠/生活(쾌적한 수면/생활)

＊출제가능유형 : 한자읽기　한자표기　문맥　유의표현　용법

33

呆れる
어이없다, 질리다

^{한자}_{풀이} 呆 어리석을 매

あきれる

의미 어이없다, 어처구니없다, 기가 막히다, 질리다

⭐빈출표현 呆れたような顔/声(어이없는 듯한 얼굴/목소리)
　　　　　呆れたような表情(어이없는 듯한 표정)
　　　　　呆れてものも言えない(어처구니없어 말도 안 나온다)

＊출제가능유형 : 한자표기　문맥　유의표현　용법

34

기본동사

暴れる
난폭하게 굴다

^{한자}_{풀이} 暴 사나울 폭

あばれる

의미 난폭하게 굴다, 날뛰다

⭐빈출표현 酒に酔って暴れる(술에 취해 난폭하게 굴다)
　　　　　怒鳴って暴れる(큰소리치면서 날뛰다)

＊출제가능유형 : 한자읽기　한자표기　문맥　유의표현　용법

35

余る
남다

^{한자}_{풀이} 余 남을 여

あまる

의미 남다, 수량을 넘다, 넘치다

⭐빈출표현 おかず/お金が余る(반찬/돈이 남다)
　　　　　人手/時間が余る(일손/시간이 남다)

＊출제가능유형 : 한자읽기　한자표기　문맥　유의표현　용법

유 偉い 훌륭하다, 지위나 신분이 높다
えら
立派だ 훌륭하다
りっぱ

シェイクスピアはイギリスの偉大な英文作
えいぶんさっ
家である。
か

셰익스피어는 영국의 위대한 영문 작가다.

유 爽快だ 상쾌하다
そうかい
快い 상쾌하다
こころよ
心地よい 상쾌하다, 속이 시원하다
ここち

快適な睡眠を取るために、夕食は寝る３時
かいてき すいみん と   ゆうしょく ね じ
間前までに済ませるのがベストだ。
かんまえ   す

쾌적한 수면을 취하기 위해서 저녁식사는 자기 3시간 전까지 끝내는 것
이 제일 좋다.

유 呆然 망연, 어이없어함
ぼうぜん
呆気にとられる 어이없다, 어안이 벙벙하다
あっけ
참 呆け 지각이 둔해짐
ぼ

弟 は呆れたような顔をしてため息をついた。
おとうと あき   かお   いき

남동생은 어이없는 듯한 얼굴을 하고 한숨을 쉬었다.

유 乱暴だ 난폭하다
らんぼう
大暴れ 심하게 날뜀, 난폭하게 굶
おおあば

お酒を飲んで暴れたり、迷惑行為を繰り返
さけ の あば   めいわくこうい く かえ
す人もいる。
ひと

술을 마시고 난폭하게 굴거나 민폐 행위를 되풀이하는 사람도 있다.

유 残る 남다, 여분이 생기다
のこ
참 手に余る 힘에 겹다
て あま
身に余る 분에 넘치다, 과분하다
み あま
余す 남게 하다, 남기다
あま

余ったおかずを別の料理に変身させた。
あま   べつ りょうり へんしん

남은 반찬을 다른 요리로 변신시켰다.

표제어	Step 1	단어 풀이(용법·의미)

36

編む
짜다, 엮다

(한자풀이) 編 엮을 편

あむ

의미 ① 짜다, 엮다, 뜨다 ② 편찬하다

⭐ **빈출표현** 髪を編む(머리를 땋다)

セーター/マフラーを編む(스웨터/머플러를 뜨다)

辞書を編む(사전을 편찬하다)

＊**출제가능유형**: 한자읽기 한자표기 문맥 유의표현 용법

37

改める
고치다

(한자풀이) 改 고칠 개

あらためる

의미 고치다, 변경하다

⭐ **빈출표현** 習慣を改める(습관을 고치다)

基準/態度/日を改める(기준/태도/날을 변경하다)

＊**출제가능유형**: 한자읽기 한자표기 문맥 유의표현 용법

38

기본동사

荒れる
거칠어지다

(한자풀이) 荒 거칠 황

あれる

의미 거칠어지다, 난폭하게 굴다, 사나워지다, 난잡해지다

⭐ **빈출표현** 手/肌が荒れる(손/피부가 거칠어지다)

子供が荒れる(아이가 난폭하게 굴다)

海が荒れる(바다가 사나워지다)

＊**출제가능유형**: 한자읽기 한자표기 문맥 유의표현 용법

39

抱く
안다, 마음속에 품다

(한자풀이) 抱 안을 포

いだく

의미 안다, 마음속에 품다

⭐ **빈출표현** 両腕に抱く(양팔로 안다), 胸に抱く(마음에 품다)

愛情/気持ち/好意を抱く(애정/마음/호의를 품다)

＊**출제가능유형**: 한자읽기 한자표기 문맥 유의표현 용법

40

威張る
잘난 체하다

(한자풀이) 威 위엄 위, 張 베풀 장

いばる

의미 잘난 체하다, 거만하게 굴다, 으스대다

⭐ **빈출표현** 威張った言い方(잘난 체하는 말투)

威張った態度(잘난 체하는 태도)

＊**출제가능유형**: 한자읽기 한자표기 문맥 유의표현 용법

유 作り上げる 만들어 내다
編集する 편집하다

セーター1枚を編むのに1か月もかかった。

스웨터 한 장을 뜨는 데에 한 달이나 걸렸다.

유 新しくする 새롭게 하다
改良 개량
改善 개선

好ましくない生活習慣は改めることにした。

바람직하지 않은 생활 습관은 고치기로 했다.

유 乱暴だ 난폭하다
かさかさ 거칠거칠, 말라서 물기가 없는 모양

季節の変わり目には肌が荒れやすい。

환절기에는 피부가 거칠어지기 쉽다.

유 抱える 껴안다
抱く 안다

確信はないけど、お互い好意を抱いている
と思う。

확신은 없지만, 서로 호의를 품고 있다고 생각한다.

유 偉そうだ 잘난 체하다
高ぶる 우쭐하다, 뽐내다

職場に威張った言い方をする上司がいる。

직장에 잘난 체하는 말투의 상사가 있다.

표제어	Step 1 ㅣ 단어 풀이(용법·의미) ✏

41

기본동사

浮かぶ
떠오르다, 뜨다

(한자풀이) 浮 뜰 부

うかぶ

의미 떠오르다, 뜨다

⭐ **빈출표현** アイデア/船が浮かぶ(아이디어/배가 떠오르다)
頭に浮かぶ(머리에 떠오르다)
目に浮かぶ(눈에 선하다)

＊출제가능유형 : 한자읽기 한자표기 문맥 유의표현 용법

42

복합동사

売り込む
팔다

(한자풀이) 売 팔 매, 込 담을 입

うりこむ

의미 (잘 권유해서) 팔다

⭐ **빈출표현** アイデアを売り込む(아이디어를 팔다)
商品/情報を売り込む(상품/정보를 팔다)

＊출제가능유형 : 한자읽기 한자표기 문맥 유의표현 용법

43

追いかける
뒤쫓아 가다

(한자풀이) 追 쫓을 추

おいかける

의미 뒤쫓아 가다

⭐ **빈출표현** 車/犯人を追いかける(자동차/범인을 뒤쫓아 가다)
夢を追いかける(꿈을 뒤쫓아 가다)

＊출제가능유형 : 한자읽기 한자표기 문맥 유의표현 용법

44

相変わらず
변함없이

(한자풀이) 相 서로 상, 変 변할 변

あいかわらず

의미 변함없이, 여전히

⭐ **빈출표현** 相変わらず元気そうだ(변함없이 건강해 보인다)

＊출제가능유형 : 한자읽기 한자표기 문맥 유의표현 용법

부사

45

あくまで
어디까지나

의미 어디까지나, 철저하게, 끝까지

⭐ **빈출표현** あくまで希望ですが(어디까지나 희망입니다만)
あくまで私見ですが(어디까지나 사견입니다만)

＊출제가능유형 : 문맥 유의표현 용법

㊒ 浮く 뜨다, 띄우다
　浮かび上がる 떠오르다
↔ 沈む 가라앉다, 지다

体を動かしている方がいいアイデアが浮か
ぶらしい。

몸을 움직이는 편이 좋은 아이디어가 떠오른다고 한다.

㊒ 売る 팔다

営業職といえば外回りをして、商品を売り
込むというイメージが強い。

영업직이라고 하면 외근을 하며 상품을 판다는 이미지가 강하다.

㊒ 追う 따르다, 뒤쫓다

安定した仕事を辞めてまで、夢を追いかけ
るべきか悩んでいる。

안정된 일을 그만두면서까지 꿈을 뒤쫓아야 할지 고민하고 있다.

㊒ いつも通り 여전히, 평소처럼
　今(も)なお 지금도, 아직도

相変わらず、毎日忙しいです。

여전히 매일 바쁩니다.

㊒ どこまでも 어디까지나
　徹底して 철저하게
㊂ あくまでも 어디까지나
　　　　(あくまでの 강조 표현)

あくまで参考程度に考えていただきたいです。

어디까지나 참고 정도로 생각해 주셨으면 합니다.

표제어	Step 1 │ 단어 풀이(용법·의미) ✎

부
사

46

いちいち
일일이, 빠짐없이

의미 일일이, 하나하나, 빠짐없이

★ 빈출표현 いちいち話す(일일이 이야기하다)

いちいち気にする(일일이 신경 쓰다)

＊출제가능유형 : 문맥 　유의표현 　용법

47

一応
일단

한자
풀이 一 한 일, 応 응할 응

いちおう

의미 일단, 어떻든, 한 차례, 좀 더

★ 빈출표현 一応終わる(일단 끝나다)

一応完成する(일단 완성하다)

一応言っておく(일단 말해 두다)

＊출제가능유형 : 한자읽기 　한자표기 　문맥 　유의표현 　용법

복
합
파
생

48

各階
각 층

한자
풀이 各 각각 각

かくかい

의미 각 층

★ 빈출표현 各階に設置する/止まる(각 층에 설치하다/서다)

各階にある(각 층에 있다)

＊출제가능유형 : 한자읽기 　단어형성

49

2号車
2호 차

한자
풀이 号 이름 호

にごうしゃ

의미 2호 차

★ 빈출표현 2号車に乗る(2호 차를 타다)

2号車は自由席である(2호 차는 자유석이다)

＊출제가능유형 : 한자읽기 　단어형성

50

乗車券
승차권

한자
풀이 券 문서 권

じょうしゃけん

의미 승차권

★ 빈출표현 乗車券を発売する(승차권을 발매하다)

乗車券を購入する(승차권을 구입하다)

＊출제가능유형 : 한자읽기 　단어형성

Step 2 | 연관 단어 🔍

유 ことこまかに 시시콜콜하게

= ひとと お
一通り 대강, 얼추, 대충

たいりゃく
大略 대략, 대강, 대충

ねん
念のために 만일을 위해서

とりあえず 일단

참 かっこく
各国 각국, 각 나라

かくしゃ
各社 각각의 회사

かく ち
各地 각지

かく だいがく
各大学 각 대학

참 こうしつ
〜号室 〜호실

がっこう
〜月号 〜월호

しゅん き ごう
春季号 춘계호, 봄호

タイタニック号 타이타닉호(배 이름)

참 にゅうじょうけん
入場券 입장권

しょうひんけん
商品券 상품권

りようけん
利用券 이용권

しょっけん
食券 식권

しょうけん
証券 증권

Step 3 | 예문 💬

じ ぶん しら はや き
自分で調べれば早いのに、いちいち聞いて
ひと
くる人がいる。

직접 조사하면 빠를 텐데 일일이 물어 오는 사람이 있다.

おも
みんなわかっているとは思うけど、一応言っ
い
ておくね。

다들 알고 있을 거라고는 생각하지만, 일단 말해 둘게.

ぜんたい ぼうはん せっ
ビル全体の防犯のために各階にカメラを設
ち
置した。

빌딩 전체의 방범을 위해 각 층에 카메라를 설치했다.

ちょうきょ り あんしん りよう
長距離も安心してご利用いただけるよう、
もう
2号車にトイレを設けています。

장거리도 안심하고 이용하실 수 있도록 2호 차에 화장실을 설치했습니다.

こうにゅう
乗車券はコンビニでも購入できます。

승차권은 편의점에서도 구입할 수 있습니다.

Day 11

1 다음 단어의 뜻을 쓰고 읽는 법을 고르세요.

1. 衛生 　　(뜻: 　　　　　) 　　A. いせい 　　　　B. えいせい
2. 合図 　　(뜻: 　　　　　) 　　A. あいと 　　　　B. あいず
3. 淡い 　　(뜻: 　　　　　) 　　A. あわい 　　　　B. あぶい
4. 異常だ 　(뜻: 　　　　　) 　　A. いしょうだ 　　B. いじょうだ
5. 呆れる 　(뜻: 　　　　　) 　　A. あきれる 　　　B. あばれる

2 다음 빈칸에 공통으로 들어갈 수 있는 한자로 적절한 것을 고르세요.

6. 圧( ) 大( ) 快( ) 　　　　　9. 入場( ) 食( ) 乗車( )
　 A. 晴　B. 勝　C. 力 　　　　　　　 A. 券　B. 式　C. 事

7. 応( ) 支( ) ( )助 　　　　　10. ( )階　( )地　( )大学
　 A. 答　B. 救　C. 援 　　　　　　　 A. 段　B. 土　C. 各

8. 運( ) 一( ) 急( )
　 A. 転　B. 動　C. 変

3 빈칸에 들어갈 단어로 적절한 것을 고르세요.

> A. あご 　　　B. 威張った 　　　C. あくまで 　　　D. インフレ 　　　E. 追いかける

11. ＿＿＿＿＿＿が進むと、為替は円安に動きやすくなる。

12. 硬いものを食べると ＿＿＿＿＿＿が痛くなる。

13. 職場に＿＿＿＿＿＿言い方をする上司がいる。

14. 安定した仕事を辞めてまで、夢を＿＿＿＿＿＿べきか悩んでいる。

15. ＿＿＿＿＿＿参考程度に考えていただきたいです。

| 정답 | 1. 위생. B　2. 신호. B　3. 연하다. A　4. 이상하다. B　5. 어이없다. A /
6. B　7. C　8. A　9. A　10. C / 11. D　12. A　13. B　14. E　15. C |

매일 품사별로 골고루! 오늘의 50단어 한눈에 보기!

음독명사

01. 会見
02. 介護
03. 解約
04. 確率
05. 過失
06. 我慢
07. 歓迎
08. 感激
09. 観察
10. 元日
11. 乾燥
12. 観測
13. 看板
14. 願望
15. 気圧
16. 記憶
17. 機嫌
18. 義務
19. 吸収

고유어

20. 辺り

21. 宛名
22. 誤り
23. 生きがい

가타카나

24. コメント
25. コンセント
26. コントロール

い형용사

27. うっとうしい
28. 恋しい

な형용사

29. 気軽だ
30. 急激だ
31. 器用だ
32. 巨大だ

기본동사

33. 失う
34. 薄める

35. 疑う
36. 敬う
37. 裏切る
38. 描く
39. 応じる
40. 贈る
41. 治める

복합동사

42. 追い越す
43. 思いやる

부사

44. 一段と
45. 今更
46. 今にも
47. うんざり

복합파생

48. 好〜
49. 〜先
50. 〜札

269

표제어	Step 1	단어 풀이(용법·의미)

음독명사

1

会見
회견

한자풀이 **会** 모일 회, **見** 볼 견

かいけん

의미 회견

★ 빈출표현 記者会見(기자 회견)
会見場(회견장)

＊출제가능유형 : 한자읽기 한자표기 단어형성

2

介護
개호, 간병

한자풀이 **介** 낄 개, **護** 도울 호

かいご

의미 개호, 간병, 간호

★ 빈출표현 介護をする/受ける(간병을 하다/받다)
介護施設/福祉/保険(개호 시설/복지/보험)
訪問介護(방문 개호)

＊출제가능유형 : 한자읽기 한자표기 단어형성 문맥

3

解約
해약

한자풀이 **解** 풀 해, **約** 맺을 약

かいやく

의미 해약

★ 빈출표현 解約金(해약금)
契約/保険を解約する(계약/보험을 해약하다)

＊출제가능유형 : 한자읽기 한자표기 단어형성

4

確率
확률

한자풀이 **確** 굳을 확, **率** 비율 률

かくりつ

의미 확률

★ 빈출표현 確率が高い/低い(확률이 높다/낮다)
確率が上がる/下がる(확률이 올라가다/떨어지다)

＊출제가능유형 : 한자읽기 한자표기 용법

5

過失
과실

한자풀이 **過** 지날 과, **失** 잃을 실

かしつ

의미 과실, 부주의나 태만으로 일어나는 실수

★ 빈출표현 過失がある/ない(과실이 있다/없다)
過失を問う/認める(과실을 묻다/인정하다)
過失を詫びる(과실을 사과하다)

＊출제가능유형 : 한자읽기 한자표기 유의표현 용법

참 같은 한자 사용 단어
会う 만나다
展示会 전시회
同窓会 동창회

夕べ、官邸で記者会見が行われた。

어젯밤, 관저에서 기자 회견이 열렸다.

유 看護 간호
世話 도와줌, 보살핌　　ケア 케어, 보살핌, 간호

참 같은 한자 사용 단어
紹介 소개　　　　　　厄介 귀찮음, 성가심
弁護 변호　　　　　　保護 보호

可能な限り自宅で介護を受けたい。

가능한 한 집에서 개호를 받고 싶다.

참 같은 한자 사용 단어
婚約 약혼
節約 절약

참 같은 발음 단어
改訳 개역, 번역했던 것을 다시 번역함

保険の解約をご検討の際は、以下の注意点
を必ずご確認ください。

보험 해약을 검토하실 때는 다음의 주의점을 꼭 확인해 주세요.

참 같은 한자 사용 단어
能率 능률

참 같은 발음 단어
確立 확립

降水確率が50パーセントを超える場合、イベン
トは中止となります。

강수 확률이 50%를 넘는 경우, 이벤트는 중지됩니다.

유 落ち度 잘못, 과실, 실수

참 같은 한자 사용 단어
過去 과거　　　　　　過程 과정
過大 과대　　　　　　失望 실망

→ 故意 고의

裁判で過失がないと証明された。

재판에서 과실이 없다고 증명되었다.

표제어	Step 1 ｜ 단어 풀이(용법·의미) ✏️

6

我慢
참음

한자풀이) 我 나 아, 慢 거만할 만

がまん

의미 참음, 자제

⭐빈출표현 我慢強い(참을성이 많다), 我慢の限界(인내의 한계)
笑いを我慢する(웃음을 참다)
我慢できない(못 참다)

*출제가능유형 : 한자읽기 한자표기 문맥 유의표현

7

歓迎
환영

한자풀이) 歓 기쁠 환, 迎 맞을 영

かんげい

의미 환영

⭐빈출표현 歓迎会(환영회), 歓迎を受ける(환영을 받다)
熱烈に歓迎する(열렬히 환영하다)

*출제가능유형 : 한자읽기 한자표기 단어형성

8

음독명사

感激
감격

한자풀이) 感 느낄 감, 激 격할 격

かんげき

의미 감격

⭐빈출표현 感激のあまり(감격한 나머지)
感激する(감격하다)

*출제가능유형 : 한자읽기 한자표기 단어형성 유의표현

9

観察
관찰

한자풀이) 観 볼 관, 察 살필 찰

かんさつ

의미 관찰

⭐빈출표현 観察力(관찰력)
観察する(관찰하다)

*출제가능유형 : 한자읽기 한자표기 단어형성 유의표현

10

元日
설날

한자풀이) 元 으뜸 원, 日 날 일

がんじつ

의미 설날, 1월 1일

⭐빈출표현 元日の朝(설날 아침)

*출제가능유형 : 한자읽기 한자표기 유의표현

유 耐<small>た</small>える 견디다, 참다, 버티다
辛抱<small>しんぼう</small> 괴롭고 힘든 일을 참고 견딤
忍耐<small>にんたい</small> 인내(문어적 표현)

半分<small>はんぶん</small>だけにしようと思<small>おも</small>っていたのに、我慢<small>がまん</small>できずに全部食<small>ぜんぶた</small>べてしまった。

반만 먹으려고 했는데, 참지 못하고 전부 먹어 버렸다.

⇄ 歓送<small>かんそう</small> 환송

施設見学<small>しせつけんがく</small>はいつでも大歓迎<small>だいかんげい</small>です。

시설 견학은 언제나 대환영입니다.

유 感動<small>かんどう</small> 감동
感銘<small>かんめい</small> 감명
感心<small>かんしん</small> 감탄

子供<small>こども</small>の目線<small>めせん</small>に合<small>あ</small>わせた配慮<small>はいりょ</small>に感激<small>かんげき</small>した。

아이의 눈높이에 맞춘 배려에 감격했다.

유 精察<small>せいさつ</small> 정찰, 자세하게 관찰함
참 같은 한자 사용 단어
考察<small>こうさつ</small> 고찰
診察<small>しんさつ</small> 진찰

普段患者<small>ふだんかんじゃ</small>さんの様子<small>ようす</small>を注意深<small>ちゅういぶか</small>く観察<small>かんさつ</small>しています。

평소 환자분의 모습을 주의 깊게 관찰하고 있습니다.

유 正月<small>しょうがつ</small> 정월, 설
元旦<small>がんたん</small> 설날
참 大晦日<small>おおみそか</small> 섣달 그믐날

元日<small>がんじつ</small>に掃除<small>そうじ</small>をすると、縁起<small>えんぎ</small>が悪<small>わる</small>いと言<small>い</small>われている。

설날에 청소를 하면 재수가 없다고 한다.

표제어	Step 1	단어 풀이(용법·의미) ✎

음독명사

11

乾燥
건조

(한자풀이) 乾 마를 건, 燥 마를 조

かんそう

의미 건조

☆ 빈출표현 乾燥器(건조기), 乾燥肌(건조한 피부)
目が乾燥する(눈이 건조하다)

*출제가능유형 : 한자읽기 한자표기 단어형성

12

観測
관측

(한자풀이) 観 볼 관, 測 헤아릴 측

かんそく

의미 관측

☆ 빈출표현 気象観測(기상 관측)
星を観測する(별을 관측하다)

*출제가능유형 : 한자읽기 한자표기 단어형성 유의표현

13

看板
간판

(한자풀이) 看 볼 간, 板 널빤지 판

かんばん

의미 ① 간판 ② 사람들의 관심을 끌기 좋은 것

☆ 빈출표현 看板を設置する/撤去する(간판을 설치하다/철거하다)
看板を下ろす(간판을 내리다, 폐업하다)
看板料理(손님을 끌기 위한 대표 요리)

*출제가능유형 : 한자읽기 한자표기 용법

14

願望
원망, 소망

(한자풀이) 願 원할 원, 望 바랄 망

がんぼう

의미 원망(원하고 바람), 소망

☆ 빈출표현 強烈な願望(강렬한 소망)
願望を果たす(소망을 완수하다)

*출제가능유형 : 한자읽기 한자표기 유의표현 용법

15

気圧
기압

(한자풀이) 気 기운 기, 圧 누를 압

きあつ

의미 기압

☆ 빈출표현 気圧が高い/低い(기압이 높다/낮다)
気圧が上がる/下がる(기압이 오르다/내려가다)
気圧を調べる/測る(기압을 조사하다/재다)

*출제가능유형 : 한자읽기 한자표기 용법

Step 2 | 연관 단어 🔍

유 乾く 마르다
かわ

참 같은 발음 단어
感想 감상
かんそう

歓送 환송
かんそう

참 같은 한자 사용 단어
実測 실측
じっそく

測定 측정
そくてい

測量 측량
そくりょう

참 같은 한자 사용 단어
看病 간병
かんびょう

黒板 칠판
こくばん

유 願い事 소원
ねが ごと

참 같은 한자 사용 단어
願い 부탁
ねが

참 高気圧 고기압
こう き あつ

低気圧 저기압
てい き あつ

참 같은 한자 사용 단어
血圧 혈압
けつあつ

Step 3 | 예문 💬

肌が乾燥すると、様々な肌トラブルを引き
はだ
さまざま はだ
お
起こす。

피부가 건조하면 다양한 피부 트러블을 일으킨다.

四半期ごとに景気観測調査を実施している。
し はん き
けい き ちょう さ じっ し

4분기마다 경기 관측 조사를 실시하고 있다.

屋外に看板を設置する場合、法令に則った
おくがい
かん ばん せっ ち ば あい ほうれい のっと
設置が必要です。
せっ ち ひつよう

옥외에 간판을 설치하는 경우에는 법령에 준한 설치가 필요합니다.

長年にわたる願望がついに実現した。
ながねん
がんぼう じつげん

오랜 세월에 걸친 소망이 드디어 실현되었다.

気圧が下がると、頭痛などの体調不良を引
き あつ さ
ず つう たいちょう ふ りょう ひ
き起こす。
お

기압이 내려가면 두통 등의 컨디션 불량을 야기한다.

| 표제어 | Step 1 | 단어 풀이(용법·의미) |

16

記憶
기억

(한자풀이) **記** 기록할 기, **憶** 생각할 억

きおく

의미 기억

☆ 빈출표현 記憶がない/薄れる(기억이 없다/희미해지다)
記憶が定かではない(기억이 확실하지 않다)
記憶が飛ぶ/蘇る(기억이 날라가다/되살아나다)

＊출제가능유형: 한자읽기 한자표기 단어형성

17

음독명사

機嫌
기분, 비위

(한자풀이) **機** 틀 기, **嫌** 싫어할 혐

きげん

의미 기분, 비위

☆ 빈출표현 機嫌がいい/悪い(기분이 좋다/나쁘다)
機嫌を損ねる/伺う(기분을 상하게 하다/살피다)

＊출제가능유형: 한자읽기 한자표기 단어형성 용법

18

義務
의무

(한자풀이) **義** 옳을 의, **務** 힘쓸 무

ぎむ

의미 의무

☆ 빈출표현 義務教育(의무 교육), 義務付ける(의무화하다)
義務がある/生じる(의무가 있다/생기다)
義務を果たす(의무를 다하다)

＊출제가능유형: 한자읽기 한자표기 단어형성 유의표현

19

吸収
흡수

(한자풀이) **吸** 마실 흡, **収** 거둘 수

きゅうしゅう

의미 흡수

☆ 빈출표현 吸収力(흡수력), 衝撃を吸収する(충격을 흡수하다)
水分/匂いを吸収する(수분/냄새를 흡수하다)

＊출제가능유형: 한자읽기 한자표기 단어형성

20

고유어

辺り
근처

(한자풀이) **辺** 가 변

あたり

의미 근처, 부근

☆ 빈출표현 この辺り(이 근처)
辺りが暗くなる(부근이 어두워지다)

＊출제가능유형: 한자읽기 한자표기 문맥 유의표현 용법

유 覚^{おぼ}える 기억하다

참 같은 한자 사용 단어

伝記^{でんき} 전기, 한 사람의 평생 행적을 적은 기록

記号^{きごう} 기호　　追憶^{ついおく} 추억

楽^{たの}しい出来事^{できごと}を体験^{たいけん}すると、嫌^{いや}な出来事^{できごと}の
記憶^{きおく}が薄^{うす}れる。

즐거운 일을 체험하면 싫은 일의 기억이 희미해진다.

참 ご機嫌^{きげん} 매우 좋은 기분

上機嫌^{じょうきげん} 매우 좋은 기분

不機嫌^{ふきげん} 불쾌함, 기분이 좋지 않음

娘^{むすめ}はアイスクリームを買^かってもらって、
やっと機嫌^{きげん}が直^{なお}った。

딸은 아이스크림을 사 주니 겨우 기분이 좋아졌다.

유 務^{つと}め 의무, 책무, 임무

참 같은 한자 사용 단어

責務^{せきむ} 책무

任務^{にんむ} 임무

↔ 権利^{けんり} 권리

国民^{こくみん}の納税^{のうぜい}、労働^{ろうどう}、教育^{きょういく}は、憲法^{けんぽう}で義務^{ぎむ}づ
けられている。

국민의 납세, 노동, 교육은 헌법으로 의무화되어 있다.

유 吸^すい取^とる 흡수하다, 빨아들이다

참 같은 발음 단어

九州^{きゅうしゅう} 규슈(지명)

このTシャツは汗^{あせ}をしっかり吸収^{きゅうしゅう}し、洗^{あら}っ
てもすぐに乾^{かわ}く。

이 티셔츠는 땀을 확실히 흡수하고 빨아도 바로 마른다.

유 付近^{ふきん} 부근, 근처

참 ～辺^{へん} ～근처

この辺^{あた}りには美味^{おい}しいレストランがたくさ
んある。

이 근처에는 맛있는 레스토랑이 많이 있다.

표제어	Step 1	단어 풀이(용법·의미) ✏

21

宛名
수신인 이름

(한자풀이) 宛 고을 이름 원, 名 이름 명

あてな
의미 수신인 이름
★ 빈출표현 宛名を書く/聞く (수신인 이름을 적다/묻다)
＊출제가능유형 : 한자읽기 한자표기 문맥 용법

22

고유어

誤り
잘못, 실수

(한자풀이) 誤 그르칠 오

あやまり
의미 잘못, 실수, 틀림(추상적인 일에 주로 사용)
★ 빈출표현 誤りを正す/直す (잘못을 바로잡다/고치다)
＊출제가능유형 : 한자읽기 한자표기 문맥 유의표현 용법

23

生きがい
삶의 보람

(한자풀이) 生 날 생

いきがい
의미 삶의 보람, 살맛
★ 빈출표현 生きがいがある/ない (사는 보람이 있다/없다)
＊출제가능유형 : 한자표기 문맥 유의표현 용법

24

가타카나

コメント
코멘트

comment
의미 코멘트, 논평, 설명, 견해
★ 빈출표현 コメントする (코멘트하다)
　　　　　 コメントを避ける (코멘트를 피하다)
＊출제가능유형 : 문맥 유의표현 용법

25

コンセント
콘센트

concentric plug
의미 콘센트
★ 빈출표현 コンセントを差す (콘센트를 꽂다)
　　　　　 コンセントを抜く (콘센트를 빼다)
＊출제가능유형 : 문맥 유의표현 용법

Step 2 | 연관 단어 🔍

Step 3 | 예문 💬

ⓤ 宛先 수신인, 수신인 주소
　〜宛 〜앞

ビジネスメールには正しい宛名の書き方がある。

비즈니스 메일에는 올바른 수신인 이름 적는 법이 있다.

ⓤ 間違い (구체적인) 실수, 잘못
　過ち (사회 규범이나 도덕적인 관점의) 잘못,
　실수, 과오

ⓒ 같은 발음 단어
　謝り 사과, 사죄

作成した文章に誤りがあったので修正した。

작성한 문장에 잘못된 곳이 있어서 수정했다.

ⓒ 生きる 살다
　甲斐 보람

甲斐는 단독으로 사용할 때는 보통 한자로 사용하는데, 다른 단어와 함께 사용할 때는 대개 히라가나로 쓰여요.

子供たちの笑顔が、私の生きがいです。

아이들의 웃는 얼굴이 저의 삶의 보람입니다.

ⓤ 論評 논평
　レビュー 리뷰, 평론, 비평

たくさんのコメント、ありがとうございました。

많은 코멘트 감사합니다.

ⓤ 差し込み 콘센트에 꽂는 부품, 플러그
　プラグ 플러그
　ソケット 소켓

節電のために使わない家電製品はコンセントを抜くようにしている。

절전을 위해서 사용하지 않는 가전제품은 콘센트를 빼도록 하고 있다.

| 표제어 | Step 1 | 단어 풀이(용법·의미) ✏️ |

26

가타카나

コントロール
컨트롤

control

의미 컨트롤, 통제, 조절

⭐ 빈출표현 コントロールする(컨트롤하다)
コントロールが効く(컨트롤이 잘되다)

＊출제가능유형 : 문맥 유의표현 용법

27

うっとうしい
음울하다, 성가시다

의미 ① 음울하다, 마음이 개운치 않다 ② 성가시다, 귀찮다

⭐ 빈출표현 うっとうしい天気/気分(음울한 날씨/기분)
髪の毛がうっとうしい(머리카락이 성가시다)

＊출제가능유형 : 문맥 유의표현 용법

い형용사

28

恋しい
그립다

한자풀이 恋 그리워할 련

こいしい

의미 그립다

⭐ 빈출표현 母が恋しい(어머니가 그립다)
恋しい人/季節/気持ち(그리운 사람/계절/마음)

＊출제가능유형 : 한자읽기 한자표기 문맥 유의표현 용법

29

気軽だ
부담 없다

한자풀이 気 기운 기, 軽 가벼울 경

きがるだ

의미 부담 없다, 부담스럽지 않다

⭐ 빈출표현 気軽に会う/入る(부담 없이 만나다/들어가다)
気軽に声をかける/遊ぶ(부담 없이 말을 걸다/놀다)

＊출제가능유형 : 한자읽기 한자표기 문맥 유의표현 용법

な형용사

30

急激だ
급격하다

한자풀이 急 급할 급, 激 격할 격

きゅうげきだ

의미 급격하다

⭐ 빈출표현 急激な減少/増加(급격한 감소/증가)
急激な上昇/低下/変化(급격한 상승/저하/변화)

＊출제가능유형 : 한자읽기 한자표기 문맥 유의표현 용법

유 調節 조절
ちょうせつ
制御 제어
せいぎょ

最近、自分の感情のコントロールができな
さいきん　じぶん　かんじょう
くなった。

요즘 자신의 감정 컨트롤이 되지 않게 되었다.

유 うつうつ 침울
重苦しい 울적하다, 답답하다
おもくる

顔周りに当たる髪の毛がうっとうしい。
かおまわ　あ　かみ　け

얼굴 주변에 닿는 머리카락이 성가시다.

유 懐かしい 그립다, 옛 생각이 나다
なつ
慕わしい (특정 인물에 대해) 그립다
した

一人暮らしをしていると、母の作ってくれ
ひとり　ぐ　　　　　　　　　はは　つく
た料理が恋しくなる。
りょうり　こい

자취를 하고 있으니 엄마가 만들어 주신 요리가 그리워진다.

유 気兼ねなく 스스럼없이
きが
気にせず 개의치 않고
き

何かありましたら、お気軽に声をおかけく
なに　　　　　　　　　きがる　こえ
ださい。

필요한 일 있으시면 부담 없이 말씀해 주세요.

유 急速だ 급속하다
きゅうそく
たちまち 금방, 순식간에, 갑자기

急激な体重減少は危険な病気の兆候である。
きゅうげき　たいじゅうげんしょう　きけん　びょうき　ちょうこう

급격한 체중 감소는 위험한 병의 징후이다.

표제어	Step 1 ㅣ 단어 풀이(용법·의미) 🖊

31

な형용사

器用だ
재주가 있다

한자풀이 **器** 그릇 기, **用** 쓸 용

きようだ

의미 재주가 있다, 요령이 좋다

⭐빈출표현 **手先が器用だ**(손재주가 좋다)
器用な人(재주가 있는 사람)
器用にこなす(능숙하게 다루다)

＊출제가능유형 : 한자읽기 한자표기 문맥 유의표현 용법

32

巨大だ
거대하다

한자풀이 **巨** 클 거, **大** 큰 대

きょだいだ

의미 거대하다

⭐빈출표현 **巨大な企業/利益**(거대한 기업/이익)
巨大な生物/波(거대한 생물/파도)

＊출제가능유형 : 한자읽기 한자표기 문맥 유의표현 용법

33

기본동사

失う
잃다

한자풀이 **失** 잃을 실

うしなう

의미 잃다, 잃어버리다

⭐빈출표현 **親/気を失う**(부모/정신을 잃다)
機会/職を失う(기회/일자리를 잃다)

＊출제가능유형 : 한자읽기 한자표기 문맥 유의표현 용법

34

薄める
묽게 하다

한자풀이 **薄** 엷을 박

うすめる

의미 묽게 하다, 엷게 하다

⭐빈출표현 **お湯/水で薄める**(뜨거운 물/물로 묽게 하다)
薄めて使う/飲む(엷게 해서 사용하다/마시다)

＊출제가능유형 : 한자읽기 한자표기 문맥 유의표현 용법

35

疑う
의심하다

한자풀이 **疑** 의심할 의

うたがう

의미 의심하다, 이상하게 여기다, (나쁜 쪽으로) 추측하다

⭐빈출표현 **効果/実力を疑う**(효과/실력을 의심하다)
目/耳を疑う(눈/귀를 의심하다)

＊출제가능유형 : 한자읽기 한자표기 문맥 유의표현 용법

🔒 手^てまめだ 손재주가 있다
↔ 不^ぶ器^{きよう}用だ 서투르다, 손재주가 없다

何^{なん}でも初^{はじ}めから器^き用^{よう}にこなせる多^た才^{さい}な人^{ひと}になりたい。

무엇이든지 처음부터 능숙하게 다룰 수 있는 재주 많은 사람이 되고 싶다.

🔒 ジャンボ 점보
　 マクロ 매크로

新^{あたら}しい商^{しょうひん}品が巨^{きょ}大^{だい}な利^り益^{えき}を上^あげた。

새로운 상품이 거대한 이익을 올렸다.

🔒 無^なくす 잃다, 없애다
　 亡^なくす 여의다, 잃다
　 喪^{そうしつ}失 상실
　 取^とり逃^のがす 놓치다

一^{いち}度^ど失^{うしな}った信^{しんらい}頼を取^とり戻^{もど}すには、かなりの努^ど力^{りょく}が必^{ひつ}要^{よう}だ。

한 번 잃어버린 신뢰를 되찾기 위해서는 상당한 노력이 필요하다.

🔒 薄^{うす}くする 묽게 하다, 엷게 하다

濃^{のうしゅく}縮された液^{えきじょう}状のお茶^{ちゃ}をお湯^ゆで薄^{うす}めて飲^のんだ。

농축된 액상 차를 뜨거운 물로 엷게 해서 마셨다.

🔒 怪^{あや}しむ 이상히 여기다
　 不^ふ審^{しん}に思^{おも}う 미심쩍게 여기다
　 推^{すい}測^{そく}する 추측하다

彼^{かれ}の発^{はつげん}言に一^{いっしゅん}瞬耳^{みみ}を疑^{うたが}った。

그의 발언에 한순간 귀를 의심했다.

| 표제어 | Step 1 | 단어 풀이(용법·의미) |

36

敬う
공경하다

(한자풀이) 敬 공경 경

うやまう

의미 공경하다, 존경하다

☆ 빈출표현 お年寄りを敬う (노인을 공경하다)
恩師を敬う気持ち (스승을 존경하는 마음)

*출제가능유형 : 한자읽기 한자표기 문맥 유의표현 용법

37

裏切る
배신하다, 어긋나다

(한자풀이) 裏 속 리, 切 끊을 절

うらぎる

의미 ① 배신하다, 배반하다 ② (예상에) 어긋나다

☆ 빈출표현 友達/信頼を裏切る (친구/신뢰를 배신하다)
期待/予想を裏切る (기대/예상에 어긋나다)

*출제가능유형 : 한자읽기 한자표기 문맥 유의표현 용법

38

기본동사

描く
(그림을) 그리다

(한자풀이) 描 그릴 묘

えがく

의미 (그림 등을) 그리다, 묘사하다, 표현하다

☆ 빈출표현 絵を描く (그림을 그리다), 夢に描く (꿈에 그리다)
人生を描いた作品 (인생을 그린 작품)

*출제가능유형 : 한자읽기 한자표기 문맥 유의표현 용법

39

応じる
응하다, 적합하다

(한자풀이) 応 응할 응

おうじる

의미 ① 응하다 ② 대응하다, 적합하다, ~에 따르다

☆ 빈출표현 招待/相談に応じる (초대/상담에 응하다)
状況/能力に応じる (상황/능력에 따르다)

*출제가능유형 : 한자읽기 한자표기 문맥 유의표현 용법

40

贈る
선물하다, 주다

(한자풀이) 贈 줄 증

おくる

의미 ① 선물하다, 마음을 담아 보내다 ② 수여하다, 주다

☆ 빈출표현 お歳暮/花を贈る (연말 선물/꽃을 선물하다)
拍手を贈る (박수를 보내다)
感謝状を贈る (감사장을 수여하다)

*출제가능유형 : 한자읽기 한자표기 문맥 유의표현 용법

유 尊ぶ 공경하다, 존경하다, 존중하다

尊敬する 존경하다

にんげんかんけい で もっと たいせつ あいて き
人間関係で最も大切なことは相手を敬う気
も
持ちである。

인간관계에서 가장 중요한 것은 상대를 존경하는 마음이다.

유 背く 등지다

反する 배반하다, 반하다

いち ど ひと か のうせい じゅうぶん
一度裏切った人はまた裏切る可能性が十分

ある。

한 번 배신한 사람은 또 배신할 가능성이 충분히 있다.

二 描く (그림을) 그리다

유 描写する 묘사하다

表現する 표현하다

心に思い浮かべる 마음속에 그리다

えい が しゅじんこう は らんばんじょう じんせい
この映画は主人公の波乱万丈な人生を描い
さくひん
た作品だ。

이 영화는 주인공의 파란만장한 인생을 그린 작품이다.

유 応える 응하다, 반응하다, 부응하다

適合する 적합하다

じょうきょう てきせつ たいおう
状況に応じて適切に対応しよう。

상황에 따라 적절하게 대응하자.

유 贈り物をする 선물을 하다

与える 주다, 수여하다

참 같은 발음 단어

送る 보내다

いちねんかん せ わ じょうし せい ぼ
一年間お世話になった上司にお歳暮を贈った。

1년 동안 신세 진 상사에게 연말 선물을 보냈다.

표제어	Step 1	단어 풀이(용법·의미)

41

기본동사

治める
다스리다

(한자풀이) 治 다스릴 치

おさめる

의미 ① 다스리다, 지배하다 ② 수습하다

★ **빈출표현** 国/世の中を治める(나라/세상을 다스리다)
騒ぎを治める(소란을 수습하다)

* **출제가능유형 :** 한자읽기 한자표기 문맥 유의표현 용법

42

복합동사

追い越す
앞지르다

(한자풀이) 追 쫓을 추, 越 넘을 월

おいこす

의미 앞지르다, 추월하다

★ **빈출표현** 先進国/先輩を追い越す(선진국/선배를 앞지르다)
前の車を追い越す(앞차를 추월하다)

* **출제가능유형 :** 한자읽기 한자표기 문맥 유의표현 용법

43

思いやる
배려하다

(한자풀이) 思 생각 사

おもいやる

의미 ① 배려하다, 동정하다 ② 염려되다, 걱정되다

★ **빈출표현** 相手/他人を思いやる(상대/타인을 배려하다)
思いやる気持ち(배려하는 마음)
先が思いやられる(앞날이 걱정되다)

* **출제가능유형 :** 한자읽기 한자표기 문맥 유의표현 용법

44

부사

一段と
한층

(한자풀이) 一 한 일, 段 층계 단

いちだんと

의미 한층, 더욱

★ **빈출표현** 一段と忙しくなる(한층 바빠지다)
一段と寒くなる(한층 추워지다)

* **출제가능유형 :** 한자읽기 한자표기 문맥 유의표현 용법

45

今更
이제 와서

(한자풀이) 今 이제 금, 更 고칠 경

いまさら

의미 이제 와서, 새삼스러움

★ **빈출표현** 今更言う(이제 와서 말하다)
今更後悔しても(이제 와서 후회해도)

* **출제가능유형 :** 한자읽기 한자표기 문맥 유의표현 용법

유 統治する 통치하다

참 治まる 다스려지다, (통증 등이) 가라앉다

映画のように、人工知能が世の中を治める
時代が来るかもしれない。

영화처럼 인공 지능이 세상을 지배하는 시대가 올지도 모른다.

유 追い抜く 앞지르다, 따라잡다, 추월하다

彼は1年で5年のキャリアの先輩を追い越した。

그는 1년만에 5년 경력의 선배를 앞질렀다.

유 配慮する 배려하다

同情する 동정하다

思いをはせる 이것저것 생각하다

他人を思いやる気持ちを持った大人になっ
てほしい。

타인을 배려하는 마음을 가진 어른이 되었으면 좋겠다.

유 一際 한층 더

一層 한층

ずっと 훨씬

12月に入って一段と寒くなってきました。

12월에 들어서 한층 더 추워졌습니다.

유 今ごろになって 이제 와서

今新しく 이제 새롭게

今改めて 이제 새삼스럽게

今更後悔してももう遅い。

이제 와서 후회해도 이미 늦다.

표제어	Step 1	단어 풀이(용법·의미) ✏️

46

부사

今にも
당장에라도

한자풀이 今 이제 금

いまにも
의미 당장에라도, 이제 곧, 막, 조금 있으면

⭐빈출표현 今にも泣きそうだ(당장에라도 울 것 같다)
　　　　　今にも雨が降りそうだ(당장에라도 비가 올 것 같다)

＊출제가능유형 : 문맥 유의표현 용법

47

うんざり
지긋지긋함

うんざり
의미 지긋지긋함, 진절머리가 남, 몹시 싫증남

⭐빈출표현 うんざりする(지긋지긋하다)

＊출제가능유형 : 문맥 유의표현 용법

48

복합파생

好景気
호황

한자풀이 好 좋을 호

こうけいき
의미 호경기, 호황

⭐빈출표현 好景気が何年も続く(호황이 몇 년이나 계속되다)
　　　　　好景気と不景気が繰り返す(호황과 불황이 반복되다)

＊출제가능유형 : 한자읽기 단어형성

49

連絡先
연락처

한자풀이 先 먼저 선

れんらくさき
의미 연락처

⭐빈출표현 連絡先を聞く/交換する(연락처를 묻다/교환하다)
　　　　　連絡先が消える(연락처가 사라지다)
　　　　　連絡先に追加する(연락처에 추가하다)

＊출제가능유형 : 한자읽기 단어형성

50

千円札
천 엔짜리 지폐

한자풀이 札 편지 찰

せんえんさつ
의미 천 엔짜리 지폐

⭐빈출표현 千円札一枚(천 엔짜리 지폐 한 장)
　　　　　千円札を出す(천 엔짜리 지폐를 내다)

＊출제가능유형 : 한자읽기 단어형성

참 今^{いま} 지금
今^{いま}に 곧, 조만간, 머지않아, 언젠가
今^{いま}でも 지금도

彼^{かれ}は今^{いま}にも貧血^{ひんけつ}で倒^{たお}れそうに見^みえた。

그는 당장에라도 빈혈로 쓰러질 것처럼 보였다.

유 げんなり 질림
こりごり 지긋지긋함, 넌더리남, 신물이 남
飽^あきる 싫증나다, 물리다

みんな連日^{れんじつ}続^{つづ}く厳^{きび}しい暑^{あつ}さにうんざりしている。

모두 연일 계속되는 심한 더위에 지긋지긋해하고 있다.

참 好人物^{こうじんぶつ} 호인, 성품이 좋은 사람
好条件^{こうじょうけん} 좋은 조건
↔ 不景気^{ふけいき} 불경기, 불황

好景気^{こうけいき}と不景気^{ふけいき}が交互^{こうご}に繰^くり返^{かえ}すことを景気循環^{けいきじゅんかん}という。

호황과 불황이 번갈아 반복되는 것을 경기 순환이라고 한다.

참 取引先^{とりひきさき} 거래처
投資先^{とうしさき} 투자처
郵送先^{ゆうそうさき} 우송지
振込先^{ふりこみさき} 입금처

勇気^{ゆうき}を出^だして、彼^{かれ}の連絡先^{れんらくさき}を聞^きいた。

용기를 내서 그의 연락처를 물었다.

참 五千円札^{ごせんえんさつ} 5천 엔짜리 지폐
一万円札^{いちまんえんさつ} 만 엔짜리 지폐

千円札^{せんえんさつ}を出^だして五百円^{ごひゃくえん}のおつりをもらった。

천 엔짜리 지폐를 내고 500엔의 거스름돈을 받았다.

Day 12

① 다음 단어의 뜻을 쓰고 읽는 법을 고르세요.

1. 歓迎　　(뜻:　　　　　)　　A. かんえい　　　　B. かんげい

2. 宛名　　(뜻:　　　　　)　　A. あてな　　　　　B. あてめい

3. 恋しい　(뜻:　　　　　)　　A. こいしい　　　　B. こひしい

4. 急激だ　(뜻:　　　　　)　　A. きゅうけぎだ　　B. きゅうげきだ

5. 敬う　　(뜻:　　　　　)　　A. うたがう　　　　B. うやまう

② 다음 빈칸에 공통으로 들어갈 수 있는 한자로 적절한 것을 고르세요.

6. 観( ) ( )定 ( )量　　　　　　**9.** 連絡( ) 郵送( ) 取引( )
　　A. 覧　B. 測　C. 大　　　　　　　　　　A. 処　B. 所　C. 先

7. ( )号 ( )憶 伝( )　　　　　　**10.** ( )人物 ( )景気 ( )条件
　　A. 記　B. 説　C. 信　　　　　　　　　　A. 好　B. 不　C. 無

8. 婚( ) 節( ) 解( )
　　A. 句　B. 姻　C. 約

③ 빈칸에 들어갈 단어로 적절한 것을 고르세요.

A. 追い越した　　　B. 今更　　　C. コントロール　　　D. うんざり　　　E. 生きがい

11. 最近、自分の感情の _____ができなくなった。

12. 子供たちの笑顔が、私の_____です。

13. 彼は１年で5年のキャリアの先輩を_____。

14. _____後悔してももう遅い。

15. みんな連日続く厳しい暑さに_____している。

정답	1. 환영, B　2. 수신인 이름, A　3. 그립다, A　4. 급격하다, B　5. 존경하다, B /
	6. B　7. A　8. C　9. C　10. A / 11. C　12. E　13. A　14. B　15. D

Day 13

강의와
예문 듣기

매일 품사별로 골고루! 오늘의 50단어 한눈에 보기!

음독명사

01. 救助
02. 供給
03. 共同
04. 議論
05. 金額
06. 緊張
07. 空想
08. 苦情
09. 工夫
10. 黒字
11. 訓練
12. 景気
13. 傾向
14. 経由
15. 気配
16. 研修
17. 現象
18. 現状
19. 航空

고유어

20. 改札口

21. かかと
22. 壁
23. 缶詰

가타카나

24. ジャンル
25. ショック
26. ゼミ

い형용사

27. 騒がしい
28. たまらない

な형용사

29. 謙虚だ
30. 賢明だ
31. 強引だ
32. 豪華だ

기본동사

33. 脅かす
34. 限る

35. かじる
36. 担ぐ
37. 兼ねる
38. かびる
39. 構う
40. からかう
41. かわいがる

복합동사

42. 書き直す
43. 抱きしめる

부사

44. うんと
45. 大いに
46. 思い切って
47. 思いきり

복합파생

48. ～中
49. 全～
50. ～層

표제어	Step 1	단어 풀이(용법·의미)

1

救助
구조

한자풀이 救 구원할 구, 助 도울 조

きゅうじょ

의미 구조

★빈출표현 救助活動(구조 활동)
〜人を救助する(〜명을 구조하다)

＊출제가능유형 : 한자읽기 한자표기 단어형성

2

供給
공급

한자풀이 供 이바지할 공, 給 줄 급

きょうきゅう

의미 공급

★빈출표현 供給を増やす/受ける(공급을 늘리다/받다)
供給を確保する(공급을 확보하다)

＊출제가능유형 : 한자읽기 한자표기 문맥 유의표현 용법

3

음독명사

共同
공동

한자풀이 共 한가지 공, 同 한가지 동

きょうどう

의미 공동

★빈출표현 共同作業/住宅(공동 작업/주택)
共同で買う/使う(공동으로 사다/쓰다)

＊출제가능유형 : 한자읽기 한자표기 문맥

4

議論
논의

한자풀이 議 의논할 의, 論 논할 논

ぎろん

의미 논의

★빈출표현 議論の余地がある(논의의 여지가 있다)
議論を交わす(논의를 주고받다)

＊출제가능유형 : 한자읽기 한자표기 단어형성 유의표현

5

金額
금액

한자풀이 金 쇠 금, 額 이마 액

きんがく

의미 금액

★빈출표현 金額を提示する(금액을 제시하다)
金額を抑える/超える(금액을 억제하다/넘다)

＊출제가능유형 : 한자읽기 한자표기 문맥 유의표현 용법

Step 2 | 연관 단어 🔍

참 같은 한자 사용 단어

救援 구원　　　救急 구급

救命 구명　　　救済 구제

救難 재난을 구함

참 같은 한자 사용 단어

給料 급여

自給 자급

↔ 需要 수요

참 協同 협동

協力 협력

유 討論 토론

論議 논의(딱딱한 표현)

유 値段 가격

価額 가격

참 半額 반액, 반값

総額 총액

限度額 한도액

Step 3 | 예문 💬

歩道橋から飛び降りようとしている人を救助した。

육교에서 뛰어내리려는 사람을 구조했다.

急激な需要拡大に供給が追いつかない状況が続いている。

급격한 수요 확대에 공급이 따라붙지 못하는 상황이 계속되고 있다.

SNSを活用した共同購入サービスに注目が集まっている。

SNS를 활용한 공동 구매 서비스에 관심이 쏠리고 있다.

決められたテーマに対してその是非を議論した。

정해진 주제에 대해서 그 옳고 그름을 논의했다.

提示された金額が希望通りだったので、納得した。

제시된 금액이 희망했던 대로였기 때문에 납득했다.

| 표제어 | Step 1 | 단어 풀이(용법·의미) ✎ |

6

緊張
긴장

(한자풀이) 緊 긴할 긴, 張 베풀 장

きんちょう

(의미) 긴장

★ 빈출표현 緊張感(긴장감), 緊張をほぐす(긴장을 풀다)
　　　　　　緊張が高まる/解ける(긴장이 높아지다/풀리다)

＊출제가능유형 : [한자읽기] [한자표기] [단어형성] [용법]

7

空想
공상

(한자풀이) 空 빌 공, 想 생각 상

くうそう

(의미) 공상, 현실에는 있을 수 없는 것을 상상하는 것

★ 빈출표현 空想の世界(공상의 세계)
　　　　　　空想にふける/浸る(공상에 빠지다/잠기다)

＊출제가능유형 : [한자읽기] [한자표기] [용법]

8

음독명사

苦情
불평, 불만

(한자풀이) 苦 쓸 고, 情 뜻 정

くじょう

(의미) 불평, 불만, 고충

★ 빈출표현 苦情が出る/殺到する(불만이 나오다/쇄도하다)
　　　　　　苦情が寄せられる(불만이 밀려오다)
　　　　　　苦情を言う(불평하다)

＊출제가능유형 : [한자읽기] [한자표기] [문맥] [유의표현] [용법]

9

工夫
궁리

(한자풀이) 工 장인 공, 夫 지아비 부

くふう

(의미) 궁리, 고안

★ 빈출표현 様々な工夫(다양한 궁리)
　　　　　　方法/仕方を工夫する(방법/방식을 궁리하다)

＊출제가능유형 : [한자읽기] [한자표기] [문맥] [유의표현] [용법]

10

黒字
흑자

(한자풀이) 黒 검을 흑, 字 글자 자

くろじ

(의미) 흑자

★ 빈출표현 黒字化(흑자화), 黒字になる(흑자가 되다)
　　　　　　黒字に復帰する(흑자로 복귀하다)

＊출제가능유형 : [한자읽기] [한자표기] [단어형성] [용법]

참 같은 한자 사용 단어
緊急(きんきゅう) 긴급
緊迫(きんぱく) 긴박

人前(ひとまえ)に立(た)つと緊張(きんちょう)してしまい、なかなかうまく話(はな)せない。

다른 사람 앞에 서면 긴장해 버려서 좀처럼 잘 이야기하지 못 한다.

유 想像(そうぞう) 상상
妄想(もうそう) 망상
↔ 現実(げんじつ) 현실

辛(つら)い現実(げんじつ)から心(こころ)を守(まも)るために空想(くうそう)に浸(ひた)る時(とき)もある。

괴로운 현실로부터 마음을 지키기 위해 공상에 잠길 때도 있다.

유 不満(ふまん) 불만
不平(ふへい) 불평
文句(もんく) 불평. 트집
クレーム 클레임, 불만, 이의 제기

ご近所(きんじょ)から「足音(あしおと)がうるさい」と苦情(くじょう)を言(い)われた。

이웃집으로부터 '발소리가 시끄럽다'고 불평을 들었다.

유 考案(こうあん) 고안
참 工夫(こうふ) (토목 공사에 종사하는) 노동자

お客様(きゃくさま)により良(よ)い商品(しょうひん)とサービスを提供(ていきょう)するために工夫(くふう)している。

고객에게 보다 좋은 상품과 서비스를 제공하기 위해서 궁리하고 있다.

↔ 赤字(あかじ) 적자

財務省(ざいむしょう)が発表(はっぴょう)した9月(がつ)の貿易収支(ぼうえきしゅうし)は1,320億(おく)円(えん)の黒字(くろじ)だった。

재무성이 발표한 9월 무역 수지는 1,320억 엔의 흑자였다.

표제어	Step 1	단어 풀이(용법·의미)

11

訓練
훈련

(한자풀이) 訓 가르칠 훈, 練 익힐 련

くんれん

의미 훈련

☆ 빈출표현 訓練を行う/受ける(훈련을 실시하다/받다)
訓練を重ねる(훈련을 거듭하다)

＊출제가능유형 : 한자읽기 한자표기 문맥

12

景気
경기

(한자풀이) 景 볕 경, 気 기운 기

けいき

의미 경기

☆ 빈출표현 景気がいい/悪い(경기가 좋다/나쁘다)
景気が回復する/上向く(경기가 회복되다/좋아지다)

＊출제가능유형 : 한자읽기 한자표기 문맥

13

傾向
경향

(한자풀이) 傾 기울 경, 向 향할 향

けいこう

의미 경향

☆ 빈출표현 傾向がある(경향이 있다)
傾向にある(경향에 있다)

＊출제가능유형 : 한자읽기 한자표기

14

経由
경유

(한자풀이) 経 지날 경, 由 말미암을 유

けいゆ

의미 경유

☆ 빈출표현 有料道路を経由する(유료 도로를 경유하다)
空港を経由する(공항을 경유하다)

＊출제가능유형 : 한자읽기 한자표기 용법

15

気配
기색, 낌새

(한자풀이) 気 기운 기, 配 나눌 배

けはい

의미 기색, 기미, 낌새, 분위기

☆ 빈출표현 春の気配(봄 기운), 人の気配(인기척)
気配を感じる(낌새를 알아차리다)

＊출제가능유형 : 한자읽기 한자표기 문맥 용법

음독명사

참 **같은 한자 사용 단어**

教訓 교훈
きょうくん

練習 연습
れんしゅう

いざという時のために、日頃から厳しい訓
とき　　　　　　　　ひ ごろ　　　きび
練を行っている。
れん　おこな

만일의 경우를 위해 평소부터 혹독한 훈련을 실시하고 있다.

참 **不景気** 불경기, 불황
ふ けい き

好景気 호경기, 호황
こう けい き

참 **같은 발음 단어**

契機 계기
けい き

景気が回復しても給料が上がらない。
かいふく　　　きゅうりょう　あ

경기가 회복되어도 급여가 오르지 않는다.

참 **같은 한자 사용 단어**

傾斜 경사
けい しゃ

向上 향상
こう じょう

方向 방향
ほう こう

国内のアルコール消費量は減少傾向にある。
こくない　　　　　　しょう ひ りょう　　げんしょう

국내 알코올 소비량은 감소 경향에 있다.

참 **같은 한자 사용 단어**

神経 신경
しん けい

経度 경도
けい ど

참 **같은 발음 단어**

軽油 경유
けい ゆ

高速道路を経由するバスでは、立席乗車は
こうそくどう ろ　　けいゆ　　　　　　たちせきじょうしゃ
できません。

고속도로를 경유하는 버스에서는 입석 승차는 할 수 없습니다.

참 **같은 한자 사용 단어**

支配 지배
し はい

配分 배분
はいぶん

誰もいないはずの部屋で人の気配を感じた。
だれ　　　　　　　　へ や　ひと　　け はい　かん

아무도 없을 터인 방에서 인기척을 느꼈다.

표제어	Step 1	단어 풀이(용법·의미) ✏

16

研修
연수

(한자풀이) 研 갈 연, 修 닦을 수

けんしゅう

[의미] 연수

☆ [빈출표현] 海外研修(해외 연수)
研修を受ける(연수를 받다)

＊출제가능유형 : [한자읽기] [한자표기] [용법]

17

現象
현상

(한자풀이) 現 나타날 현, 象 코끼리 상

げんしょう

[의미] 현상

☆ [빈출표현] 自然現象(자연 현상), 一時的な現象(일시적인 현상)
不思議な現象が起きる(신기한 현상이 일어나다)

＊출제가능유형 : [한자읽기] [한자표기] [문맥] [용법]

18

現状
현상, 현재 상태

(한자풀이) 現 나타날 현, 状 형상 상

げんじょう

[의미] 현상, 현재 상태

☆ [빈출표현] 現状を変える(현재 상태를 바꾸다)
現状に満足しない(현재 상태에 만족하지 않다)
現状を踏まえて(현상에 입각해서)

＊출제가능유형 : [한자읽기] [한자표기] [문맥]

19

航空
항공

(한자풀이) 航 배 항, 空 빌 공

こうくう

[의미] 항공

☆ [빈출표현] 航空券(항공권), 航空機(항공기)
民間航空(민간 항공)

＊출제가능유형 : [한자읽기] [한자표기] [단어형성]

20

改札口
개찰구

(한자풀이) 改 고칠 개, 札 편지 찰, 口 입구

かいさつぐち

[의미] 개찰구

☆ [빈출표현] 改札口を出る(개찰구를 나오다)
改札口を通る(개찰구를 통과하다)

＊출제가능유형 : [한자읽기] [한자표기] [문맥] [유의표현] [용법]

음독명사

고유어

 참 같은 한자 사용 단어 　けんきゅう 　研究 연구 　しゅうせい 　修正 수정 **참** 같은 발음 단어 　けんしゅう 　検収 검수	しんじん　けんしゅう　まな　　　　　しごと　い 新人研修で学んだことを仕事に活かしてい きたい。 신입 연수에서 배운 것을 업무에 활용해 나가고 싶다.

 참 같은 한자 사용 단어 　いんしょう 　印象 인상 　たいしょう 　対象 대상 　ちゅうしょう 　抽象 추상	きんねん　　きこうへんどう　ともな　　　　　ごうう　い 近年、気候変動に伴い、ゲリラ豪雨など異 じょう げんしょう　ぞうか けいこう 常現象が増加傾向にある。 최근, 기후 변동에 따라 게릴라성 호우 등 이상 현상이 증가 경향에 있다.

 참 같은 한자 사용 단어 　げんしょう 　現象 현상 　しょうじょう 　症状 증상	げんじょう　まんぞく　　　つね　うえ　めざ 現状に満足せず常に上を目指し、チャレン つづ ジを続けている。 현재 상태에 만족하지 않고 항상 위를 목표로 도전을 계속하고 있다.

 참 같은 한자 사용 단어 　くうこう 　空港 공항	こうくうがいしゃ　　　　きない　も　こ　てにもつ 航空会社によって機内に持ち込める手荷物 　きじゅん　こと の基準は異なる。 항공사에 따라 기내에 가지고 들어갈 수 있는 짐의 기준은 다르다.

 유 ゲート 게이트, 문, 출입구 **참** 改札口는 줄여서 改札(かいさつ)라고도 해요.	かいさつぐち　で　　　　ひだり　すす 改札口を出てすぐ左に進んでください。 개찰구를 나와서 바로 왼쪽으로 가세요.

| 표제어 | Step 1 ㅣ 단어 풀이(용법·의미) ✏️ |

21

かかと
발뒤꿈치

의미 발뒤꿈치

⭐ **빈출표현** かかとが痛い(발뒤꿈치가 아프다)

かかとがかさかさする(발뒤꿈치가 까슬까슬하다)

＊**출제가능유형**: 문맥 | 유의표현 | 용법

고유어

22

壁
벽, 장벽

한자풀이 壁 벽 벽

かべ

의미 ① 벽 ② 장벽, 장애(물)

⭐ **빈출표현** 壁にぶつかる(벽에 부딪치다)

壁に突き当たる(장벽에 부딪히다)

＊**출제가능유형**: 한자읽기 | 한자표기 | 문맥 | 용법

23

缶詰
통조림

한자풀이 缶 두레박 관, 詰 물을 힐

かんづめ

의미 ① 통조림 ② 협소한 곳에 많은 사람들과 갇혀 있는 것

⭐ **빈출표현** 缶詰を開ける(통조림을 따다)

缶詰になる(갇히다, 틀어박히다)

＊**출제가능유형**: 한자읽기 | 한자표기 | 문맥 | 유의표현 | 용법

24

ジャンル
장르

가타카나

genre

의미 장르, 종류

⭐ **빈출표현** 文学のジャンル(문학 장르)

様々な/広いジャンル(다양한/넓은 장르)

ジャンルを問わず(장르를 불문하고)

＊**출제가능유형**: 문맥 | 유의표현 | 용법

25

ショック
쇼크

shock

의미 쇼크, 충격

⭐ **빈출표현** ショックが大きい(쇼크가 크다)

ショックを受ける(쇼크를 받다)

＊**출제가능유형**: 문맥 | 유의표현 | 용법

DAY 13

(유) くびす 뒤꿈치
きびす 뒤꿈치

<ruby>靴<rt>くつ</rt></ruby><ruby>擦<rt>ず</rt></ruby>れが<ruby>出来<rt>でき</rt></ruby>てかかとが<ruby>痛<rt>いた</rt></ruby>い。

구두에 쓸리고 까져서 발뒤꿈치가 아프다.

(참) <ruby>壁紙<rt>かべがみ</rt></ruby> 벽지

<ruby>誰<rt>だれ</rt></ruby>もが<ruby>仕事<rt>しごと</rt></ruby>や<ruby>人生<rt>じんせい</rt></ruby>において<ruby>壁<rt>かべ</rt></ruby>にぶつかる<ruby>時<rt>とき</rt></ruby>がある。

누구나 일이나 인생에 있어서 벽에 부딪힐 때가 있다.

(참) <ruby>缶<rt>かん</rt></ruby> 깡통, 캔
<ruby>詰<rt>つ</rt></ruby>める 채우다

<ruby>先週<rt>せんしゅう</rt></ruby>はホテルに<ruby>缶詰<rt>かんづめ</rt></ruby>になってひたすら<ruby>作業<rt>さぎょう</rt></ruby>をした。

지난주는 호텔에 틀어박혀서 오로지 작업을 했다.

(유) <ruby>種類<rt>しゅるい</rt></ruby> 종류
<ruby>領域<rt>りょういき</rt></ruby> 영역
<ruby>範疇<rt>はんちゅう</rt></ruby> 범주

<ruby>音楽<rt>おんがく</rt></ruby>はジャンルを<ruby>問<rt>と</rt></ruby>わず<ruby>何<rt>なん</rt></ruby>でも<ruby>好<rt>す</rt></ruby>きです。

음악은 장르를 불문하고 뭐든지 좋아합니다.

(유) <ruby>衝撃<rt>しょうげき</rt></ruby> 충격
<ruby>打撃<rt>だげき</rt></ruby> 타격

ショックが<ruby>大<rt>おお</rt></ruby>きすぎるとトラウマになってしまうこともある。

충격이 너무 크면 트라우마가 되어 버리기도 한다.

표제어	Step 1 │ 단어 풀이(용법·의미)

26

가타카나

ゼミ
세미나

seminar

의미 세미나, 공동 연구, 연습

⭐ **빈출표현** ゼミがある/ない(세미나가 있다/없다)
　　　　　ゼミを休む(공동 연구를 쉬다)

＊**출제가능유형 :** 문맥 　유의표현 　용법

27

い형용사

騒がしい
시끄럽다, 뒤숭숭하다

（한자풀이） 騒 떠들 소

さわがしい

의미 시끄럽다, 떠들썩하다, 소란하다, 뒤숭숭하다

⭐ **빈출표현** 騒がしい人/教室/環境(시끄러운 사람/교실/환경)
　　　　　騒がしい情勢(뒤숭숭한 정세)

＊**출제가능유형 :** 한자읽기 　한자표기 　문맥 　유의표현 　용법

28

たまらない
참을 수 없다

의미 참을 수 없다, 견딜 수 없다, 배길 수 없다

⭐ **빈출표현** たまらない味(참을 수 없는 맛)
　　　　　たまらない気持ち(참을 수 없는 기분)

＊**출제가능유형 :** 문맥 　유의표현 　용법

29

な형용사

謙虚だ
겸허하다

（한자풀이） 謙 겸손할 겸, 虚 빌 허

けんきょだ

의미 겸허하다

⭐ **빈출표현** 謙虚な心/姿勢(겸허한 마음/자세)
　　　　　謙虚な態度/振る舞い(겸허한 태도/행동)

＊**출제가능유형 :** 한자읽기 　한자표기 　문맥 　유의표현 　용법

30

賢明だ
현명하다

（한자풀이） 賢 어질 현, 明 밝을 명

けんめいだ

의미 현명하다

⭐ **빈출표현** 賢明な選択/判断(현명한 선택/판단)
　　　　　賢明なアドバイス/決断(현명한 조언/결단)

＊**출제가능유형 :** 한자읽기 　한자표기 　문맥 　유의표현 　용법

유 演習^{えんしゅう} 연습, 세미나
実習^{じっしゅう} 실습

참 ゼミ는 ゼミナール(세미나)의 준말로, 교수의 지도 하에 적은 인원의 학생이 특정 주제에 대해서 연구하고 보고하고 토론하는 것을 말해요.

来週^{らいしゅう}、大学^{だいがく}のゼミで研究発表^{けんきゅうはっぴょう}をすることになった。

다음 주 대학 세미나에서 연구 발표를 하게 되었다.

유 うるさい 시끄럽다, 번거롭다, 귀찮다

やかましい 시끄럽다, 떠들썩하다, 성가시다

騒々^{そうぞう}しい 떠들썩하다, 시끄럽다

教室^{きょうしつ}の中^{なか}が常^{つね}に騒^{さわ}がしく、落^おち着^つかない状態^{たい}が続^{つづ}いている。

교실 안이 항상 시끄러워서 뒤숭숭한 상태가 계속되고 있다.

유 苦^{くる}しい 괴롭다, 고통스럽다
辛^{つら}い 괴롭다
切^{せつ}ない 괴롭다, 애달프다
やるせない 안타깝다, 처량하다
我慢^{がまん}できない 참을 수 없다

焼^やき上^あがりのパンが美味^{おい}しそうでたまらない。

갓 구운 빵이 맛있어 보여서 참을 수 없다.

유 控^{ひか}え目^め 조심하며 소극적인 태도
↔ 傲慢^{ごうまん}だ 오만하다, 거만하다

いつも謙虚^{けんきょ}な姿勢^{しせい}と感謝^{かんしゃ}の気持^{きも}ちを忘^{わす}れないようにしている。

항상 겸허한 자세와 감사의 마음을 잊지 않도록 하고 있다.

유 聡明^{そうめい}だ 총명하다
知的^{ちてき}だ 지적이다
明哲^{めいてつ}だ 명철하다
賢^{かしこ}い 현명하다, 영리하다

医者^{いしゃ}の賢明^{けんめい}な判断^{はんだん}によって命^{いのち}を救^{すく}われた。

의사의 현명한 판단으로 목숨을 건졌다.

표제어	Step 1 ┃ 단어 풀이(용법·의미)

31

な형용사

強引だ
강제적이다

한자풀이 強 강할 강, 引 끌 인

ごういんだ

의미 강제적이다, 억지로 하다, 무리하게 행하다

★ 빈출표현 強引な営業/勧誘(억지 영업/권유)
強引に決める(강제로 결정하다)
強引に実行する(강제로 실행하다, 강행하다)

*출제가능유형 : 한자읽기 한자표기 문맥 유의표현 용법

32

豪華だ
호화롭다

한자풀이 豪 호걸 호, 華 빛날 화

ごうかだ

의미 호화롭다

★ 빈출표현 豪華な家/食事/生活(호화로운 집/식사/생활)

*출제가능유형 : 한자읽기 한자표기 문맥 유의표현 용법

33

기본동사

脅かす
위협하다

한자풀이 脅 위협할 협

おびやかす

의미 위협하다

★ 빈출표현 家計/生活を脅かす(가계/생활을 위협하다)
存在を脅かす(존재를 위협하다)

*출제가능유형 : 한자읽기 한자표기 문맥 유의표현 용법

34

限る
한정하다

한자풀이 限 한할 한

かぎる

의미 한정하다, 제한하다, 경계를 짓다

★ 빈출표현 二人/二日に限る(두 명/이틀로 한정하다)
以上に限る(이상으로 제한하다)

*출제가능유형 : 한자읽기 한자표기 문맥 유의표현 용법

35

かじる
갉아먹다

의미 ① 갉아먹다 ② 베어 먹다 ③ 그저 조금 알다

★ 빈출표현 ネズミがかじる(쥐가 갉아먹다)
リンゴをかじる(사과를 베어 먹다)
かじる程度にやる(그저 조금 아는 정도로 하다)

*출제가능유형 : 문맥 유의표현 용법

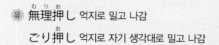

유 無理押し 억지로 밀고 나감
むりお

ごり押し 억지로 자기 생각대로 밀고 나감

強引な勧誘で契約をさせられた。
ごういん　かんゆう　けいやく

억지 권유로 계약을 하게 되었다.

유 豪勢だ 대단히 호사스럽다
ごうせい

華やかだ 화려하다
はな

派手だ 화려하다
はで

最近、SNSで豪華な生活をアピールしてい
さいきん　　　　　ごうか　せいかつ

る人をよく見かける。
ひと　　　み

요즘 SNS에서 호화로운 생활을 어필하는 사람을 자주 볼 수 있다.

유 脅かす 위협하다, 깜짝 놀라게 하다
おど

危うくする 위태롭게 하다
あや

人工知能の進化で、人間の領域が脅かされ
じんこうちのう　しんか　　にんげん　りょういき　おど

ている。

인공지능의 진화로 인간의 영역이 위협당하고 있다.

유 範囲を定める 범위를 정하다
はんい　さだ

極める 정하다, 결정하다
きわ

加入条件は18歳以上に限られている。
かにゅうじょうけん　　さいいじょう

가입 조건은 18세 이상으로 제한되어 있다.

유 噛む 물다, 씹다
か

ネズミが電気ケーブルをかじってしまった。
でんき

쥐가 전기 케이블을 갉아먹어 버렸다.

표제어	Step 1	단어 풀이(용법·의미) ✏

36

担ぐ
메다

(한자풀이) 担 멜 담

かつぐ

의미 메다, 짊어지다

★빈출표현 荷物を担ぐ(짐을 메다)
肩に担ぐ(어깨에 짊어지다)

＊출제가능유형: 한자읽기 한자표기 문맥 유의표현 용법

37

兼ねる
겸하다

(한자풀이) 兼 겸할 겸

かねる

의미 겸하다

★빈출표현 趣味と実益を兼ねる(취미와 실익을 겸하다)
気分転換も兼ねて(기분 전환도 겸해서)
ストレス発散を兼ねて(스트레스 발산을 겸해서)

＊출제가능유형: 한자읽기 한자표기 문맥 유의표현 용법

38

기본동사

かびる
곰팡이 피다

의미 곰팡이 피다

★빈출표현 食パンがかびる(식빵에 곰팡이 피다)
部屋がかびる(방에 곰팡이 피다)

＊출제가능유형: 문맥 유의표현 용법

39

構う
상관하다, 상대하다

(한자풀이) 構 얽을 구

かまう

의미 ① 상관하다 ② 상대하다

★빈출표현 時間を構わず(시간을 상관하지 않고)
人目も構わず(남의 눈도 상관하지 않고)
構ってくれる(상대해 주다)

＊출제가능유형: 한자읽기 한자표기 문맥 유의표현 용법

40

からかう
놀리다

의미 놀리다, 조롱하다

★빈출표현 弟をからかう(남동생을 놀리다)
友達をからかう(친구를 놀리다)

＊출제가능유형: 문맥 유의표현 용법

유 担う 짊어지다, 메다
負う 지다, 짊어지다, 업다

重い荷物は肩に担いで運んだ方がいい。

무거운 짐은 어깨에 짊어지고 나르는 편이 좋다.

유 兼任する 겸임하다

気分転換も兼ねて、髪型を変えてみた。

기분 전환도 겸해서 머리 스타일을 바꿔 봤다.

유 かびが生える 곰팡이가 피다

かびた部屋をきれいに掃除した。

곰팡이 핀 방을 깨끗이 청소했다.

유 気にする 신경을 쓰다
気をつかう 마음을 쓰다
差し支える 지장이 있다

電車の中で人目も構わず、大声で電話をしている人がいた。

전철 안에서 남의 눈도 상관하지 않고 큰 소리로 전화를 하고 있는 사람이 있었다.

유 冷やかす 놀리다, 희롱하다
茶化す 농으로 돌리다

兄が弟をからかってケンカになった。

형이 동생을 놀려서 싸움이 되었다.

표제어	Step 1	단어 풀이(용법·의미)

41

기본동사

かわいがる
귀여워하다, 애지중지하다

의미 귀여워하다, 애지중지하다

☆빈출표현 犬をかわいがる(개를 귀여워하다)
子供をかわいがる(아이를 애지중지하다)

＊출제가능유형 : 문맥 유의표현 용법

42

복합동사

書き直す
다시 쓰다

한자풀이 書 글 서, 直 곧을 직

かきなおす

의미 다시 쓰다, 고쳐 쓰다

☆빈출표현 記事/契約書を書き直す(기사/계약서를 다시 쓰다)
作文/文章を書き直す(작문/문장을 고쳐 쓰다)

＊출제가능유형 : 한자읽기 한자표기 문맥 유의표현 용법

43

抱きしめる
껴안다

한자풀이 抱 안을 포

だきしめる

의미 껴안다

☆빈출표현 ぎゅっと抱きしめる(꼭 껴안다)
子供/母を抱きしめる(아이/엄마를 껴안다)

＊출제가능유형 : 한자읽기 한자표기 문맥 유의표현 용법

44

うんと
매우, 크게

의미 매우, 아주, 많이, 크게, 몹시, 썩

☆빈출표현 うんと高い(매우 높다, 매우 비싸다)
うんと増える/減る(크게 늘다/줄다)

＊출제가능유형 : 문맥 유의표현 용법

부사

45

大いに
크게

한자풀이 大 큰 대

おおいに

의미 크게, 대단히, 매우, 많이

☆빈출표현 大いに期待する/寄与する(크게 기대하다/기여하다)
大いに楽しむ(매우 즐기다)

＊출제가능유형 : 문맥 유의표현 용법

유 慈しむ 애지중지하다

いとおしむ 귀여워하다, 아끼다, 소중히 하다

他の犬をかわいがると愛犬が怒る。

다른 개를 귀여워하면 우리 집 개가 화를 낸다.

유 書き換える 다시 쓰다, 고쳐 쓰다

雇用契約書を新しく書き直してほしい。

고용 계약서를 새로 다시 써 줬으면 좋겠다.

유 しっかりと抱く 꼭 껴안다

妹はぬいぐるみをぎゅっと抱きしめて布団に入った。

여동생은 인형을 꼭 껴안고 이불 속으로 들어갔다.

유 たくさん 많음

どっさり 듬뿍, 잔뜩

非常に 매우, 상당히

ずっと 훨씬

在宅勤務になり、お出かけする機会がうんと減った。

재택근무가 되어 외출할 기회가 크게 줄었다.

유 甚だ 매우, 몹시, 심히

大変 몹시, 매우, 대단히

非常に 매우, 상당히

とても 대단히, 매우

プロサッカーリーグで活躍することを大いに期待しています。

프로 축구 리그에서 활약하기를 크게 기대하고 있겠습니다.

표제어	Step 1 ㅣ 단어 풀이(용법·의미)

46

부사

思い切って
과감히, 눈 딱 감고

(한자풀이) 思 생각 사, 切 끊을 절

おもいきって

의미 과감히, 큰맘 먹고, 눈 딱 감고

★빈출표현 思い切って仕事を辞める(과감히 일을 그만두다)
思い切って買う(큰맘 먹고 사다)
思い切って打ち明ける(눈 딱 감고 털어놓다)

＊출제가능유형 : 문맥 유의표현 용법

47

思いきり
마음껏, 실컷

(한자풀이) 思 생각 사

おもいきり

의미 마음껏, 실컷, 충분히

★빈출표현 思いきり笑う/泣く(실컷 웃다/울다)
思いきり走る/遊ぶ(마음껏 달리다/놀다)

＊출제가능유형 : 문맥 유의표현 용법

48

복합파생

今日中
오늘 중

(한자풀이) 中 가운데 중

きょうじゅう

의미 오늘 중

★빈출표현 今日中に終える(오늘 중으로 끝내다)
今日中に届く(오늘 중으로 도착하다)
今日中に提出する(오늘 중으로 제출하다)

＊출제가능유형 : 한자읽기 단어형성

49

全世界
전 세계

(한자풀이) 全 온전할 전

ぜんせかい

의미 전 세계

★빈출표현 全世界に広がる(전 세계로 퍼지다)
全世界に発信する(전 세계로 발신하다)
全世界を魅了する(전 세계를 매료시키다)

＊출제가능유형 : 한자읽기 단어형성

50

年齢層
연령층

(한자풀이) 層 층 층

ねんれいそう

의미 연령층

★빈출표현 幅広い年齢層(폭넓은 연령층)
年齢層が高い/低い(연령층이 높다/낮다)

＊출제가능유형 : 한자읽기 단어형성

유 決心して 결심하고
참 思い切る 단념하다

会社を辞めて思い切って独立した。

회사를 그만두고 과감히 독립했다.

＝ 思いっきり 마음껏
유 満足できるまで 만족할 때까지
　思う存分 마음대로, 마음껏

公園で子供たちが思いきり走り回っている。

공원에서 아이들이 마음껏 달리고 있다.

참 一日中 하루 종일
　一年中 일 년 내내
　世界中 온 세계, 전 세계
　日本中 일본 전체
　学校中 전교, 학교 전체

今日中に終えなければならない作業がある。

오늘 중으로 끝내야만 하는 작업이 있다.

참 全禁煙席 전석 금연
　全商品 전 상품, 상품 전체
　全学生 학생 전체

あのドラマは全世界で爆発的な人気を博している。

그 드라마는 전 세계에서 폭발적인 인기를 얻고 있다.

참 幅広い層 폭넓은 층
　若年層 젊은층
　富裕層 부유층
　オゾン層 오존층

ドラえもんは幅広い年齢層に愛されているキャラクターだ。

도라에몽은 폭넓은 연령층에게 사랑받는 캐릭터다.

Day 13

──────── 문제로 확인하기 ────────

1 다음 단어의 뜻을 쓰고 읽는 법을 고르세요.

1. 航空　（뜻:　　　）　A. くうこう　　B. こうくう
2. 缶詰　（뜻:　　　）　A. かんづめ　　B. かんずめ
3. 騒がしい（뜻:　　　）　A. そうがしい　B. さわがしい
4. 強引だ　（뜻:　　　）　A. ごういんだ　B. きょういんだ
5. 担ぐ　（뜻:　　　）　A. かつぐ　　　B. になぐ

2 다음 빈칸에 공통으로 들어갈 수 있는 한자로 적절한 것을 고르세요.

6. （　）由　神（　）（　）度
　　A. 何　B. 経　C. 理

7. （　）済　（　）急　（　）助
　　A. 援　B. 救　C. 返

8. （　）商品　（　）学生　（　）世界
　　A. 全　B. 中　C. 異

9. 若年（　）　オゾン（　）　年齢（　）
　　A. 階　B. 差　C. 層

10. 一年（　）　今日（　）　世界（　）
　　A. 高　B. 下　C. 中

3 빈칸에 들어갈 단어로 적절한 것을 고르세요.

> A. 思い切って　　B. うんと　　C. 書き直して　　D. 壁　　E. ゼミ

11. 来週、大学の＿＿＿＿で研究発表をすることになった。
12. 誰もが仕事や人生において＿＿＿＿にぶつかる時がある。
13. 雇用契約書を新しく＿＿＿＿ほしい。
14. 会社を辞めて＿＿＿＿独立した。
15. 在宅勤務になり、お出かけする機会が＿＿＿＿減った。

정답 | 1. 항공, B　2. 통조림, A　3. 소란하다, B　4. 강제적이다, A　5. 메다, A /
6. B　7. B　8. A　9. C　10. C / 11. E　12. D　13. C　14. A　15. B

WEEK 3

Day 14

강의와
예문 듣기

 매일 품사별로 골고루! 오늘의 50단어 한눈에 보기!

음독명사

01. 建築
02. 検討
03. 見当
04. 権利
05. 講演
06. 交換
07. 講師
08. 高層
09. 構造
10. 候補
11. 合理
12. 呼吸
13. 国境
14. 骨折
15. 催促
16. 最中
17. 裁判
18. 作成
19. 差別

고유어

20. 現場

21. 氷
22. 白髪
23. しわ

가타카나

24. ダウン
25. タッチ
26. ダメージ

い형용사

27. 怠い
28. 力強い

な형용사

29. 公正だ
30. 公平だ
31. 困難だ
32. 爽やかだ

기본동사

33. 切れる
34. 崩れる

35. くっつく
36. くつろぐ
37. 超える
38. 焦げる
39. 凍える
40. こらえる
41. 探す

복합동사

42. 突っ込む
43. 詰め込む
44. 釣り合う

부사

45. 主に
46. かえって
47. 必ずしも
48. 偶然

복합파생

49. 多〜
50. 〜代

313

표제어	Step 1 │ 단어 풀이(용법·의미) ✏

음독명사

1

建築
건축

(한자풀이) 建 세울 건, 築 쌓을 축

けんちく

의미 건축

☆ 빈출표현 建築士(건축사), 建築家(건축가)
住宅を建築する(주택을 건축하다)

＊출제가능유형 : 한자읽기 한자표기 단어형성 유의표현

2

検討
검토

(한자풀이) 検 검사할 검, 討 칠 토

けんとう

의미 검토

☆ 빈출표현 検討する(검토하다)
十分な検討(충분한 검토)
検討の余地がある(검토의 여지가 있다)

＊출제가능유형 : 한자읽기 한자표기 문맥

3

見当
짐작, 예상

(한자풀이) 見 볼 견, 当 마땅 당

けんとう

의미 짐작, 어림, 예상, 예측, 대략적인 추측

☆ 빈출표현 見当違い(예상이 어긋남), 見当がつく(짐작이 가다)
見当をつける(짐작을 하다)

＊출제가능유형 : 한자읽기 한자표기 유의표현 용법

4

権利
권리

(한자풀이) 権 권세 권, 利 이로울 리

けんり

의미 권리

☆ 빈출표현 権利を守る/行使する(권리를 지키다/행사하다)
権利を保証する/侵す(권리를 보장하다/침해하다)
権利を主張する(권리를 주장하다)

＊출제가능유형 : 한자읽기 한자표기 문맥 용법

5

講演
강연

(한자풀이) 講 외울 강, 演 펼 연

こうえん

의미 강연

☆ 빈출표현 講演会を開く(강연회를 열다)
講演を実施する(강연을 실시하다)

＊출제가능유형 : 한자읽기 한자표기 단어형성

Step 2 | 연관 단어 🔍	**Step 3** | 예문 💬

참 建てる 짓다

建物 건물

建設 건설

新築 신축

に ほん　　もくぞう　けんちく　しゅりゅう
日本では木造建築が主流である。

일본에서는 목조 건축이 주류다.

참 같은 한자 사용 단어

検査 검사

討論 토론

せんぽう　ばいしゅうていあん　まえむ
先方の買収提案を前向きに検討することに
した。

상대편의 매수 제안을 긍정적으로 검토하기로 했다.

유 見通し 전망, 예측

見込み 예산, (전망에 대한 확신 있는) 추측

なに
何をどうすればいいのか、まったく見当が
つかない。

무엇을 어떻게 하면 좋을지 전혀 짐작이 가지 않는다.

참 같은 한자 사용 단어

人権 인권

権限 권한

↔ 義務 의무

ぎ む　は　　　　　　　　けんり　　　　　しゅちょう　　ひと
義務を果たさず、権利ばかり主張する人が
いる。

의무를 다하지 않고 권리만 주장하는 사람이 있다.

참 같은 발음 단어

後援 후원

公園 공원

公演 공연

ほんじつ　　　とちじ　　　　　とくべつ　　かい　じっしいた
本日は、都知事による特別講演会を実施致
します。

오늘은 도지사에 의한 특별 강연회를 실시합니다.

D A Y
14

| 표제어 | Step 1 | 단어 풀이(용법·의미) ✏️ |

6

交換
교환

한자풀이 交 사귈 교, 換 바꿀 환

こうかん

의미 교환

⭐빈출표현 意見/情報を交換する(의견/정보를 교환하다)
部品/電池を交換する(부품/전지를 교환하다)
ポイントを交換する(포인트를 교환하다)

＊출제가능유형 : 한자읽기 한자표기 유의표현 용법

7

講師
강사

한자풀이 講 외울 강, 師 스승 사

こうし

의미 강사

⭐빈출표현 人気講師(인기 강사)
講師を招く(강사를 초빙하다)

＊출제가능유형 : 한자읽기 한자표기 유의표현

8

음독명사

高層
고층

한자풀이 高 높을 고, 層 층 층

こうそう

의미 고층

⭐빈출표현 高層ビル(고층 빌딩)
高層マンション(고층 아파트)

＊출제가능유형 : 한자읽기 한자표기 단어형성

9

構造
구조

한자풀이 構 얽을 구, 造 지을 조

こうぞう

의미 구조

⭐빈출표현 社会/文章構造(사회/문장 구조)
構造を作る/理解する(구조를 만들다/이해하다)

＊출제가능유형 : 한자읽기 한자표기 문맥

10

候補
후보

한자풀이 候 기후 후, 補 도울 보

こうほ

의미 후보

⭐빈출표현 優勝候補(우승 후보)
候補に挙がる(후보에 오르다)

＊출제가능유형 : 한자읽기 한자표기 문맥 유의표현 용법

유 引き換える (주로 물건 등을) 교환하다

참 같은 발음 단어

好感 호감

交感 교감

当社のポイントは、他社のポイントと簡単に交換できます。

저희 회사 포인트는 타사 포인트와 간단히 교환할 수 있습니다.

참 같은 한자 사용 단어

教師 교사

牧師 목사

漁師 어부

外部から講師を招き、研修会を開催することにした。

외부에서 강사를 초빙해 연수회를 개최하기로 했다.

참 上層 상층

中層 중층

下層 하층

↔ 低層 저층

都心の超高層マンションに住みたい。

도심의 초고층 아파트에 살고 싶다.

참 비슷한 한자

傋 어리석을 강, 講 익힐 강, 溝 도랑 구,

購 구할 구

構造が簡単なので小型から大型までよく使われる。

구조가 간단해서 소형부터 대형까지 자주 사용된다.

참 같은 한자 사용 단어

気候 기후

天候 날씨, 기후

兆候 징후

補償 보상

村上春樹は、毎年のようにノーベル文学賞の候補に挙げられてきた。

무라카미 하루키는 거의 매년 노벨 문학상 후보로 천거되어 왔다.

| 표제어 | Step 1 | 단어 풀이(용법·의미) |

11

音読名詞

合理
합리

한자풀이 合 합할 합, 理 다스릴 리

ごうり

의미 합리

★ 빈출표현 合理的な人(합리적인 사람)
合理性を欠く(합리성이 결여되다)

＊출제가능유형 : 한자읽기 │ 한자표기 │ 단어형성

12

呼吸
호흡

한자풀이 呼 부를 호, 吸 마실 흡

こきゅう

의미 호흡

★ 빈출표현 呼吸が苦しい/荒い(호흡이 가쁘다/거칠다)
呼吸をする/止める(호흡을 하다/멈추다)

＊출제가능유형 : 한자읽기 │ 한자표기 │ 용법

13

国境
국경

한자풀이 国 나라 국, 境 지경 경

こっきょう

의미 국경

★ 빈출표현 国境がある/ない(국경이 있다/없다)
国境を越える(국경을 넘다)

＊출제가능유형 : 한자읽기 │ 한자표기 │ 문맥 │ 유의표현 │ 용법

14

骨折
골절

한자풀이 骨 뼈 골, 折 꺾을 절

こっせつ

의미 골절

★ 빈출표현 骨折する(골절되다), 骨折が治る(골절이 낫다)
骨折を負う(골절을 입다)

＊출제가능유형 : 한자읽기 │ 한자표기 │ 유의표현 │ 용법

15

催促
재촉

한자풀이 催 재촉할 최, 促 재촉할 촉

さいそく

의미 재촉

★ 빈출표현 催促する(재촉하다)
催促を受ける(재촉을 받다)

＊출제가능유형 : 한자읽기 │ 한자표기 │ 유의표현

⟷ 不合理 불합리

合理的に判断し、冷徹に行動できる人になりたい。

합리적으로 판단하고 냉철하게 행동할 수 있는 사람이 되고 싶다.

참 息 숨

最近、呼吸をするのが辛くて夜眠れない。

요즘 호흡을 하는 것이 괴로워서 밤에 잘 수 없다.

참 国境 국경

참 같은 한자 사용 단어

国籍 국적　　　境界 경계
環境 환경　　　心境 심경

スポーツは国境を越えて友情を育てられる良い機会だと思う。

스포츠는 국경을 넘어서 우정을 키울 수 있는 좋은 기회라고 생각한다.

참 骨が折れる 뼈가 부러지다

脱臼 탈구

捻挫 염좌

挫く 삐다, 접질리다

骨折が治るまで、ギプスで固定することにした。

골절이 나을 때까지 깁스로 고정하기로 했다.

유 督促 독촉

促進 촉진

メールの返信が来ないので、催促メールを送った。

메일 답신이 오지 않아서 독촉 메일을 보냈다.

표제어	Step 1	단어 풀이(용법·의미) ✎

음독 명사

16

最中
한창 ~하는 중

(한자풀이) 最 가장 최, 中 가운데 중

さいちゅう

(의미) 한창 ~하는 중

★빈출표현 食事/会議の最中(한창 식사 중/회의 중)
考えている最中(한창 생각하는 중)

*출제가능유형 : 한자읽기 한자표기 문맥 유의표현 용법

17

裁判
재판

(한자풀이) 裁 마를 재, 判 판단할 판

さいばん

(의미) 재판

★빈출표현 裁判が開かれる(재판이 열리다)
裁判を受ける(재판을 받다)
裁判で勝つ/負ける(재판에서 이기다/지다)

*출제가능유형 : 한자읽기 한자표기 문맥

18

作成
작성

(한자풀이) 作 지을 작, 成 이룰 성

さくせい

(의미) 작성

★빈출표현 報告書/メールを作成する(보고서/메일을 작성하다)
申込書を作成する(신청서를 작성하다)
プログラムを作成する(프로그램을 작성하다)

*출제가능유형 : 한자읽기 한자표기 유의표현 용법

19

差別
차별

(한자풀이) 差 다를 차, 別 나눌 별

さべつ

(의미) 차별

★빈출표현 人種/男女差別(인종/남녀 차별)
差別をする/受ける(차별을 하다/받다)

*출제가능유형 : 한자읽기 한자표기 유의표현 용법

고유어

20

現場
현장

(한자풀이) 現 나타날 현, 場 마당 장

げんば

(의미) ① 현장 ② 실무

★빈출표현 工事/事件現場(공사/사건 현장)
現場を知らない(현장을 모르다, 실무를 모르다)

*출제가능유형 : 한자읽기 한자표기 단어형성 문맥 유의표현 용법

참 最中 한창 ~인 때(문어적 표현)
　　最中 (음식) 모나카

会議の最中に居眠りをしてしまった。

한창 회의 중에 졸아 버렸다.

참 비슷한 한자

　　裁 마를 재, 栽 심을 재, 載 실을 재, 哉 어조사 재

裁判でかかった弁護士費用を相手に請求した。

재판에서 든 변호사 비용을 상대방에게 청구했다.

참 같은 발음 단어
　　作製 제작, (물품・기계・도면・등을) 만듦

毎日、業務報告書を作成し、上司に提出している。

매일 업무 보고서를 작성해서 상사에게 제출하고 있다.

참 같은 한자 사용 단어

　　差異 차이　　　　交差 교차
　　性別 성별　　　　送別 송별

あらゆる差別を無くすためには、人権意識を高める必要がある。

모든 차별을 없애기 위해서는 인권 의식을 높일 필요가 있다.

유 現地 현지
참 現場 현장

学校教育現場を取り巻く問題は多様化している。

학교 교육 현장을 둘러싼 문제는 다양화되고 있다.

표제어	Step 1 │ 단어 풀이(용법·의미) ✏️

21

氷
얼음

한자풀이 氷 얼음 빙

こおり

의미 얼음

⭐ 빈출표현 氷が氷る/溶ける(얼음이 얼다/녹다)

*출제가능유형 : 한자읽기 한자표기 문맥 유의표현 용법

22

고유어

白髪
흰머리

한자풀이 白 흰 백, 髪 머리 발

しらが

의미 흰머리, 백발

⭐ 빈출표현 白髪が生える/できる(흰머리가 자라다/생기다)

*출제가능유형 : 한자읽기 한자표기 문맥 유의표현 용법

23

しわ
주름

의미 주름

⭐ 빈출표현 しわができる(주름이 생기다)
　　　　　 しわをなくす(주름을 없애다)
　　　　　 眉間にしわを寄せる(눈살을 찌푸리다)

*출제가능유형 : 문맥 유의표현 용법

24

가타카나

ダウン
다운

down

의미 다운, 아래, 내림, 떨어짐

⭐ 빈출표현 コストダウン(코스트 다운, 원가 절감)
　　　　　 ダウンする(다운받다)

*출제가능유형 : 문맥 유의표현 용법

25

タッチ
터치

touch

의미 터치, 닿음, 댐

⭐ 빈출표현 タッチする(터치하다)

*출제가능유형 : 문맥 유의표현 용법

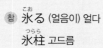

참 氷る (얼음이) 얼다
氷柱 고드름

南極の氷が溶けてなくなると、氷の重さで沈んでいた大陸が浮き上がるらしい。

남극의 얼음이 녹아 없어지면, 얼음의 무게로 가라앉아 있던 대륙이 떠오른다고 한다.

유 白髪 백발, 흰머리
銀髪 은발
↔ 黒髪 흑발, 검은 머리
黒髪 흑발, 검은 머리

白髪が増えるのは、ストレスや遺伝も原因の一つと言われている。

흰머리가 느는 것은 스트레스나 유전도 원인 중 하나라고 한다.

유 小じわ 잔주름

眉間や目尻のしわが気になる。

미간과 눈꼬리의 주름이 신경 쓰인다.

유 下げる 내려가다
下がる 내리다
참 ダウンジャケット 다운 재킷, 패딩 점퍼
↔ アップ 업(up), 상승, 인상

2〜3日風邪でダウンしてしまった。

2〜3일 감기로 다운되어 버렸다.

유 触れる 닿다, 대다, 건드리다
接触 접촉

液晶が汚れていて、タッチしても反応しない。

액정이 더러워서 터치해도 반응하지 않는다.

표제어	Step 1 │ 단어 풀이(용법·의미)

26

가타카나

ダメージ
대미지

damage

의미 대미지, 손해, 피해

★ 빈출표현 ダメージを与える/受ける(대미지를 주다/입다)

＊출제가능유형 : 문맥 유의표현 용법

27

い형용사

怠い
나른하다

한자풀이 怠 게으를 태

だるい

의미 나른하다

★ 빈출표현 体が怠い(몸이 나른하다)

＊출제가능유형 : 한자읽기 한자표기 문맥 유의표현 용법

28

力強い
마음 든든하다

한자풀이 力 힘 력, 強 강할 강

ちからづよい

의미 마음 든든하다, 힘차다

★ 빈출표현 力強い言葉/支援(마음 든든한 말/지원)
力強い声/演説(힘찬 목소리/연설)

＊출제가능유형 : 한자읽기 한자표기 문맥 유의표현 용법

29

な형용사

公正だ
공정하다

한자풀이 公 공평할 공, 正 바를 정

こうせいだ

의미 공정하다

★ 빈출표현 公正な社会/判断(공정한 사회/판단)
公正な評価(공정한 평가)

＊출제가능유형 : 한자읽기 한자표기 문맥 유의표현 용법

30

公平だ
공평하다

한자풀이 公 공평할 공, 平 평평할 평

こうへいだ

의미 공평하다

★ 빈출표현 公平な機会/社会(공평한 기회/사회)
公平な立場(공평한 입장)

＊출제가능유형 : 한자읽기 한자표기 문맥 유의표현 용법

유 損害 손해
そんがい

損傷 손상
そんしょう

打撃 타격
だげき

痛手 중상, 심한 타격
いた で

日焼けをした肌は、火傷をした時と同じく
ひ や   はだ   やけど   とき   おな
らい大きなダメージを受けるらしい。
おお   う

햇볕에 탄 피부는 화상을 입었을 때와 같은 정도로 큰 대미지를 입는다
고 한다.

유 気だるい 어쩐지 나른하다
け

かったるい 나른하다

やることは山ほどあるのに、体が怠くてや
やま   からだ だる
る気が起きない。
き お

할 일은 산더미인데, 몸이 나른해서 할 마음이 생기지 않는다.

유 気強い 마음 든든하다, 안심이다
き づよ

頼りになる 의지가 되다
たよ

安心できる 안심할 수 있다
あんしん

皆様、力強いご支援を誠にありがとうござ
みなさま ちからづよ   しえん まこと
います。

여러분, 마음 든든한 지원을 (해 주셔서) 진심으로 감사합니다.

유 公平だ 공평하다
こうへい

平等だ 평등하다
びょうどう

↔ 不正だ 부정하다, 옳지 못하다
ふ せい

公正な社会を実現させるためには政治に興
しゃかい じつげん   せいじ きょう
味を持つことも大切だ。
み も   たいせつ

공정한 사회를 실현시키기 위해서는 정치에 관심을 갖는 것도 중요하다.

유 公正だ 공정하다
こうせい

平等だ 평등하다
びょうどう

↔ 不公平だ 불공평하다
ふ こうへい

すべての人が公平な機会が得られるような
ひと こうへい きかい え
社会を構築したい。
しゃかい こうちく

모든 사람이 공평한 기회를 얻을 수 있는 사회를 구축하고 싶다.

| 표제어 | Step 1 \| 단어 풀이(용법·의미) |

31

な형용사

困難だ
곤란하다

한자풀이 困 곤할 곤, 難 어려울 난

こんなんだ

의미 곤란하다

★ 빈출표현 困難な状況/立場(곤란한 상황/입장)
困難な問題(곤란한 문제)

＊출제가능유형 : 한자읽기 ｜ 한자표기 ｜ 문맥 ｜ 유의표현 ｜ 용법

32

爽やかだ
상쾌하다

한자풀이 爽 시원할 상

さわやかだ

의미 상쾌하다, 시원하다, 산뜻하다

★ 빈출표현 爽やかな風/天気(상쾌한 바람/날씨)
爽やかな気分(상쾌한 기분)

＊출제가능유형 : 한자읽기 ｜ 한자표기 ｜ 문맥 ｜ 유의표현 ｜ 용법

33

기본동사

切れる
끊어지다, 다하다

한자풀이 切 끊을 절

きれる

의미 ① 끊어지다, 잘리다 ② 다하다 ③ 떨어지다

★ 빈출표현 電話/ひもが切れる(전화/끈이 끊어지다)
期限が切れる(기한이 다하다)
品物が切れる(품절되다)

＊출제가능유형 : 한자읽기 ｜ 한자표기 ｜ 문맥 ｜ 유의표현 ｜ 용법

34

崩れる
무너지다, 흐트러지다

한자풀이 崩 무너질 붕

くずれる

의미 ① 무너지다 ② 흐트러지다

★ 빈출표현 信頼関係/がけが崩れる(신뢰 관계/벼랑이 무너지다)
姿勢が崩れる(자세가 흐트러지다)

＊출제가능유형 : 한자읽기 ｜ 한자표기 ｜ 문맥 ｜ 유의표현 ｜ 용법

35

くっつく
들러붙다

의미 (착) 들러붙다, 달라붙다

★ 빈출표현 ぴったりくっつく(찰싹 달라붙다)
くっついて寝る(달라붙어 자다)

＊출제가능유형 : 문맥 ｜ 유의표현 ｜ 용법

유 難しい 어렵다, 곤란하다

困難な状況にある人々を助けたい。

곤란한 상황에 있는 사람들을 돕고 싶다.

유 清々しい 상쾌하다, 시원하다, 산뜻하다
快い 상쾌하다, 기분 좋다

爽やかな風の吹く季節になった。

상쾌한 바람이 부는 계절이 되었다.

유 分かれる 나뉘다, 갈리다
참 切る 끊다, 자르다

友達に借りたヘアゴムが切れてしまった。

친구에게 빌린 머리 끈이 끊어져 버렸다.

유 壊れる 깨지다, 부서지다
乱れる 어지러워지다, 흐트러지다, 혼란해지다
참 崩す 무너뜨리다, 흘뜨리다

一度信頼関係が崩れた人とやり直すのは難しいと思う。

한 번 신뢰 관계가 무너진 사람과 다시 시작하는 것은 어렵다고 생각한다.

유 つく 붙다
付着する 부착하다
接合する 접합하다

犬は仲間同士でくっついて寝る習慣がある。

개는 끼리끼리 들러붙어서 자는 습관이 있다.

표제어	Step 1	단어 풀이(용법·의미)

36

くつろぐ
유유자적하다

의미 유유자적하다, 편안히 지내다

☆ **빈출표현** 家/温泉でくつろぐ(집/온천에서 편안히 지내다)

くつろいだ雰囲気(유유자적한 분위기)

* **출제가능유형 :** 문맥 유의표현 용법

37

超える
넘다

한자
풀이 超 뛰어넘을 초

こえる

의미 (기준을) 넘다, 초월하다

☆ **빈출표현** 基準値/レベルを超える(기준치/레벨을 넘다)

時空を超える(시공을 초월하다)

* **출제가능유형 :** 한자읽기 한자표기 문맥 유의표현 용법

38

기
본
동
사

焦げる
타다

한자
풀이 焦 탈 초

こげる

의미 타다

☆ **빈출표현** ご飯/鍋が焦げる(밥/냄비가 타다)

魚/肉が焦げる(생선/고기가 타다)

* **출제가능유형 :** 한자읽기 한자표기 문맥 유의표현 용법

39

凍える
얼다

한자
풀이 凍 얼 동

こごえる

의미 (손·발 등이 추위로) 얼다

☆ **빈출표현** 体/手足が凍える(몸/손발이 얼다)

寒さで凍える(추위로 얼다)

* **출제가능유형 :** 한자읽기 한자표기 문맥 유의표현 용법

40

こらえる
참다

의미 참다, 견디다

☆ **빈출표현** 怒り/痛みをこらえる(분노/통증을 참다)

笑いをこらえる(웃음을 참다)

* **출제가능유형 :** 문맥 유의표현 용법

<table>
<tr>
<td>

(유) 憩う 푹 쉬다, 휴식하다

リラックスする 릴랙스(relax)하다

</td>
<td>

休みの日は、できるだけ家でくつろいで過ごしたい。

쉬는 날에는 되도록 집에서 편안히 지내고 싶다.

</td>
</tr>
<tr>
<td>

(유) 上回る 웃돌다, 상회하다

超す 넘다, 초과하다

</td>
<td>

健康診断で、「コレステロール値が基準値を超えている」と言われた。

건강 검진에서 '콜레스테롤 수치가 기준치를 넘었다'는 말을 들었다.

</td>
</tr>
<tr>
<td>

(유) 焼ける 타다, 구워지다

焦げ付く 눌어붙다

(참) 焦がす 눌리다, 태우다

</td>
<td>

焦げた肉は食べない方がいい。

탄 고기는 먹지 않는 편이 좋다.

</td>
</tr>
<tr>
<td>

(유) 冷える 차가워지다, 추워지다, 식다

</td>
<td>

体の芯まで凍えるような寒い日に入る温泉は最高です。

뼛속까지 얼어 버릴 것 같은 추운 날에 들어가는 온천은 최고입니다.

</td>
</tr>
<tr>
<td>

(유) 耐える 견디다, 참다, 버티다

忍ぶ 견디다, 참다

</td>
<td>

生徒たちは必死で笑いをこらえている。

학생들은 필사적으로 웃음을 참고 있다.

</td>
</tr>
</table>

DAY
14

표제어	Step 1	단어 풀이(용법·의미) ✏

41

기본동사

探す
찾다

(한자풀이) 探 찾을 탐

さがす

의미 찾다

⭐빈출표현 アルバイト/仕事を探す(아르바이트/일을 찾다)
資料/店を探す(자료/가게를 찾다)

＊출제가능유형 : 한자읽기 한자표기 문맥 유의표현 용법

42

복합동사

突っ込む
돌진하다, 추궁하다

(한자풀이) 突 갑자기 돌, 込 담을 입

つっこむ

의미 ① 돌진하다, 돌입하다, 깊이 파고들다 ② 추궁하다

⭐빈출표현 車が突っ込む(차가 돌진하다)
ポケットに手を突っ込む(주머니에 손을 찔러 넣다)
鋭く突っ込まれる(날카롭게 추궁당하다)

＊출제가능유형 : 한자읽기 한자표기 문맥 유의표현 용법

43

복합동사

詰め込む
가득 넣다, 채우다

(한자풀이) 詰 물을 힐, 込 담을 입

つめこむ

의미 가득 넣다, 담다, 채우다, 밀어 넣다

⭐빈출표현 荷物を詰め込む(짐을 가득 넣다)
頭に詰め込む(머리에 쑤셔 넣다)

＊출제가능유형 : 한자읽기 한자표기 문맥 유의표현 용법

44

釣り合う
균형이 잡히다, 어울리다

(한자풀이) 釣 낚을 조, 合 합할 합

つりあう

의미 ① 균형이 잡히다 ② 어울리다, 조화되다

⭐빈출표현 左右が釣り合う(좌우가 균형이 잡히다)
釣り合わないカップル(어울리지 않는 커플)

＊출제가능유형 : 한자읽기 한자표기 문맥 유의표현 용법

45

부사

主に
주로

(한자풀이) 主 주인 주

おもに

의미 주로, 대부분

⭐빈출표현 主に映画を見る(주로 영화를 본다)
主にパンを食べる(주로 빵을 먹는다)

＊출제가능유형 : 한자읽기 한자표기 문맥 유의표현 용법

유 探る 뒤지다

참 捜す 찾다

時給の高いアルバイトを探している。

시급이 높은 아르바이트를 찾고 있다.

유 突入する 돌입하다

鋭く追及する 날카롭게 추궁하다

車のアクセルを強く踏みすぎて店に突っ込んだ。

차의 액셀을 너무 세게 밟아서 가게로 돌진했다.

유 たくさん入れる 많이 넣다

詰める 채우다, 담다, 막다

小さい袋に無理に詰め込もうとすると、袋が破れてしまう。

작은 봉지에 억지로 채워 넣으려고 하면 봉지가 찢어져 버린다.

유 似合う 어울리다

平均がとれている 평균이 잡혀 있다

調和がとれている 조화가 잘 이루어져 있다

商品の価格は、需要と供給が釣り合う点で決まる。

상품의 가격은 수요와 공급이 균형을 이루는 점에서 결정된다.

유 主として 주로

専ら 오로지, 한결같이

ほとんど 거의, 대부분

当社は主に住宅設備に関するリフォームを行う会社です。

당사는 주로 주택 설비에 관한 리폼을 하는 회사입니다.

| 표제어 | Step 1 | 단어 풀이(용법·의미) ✏ |

46

かえって
오히려

의미 오히려, 도리어, 예상과는 반대로

⭐ **빈출표현** かえって良くない(오히려 좋지 않다)
かえって不便だ(오히려 불편하다)

＊출제가능유형 : 문맥 유의표현 용법

부
사

47

必ずしも
반드시

한자
풀이 **必** 반드시 필

かならずしも

의미 (부정 표현 수반) 반드시[꼭] (~인 것은 아니다)

⭐ **빈출표현** 必ずしもそうでない(반드시 그렇지는 않다)
必ずしも正しいとは言えない(꼭 옳다고는 할 수 없다)

＊출제가능유형 : 문맥 유의표현 용법

48

偶然
우연히

한자
풀이 **偶** 짝 우, **然** 그럴 연

ぐうぜん

의미 우연히

⭐ **빈출표현** 偶然会う/見つける(우연히 만나다/발견하다)
偶然目が合う(우연히 눈이 마주치다)

＊출제가능유형 : 문맥 유의표현 용법

복
합
파
생

49

多目的
다목적

한자
풀이 **多** 많을 다

たもくてき

의미 다목적

⭐ **빈출표현** 多目的室(다목적실), 多目的ホール(다목적홀)
多目的に利用する(다목적으로 이용하다)
多目的に使える(다목적으로 쓸 수 있다)

＊출제가능유형 : 한자읽기 단어형성

50

タクシー代
택시비

한자
풀이 **代** 대신할 대

taxi+だい

의미 택시비

⭐ **빈출표현** タクシー代を支払う(택시비를 지불하다)
タクシー代を払う(택시비를 내다)

＊출제가능유형 : 한자읽기 단어형성

유 反対_{はんたい}に 반대로
逆_{ぎゃく}に 역으로

むしろ 오히려

脱_{だつ}ハンコはしたが、かえって不便_{ふべん}になった。

도장을 찍는 관례에서는 벗어났지만 오히려 불편해졌다.

유 あながち (부정 표현 수반) 반드시

まんざら (부정 표현 수반) 반드시는, 아주, 전혀

友達_{ともだち}が多_{おお}いことが、必_{かなら}ずしも幸_{しあわ}せとは言_いえない。

친구가 많은 것이 반드시 행복하다고는 말할 수 없다.

유 たまたま 우연히, 가끔
↔ 必然_{ひつぜん} 필연

偶然_{ぐうぜん}入<sub>はい</sub >ったお店_{みせ}のオーナーが知_しり合_あいでびっくりした。

우연히 들어간 가게의 주인이 아는 사람이라 깜짝 놀랐다.

참 多方面_{たほうめん} 다방면
多用途_{たようと} 다용도
多機能_{たきのう} 다기능
多国籍_{たこくせき} 다국적

多目的_{たもくてき}に使_{つか}える簡易_{かんい}テーブルを買_かった。

다목적으로 쓸 수 있는 간이 테이블을 샀다.

참 電気代_{でんきだい} 전기 요금
水道代_{すいどうだい} 수도 요금
ガス代_{だい} 가스 요금
ガソリン代_{だい} 기름값

クレジットカードでタクシー代_{だい}を支払_{しはら}った。

신용 카드로 택시비를 지불했다.

Day 14

1 다음 단어의 뜻을 쓰고 읽는 법을 고르세요.

1. 構造　　（뜻:　　　　　）　　A. くうぞう　　　B. こうぞう

2. 白髪　　（뜻:　　　　　）　　A. しらが　　　　B. しろが

3. 怠い　　（뜻:　　　　　）　　A. だるい　　　　B. たるい

4. 爽やかだ（뜻:　　　　　）　　A. さわやかだ　　B. ささやかだ

5. 崩れる　（뜻:　　　　　）　　A. はずれる　　　B. くずれる

2 다음 빈칸에 공통으로 들어갈 수 있는 한자로 적절한 것을 고르세요.

6. 講（ ）　牧（ ）　漁（ ）
   A. 演　B. 場　C. 師

7. 環（ ）　国（ ）　心（ ）
   A. 旗　B. 境　C. 理

8. （ ）築　（ ）物　（ ）設
   A. 構　B. 食　C. 建

9. （ ）方面　（ ）目的　（ ）機能
   A. 多　B. 少　C. 高

10. ガス（ ）　タクシー（ ）　水道（ ）
    A. 費　B. 代　C. 局

3 빈칸에 들어갈 단어로 적절한 것을 고르세요.

A. しわ　　　B. 突っ込んだ　　　C. かえって　　　D. ダウン　　　E. 偶然

11. ２〜３日風邪で＿＿＿＿＿＿してしまった。

12. 眉間や目尻の＿＿＿＿＿＿が気になる。

13. 車のアクセルを強く踏みすぎて店に＿＿＿＿＿＿。

14. ＿＿＿＿＿＿入ったお店のオーナーが知り合いでびっくりした。

15. 脱ハンコはしたが、＿＿＿＿＿＿不便になった。

정답	1. 구조, B　2. 흰머리, A　3. 나른하다, A　4. 상쾌하다, A　5. 무너지다, B /
	6. C　7. B　8. C　9. A　10. B / 11. D　12. A　13. B　14. E　15. C

Day 15

강의와
예문 듣기

매일 품사별로 골고루! 오늘의 50단어 한눈에 보기!

음독명사

01. 左右
02. 賛否
03. 至急
04. 資源
05. 持参
06. 姿勢
07. 施設
08. 実習
09. 児童
10. 借金
11. 集会
12. 収穫
13. 渋滞
14. 重体
15. 住宅
16. 集中
17. 述語
18. 主役
19. 需要

고유어

20. 裾

21. 隅
22. ずれ
23. 台詞

가타카나

24. チェンジ
25. テンポ
26. ニュアンス

い형용사

27. 情けない
28. 懐かしい

な형용사

29. 地味だ
30. 純粋だ
31. シンプルだ
32. 退屈だ

기본동사

33. 探る
34. 避ける

35. 支える
36. 刺す
37. 覚める
38. しゃべる
39. 優れる
40. すすぐ
41. ずれる

복합동사

42. 通りかかる
43. 取り入れる
44. 取り次ぐ

부사

45. くっきり
46. ぐっと
47. くれぐれも
48. こっそり

복합파생

49. 〜費
50. 丸〜

335

표제어	Step 1 │ 단어 풀이(용법·의미)

음독명사

1

左右
좌우

(한자풀이) 左 왼 좌, 右 오른쪽 우

さゆう

[의미] 좌우

⭐빈출표현 左右対称(좌우 대칭)
左右のバランス(좌우 밸런스)

＊출제가능유형 : 한자읽기 한자표기

2

賛否
찬성과 반대

(한자풀이) 賛 도울 찬, 否 아닐 부

さんぴ

[의미] 찬성과 반대, 찬반

⭐빈출표현 賛否両論 (찬반양론)
賛否を問う/巻き起こす(찬반을 묻다/야기하다)
賛否の決を取る(찬반의 결정을 내리다)

＊출제가능유형 : 한자읽기 한자표기 단어형성 문맥

3

至急
시급, 속히

(한자풀이) 至 이를 지, 急 급할 급

しきゅう

[의미] 시급, 지급, 속히

⭐빈출표현 大至急(매우 급함), 至急のお願い(시급한 부탁)
至急を要する(지급을 요하다)

＊출제가능유형 : 한자읽기 한자표기 문맥 유의표현 용법

4

資源
자원

(한자풀이) 資 재물 자, 源 근원 원

しげん

[의미] 자원

⭐빈출표현 資源を生かす/守る(자원을 활용하다/지키다)
資源を大切にする(자원을 소중히 하다)

＊출제가능유형 : 한자읽기 한자표기 문맥

5

持参
지참

(한자풀이) 持 가질 지, 参 참여할 참

じさん

[의미] 지참

⭐빈출표현 履歴書を持参する(이력서를 지참하다)

＊출제가능유형 : 한자읽기 한자표기

참 左 왼쪽

右 오른쪽

まったく歪みのない左右対称の顔を持つ人は、100万人に一人と言われている。

전혀 뒤틀림이 없는 좌우 대칭인 얼굴을 가진 사람은 100만 명에 한 명이라고 한다.

유 可否 가부, 찬반

참 같은 한자 사용 단어

賛成 찬성　　　賛美 찬미

否定 부정　　　拒否 거부

あの映画は、公開当時、ショッキングなストーリーで賛否両論を巻き起こした。

그 영화는 개봉 당시, 충격적인 스토리로 찬반양론을 야기했다.

유 早急 몹시 급함　　大急ぎ 아주 급함

참 至急(급하게)는 부사로도 사용돼요.

참 같은 발음 단어

支給 지급　　　子宮 자궁

至急を要する案件ですので、明日朝一番で会議を行います。

시급을 요하는 안건이므로 내일 아침 일찍 회의를 하겠습니다.

참 같은 한자 사용 단어

物資 물자

資材 자재

限りある資源を大切に使いましょう。

한정된 자원을 소중하게 사용합시다.

참 같은 한자 사용 단어

参加 참가

参考 참고

最近、買い物にエコバッグを持参する人が増えた。

요즘 장 볼 때 에코백을 지참하는 사람이 늘었다.

표제어	Step 1	단어 풀이(용법·의미) ✏

6

姿勢
자세

한자풀이 姿 모양 자, 勢 형세 세

しせい

의미 자세

⭐빈출표현 正(ただ)しい姿勢(바른 자세)
姿勢がいい/悪(わる)い(자세가 좋다/나쁘다)
姿勢を改善(かいぜん)する(자세를 개선하다)

＊출제가능유형 : 한자읽기 한자표기 문맥 유의표현 용법

7

施設
시설

한자풀이 施 베풀 시, 設 베풀 설

しせつ

의미 시설

⭐빈출표현 公共施設管理(こうきょう)(かん)(り)(공공시설 관리)
施設を作(つく)る/利用(りよう)する(시설을 만들다/이용하다)

＊출제가능유형 : 한자읽기 한자표기 단어형성 문맥 유의표현 용법

8

実習
실습

한자풀이 実 열매 실, 習 익힐 습

じっしゅう

의미 실습

⭐빈출표현 教育/病院実習(きょういく)(びょういん)(교육/병원 실습)
実習を受(う)ける(실습을 받다)

＊출제가능유형 : 한자읽기 한자표기 유의표현

9

児童
아동, 어린이

한자풀이 児 아이 아, 童 아이 동

じどう

의미 아동, 어린이, (특히) 초등학생

⭐빈출표현 児童福祉(ふく)(し)(아동 복지)
児童虐待(ぎゃく)(たい)(아동 학대)

＊출제가능유형 : 한자읽기 한자표기 유의표현

10

借金
돈을 빌림, 빚

한자풀이 借 빌릴 차, 金 쇠 금

しゃっきん

의미 돈을 빌림, 빌린 돈, 빚

⭐빈출표현 借金返済(へんさい)(빚 변제)
借金をする/返(かえ)す(빚을 내다/갚다)

＊출제가능유형 : 한자읽기 한자표기 유의표현 용법

음독명사

유 **같은 한자 사용 단어**

情勢 정세

態勢 태세

姿勢をよくするためには、背筋を強くする
ことが重要だ。

자세를 좋게 하기 위해서는 등 근육을 강하게 하는 것이 중요하다.

참 **같은 한자 사용 단어**

実施 실시

建設 건설

設備 설비

最近は、ネットで公共施設の利用状況を確
認し、予約することができる。

요즘은 인터넷으로 공공시설의 이용 상황을 확인해 예약할 수 있다.

참 **学習** 학습

講習 강습

演習 연습, 세미나

教育実習で学んだことを生かして、教師に
なるという夢を叶えたいと思います。

교육 실습에서 배운 것을 살려서 교사가 되겠다는 꿈을 이루고 싶습니다.

유 **子供** 아이, 어린이

小児 소아

참 **같은 발음 단어**

自動 자동

近年、児童虐待に対する社会的な関心が高
まった。

요새 아동 학대에 대한 사회적인 관심이 높아졌다.

유 **負債** 부채

借財 빚

ローン 론(loan), 대부

100万円の借金があったけれど、頑張って
全部返した。

100만 엔의 빚이 있었지만, 노력해서 전부 갚았다.

표제어	Step 1	단어 풀이(용법·의미)

11

集会
집회

한자풀이 集 모을 집, 会 모일 회

しゅうかい

의미 집회

★ 빈출표현 集会が行われる(집회가 열리다)
集会を開く(집회를 열다)
集会に参加する(집회에 참가하다)

*출제가능유형 : 한자읽기 한자표기 유의표현

12

収穫
수확

한자풀이 収 거둘 수, 穫 거둘 확

しゅうかく

의미 수확

★ 빈출표현 収穫の秋(수확의 가을), 大きな収穫(큰 수확)
野菜を収穫する(채소를 수확하다)

*출제가능유형 : 한자읽기 한자표기 유의표현 용법

13

渋滞
정체

한자풀이 渋 떫을 삽, 滞 막힐 체

じゅうたい

의미 정체, 밀림

★ 빈출표현 交通渋滞(교통 정체), 作業の渋滞(작업 정체)
道路が渋滞する(도로가 정체되다)

*출제가능유형 : 한자읽기 한자표기 유의표현 용법

14

重体
중태

한자풀이 重 무거울 중, 体 몸 체

じゅうたい

의미 중태, 병이나 부상이 심해서 생명이 위험한 것

★ 빈출표현 意識不明の重体(의식 불명의 중태)
重体に陥る(중태에 빠지다)

*출제가능유형 : 한자읽기 한자표기 문맥 유의표현 용법

15

住宅
주택

한자풀이 住 살 주, 宅 집 택

じゅうたく

의미 주택

★ 빈출표현 住宅ローン(주택 장기 대출)
住宅を購入する/売る(주택을 구입하다/팔다)

*출제가능유형 : 한자읽기 한자표기 유의표현

음독명사

유 集_{あつ}まり 모임, 회합

寄_より合_あい 집회

会合_{かいごう} 회합

今回_{こんかい}、初_{はじ}めて学術_{がくじゅつ}集会_{しゅうかい}に参加_{さんか}した。

이번에 처음으로 학술 집회에 참가했다.

유 取_とり入_いれる (곡식 따위를) 거둬들이다

屋上_{おくじょう}で育_{そだ}てた野菜_{やさい}を収穫_{しゅうかく}した。

옥상에서 키운 채소를 수확했다.

유 停滞_{ていたい} 일이 순조롭게 진행되지 않음, 정체
(교통에는 사용하지 않아요.)

ゴールデンウィークや年末年始_{ねんまつねんし}が土日_{どにち}に重_{かさ}なっていると高速道路_{こうそくどうろ}は渋滞_{じゅうたい}しやすい。

골든위크나 연말연시가 주말과 겹치면 고속도로는 정체되기 쉽다.

유 危篤_{きとく} 위독, 당장이라도 죽을 것 같은 상태

道路_{どうろ}を渡_{わた}っていた歩行者_{ほこうしゃ}が車_{くるま}にはねられ、意識不明_{いしきふめい}の重体_{じゅうたい}になっている。

도로를 건너던 보행자가 차에 치여서 의식 불명의 중태가 되었다.

참 같은 한자 사용 단어

住居_{じゅうきょ} 주거

住_すまい 주거

衣食住_{いしょくじゅう} 의식주

自宅_{じたく} 자택

景気_{けいき}は悪_{わる}いが、住宅_{じゅうたく}価格_{かかく}は上_あがっている。

경기는 나쁘지만, 주택 가격은 오르고 있다.

표제어	Step 1	단어 풀이(용법·의미) ✏️

16

集中
집중

한자풀이 集 모을 집, 中 가운데 중

しゅうちゅう

의미 집중

★빈출표현 集中力(집중력)
　　　　集中が途切れる/続く(집중이 끊기다/계속되다)

＊출제가능유형 : 한자읽기 한자표기 단어형성 용법

17

述語
술어

한자풀이 述 펼 술, 語 말씀 어

じゅつご

의미 술어, 서술어

★빈출표현 述語に当たる言葉(술어에 해당하는 말)
　　　　主語と述語(주어와 서술어)

＊출제가능유형 : 한자읽기 한자표기 용법

18

主役
주역

한자풀이 主 주인 주, 役 부릴 역

음독명사

しゅやく

의미 주역, 주인공

★빈출표현 未来の主役(미래의 주역), 映画の主役(영화의 주인공)
　　　　主役を演じる(주연을 맡다)

＊출제가능유형 : 한자읽기 한자표기 용법

19

需要
수요

한자풀이 需 쓰일 수, 要 요긴할 요

じゅよう

의미 수요

★빈출표현 需要が多い/少ない(수요가 많다/적다)
　　　　需要を満たす(수요를 채우다)

＊출제가능유형 : 한자읽기 한자표기 단어형성 문맥 유의표현 용법

20

고유어

裾
옷자락

한자풀이 裾 자락 거

すそ

의미 옷자락, 옷단

★빈출표현 裾が長い/短い(옷자락이 길다/짧다)
　　　　裾をまくる(옷자락을 걷어 올리다)

＊출제가능유형 : 한자읽기 한자표기 문맥 유의표현 용법

유 密集 밀집

↔ 分散 분산

べんきょう
勉強しなきゃいけないのになかなか集中できない。

공부해야 하는데 좀처럼 집중할 수가 없다.

참 같은 한자 사용 단어

述べる 말하다, 기술하다

敬語 경어

↔ 主語 주어

なが　　　　ぶんしょう　か　　　　　　　　　しゅ ご
長めの文章を書いていると、主語と述語の
たいおう
対応がとれなくなることがある。

조금 긴 글을 쓰다 보면, 주어와 술어의 대응이 되지 않는 경우가 있다.

참 脇役 조연, 보좌역

참 같은 한자 사용 단어

主要 주요

役割 역할

しあわ　　　き　　　　　　　た にん　ひょう か
幸せを決めるのは、他人の評価ではなく、
じ ぶん　　　じんせい　しゅやく
どれだけ自分の人生を主役として生きるか
である。

행복을 결정하는 것은 타인의 평가가 아니라, 얼마나 자신의 인생을 주인공으로 사느냐이다.

참 같은 발음 단어

受容 수용

↔ 供給 공급

さまざま　　ぎょうかい　　　　　　　　たい　　　　じゅよう　　たか
様々な業界でITに対する需要が高まっている。

다양한 업계에서 IT에 대한 수요가 높아지고 있다.

참 裾分け (물건이나 이익의 일부를) 남에게
나누어 줌

裾上げ 밑단을 줄이는 것

なが　　　　　　すそ　あ
パンツの裾が長くて、裾上げをしてもらった。

바짓단이 길어서 밑단을 줄였다.

표제어	Step 1 │ 단어 풀이(용법·의미) ✎

21

隅
구석

(한자풀이) **隅** 모퉁이 우

すみ

의미 구석, 모퉁이

⭐ 빈출표현 隅から隅まで(구석구석, 샅샅이, 빈틈없이)

＊출제가능유형 : 한자읽기 한자표기 문맥 유의표현 용법

22

고유어

ずれ
엇갈림

의미 엇갈림, 어긋남

⭐ 빈출표현 ずれを直す(어긋남을 고치다)
　　　　　 ずれがある/生じる(어긋남이 있다/생기다)

＊출제가능유형 : 문맥 유의표현 용법

23

台詞
대사

(한자풀이) **台** 대 대, **詞** 말 사

せりふ

의미 대사, 배우의 말

⭐ 빈출표현 台詞を覚える(대사를 외우다)
　　　　　 台詞を忘れる(대사를 잊어버리다)

＊출제가능유형 : 한자읽기 한자표기 문맥 유의표현 용법

24

가타카나

チェンジ
체인지

change

의미 체인지, 교체, 바꿈

⭐ 빈출표현 チェンジする(체인지하다)

＊출제가능유형 : 문맥 유의표현 용법

25

テンポ
템포

tempo

의미 템포, 속도

⭐ 빈출표현 テンポがいい(템포가 좋다)
　　　　　 テンポが速い/遅い(템포가 빠르다/느리다)

＊출제가능유형 : 문맥 유의표현 용법

유 角 ^{かど} 모난 귀퉁이, 길모퉁이

隅っこ ^{すみ} 구석

참 隅々 ^{すみずみ} 구석구석, 모든 곳

참 같은 발음 단어

炭 ^{すみ} 숯

契約書を隅から隅まで読んだ。
<small>けいやくしょ　すみ　すみ　よ</small>

계약서를 샅샅이 읽었다.

유 食い違い ^{く ちが} 엇갈림, 어긋남

行き違い ^{い ちが} 엇갈림, 어긋남

ずれる 어긋나다, 벗어나다

テレビの音声と映像にずれがある。
<small>おんせい　えいぞう</small>

TV의 음성과 영상에 어긋남이 있다.

= 台詞 ^{だい し} 대사

참 台詞(せりふ)는 가타카나 セリフ로 표기하
는 경우가 많아요.

このドラマは、気に入った台詞は覚えて言
<small>き い　だいし　おぼ　い</small>
えるくらい何度も見ている。
<small>なんど　み</small>

이 드라마는 마음에 든 대사는 외워서 말할 수 있을 정도로 몇 번이나

보고 있다.

유 変換 ^{へんかん} 변환　　両替 ^{りょうがえ} 환전

交代 ^{こうたい} 교대　　変化 ^{へん か} 변화

切り替える ^{き か} 새로 바꾸다, 환전하다

イメチェン 이미지 변신(image+change)

髪色を変えるだけで、手軽にイメージチェ
<small>かみいろ　か　て がる</small>
ンジできる。

머리색을 바꾸는 것만으로 손쉽게 이미지 변신을 할 수 있다.

유 速さ ^{はや} 속도, 빠르기

速度 ^{そく ど} 속도

スピード 스피드(speed), 속력, 속도

ペース 페이스(pace), 걸음걸이, 보조

ピッチ 피치(pitch), 능률, 속도

彼はいつも相手に合わせて会話のテンポや
<small>かれ　あいて　あ　かい わ</small>
声の大きさを変えていく。
<small>こえ　おお　か</small>

그는 항상 상대방에게 맞춰서 대화의 템포나 목소리의 크기를 바꿔

나간다.

표제어	Step 1 ㅣ 단어 풀이(용법・의미) ✏️

26

가타카나

ニュアンス
뉘앙스

nuance

의미 뉘앙스, 미묘한 차이

★ **빈출표현** ニュアンスの違い(뉘앙스의 차이)

＊**출제가능유형** : 문맥 유의표현 용법

27

い형용사

情けない
한심하다

(한자풀이) 情 뜻 정

なさけない

의미 한심하다, 비참하다, 정떨어지다

★ **빈출표현** 自分が情けない(자신이 한심하다)
情けない人/話(한심한 사람/이야기)
情けない気持ち/結果(한심한 기분/결과)

＊**출제가능유형** : 한자읽기 한자표기 문맥 유의표현 용법

28

懐かしい
그립다

(한자풀이) 懐 품을 회

なつかしい

의미 그립다, 반갑다, 옛 생각이 나다

★ **빈출표현** 懐かしい味/歌(그리운 맛/노래)
懐かしい思い出/人(그리운 추억/사람)

＊**출제가능유형** : 한자읽기 한자표기 문맥 유의표현 용법

29

な형용사

地味だ
수수하다, 검소하다

(한자풀이) 地 땅 지, 味 맛 미

じみだ

의미 수수하다, 검소하다

★ **빈출표현** 地味な印象(수수한 인상)
地味な服装(수수한 복장)

＊**출제가능유형** : 한자읽기 한자표기 문맥 유의표현 용법

30

純粋だ
순수하다

(한자풀이) 純 순수할 순, 粹 순수할 수

じゅんすいだ

의미 순수하다

★ **빈출표현** 純粋な気持ち/人(순수한 마음/사람)
純粋な物質(순수 물질)

＊**출제가능유형** : 한자읽기 한자표기 문맥 유의표현 용법

<table>
<tr><td>

유 微妙な意味合い 미묘한 의미

</td><td>

時々日本語の単語のニュアンスがよく分からない時がある。

가끔 일본어 단어의 뉘앙스를 잘 모를 때가 있다.

</td></tr>
<tr><td>

유 嘆かわしい 한심스럽다, 한탄스럽다

참 情け 정, 인정, 자비, 동정
情け深い 동정심이 많다, 인정이 많다

</td><td>

時々自分が情けないと感じて辛くなる。

때때로 자신이 한심하다고 느껴 괴로워진다.

</td></tr>
<tr><td>

유 恋しい 그립다
慕わしい 그립다
(주로 어떤 특정 인물에 대한 동경을 나타내요.)

</td><td>

懐かしい人から久しぶりに連絡がきた。

그리운 사람에게 오랜만에 연락이 왔다.

</td></tr>
<tr><td>

유 目立たない 눈에 띄지 않다
質素だ 검소하다

↔ 派手だ 화려하다

</td><td>

目立ち過ぎるのは困るけど、地味な印象も避けたい。

눈에 너무 띄는 것은 곤란하지만, 수수한 인상도 피하고 싶다.

</td></tr>
<tr><td>

유 純真だ 순진하다
ピュアだ 퓨어(pure)하다, 순수하다

↔ 不純だ 불순하다

</td><td>

大人になると、子供の時の純粋な気持ちが薄れて、現実的になってしまう。

어른이 되면 어린 시절의 순수한 마음이 옅어지고 현실적이 되고 만다.

</td></tr>
</table>

DAY
15

| 표제어 | Step 1 | 단어 풀이(용법·의미) |

31

な형용사

シンプルだ
심플하다

simple+だ

의미 심플하다, 단순하다, 간단하다, 꾸밈없다

★ **빈출표현** シンプルなコーデ/デザイン(심플한 코디/디자인)
シンプルなインテリア/暮らし(심플한 인테리어/생활)

＊**출제가능유형 :** 문맥 유의표현 용법

32

退屈だ
지루하다

(한자풀이) 退 물러날 퇴, 屈 굽힐 굴

たいくつだ

의미 지루하다, 심심하고 따분하다, 무료하다

★ **빈출표현** 退屈な試合/毎日(지루한 시합/매일)
退屈な人生/話(지루한 인생/이야기)

＊**출제가능유형 :** 한자읽기 한자표기 문맥 유의표현 용법

33

기본동사

探る
뒤지다, 탐색하다

(한자풀이) 探 찾을 탐

さぐる

의미 뒤지다, 더듬어 찾다, 탐색하다

★ **빈출표현** ポケットを探る(주머니를 뒤지다)
原因/正体を探る(원인/정체를 탐색하다)

＊**출제가능유형 :** 한자읽기 한자표기 문맥 유의표현 용법

34

避ける
피하다

(한자풀이) 避 피할 피

さける

의미 피하다, 꺼리다

★ **빈출표현** 車/人目を避ける(자동차/남의 눈을 피하다)
人混みを避ける(인파를 피하다)

＊**출제가능유형 :** 한자읽기 한자표기 문맥 유의표현 용법

35

支える
지원하다, 지탱하다

(한자풀이) 支 지탱할 지

ささえる

의미 ① 지원하다, 떠받치다 ② 유지하다, 지탱하다

★ **빈출표현** 陰で支える(보이지 않는 곳에서 지원하다)
暮らし/家族を支える(생활/가족을 지탱하다)

＊**출제가능유형 :** 한자읽기 한자표기 문맥 유의표현 용법

유 単純だ 단순하다
簡素だ 간소하다
⟷ 複雑だ 복잡하다

シンプルなデザインには、ずっと飽きない魅力がある。

심플한 디자인에는 계속 질리지 않는 매력이 있다.

유 つまらない 시시하다, 하찮다
うんざりする 지겹다, 지긋지긋하다
飽きる 싫증나다, 물리다

退屈な人生から抜け出したい。

지루한 인생에서 벗어나고 싶다.

D
A
Y
15

유 探す 찾다
調べる 조사하다
探求する 탐구하다

原因を探って問題を解決した。

원인을 찾아서 문제를 해결했다.

유 避ける 피하다, 옆으로 비키다
差し控える 삼가다, 조심하다

できれば人混みを避けてお出かけをしたい。

될 수 있으면 사람들 틈바구니를 피해서 외출하고 싶다.

유 保つ 지키다, 유지하다
維持する 유지하다
支援する 지원하다

たくさんの人に支えられ、毎日楽しく過ごすことができました。

많은 사람들에게 도움을 받아 매일 즐겁게 지낼 수 있었습니다.

표제어	Step 1 │ 단어 풀이(용법·의미)

36

刺す
찌르다, 쏘다

(한자풀이) 刺 찌를 자

さす

`의미` ① 찌르다 ② 쏘다, 물다

⭐`빈출표현` 注射針を刺す(주삿바늘을 찌르다)
蜂に刺される(벌에 쏘이다)
蚊に刺される(모기에 물리다)

＊**출제가능유형**: [한자읽기] [한자표기] [문맥] [유의표현] [용법]

37

覚める
(잠이) 깨다

(한자풀이) 覚 깨달을 각

さめる

`의미` (잠이) 깨다, 눈이 뜨이다, 제정신이 들다

⭐`빈출표현` 目が覚める(잠이 깨다)
酔いが覚める(술이 깨다)

＊**출제가능유형**: [한자읽기] [한자표기] [문맥] [유의표현] [용법]

38

기본동사

しゃべる
말하다, 수다 떨다

`의미` 말하다, 수다 떨다, 재잘거리다

⭐`빈출표현` 秘密をしゃべる(비밀을 말하다)
よくしゃべる(잘 떠들다, 수다스럽다)

＊**출제가능유형**: [문맥] [유의표현] [용법]

39

優れる
뛰어나다, 우수하다

(한자풀이) 優 뛰어날 우

すぐれる

`의미` 뛰어나다, 우수하다, 훌륭하다

⭐`빈출표현` 数学に優れる(수학에 뛰어나다)
優れた作品(훌륭한 작품)

＊**출제가능유형**: [한자읽기] [한자표기] [문맥] [유의표현] [용법]

40

すすぐ
헹구다, 씻다

`의미` 헹구다, 씻다

⭐`빈출표현` 口/食器をすすぐ(입/식기를 헹구다)
汚名をすすぐ(오명을 씻다)

＊**출제가능유형**: [문맥] [유의표현] [용법]

유 突く 찌르다

すると は もの

鋭い刃物で刺されて死亡した。

날카로운 칼에 찔려 사망했다.

유 目覚める 눈뜨다, 깨어나다
　 起きる 일어나다
참 覚ます (잠을) 깨다, 깨우다

さいきん ねむ あさ はや め

最近、眠りが浅いし、早く目が覚めてしまう。

요즘 잠이 설고 일찍 깨 버린다.

유 言う 말하다
　 語る 말하다, 이야기하다
　 話す 이야기하다
　 述べる 말하다, 진술하다, 기술하다

ともだち ひ みつ ほか ひと

うっかり友達の秘密を他の人にしゃべって

しまった。

무심코 친구의 비밀을 다른 사람에게 말해 버렸다.

유 秀でる 빼어나다, 뛰어나다
　 優秀だ 우수하다

かんとく えんしゅつりょく あっとうてき

あの監督は、演出力が圧倒的に優れている。

그 감독은 연출력이 압도적으로 뛰어나.

유 洗う 씻다

しょく ご くち むし ば よ ぼう こう か

食後に口をすすぐだけでも虫歯予防の効果

があるらしい。

식후에 입을 헹구기만 해도 충치 예방 효과가 있다고 한다.

| 표제어 | Step 1 ㅣ 단어 풀이(용법·의미) |

41

기본동사

ずれる
어긋나다

의미 어긋나다, 벗어나다

⭐ **빈출표현** 印刷/ピントがずれる(인쇄/핀트가 어긋나다)
位置/論点がずれる(위치/논점이 벗어나다)

＊출제가능유형 : 문맥 유의표현 용법

42

通りかかる
지나가다

한자풀이 通 통할 통

とおりかかる

의미 (우연히 그곳을) 지나가다, 마침 지나가다

⭐ **빈출표현** 前を通りかかる(앞을 지나가다)
偶然/たまたま通りかかる(우연히/때마침 지나가다)

＊출제가능유형 : 한자읽기 한자표기 문맥 유의표현 용법

43

복합동사

取り入れる
받아들이다, 수확하다

한자풀이 取 가질 취, 入 들 입

とりいれる

의미 ① 받아들이다 ② 거둬들이다, 수확하다

⭐ **빈출표현** 新しい意見を取り入れる(새로운 의견을 받아들이다)
農作物を取り入れる(농작물을 수확하다)

＊출제가능유형 : 한자읽기 한자표기 문맥 유의표현 용법

44

取り次ぐ
전하다, 중개하다

한자풀이 取 가질 취, 次 버금 차

とりつぐ

의미 ① (중간에서) 전하다, 응대하다
② 윗사람에게 용건을 전하다 ③ 중개하다

⭐ **빈출표현** 意向を取り次ぐ(의향을 전하다)
上司に取り次ぐ(상사에게 전하다)
電話を取り次ぐ(전화를 연결해 주다)

＊출제가능유형 : 한자읽기 한자표기 문맥 유의표현 용법

45

부사

くっきり
또렷이

의미 또렷이, 선명하게

⭐ **빈출표현** くっきりする(또렷하다)
くっきり見える(선명하게 보이다)

＊출제가능유형 : 문맥 유의표현 용법

유 食い違う 어긋나다, 엇갈리다
不一致 불일치

金銭感覚がずれることで夫婦関係もこじれ
てしまった。

금전 감각이 맞지 않아서 부부 관계도 꼬여 버렸다.

유 通り合わせる 때마침 (그곳을) 지나다

たまたま通りかかった店の前に行列ができ
ていた。

마침 지나가던 가게 앞에 줄이 늘어서 있었다.

유 取り込む 거두어들이다

若手社員のアイデアや意見を積極的に取り
入れたい。

젊은 사원의 아이디어와 의견을 적극적으로 받아들이고 싶다.

유 伝える 전하다

部長から電話は取り次がないようにと言われ
たが、急用だというのでメモで取り次いだ。

부장님이 전화는 연결하지 말라고 했지만, 급한 일이라고 해서 메모로
전했다.

유 はっきり 확실히

遠視が強いと近くのものがくっきり見えない。

원시가 심하면 가까운 곳의 사물이 또렷이 보이지 않는다.

| 표제어 | Step 1 ︱ 단어 풀이(용법·의미) |

46

ぐっと
꿀꺽, 한층

> **의미** ① 꿀꺽, 꾹, 힘을 주어 단숨에 하는 모양
> ② 한층, 훨씬 ③ 뭉클, 감동을 받는 모양

⭐ **빈출표현** ぐっと飲み込む(꿀꺽 삼키다)
ぐっと我慢する(꾹 참다)
ぐっと来る(강한 감동을 느끼다)

＊**출제가능유형** : 문맥 유의표현 용법

47

부사

くれぐれも
부디

> **의미** 부디, 아무쪼록

⭐ **빈출표현** くれぐれもお大事に(부디 몸조심하세요)

＊**출제가능유형** : 문맥 유의표현 용법

48

こっそり
슬쩍, 몰래

> **의미** 슬쩍, 가만히, 살짝, 몰래

⭐ **빈출표현** こっそり言う/聞く(슬쩍 말하다/묻다)
こっそり使う/教える(몰래 사용하다/가르쳐 주다)

＊**출제가능유형** : 문맥 유의표현 용법

49

복합파생

生活費
생활비

（한자풀이） **費** 쓸 비

せいかつひ

> **의미** 생활비

⭐ **빈출표현** 平均生活費(평균 생활비)
生活費を減らす/節約する(생활비를 줄이다/절약하다)

＊**출제가능유형** : 한자읽기 단어형성

50

丸暗記
그대로 욈

（한자풀이） **丸** 둥글 환

まるあんき

> **의미** (본질을 이해하지 않고) 그대로 욈, 통째로 욈

⭐ **빈출표현** 教科書を丸暗記する(교과서를 그대로 외다)
公式/答えを丸暗記する(공식/답을 그대로 외다)

＊**출제가능유형** : 한자읽기 단어형성

유 一息に飲む 단숨에 마시다
感激が込み上げてくる
감격이 복받치다

食べたい気持ちをぐっと我慢した。

먹고 싶은 마음을 꾹 참았다.

유 どうぞ 아무쪼록, 부디
どうか 제발, 부디, 아무쪼록
ぜひ 꼭

まだまだ寒い日が続いておりますが、くれ
ぐれもご自愛ください。

아직 추운 날이 계속되고 있습니다만, 부디 몸조심하세요.

유 ひそかに 가만히, 몰래
忍びやかに 남몰래, 살며시
そっと 살짝, 가만히, 몰래

弟のお菓子をこっそり食べたのがばれてし
まった。

남동생의 과자를 몰래 먹은 것이 들통나 버렸다.

참 人件費 인건비
光熱費 광열비
医療費 의료비
食費 식비

老後の夫婦の生活費は、平均24万円ぐらい
だそうだ。

노후의 부부 생활비는 평균 24만 엔 정도라고 한다.

참 丸一日 온종일, 하루 꼬박
丸一月 한 달 꼬박
丸儲け 깡그리 이득 봄
丸焼き 통구이

数学公式は理解せずに丸暗記しても意味が
ない。

수학 공식은 이해하지 않고 그대로 외워도 의미가 없다.

Day 15

문제로 확인하기

1 다음 단어의 뜻을 쓰고 읽는 법을 고르세요.

1. 左右 　(뜻: 　　　) 　A. さゆう 　　　B. ざゆう

2. 手当 　(뜻: 　　　) 　A. しゅあて 　　B. てあて

3. 懐かしい (뜻: 　　　) 　A. なつかしい 　B. なすかしい

4. 純粋だ 　(뜻: 　　　) 　A. じゅんすいだ 　B. しゅんずいだ

5. 探る 　(뜻: 　　　) 　A. さがる 　　　B. さぐる

2 다음 빈칸에 공통으로 들어갈 수 있는 한자로 적절한 것을 고르세요.

6. 主( ) ( )割 脇( )
　A. 張 　B. 役 　C. 分

7. 物( ) ( )源 ( )材
　A. 件 　B. 資 　C. 取

8. 姿( ) 情( ) 態( )
　A. 勢 　B. 力 　C. 熱

9. ( )一日 ( )儲け ( )暗記
　A. 大 　B. 全 　C. 丸

10. 食( ) 生活( ) 人権( )
　A. 費 　B. 金 　C. 券

3 빈칸에 들어갈 단어로 적절한 것을 고르세요.

A. ぐっと 　　B. ずれ 　　C. ニュアンス 　　D. こっそり 　　E. 通りかかった

11. 時々日本語の単語の＿＿＿＿＿＿がよく分からない時がある。

12. テレビの音声と映像に＿＿＿＿＿＿がある。

13. たまたま＿＿＿＿＿＿店の前に行列ができていた。

14. 弟のお菓子を＿＿＿＿＿＿食べたのがばれてしまった。

15. 食べたい気持ちを＿＿＿＿＿＿我慢した。

정답 | 1. 좌우, A 　2. 수당, B 　3. 그립다, A 　4. 순수하다, A 　5. 뒤지다, B /
6. B 　7. B 　8. A 　9. C 　10. A / 11. C 　12. B 　13. E 　14. D 　15. A

356 | Day 15

WEEK
문제

3주 차를 무사히 마치셨네요, 대단합니다!
이번 주에도 무려 250단어를 배웠는데요,
다음 장의 WEEK 문제를 풀면서 실력을 점검해 봅시다.
틀린 것들은 해설에 적힌 단어 위치를 따라가서
다시 한 번 읽으며 내 것으로 만드세요!

다음 장으로 GO! →

WEEK 3 : 문제

問題 1. _____の言葉の読み方として最もよいものを、1・2・3・4から一つ選びなさい。

1 上司から誤りを指摘された。
　　① あやまり　　② かたまり　　③ うらぎり　　④ かたより

2 人にポジティブな影響を与える人になりたい。
　　① えいひょう　② えいきょう　③ えいひょ　　④ えいきょ

問題 2. _____の言葉を漢字で書くとき、最もよいものを1・2・3・4から一つ選びなさい。

3 さいそくメールを送ったにもかかわらず、返信がない。
　　① 再束　　　　② 催促　　　　③ 崔足　　　　④ 最速

4 たくさんの人にささえられてここまで来ることができた。
　　① 支えられて　② 刺えられて　③ 仕えられて　④ 差えられて

問題 3. (　　)に入れるのに最もよいものを、1・2・3・4から一つ選びなさい。

5 千円（　　）を拾って交番に届けた。
　　① 紙　　　　　② 幣　　　　　③ 札　　　　　④ 玉

6 日本（　　）がワールドカップで盛り上がった。
　　① 全　　　　　② 間　　　　　③ 外　　　　　④ 中

問題 4. (　　)に入れるのに最もよいものを、1・2・3・4から一つ選びなさい。

7 届いた商品が（　　）と違った。
　　① ニュアンス　② タッチ　　　③ ゼミ　　　　④ イメージ

8 （　　　）が大きすぎて言葉にならない。

   ① コメント　　　　② ダウン　　　　③ ショック　　　　④ チェンジ

9 会議の（　　　）電話のベルが鳴った。

   ① 適切に　　　　② 最中に　　　　③ 莫大に　　　　④ 辛いに

問題 5. ＿＿＿＿＿の言葉に意味が最も近いものを、１・２・３・４から一つ選びなさい。

10 他人を思いやる気持ちを持ち続けたい。

   ① 配慮する　　② 援助する　　③ 差別する　　④ 持参する

11 遠くのものもくっきり見える。

   ① ゆっくり　　② はっきり　　③ めっきり　　④ ぐっすり

問題 6. 次の言葉の使い方として最もよいものを、１・２・３・４から一つ選びなさい。

12 大いに

   ① 首を大いに縦に振る。

   ② 思わず大いにため息をついた。

   ③ これからの活躍を大いに期待しています。

   ④ タイミングを見て、大いに行動する。

13 呆れる

   ① 呆れて行動すると失敗する。

   ② 風邪を引いて、熱で頭が呆れる。

   ③ 呆れないために食生活で心がける。

   ④ 本当に呆れて言葉も出ない。

WEEK 3 : 정답 및 해설

: 정답 :

1 ① **2** ② / **3** ② **4** ① / **5** ③ **6** ④

7 ④ **8** ③ **9** ② / **10** ① **11** ② / **12** ③ **13** ④

: 해석 :

문제 1.

1 上司から誤り(あやまり)を指摘された。 `Day 12 - 22번`

상사로부터 잘못을 지적받았다.

2 人にポジティブな影響(えいきょう)を与える人になりたい。 `Day 11 - 12번`

다른 사람에게 긍정적인 영향을 주는 사람이 되고 싶다.

문제 2.

3 さいそく(催促)メールを送ったにもかかわらず、返信がない。 `Day 14 - 15번`

독촉 메일을 보냈는데도 불구하고 답신이 없다.

4 たくさんの人にささえられて(支えられて)ここまで来ることができた。 `Day 15 - 35번`

많은 사람들의 지원을 받아 여기까지 올 수 있었다.

문제 3.

5 千円(札)を拾って交番に届けた。 `Day 12 - 50번`

천 엔짜리 지폐를 주워 파출소에 신고했다.

6 日本(中)がワールドカップで盛り上がった。 `Day 13 - 48번`

일본 전역이 월드컵으로 달아올랐다.

문제 4.

7 届いた商品が(イメージ)と違った。 `Day 11 - 24번`

도착한 상품이 이미지와 달랐다.

8 (ショック)が大きすぎて言葉にならない。 `Day 13 - 25번`

쇼크가 너무 커서 말이 안 나온다.

9 会議の(最中に)電話のベルが鳴った。 `Day 14 - 16번`

한창 회의를 하고 있는 중에 전화벨이 울렸다.

문제 5.

10 他人を思いやる(＝配慮する)気持ちを持ち続けたい。 `Day 12 - 43번`

타인을 배려하는 마음을 계속 갖고 싶다.

11 遠くのものもくっきり(＝はっきり)見える。 `Day 15 - 45번`

멀리 있는 것도 뚜렷이 보인다.

문제 6.

12 これからの活躍を大いに期待しています。 `Day 13 - 45번`

앞으로의 활약을 크게 기대하고 있습니다.

13 本当に呆れて言葉も出ない。 `Day 11 - 33번`

정말로 어이가 없어서 말도 안 나온다.

WEEK
4

Day 16

Day 17

Day 18

Day 19

Day 20

WEEK 문제

Day 16

매일 품사별로 골고루! 오늘의 50단어 한눈에 보기!

음독명사

01. 状況
02. 情景
03. 状態
04. 上達
05. 承知
06. 衝突
07. 承認
08. 署名
09. 心身
10. 心臓
11. 侵入
12. 信頼
13. 森林
14. 人類
15. 世紀
16. 請求
17. 清書
18. 製造

고유어

19. 手当
20. 手間

21. にきび
22. 値引き
23. 吐き気

가타카나

24. パート
25. バランス

い형용사

26. ばかばかしい
27. 甚だしい

な형용사

28. 適切だ
29. 透明だ
30. 独特だ
31. 鈍感だ

기본동사

32. 背負う
33. 反らす
34. 耕す

35. 確かめる
36. 黙る
37. 試す
38. ためらう
39. 頼る
40. 誓う

복합동사

41. 握りしめる
42. 乗り越える

부사

43. さすが
44. 早速
45. ざっと
46. 次第に
47. しみじみ

의성어·의태어

48. うとうと
49. うろうろ
50. ぐずぐず

| 표제어 | Step 1 \| 단어 풀이(용법·의미) ✏ |

1

状況
상황

(한자풀이) 状 형상 상, 況 상황 황

じょうきょう
[의미] 상황
★ 빈출표현 状況下(상황 아래), 状況に応じて(상황에 따라서)
状況に合わせる/陥る(상황에 맞추다/빠지다)
*출제가능유형 : [한자읽기] [한자표기] [유의표현]

2

情景
정경

(한자풀이) 情 뜻 정, 景 볕 경

じょうけい
[의미] 정경, 마음속에 어떤 느낌을 일으키는 광경이나 장면
★ 빈출표현 心暖まる情景(마음이 훈훈해지는 정경)
微笑ましい情景(흐뭇한 정경)
情景を描く/思い浮かべる(정경을 그리다/떠올리다)
*출제가능유형 : [한자읽기] [한자표기] [단어형성] [문맥]

3

음독명사

状態
상태

(한자풀이) 状 형상 상, 態 모습 태

じょうたい
[의미] 상태
★ 빈출표현 状態に陥る(상태에 빠지다)
状態によっては(상태에 따라서는)
*출제가능유형 : [한자읽기] [한자표기] [문맥] [유의표현] [용법]

4

上達
기능이 향상됨

(한자풀이) 上 윗 상, 達 통달할 달

じょうたつ
[의미] 기능이 향상됨
★ 빈출표현 上達が速い/遅い(기능 향상이 빠르다/느리다)
上達する(기능이 향상하다)
*출제가능유형 : [한자읽기] [한자표기] [문맥] [유의표현]

5

承知
알아들음

(한자풀이) 承 이을 승, 知 알 지

しょうち
[의미] ① 알아들음 ② 동의·승낙 ③ 용서
★ 빈출표현 無理を承知で(무리인 것을 잘 알고)
承知しました(알겠습니다)
承知しない(용서하지 않다)
*출제가능유형 : [한자읽기] [한자표기] [문맥] [유의표현] [용법]

유 様子^{ようす} 상태, 상황
　状態^{じょうたい} 상태
　情勢^{じょうせい} 정세

世^よの中^{なか}の状況^{じょうきょう}が一変^{いっぺん}し、「テレワーク」など、私^{わたし}たちの働^{はたら}き方^{かた}も変^かわった。

세상 상황이 일변해서 '재택근무' 등 우리가 일하는 방식도 변했다.

유 景色^{けしき} 경치
　風景^{ふうけい} 풍경
　光景^{こうけい} 광경

この温泉^{おんせん}は、四季彩々^{しきさいさい}の美^{うつく}しい情景^{じょうけい}を楽^{たの}むことができる。

이 온천은 사시사철의 아름다운 정경을 즐길 수 있다.

참 같은 한자 사용 단어
　態度^{たいど} 태도
　事態^{じたい} 사태

近隣^{きんりん}の建物^{たてもの}がひどく破損^{はそん}していて危険^{きけん}な状態^{じょうたい}です。

가까운 이웃의 건물이 심하게 파손되어 있어 위험한 상태입니다.

유 向上^{こうじょう} 향상
　熟練^{じゅくれん} 숙련
　熟達^{じゅくたつ} 숙달

同時^{どうじ}に同^{おな}じ仕事^{しごと}をしても上達^{じょうたつ}が速^{はや}い人^{ひと}と、遅^{おそ}い人^{ひと}に別^{わか}れる。

동시에 같은 일을 해도 기능 향상이 빠른 사람과 느린 사람으로 나뉜다.

유 了解^{りょうかい} 사정을 이해하고 승낙함
　　　(윗사람에게는 쓸 수 없어요.)
　了承^{りょうしょう} 사정을 이해하고 납득함

承知^{しょうち}しました。資料^{しりょう}を確認^{かくにん}して、再度^{さいど}提出^{ていしゅつ}します。

알겠습니다. 자료를 확인해서 다시 제출하겠습니다.

표제어	Step 1 │ 단어 풀이(용법·의미)

6

衝突
충돌

^{한자}_{풀이} 衝 찌를 충, 突 갑자기 돌

しょうとつ

의미 충돌

★빈출표현 衝突<ruby>事故<rt>じ こ</rt></ruby>(충돌 사고), <ruby>正面<rt>しょうめん</rt></ruby>衝突(정면 충돌)

衝突する(충돌하다)

*출제가능유형 : 한자읽기 한자표기 문맥 유의표현 용법

7

承認
승인

^{한자}_{풀이} 承 이을 승, 認 알 인

しょうにん

의미 승인

★빈출표현 承認を<ruby>求<rt>もと</rt></ruby>める/<ruby>受<rt>う</rt></ruby>ける(승인을 요구하다/받다)

承認を<ruby>得<rt>え</rt></ruby>る(승인을 얻다), 承認する(승인하다)

*출제가능유형 : 한자읽기 한자표기 문맥 유의표현 용법

8

署名
서명

^{한자}_{풀이} 署 마을 서, 名 이름 명

しょめい

의미 서명

★빈출표현 署名する(서명하다)

署名をもらう(서명을 받다)

*출제가능유형 : 한자읽기 한자표기 유의표현 용법

9

心身
심신

^{한자}_{풀이} 心 마음 심, 身 몸 신

しんしん

의미 심신

★빈출표현 心身ともに(몸과 마음 모두)

心身を<ruby>鍛<rt>きた</rt></ruby>える(심신을 단련하다)

*출제가능유형 : 한자읽기 한자표기 문맥 유의표현 용법

10

心臓
심장

^{한자}_{풀이} 心 마음 심, 臓 오장 장

しんぞう

의미 ① 심장 ② 중심부

★빈출표현 心臓の<ruby>鼓動<rt>こ どう</rt></ruby>(심장 고동)

心臓が<ruby>弱<rt>よわ</rt></ruby>い(심장이 약하다)

*출제가능유형 : 한자읽기 한자표기

음독명사

유 ぶつかる 부딪치다

참 같은 한자 사용 단어

衝撃 충격
しょうげき

突然 돌연
とつぜん

トラックと衝突して列車が脱線する事故が起きた。
れっしゃ　だっせん　　　　　　　　じこ　　お

트럭과 충돌해서 열차가 탈선하는 사고가 일어났다.

유 認める 인정하다, 승인하다
みと

承諾 승낙
しょうだく

受諾 수락
じゅだく

참 같은 발음 단어

証人 증인
しょうにん

商人 상인
しょうにん

現在そのワクチンは、緊急使用の承認を受けた状態だ。
げんざい　　　　　　　　きんきゅうしよう　　　　　う　　じょうたい

현재 그 백신은 긴급 사용 승인을 받은 상태다.

유 記名 기명, 이름을 적음
きめい

サイン 사인

シグニチャー 시그너처(signature), 서명

電子契約では、押印は電子署名で代替する。
でんしけいやく　　　おういん　でんししょめい　だいたい

전자 계약에서는 날인은 전자 서명으로 대체한다.

참 같은 한자 사용 단어

核心 핵심
かくしん

都心 도심
としん

身体 신체
しんたい

心身ともに健康であれば、仕事もうまくいく。
けんこう　　　　　　しごと

몸과 마음이 모두 건강하면 일도 잘 풀린다.

참 같은 한자 사용 단어

臓器 장기
ぞうき

内臓 내장
ないぞう

肝臓 간장
かんぞう

腎臓 신장
じんぞう

すい臓 췌장
ぞう

最近、急に心臓の鼓動が速くて大きくなっている。
さいきん　きゅう　しんぞう　こどう　はや　　　おお

요즘 갑자기 심장 고동이 빠르고 커졌다.

| 표제어 | Step 1 ㅣ 단어 풀이(용법·의미) ✏ |

11

음독명사

侵入
침입

(한자풀이) 侵 침노할 침, 入 들 입

しんにゅう

의미 침입

⭐빈출표현 不法侵入(불법 침입)

侵入する(침입하다)

＊출제가능유형 [한자읽기] [한자표기] [유의표현]

12

信頼
신뢰

(한자풀이) 信 믿을 신, 頼 의뢰할 뢰

しんらい

의미 신뢰

⭐빈출표현 信頼する(신뢰하다)

信頼を得る/失う(신뢰를 얻다/잃다)

＊출제가능유형 [한자읽기] [한자표기] [문맥] [유의표현] [용법]

13

森林
삼림

(한자풀이) 森 수풀 삼, 林 수풀 림

しんりん

의미 삼림

⭐빈출표현 森林を作る(삼림을 만들다)

森林を育てる/守る(삼림을 키우다/지키다)

＊출제가능유형 [한자읽기] [한자표기] [유의표현]

14

人類
인류

(한자풀이) 人 사람 인, 類 무리 류

じんるい

의미 인류

⭐빈출표현 人類愛(인류애)

人類を脅かす(인류를 위협하다)

＊출제가능유형 [한자읽기] [한자표기] [단어형성] [문맥] [유의표현] [용법]

15

世紀
세기

(한자풀이) 世 인간 세, 紀 벼리 기

せいき

의미 세기

⭐빈출표현 半世紀(반세기)

世紀が変わる(세기가 바뀌다)

＊출제가능유형 [한자읽기] [한자표기] [용법]

유 乱入 난입

참 같은 발음 단어

進入 진입

新入 신입

ふせい にゅうしゅ た にん つか
不正に入手した他人のIDとパスワードを使
しんにゅう
い、サーバに侵入した。

부정하게 입수한 타인의 ID와 패스워드를 써서 서버에 침입했다.

유 信用 신용

信任 신임

いち ど うしな しんらい と かえ かんたん
一度失われた信頼を取り返すのは簡単では
ない。

한번 잃은 신뢰를 되찾는 것은 쉽지 않다.

유 林 숲

森 수풀, 삼림

密林 밀림

山林 산림

しんりん まも わたし かんが
森林を守るために私たちができることを考
えていこう。

삼림을 지키기 위해서 우리가 할 수 있는 일을 생각해 나가자.

참 같은 한자 사용 단어

人間 인간

種類 종류

分類 분류

ち きゅうかんきょう じんるい み らい かんが
地球環境と人類の未来を考える。

지구 환경과 인류의 미래를 생각하다.

DAY
16

참 時代 시대

西紀 서기

西暦 서력, 서기

せいき はい しゃかい おお へん か
21世紀に入って社会が大きく変化している。

21세기에 들어서 사회가 크게 변화하고 있다.

표제어	Step 1	단어 풀이(용법·의미) ✏

16

음독명사

請求
청구

(한자풀이) 請 청할 청, 求 구할 구

せいきゅう

의미 청구

★빈출표현 請求書(청구서)

請求する(청구하다)

*출제가능유형 : 한자읽기 | 한자표기 | 단어형성 | 문맥 | 유의표현 | 용법

17

清書
정서, 깨끗하게 옮겨 적음

(한자풀이) 清 맑을 청, 書 글 서

せいしょ

의미 정서, 깨끗하게 옮겨 적음

★빈출표현 清書用紙(정서 용지)

清書する(정서하다)

*출제가능유형 : 한자읽기 | 한자표기 | 단어형성 | 문맥 | 유의표현 | 용법

18

製造
제조

(한자풀이) 製 지을 제, 造 지을 조

せいぞう

의미 제조

★빈출표현 製造業(제조업), 製造販売(제조 판매)

製造する(제조하다)

*출제가능유형 : 한자읽기 | 한자표기 | 단어형성 | 문맥 | 유의표현 | 용법

19

고유어

手当
수당, 치료

(한자풀이) 手 손 수, 当 마땅 당

てあて

의미 ① 수당 ② 치료

★빈출표현 手当がつく(수당이 붙다)

手当をする(치료를 하다)

*출제가능유형 : 한자읽기 | 한자표기 | 문맥 | 유의표현 | 용법

20

手間
품, 수고

(한자풀이) 手 손 수, 間 사이 간

てま

의미 품, 수고

★빈출표현 手間がかかる(품이 들다)

手間をかける(품을 들이다)

手間を取らせる(번거롭게 하다)

*출제가능유형 : 한자읽기 | 한자표기 | 문맥 | 유의표현 | 용법

참 **같은 한자 사용 단어**
　しんせい
　申請 신청
　ついきゅう
　追求 추구

い ぜんつと　　　　かいしゃ　　こうがく　　そんがいばいしょう
以前勤めていた会社から高額の損害賠償を
せいきゅう
請求された。

이전에 근무했던 회사로부터 고액의 손해 배상을 청구당했다.

유 せいしょ
　正書 정서, 한자를 가장 표준적인 서체로 적는 것
참 **같은 발음 단어**
　せいしょ
　聖書 성서

さくぶん　　えんぴつ　　　した が
作文は鉛筆で下書きをしてから、ボールペン
　　せいしょ　　ほう
で清書した方がいい。

작문은 연필로 초고를 쓰고 나서 볼펜으로 깨끗하게 옮겨 적는 편이
좋다.

유 せいさく
　制作 제작
참 **같은 한자 사용 단어**
　せいひん
　製品 제품
　もくせい
　木製 목제
　こうぞう
　構造 구조

すべ　　　しょうひん　　ちゅうもん う　　　　　　せい　 のう
全ての商品は注文を受けてから製造し、納
ひん
品している。

모든 상품은 주문을 받고 나서 제조하여 납품하고 있다.

유 しょ ち
　処置 처치
　ち りょう
　治療 치료
참 しんりょう
　診療 진료

じ どう て あて　 う　　　　　　せいきゅう て つづ
児童手当を受けるためには、請求手続きが
ひつよう
必要だ。

아동 수당을 받기 위해서는 청구 절차가 필요하다.

유 て すう
　手数 수고, 귀찮음
　　　(주로 타인에게 사용해요.)

て ま　　　　　つく　　りょうり　　　　か がくちょうみ りょう
手間をかけて作った料理と、化学調味料で
かんたん　つく　　りょうり　　あじ　ちが
簡単に作った料理の味は違う。

수고를 들여 만든 요리와 화학조미료로 간단하게 만든 요리의 맛은
다르다.

표제어	Step 1	단어 풀이(용법・의미)

21

にきび
여드름

의미 여드름

⭐빈출표현 にきびができる/治る(여드름이 생기다/낫다)

にきびに効く(여드름에 효과가 있다)

＊출제가능유형 : 문맥 유의표현 용법

22

고유어

値引き
값을 깎음

한자풀이 値 값 치, 引 끌 인

ねびき

의미 값을 깎음, 깎아 줌

⭐빈출표현 値引きする(값을 깎다)

＊출제가능유형 : 한자읽기 한자표기 문맥 유의표현 용법

23

吐き気
구역질

한자풀이 吐 토할 토, 気 기운 기

はきけ

의미 구역질

⭐빈출표현 吐き気がする(구역질이 나다)

吐き気が治まる(구역질이 가라앉다)

＊출제가능유형 : 한자읽기 한자표기 문맥 유의표현 용법

24

가타카나

パート
파트, 파트타임

part, part-time/part-timer

의미 ① 파트, 구분, 부분
② 파트타임, 단시간 근무

⭐빈출표현 パートで働く(파트타임으로 일하다)

＊출제가능유형 : 문맥 유의표현 용법

25

バランス
밸런스

balance

의미 밸런스, 균형

⭐빈출표현 バランスがいい/悪い(밸런스가 좋다/나쁘다)

バランスがとれる(균형이 잡히다)

＊출제가능유형 : 문맥 유의표현 용법

㋠ アクネ 여드름

㋤ にきび는 외래어는 아니지만 가타카나로 표기하는 경우가 많아요.

この薬はしつこいにきびにしっかり効く。

이 약은 지독한 여드름에 잘 듣는다.

㋠ 割引 할인

ディスカウント 디스카운트, 할인

不動産の仲介手数料を値引きしてもらった。

부동산 중개 수수료를 할인받았다.

㋠ むかつき 역함, 메슥거림

むかむか 메슥메슥

嘔吐 구토, 토함

薬を飲んでも吐き気や嘔吐が治まらない。

약을 먹어도 구역질과 구토가 가라앉지 않는다.

㋠ 部分 부분

区分 구분

役割 역할

分担 분담

アルバイト 아르바이트

子育てが一段落ついたのをきっかけにパートを始めた。

육아가 일단락된 것을 계기로 파트타임을 시작했다.

㋠ 均衡 균형

健康的な体を作るには栄養バランスのとれた食事が欠かせない。

건강한 몸을 만들려면 영양 균형이 잡힌 식사를 빼놓을 수 없다.

DAY 16

표제어	Step 1	단어 풀이(용법·의미) ✏

26

ばかばかしい
매우 어리석다

い형용사

의미 매우 어리석다, 우습다, 어이없다

☆ 빈출표현 ばかばかしい質問(바보 같은 질문)
ばかばかしい話(바보 같은 이야기)

＊출제가능유형 : 문맥 유의표현 용법

27

甚だしい
심하다

한자풀이 甚 심할 심

はなはだしい

의미 (정도가) 심하다, 대단하다

☆ 빈출표현 欠如/被害が甚だしい(결여/피해가 심하다)
見当違いも甚だしい(엉뚱하기 그지없다)
勘違いも甚だしい(착각도 심하다)

＊출제가능유형 : 한자읽기 한자표기 문맥 유의표현 용법

28

適切だ
적절하다

한자풀이 適 맞을 적, 切 끊을 절

てきせつだ

의미 적절하다

☆ 빈출표현 適切な言葉/表現(적절한 말/표현)
対応が適切だ(대응이 적절하다)

＊출제가능유형 : 한자읽기 한자표기 문맥 유의표현 용법

29

な형용사

透明だ
투명하다

한자풀이 透 사무칠 투, 明 밝을 명

とうめいだ

의미 투명하다

☆ 빈출표현 透明なガラス(투명한 유리)
透明な取引(투명한 거래)

＊출제가능유형 : 한자읽기 한자표기 문맥 유의표현 용법

30

独特だ
독특하다

한자풀이 独 홀로 독, 特 특별할 특

どくとくだ

의미 독특하다

☆ 빈출표현 独特な名前/ファッション(독특한 이름/패션)
独特な雰囲気/世界観(독특한 분위기/세계관)

＊출제가능유형 : 한자읽기 한자표기 문맥 유의표현 용법

유 ばからしい 어리석다

つまらない 하찮다, 시시하다

真面目に働くのがばかばかしいと感じる時
がある。

성실하게 일하는 것이 매우 어리석게 느껴질 때가 있다.

유 夥しい 엄청나다, 매우 많다, 심하다

学力低下の原因がゲームだなんて、勘違い
も甚だしい。

학력 저하의 원인이 게임이라니 착각도 심하다.

유 適当だ 적당하다

ぴったりだ 꼭 알맞다, 꼭 들어맞다

当てはまる 꼭 들어맞다, 적합하다

相応しい 어울리다

↔ 不適切だ 부적절하다

迅速かつ適切な対応に努めます。

신속하고도 적절한 대응에 힘쓰겠습니다.

유 透き通る 비쳐 보이다, 투명하다

透ける 비쳐 보이다

↔ 不透明だ 불투명하다

より透明で公正な行政手続きを目指している。

보다 투명하고 공정한 행정 절차를 목표로 하고 있다.

유 特有 특유

固有 고유

独自 독자

ユニークだ 유니크(unique)하다

あのアーティストは独特な世界観を持って
いる。

그 아티스트는 독특한 세계관을 가지고 있다.

DAY
16

표제어	Step 1 ㅣ 단어 풀이(용법·의미) ✏

31

な형용사

鈍感だ
둔감하다

(한자풀이) 鈍 둔할 둔, 感 느낄 감

どんかんだ

의미 둔감하다

★ 빈출표현 鈍感な性格/人(둔감한 성격/사람)

においに鈍感になる(냄새에 둔감해지다)

＊출제가능유형 : 한자읽기 한자표기 문맥 유의표현 용법

32

기본동사

背負う
짊어지다, 떠맡다

(한자풀이) 背 등 배, 負 질 부

せおう

의미 ① 짊어지다 ② 등에 메다, 업다
③ (괴로운 일·책임을) 지다, 떠맡다

★ 빈출표현 リュックサックを背負う(배낭을 메다)
責任を背負う(책임을 지다)
問題を背負う(문제를 떠맡다)

＊출제가능유형 : 한자읽기 한자표기 문맥 유의표현 용법

33

反らす
뒤로 젖히다

(한자풀이) 反 돌이킬 반

そらす

의미 뒤로 젖히다, (반대 방향으로) 휘게 하다

★ 빈출표현 胸を反らす(가슴을 젖히다)
首を後ろに反らす(목을 뒤로 젖히다)

＊출제가능유형 : 한자읽기 한자표기 문맥 유의표현 용법

34

耕す
(논밭을) 갈다

(한자풀이) 耕 밭 갈 경

たがやす

의미 (논밭을) 갈다

★ 빈출표현 畑を耕す(밭을 갈다)
土地を耕す(토지를 갈다)

＊출제가능유형 : 한자읽기 한자표기 문맥 유의표현 용법

35

確かめる
확인하다

(한자풀이) 確 굳을 확

たしかめる

의미 확인하다, 확실히 하다, 분명히 하다

★ 빈출표현 安全/真相を確かめる(안전/진상을 확인하다)
人数/本心を確かめる(인원수/본심을 확인하다)

＊출제가능유형 : 한자읽기 한자표기 문맥 유의표현 용법

유 鈍い 둔하다 無神経だ 무신경하다 ↔ 敏感だ 민감하다	鈍感な性格の人は、周囲の人のことをあまり気にしない。 둔감한 성격의 사람은 주위 사람을 그다지 신경 쓰지 않는다.
유 負う 지다, 짊어지다 引き受ける 떠맡다	一人でリュックサックを背負って旅に出かけた。 혼자서 배낭을 메고 여행을 떠났다.
유 曲げる 구부리다, 굽히다 참 反る 휘다, 젖혀지다	首を後ろに反らすと、痛みを感じる。 목을 뒤로 젖히면 통증을 느낀다.
유 鋤く 가래로 땅을 일구다	小さな畑を耕して、種を植え、収穫するつもりだ。 작은 밭을 일구어 씨를 심고 수확할 생각이다.
유 確認する 확인하다	左右の安全を確かめてから道を渡ってください。 좌우의 안전을 확인하고 나서 길을 건너세요.

DAY
16

표제어	Step 1	단어 풀이(용법·의미) ✏

36

黙る
말을 하지 않다

한자
풀이 黙 묵묵할 묵

だまる

의미 말을 하지 않다, 잠자코 있다, 입을 다물다

☆ 빈출표현 黙って話を聞く(잠자코 이야기를 듣다)
黙って見守る(잠자코 지켜보다)
急に黙る(갑자기 입을 다물다)

*출제가능유형 : 한자읽기 한자표기 문맥 유의표현 용법

37

試す
시험하다

한자
풀이 試 시험 시

ためす

의미 시험하다, 실지로 해 보다

☆ 빈출표현 限界を試す(한계를 시험하다)
実力/能力を試す(실력/능력을 시험하다)

*출제가능유형 : 한자읽기 한자표기 문맥 유의표현 용법

38

기본동사

ためらう
주저하다

의미 주저하다, 망설이다

☆ 빈출표현 決心がつかずためらう(결심이 서지 않아 망설이다)
言うかどうかためらう(말할까 말까 망설이다)

*출제가능유형 : 문맥 유의표현 용법

39

頼る
의지하다

한자
풀이 頼 의뢰할 뢰

たよる

의미 의지하다, 의뢰하다

☆ 빈출표현 親を頼る(부모를 의지하다)
経済的/精神的に頼る(경제적/정신적으로 의지하다)

*출제가능유형 : 한자읽기 한자표기 문맥 유의표현 용법

40

誓う
맹세하다

한자
풀이 誓 맹세할 서

ちかう

의미 맹세하다, 서약하다

☆ 빈출표현 永遠の愛を誓う(영원한 사랑을 맹세하다)
勝利を誓う(승리를 맹세하다)

*출제가능유형 : 한자읽기 한자표기 문맥 유의표현 용법

Step 2 | 연관 단어 🔍

유 沈黙する 침묵하다
黙する 침묵하다, 잠잠하다

유 試みる 시험해 보다, 시도해 보다
実験する 실험하다

유 ちゅうちょする 주저하다
渋る 주저주저하다, 꺼리다

유 すがる 의지하다, 기대다, 매달리다
依存する 의존하다

유 固く約束する 굳게 약속하다
誓約する 서약하다

Step 3 | 예문 💬

母は黙って私の話を聞いてくれた。

어머니는 잠자코 내 이야기를 들어 주었다.

自分の限界を試すために旅に出た。

자신의 한계를 시험하기 위해 여행을 떠났다.

決心がつかず、ためらってぐずぐずしている。

결심이 서지 않아 주저하며 우물쭈물하고 있다.

社会人になっても自立できず、親に頼って生活している。

사회인이 되어도 자립하지 못 하고 부모에게 의지하여 생활하고 있다.

証人は真実を述べることを誓いますか。

증인은 진실을 말할 것을 맹세합니까?

DAY
16

표제어	Step 1	단어 풀이(용법·의미)

41

복합동사

握りしめる
꽉 쥐다

(한자풀이) 握 쥘 악

にぎりしめる

[의미] 꽉 쥐다

☆ 빈출표현　こぶし/手を握りしめる(주먹/손을 꽉 쥐다)
　　　　　　ボール/指を握りしめる(공/손가락을 꽉 쥐다)

＊출제가능유형 : 한자읽기　한자표기　문맥　유의표현　용법

42

乗り越える
극복하다

(한자풀이) 乗 탈 승, 越 넘을 월

のりこえる

[의미] 극복하다, (타고)넘다

☆ 빈출표현　段差/塀を乗り越える(단차/벽을 넘다)
　　　　　　危機/困難を乗り越える(위기/곤란을 극복하다)

＊출제가능유형 : 한자읽기　한자표기　문맥　유의표현　용법

43

さすが
과연, 역시

[의미] ① 과연, 역시 ② 자타가 공인할 정도의, 그 대단한

☆ 빈출표현　さすがプロだ(과연 프로다)
　　　　　　さすがに飽きる(역시 질린다)
　　　　　　さすがのベテランも(그 대단한 베테랑도)

＊출제가능유형 : 문맥　유의표현　용법

44

부사

早速
즉시

(한자풀이) 早 이를 조, 速 빠를 속

さっそく

[의미] 즉시, 조속히, 바로

☆ 빈출표현　早速使う/始める(바로 사용하다/시작하다)
　　　　　　早速本題に入る(바로 본론으로 들어가다)

＊출제가능유형 : 문맥　유의표현　용법

45

ざっと
휙, 대충

[의미] ① 휙, 쏴, 비·바람이 갑자기 세게 부는 모양
　　　 ② 물을 세차게 끼얹는 모양 ③ 대충, 대강

☆ 빈출표현　雨がざっと降る(비가 쏴 내리다)
　　　　　　水をざっとかける(물을 좍 뿌리다)
　　　　　　ざっと目を通す(대강 훑어보다)

＊출제가능유형 : 문맥　유의표현　용법

유 握る 쥐다

赤ちゃんが母親の指を握りしめている。

아기가 어머니의 손가락을 움켜쥐고 있다.

유 越える 넘다

神様は乗り越えられない試練は与えないという話を聞いたことがある。

신은 극복할 수 없는 시련은 주지 않는다는 이야기를 들은 적이 있다.

유 なるほど 과연
やはり 역시

いくら好きでも、毎日同じものばかり食べているとさすがに飽きてしまう。

아무리 좋아해도 매일 같은 것만 먹으면 역시 질려 버린다.

유 すぐに 곧, 즉시, 바로
直ちに 곧, 즉각, 바로

では、早速本題に入りましょう。

그럼, 바로 본론으로 들어가시죠.

유 およそ 대강, 대략
かれこれ 대강, 거의

ざっと見た感じではテーブルも多く、個室もあるようだ。

대강 훑어 본 느낌으로는 테이블도 많고 독실도 있는 것 같다.

표제어	Step 1 ┃ 단어 풀이(용법·의미)

46

부사

次第に
점차

한자풀이 **次** 버금 차, **第** 차례 제

しだいに

의미 점차, 차츰, 차차

★빈출표현 次第によくなる/慣れる(점차 좋아지다/익숙해지다)
次第に落ち着く(차츰 안정되다)

＊출제가능유형 : 문맥 유의표현 용법

47

しみじみ
절실히

의미 ① 절실히, 진실로 ② 깊이, 곰곰이

★빈출표현 しみじみ感じる(절실히 느끼다)
しみじみ味わう(깊이 맛보다)

＊출제가능유형 : 문맥 유의표현 용법

48

의성어·의태어

うとうと
꾸벅꾸벅

의미 꾸벅꾸벅, 잠에 취해 조는 모양

★빈출표현 うとうとする(꾸벅꾸벅하다)

＊출제가능유형 : 문맥 유의표현 용법

49

うろうろ
어정버정

의미 어정버정, 우왕좌왕, 허둥지둥

★빈출표현 うろうろする(어정버정하다)
うろうろ歩く(어정버정 천천히 걷다)

＊출제가능유형 : 문맥 유의표현 용법

50

ぐずぐず
꾸물꾸물

의미 ① 꾸물꾸물, 우물쭈물 ② 투덜투덜

★빈출표현 ぐずぐずする(우물쭈물하다)
ぐずぐず言う(투덜투덜대다)

＊출제가능유형 : 문맥 유의표현 용법

🄯 だんだん 차차, 점점

じょじょ
徐々に 서서히

おいおい 차츰, 차차, 점차

おな　　かんきょう　　けいぞく　　　　　しだい　な
同じ環境が継続すると、次第に慣れるものだ。

같은 환경이 계속되면 점차 익숙해지는 법이다.

🄯 つくづく 곰곰이

じ ぶん　　べんきょう ぶ そく　　　　　　　　　かん
自分の勉強不足をしみじみ感じている。

자신이 공부가 부족하다는 것을 절실히 느끼고 있다.

🄯 うつらうつら 꾸벅꾸벅

こくりこくり 꼬박꼬박
(꾸벅꾸벅보다 작은 느낌이
에요.)

じゅぎょうちゅう
授業中についうとうとしてしまった。

수업 중에 그만 꾸벅꾸벅 졸아 버렸다.

🄯 ある　まわ
歩き回る 여기저기 돌아다니다

いえ　まえ　あや　　ひと
家の前を怪しい人がうろうろしている。

집 앞을 수상한 사람이 어정버정하고 있다.

🄯 のろのろ 느릿느릿, 꾸물꾸물

もたもた 어물어물, 우물쭈물, 꾸물꾸물

ぶつぶつ 중얼중얼

　　　　　　　　　　　　　　　　　　　のが
ぐずぐずしているうちにタイミングを逃し
てしまった。

꾸물대는 사이에 타이밍을 놓쳐 버렸다.

Day 16

---- 문제로 확인하기 ----

1 다음 단어의 뜻을 쓰고 읽는 법을 고르세요.

1. 署名　（뜻:　　　　）　A. しょめい　　　B. しょうめい

2. 値引き　（뜻:　　　　）　A. ねひき　　　　B. ねびき

3. 甚だしい　（뜻:　　　　）　A. はだはなしい　　B. はなはだしい

4. 独特だ　（뜻:　　　　）　A. どくとくだ　　　B. とくとくだ

5. 耕す　（뜻:　　　　）　A. たがやす　　　　B. たやがす

2 다음 빈칸에 공통으로 들어갈 수 있는 한자로 적절한 것을 고르세요.

6. （　）身　都（　）　核（　）
   A. 会　B. 全　C. 心

7. 進（　）　侵（　）　乱（　）
   A. 入　B. 暴　C. 水

8. （　）造　木（　）　（　）品
   A. 部　B. 製　C. 構

9. （　）頼　（　）任　（　）用
   A. 退　B. 依　C. 信

10. （　）度　事（　）　状（　）
    A. 況　B. 態　C. 件

3 빈칸에 들어갈 단어로 적절한 것을 고르세요.

| A. パート　　　B. 吐き気　　　C. 握りしめて　　　D. ぐずぐず　　　E. 次第に |

11. 子育てが一段落ついたのをきっかけに＿＿＿＿を始めた。

12. 薬を飲んでも＿＿＿＿や嘔吐が治まらない。

13. 赤ちゃんが母親の指を＿＿＿＿いる。

14. 同じ環境が継続すると＿＿＿＿慣れるものだ。

15. ＿＿＿＿しているうちにタイミングを逃してしまった。

| 정답 | 1. 서명, A　2. 값을 깎음, B　3. 심하다, B　4. 독특하다, A　5. 갈다, A /
6. C　7. A　8. B　9. C　10. B / 11. A　12. B　13. C　14. E　15. D |

Day 17

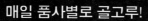 매일 품사별로 골고루! 오늘의 50단어 한눈에 보기!

음독명사

01. 政党
02. 政府
03. 正方形
04. 絶対
05. 先端
06. 相違
07. 増加
08. 操作
09. 体操
10. 大半
11. 太陽
12. 対立
13. 他人
14. 断定
15. 地域
16. 頂上
17. 頂点
18. 著者

고유어

19. 畑
20. 額

21. 人込み
22. ひび

가타카나

23. ピーク
24. フォーム

い형용사

25. 貧しい
26. みっともない
27. 醜い

な형용사

28. 生意気だ
29. 滑らかだ
30. 苦手だ
31. 派手だ

기본동사

32. 就く
33. つながる
34. 通す

35. 尖る
36. 解く
37. 整う
38. 捕らえる
39. 眺める
40. 慰める

복합동사

41. 話し合う
42. 話しかける

부사

43. 知らず知らず
44. すっきり
45. ずらっと
46. せっかく
47. せっせと
48. 絶えず

의성어·의태어

49. くよくよ
50. こつこつ

표제어	Step 1	단어 풀이(용법·의미) ✏️

1

음독명사

政党
정당

(한자풀이) 政 정사 정, 党 무리 당

せいとう

`의미` 정당

★ `빈출표현` 政党を作る(정당을 만들다)
政党を支持する(정당을 지지하다)

* 출제가능유형 : `한자읽기` `한자표기` `문맥` `용법`

2

政府
정부

(한자풀이) 政 정사 정, 府 마을 부

せいふ

`의미` 정부

★ `빈출표현` 日本政府(일본 정부)
政府の方針(정부의 방침)

* 출제가능유형 : `한자읽기` `한자표기` `문맥` `유의표현`

3

正方形
정사각형

(한자풀이) 正 바를 정, 方 모 방, 形 모양 형

せいほうけい

`의미` 정사각형

★ `빈출표현` 正方形の面積(정사각형의 면적)

* 출제가능유형 : `한자읽기` `한자표기` `문맥` `유의표현` `용법`

4

絶対
절대

(한자풀이) 絶 끊을 절, 対 대할 대

ぜったい

`의미` 절대

★ `빈출표현` 絶対的(절대적)
絶対の信頼(절대 신뢰)

* 출제가능유형 : `한자읽기` `한자표기` `문맥` `유의표현` `용법`

5

先端
첨단, 뾰족한 끝

(한자풀이) 先 먼저 선, 端 끝 단

せんたん

`의미` ① 첨단 ② 뾰족한 끝 ③ (시대·유행의) 선두

★ `빈출표현` 先端技術(첨단 기술), 針の先端(바늘 끝)
最先端を走る(최첨단을 달리다)

* 출제가능유형 : `한자읽기` `한자표기` `문맥` `유의표현`

참 与党 여당
よ とう

野党 야당
や とう

참 같은 한자 사용 단어

正当 정당
せいとう

正統 정통
せいとう

比例代表選挙は、支持する政党の名称など
ひ れいだいひょうせんきょ　　し じ　　　　せいとう　　めいしょう
を記入し、投票する。
き にゅう　　とうひょう

비례 대표 선거는 지지하는 정당의 명칭 등을 기입해서 투표한다.

유 内閣 내각
ないかく

政府が行っている施策には、生活支援や経
せいふ　おこな　　　　　し さく　　　　せいかつ し えん　　けい
済的支援による取り組みがある。
ざいてき し えん　　　　と　　く

정부가 시행하고 있는 시책에는 생활 지원이나 경제적 지원에 의한 대

처가 있다.

참 四角形 사각형
し かくけい

長方形 직사각형
ちょうほうけい

三角形 삼각형
さんかくけい

正方形は、全ての角の角度が等しい四角形
　　　　　すべ　　かど　かくど　ひと　　し かくけい
である。

정사각형은 모든 모서리의 각도가 동일한 사각형이다.

참 絶対는 부사로 쓰이는 경우도 있어요.

↔ 相対 상대
そうたい

上司や部下と絶対的な信頼関係を築きたい。
じょうし　ぶ か　　　てき　しんらいかんけい　きず

상사나 부하와 절대적인 신뢰 관계를 쌓고 싶다.

유 先 끝, 선두
さき

참 같은 한자 사용 단어

途端 찰나, 막 그 순간
と たん

末端 말단
まったん

舌の先端に口内炎ができてなかなか治らない。
した　せんたん　こうないえん　　　　　　　　なお

혀 끝에 구내염이 생겨서 좀처럼 낫지 않는다.

| 표제어 | Step 1 │ 단어 풀이(용법·의미) ✏ |

음독명사

6

相違
차이

한자풀이 **相** 서로 상, **違** 어긋날 위

そうい
의미 차이, 다름, 틀림, 상이

⭐빈출표현 相違点(차이점), 相違ない(틀림없다)

相違がある/ない(차이가 있다/없다)

意見の相違が発生する(의견 차이가 발생하다)

＊출제가능유형 : 한자읽기 한자표기 문맥 유의표현 용법

7

増加
증가

한자풀이 **増** 더할 증, **加** 더할 가

ぞうか
의미 증가

⭐빈출표현 増加率(증가율)

増加する(증가하다)

＊출제가능유형 : 한자읽기 한자표기 단어형성 유의표현

8

操作
조작

한자풀이 **操** 잡을 조, **作** 지을 작

そうさ
의미 조작

⭐빈출표현 操作する(조작하다)

＊출제가능유형 : 한자읽기 한자표기 문맥 유의표현 용법

9

体操
체조

한자풀이 **体** 몸 체, **操** 잡을 조

たいそう
의미 체조

⭐빈출표현 体操着(체육복)

ラジオ体操(라디오 체조)

＊출제가능유형 : 한자읽기 한자표기 문맥 유의표현 용법

10

大半
대부분

한자풀이 **大** 큰 대, **半** 반 반

たいはん
의미 대부분

⭐빈출표현 大半を占める(대부분을 차지하다)

大半を失う(대부분을 잃다)

＊출제가능유형 : 한자읽기 한자표기 유의표현 용법

유 違い 틀림
　 違<ruby>ちが</ruby>い
　 差異 차이
　 差<ruby>さ</ruby>異<ruby>い</ruby>

皆で何かを決める時、意見の相違が発生することがある。
<ruby>みんな</ruby> <ruby>なに</ruby> <ruby>き</ruby> <ruby>とき</ruby> <ruby>い けん</ruby> <ruby>そうい</ruby> <ruby>はっせい</ruby>

다 같이 무언가를 정할 때 의견 차이가 발생하는 경우가 있다.

유 増大 증대
　 増<ruby>ぞうだい</ruby>大
　 増量 증량
　 増<ruby>ぞうりょう</ruby>量
　 増殖 증식
　 増<ruby>ぞうしょく</ruby>殖
↔ 減少 감소
　 減<ruby>げんしょう</ruby>少

最近、魚介類による食中毒が増加している。
<ruby>さいきん</ruby> <ruby>ぎょかいるい</ruby> <ruby>しょくちゅうどく</ruby>

요즘 어패류에 의한 식중독이 증가하고 있다.

유 操る 조종하다, 다루다
　 操<ruby>あやつ</ruby>る
　 操縦 조종
　 操<ruby>そうじゅう</ruby>縦
참 같은 발음 단어
　 捜査 수사
　 捜<ruby>そう</ruby>査<ruby>さ</ruby>

車を運転しながらスマホを操作する「ながら運転」による交通事故が多発している。
<ruby>くるま</ruby> <ruby>うんてん</ruby> <ruby>うんてん</ruby> <ruby>こうつう じ こ</ruby> <ruby>た はつ</ruby>

차를 운전하면서 스마트폰을 조작하는 '하면서 운전'으로 인한 교통사고가 다발하고 있다.

유 運動 운동
　 運<ruby>うんどう</ruby>動
참 같은 발음 단어
　 大層 매우, 몹시, 대단히
　 大<ruby>たいそう</ruby>層

健康のためにラジオ体操を始めた。
<ruby>けんこう</ruby> <ruby>はじ</ruby>

건강을 위해서 라디오 체조를 시작했다.

유 多く 대개
　 多<ruby>おお</ruby>く
　 大部分 대부분
　 大<ruby>だい ぶ ぶん</ruby>部分
참 大半은 부사로 쓰이기도 해요.

病気の原因の大半は食事や生活習慣にある。
<ruby>びょう き</ruby> <ruby>げんいん</ruby> <ruby>しょく じ</ruby> <ruby>せいかつしゅうかん</ruby>

병의 대부분의 원인은 식사나 생활 습관에 있다.

| 표제어 | Step 1 | 단어 풀이(용법·의미) ✏️ |

11

太陽
태양

한자풀이 太 클 태, 陽 볕 양

たいよう

의미 태양

⭐빈출표현 太陽光(태양광)
太陽が昇る/沈む(태양이 뜨다/지다)

＊출제가능유형 : 한자읽기 한자표기 문맥 유의표현 용법

12

対立
대립

한자풀이 対 대할 대, 立 설 립

たいりつ

의미 대립

⭐빈출표현 対立が起きる/深まる(대립이 일어나다/깊어지다)
対立を解消する(대립을 해소하다)

＊출제가능유형 : 한자읽기 한자표기 문맥 유의표현 용법

13

他人
타인

한자풀이 他 다를 타, 人 사람 인

たにん

의미 타인, 남

⭐빈출표현 他人事(남의 일), 赤の他人(생판 남)
他人任せ(남에게만 맡기고 기대는 것)

＊출제가능유형 : 한자읽기 한자표기 문맥 유의표현 용법

14

断定
단정

한자풀이 断 끊을 단, 定 정할 정

だんてい

의미 단정, 딱 잘라 판단하거나 결정함

⭐빈출표현 断定的(단정적)
断定する(단정하다)

＊출제가능유형 : 한자읽기 한자표기 문맥 유의표현 용법

15

地域
지역

한자풀이 地 땅 지, 域 지경 역

ちいき

의미 지역

⭐빈출표현 地域社会/ニュース(지역 사회/뉴스)
地域を支える(지역을 지탱하다)

＊출제가능유형 : 한자읽기 한자표기 문맥 유의표현 용법

음독명사

유 日 ^ひ 해
お日様 ^{ひ さま} 햇님
참 月 ^{つき} 달

太陽が昇る位置や沈む位置は、季節によって変化する。

태양이 뜨는 위치나 지는 위치는 계절에 따라 변화한다.

참 反対 ^{はんたい} 반대
立場 ^{たち ば} 입장

他人との対立を避けるために、いつも意見の対立を避けてしまう。

타인과의 대립을 피하기 위해서 항상 의견 대립을 피해 버린다.

유 第三者 ^{だい さんしゃ} 제3자
⟷ 自分 ^{じ ぶん} 자기, 자신

彼女は他人に厳しく、自分には甘い。

그녀는 타인에게 엄격하고 자신에게는 무르다.

유 決断 ^{けつだん} 결단
決定 ^{けってい} 결정
判断 ^{はんだん} 판단

日本人は断定的な言い方を避け、婉曲的な表現を使う傾向がある。

일본인은 단정적인 말투를 피하고 완곡한 표현을 쓰는 경향이 있다.

유 区域 ^{く いき} 구역
地区 ^{ち く} 지구
참 비슷한 한자
池 연못 지, 也 어조사 야, 或 혹 혹

地域社会の発展に貢献したい。

지역 사회의 발전에 공헌하고 싶다.

표제어	Step 1	단어 풀이(용법·의미)

16

음독명사

頂上
정상

한자풀이 頂 정수리 정, 上 윗 상

ちょうじょう

의미 정상

★ 빈출표현 頂上に登る(정상에 오르다)
頂上に立つ/着く(정상에 서다/도착하다)

*출제가능유형 : 한자읽기 한자표기 유의표현 용법

17

頂点
정점

한자풀이 頂 정수리 정, 点 점 점

ちょうてん

의미 정점, 절정

★ 빈출표현 頂点に立つ(정점에 서다)
頂点に達する(정점에 이르다)

*출제가능유형 : 한자읽기 한자표기 문맥 유의표현 용법

18

著者
저자

한자풀이 著 나타날 저, 者 사람 자

ちょしゃ

의미 저자

★ 빈출표현 著者になる(저자가 되다)

*출제가능유형 : 한자읽기 한자표기 문맥 유의표현 용법

19

고유어

畑
밭

한자풀이 畑 화전 전

はたけ

의미 밭

★ 빈출표현 畑を耕す(밭을 갈다)

*출제가능유형 : 한자읽기 한자표기 문맥 유의표현 용법

20

額
이마

한자풀이 額 이마 액

ひたい

의미 이마

★ 빈출표현 額の汗(이마의 땀)
額が狭い/広い(이마가 좁다/넓다)

*출제가능유형 : 문맥 유의표현 용법

유 てっぺん 꼭대기, 정상
頂 꼭대기, 정상
山頂 산꼭대기, 정상
峰 봉우리

あと徒歩で2時間くらい登ると頂上に着く。

앞으로 도보로 2시간 정도 올라가면 정상에 도착한다.

유 最高潮 최고조　　絶頂 절정
山場 고비, 절정
ピーク 피크(peak), 최고조, 절정
クライマックス 클라이맥스(climax),
　　　　　　　정점, 최고조

あの選手は世界の頂点に立ちながらも挑戦
を続けている。

저 선수는 세계의 정점에 서 있으면서도 계속해서 도전하고 있다.

유 作者 작자, (예술품을) 만든 사람
筆者 필자

참 비슷한 한자

箸 젓가락 저, 躇 머뭇거릴 저, 猪 돼지 저

文章を読みながら著者の意図を考える。

문장을 읽으면서 저자의 의도를 생각한다.

참 田 논
田畑 논밭

畑を借りて週末農業をやっている。

밭을 빌려서 주말 농업을 하고 있다.

＝ おでこ 이마

シャツの袖で額の汗を拭った。

셔츠 소매로 이마의 땀을 닦았다.

표제어	Step 1	단어 풀이(용법·의미)

21

고유어

人込み
붕빔

(한자풀이) 人 사람 인, 込 담을 입

ひとごみ

의미 붐빔, 북적임, 붐비는 곳

★빈출표현 人込みに紛れる(인파에 섞이다)

人込みを避ける(붐비는 곳을 피하다)

*출제가능유형 : 한자읽기 한자표기 문맥 유의표현 용법

22

ひび
금

의미 금

★빈출표현 ひびができる(금이 생기다)

ひびが入る(금이 가다)

*출제가능유형 : 문맥 유의표현 용법

23

가타카나

ピーク
피크

peak

의미 피크, 정점, 절정, 정상

★빈출표현 ピークに達する(피크에 달하다)

ピークを過ぎる/越える(정점을 지나다/넘다)

*출제가능유형 : 문맥 유의표현 용법

24

フォーム
폼

form

의미 폼, 형식, 양식, 자세, 모양

★빈출표현 いいフォーム(좋은 폼)

正しいフォーム(바른 자세)

*출제가능유형 : 문맥 유의표현 용법

25

い형용사

貧しい
가난하다

(한자풀이) 貧 가난할 빈

まずしい

의미 ① 가난하다 ② 빈약하다, 변변찮다

★빈출표현 心が貧しい(마음이 가난하다)

貧しい家庭(가난한 가정)

貧しい知識(변변찮은 지식)

*출제가능유형 : 한자읽기 한자표기 문맥 유의표현 용법

<table>
<tr>
<td>

유 混雑 혼잡
こんざつ

雑踏 혼잡, 붐빔
ざっとう

참 人混みで 표기하기도 해요.
ひと ご
</td>
<td>

できれば人込みや渋滞は避けたい。
じゅうたい さ

되도록 북적이는 곳이나 (교통) 정체는 피하고 싶다.
</td>
</tr>
<tr>
<td>

유 亀裂 균열
き れつ

細かい割れ目 실금
こま わ め
</td>
<td>

生活レベルの格差で友情にひびが入ること
せいかつ かく さ ゆうじょう はい
もあるらしい。

생활 수준의 격차로 우정에 금이 가는 경우도 있는 것 같다.
</td>
</tr>
<tr>
<td>

유 最高潮 최고조
さいこうちょう

絶頂 절정
ぜっちょう

頂点 정점
ちょうてん
</td>
<td>

9月に入っても厳しい残暑が続き、夏の疲れ
がつ はい きび ざんしょ つづ なつ つか
がピークに達している。
たっ

9월에 들어서도 심한 늦더위가 계속되어 여름의 피로가 피크에 달했다.
</td>
</tr>
<tr>
<td>

유 外形 외형
がいけい

形式 형식
けいしき

様式 양식
ようしき

姿勢 자세
し せい
</td>
<td>

弓道は、いかに正しいフォームを身につけ
きゅうどう ただ み
るかが大切だ。
たいせつ

궁도는 얼마나 바른 자세를 익히느냐가 중요하다.
</td>
</tr>
<tr>
<td>

유 貧乏 가난함
びんぼう

乏しい 모자라다, 부족하다
とぼ

粗末 허술하고 나쁨, 변변치 않음
そ まつ

貧弱 빈약
ひんじゃく
</td>
<td>

経済的に苦しくて貧しい生活を送る高齢者
けいざいてき くる せいかつ おく こうれいしゃ
が増えているという。
ふ

경제적으로 어려워서 가난한 생활을 보내는 고령자가 늘고 있다고
한다。
</td>
</tr>
</table>

DAY 17

표제어	Step 1 │ 단어 풀이(용법·의미) ✏

26

い형용사

みっともない
보기 흉하다

의미 보기 흉하다, 꼴사납다

★빈출표현 みっともない**格好/行動**(보기 흉한 모습/행동)
口の**中**のものが**見**えてみっともない
(입안의 것이 보여서 보기 흉하다)

＊출제가능유형 : 문맥 유의표현 용법

27

醜い
추하다

한자풀이 醜 추할 추

みにくい

의미 추(악)하다, 보기 흉하다, 못생기다

★빈출표현 醜い**顔/性格**(추한 얼굴/성격)
醜い**感情/心**(추악한 감정/마음)

＊출제가능유형 : 한자읽기 한자표기 문맥 유의표현 용법

28

な형용사

生意気だ
건방지다

한자풀이 生 날 생, 意 뜻 의, 気 기운 기

なまいきだ

의미 건방지다, 주제넘다

★빈출표현 生意気な**性格/態度**(건방진 성격/태도)
生意気な**言動/言葉**(주제넘은 언동/말)

＊출제가능유형 : 한자읽기 한자표기 문맥 유의표현 용법

29

滑らかだ
매끄럽다

한자풀이 滑 미끄러울 활

なめらかだ

의미 ① 매끄럽다, 매끈매끈하다 ② 거침없다, 순조롭다

★빈출표현 滑らかな**肌/発音**(매끄러운 피부/발음)
滑らかに**動く/話す**(거침없이 움직이다/이야기하다)

＊출제가능유형 : 한자표기 문맥 유의표현 용법

30

苦手だ
서투르다

한자풀이 苦 쓸 고, 手 손 수

にがてだ

의미 ① 서투르다, 잘하지 못하다 ② 다루기 어렵고 거북하다

★빈출표현 苦手な**運動/科目**(서툰 운동/과목)
苦手な**相手/人**(다루기 어려운 상대/사람)
苦手な**食べ物**(꺼리는 음식)

＊출제가능유형 : 한자읽기 한자표기 문맥 유의표현 용법

유 見苦しい 보기 흉하다

はしたない 상스럽다, 버릇없다

食べ物を口に入れた状態で話を続けると、口の中にある食べ物が見えてみっともない。

음식을 입에 넣은 상태로 이야기를 계속하면 입안에 있는 음식이 보여서 보기 흉하다.

유 見苦しい 보기 흉하다
不細工 못생김

↔ 美しい 아름답다

心が醜い人は、自然と表情や態度に醜さが表れる。

마음이 추악한 사람은 자연히 표정이나 태도에 추악함이 드러난다.

유 出過ぎる 주제넘다

娘の生意気な言動に悩んでいる。

딸의 건방진 언동에 고민하고 있다.

DAY
17

유 滑らかだ 미끈미끈하고 반질반질하다

すべすべ 매끈매끈

つるつる 매끈매끈, 반들반들

頭の中で考えたことが滑らかに話せない。

머릿속에서 생각한 것을 거침없이 이야기할 수 없다.

유 扱いにくく、いやだ
　　　　　다루기 힘들고 싫다
不得意だ 잘하지 못한다

↔ 得意だ 잘한다

私は辛いものは苦手です。

저는 매운 것은 잘 못 먹습니다.

표제어	Step 1 │ 단어 풀이(용법·의미)

31

な형용사

派手だ
화려하다

(한자풀이) 派 갈래 파, 手 손 수

はでだ

[의미] ① 화려하다 ② 이목을 끌 정도로 심하게 무엇을 하는 모양

★ 빈출표현 派手な顔/服(화려한 얼굴/옷)
派手に行動する/転ぶ(요란스럽게 행동하다/구르다)

＊출제가능유형 : 한자읽기 한자표기 문맥 유의표현 용법

32

就く
종사하다

(한자풀이) 就 나아갈 취

つく

[의미] 종사하다, 취직하다, 취임하다, 오르다

★ 빈출표현 仕事に就く(일에 종사하다), 職に就く(취직하다)
管理職に就く(관리직에 취임하다)

＊출제가능유형 : 한자읽기 한자표기 문맥 유의표현 용법

33

기본동사

つながる
연결되다

[의미] 연결되다, 이어지다

★ 빈출표현 成功につながる(성공으로 이어지다)
血がつながる(핏줄이 이어지다)

＊출제가능유형 : 문맥 유의표현 용법

34

通す
통하게 하다

(한자풀이) 通 통할 통

とおす

[의미] ① 통하게 하다, 통과시키다 ② (길 따위를) 내다, 뚫다

★ 빈출표현 法案を通す(법안을 통과시키다)
針に糸を通す(바늘에 실을 꿰다)

＊출제가능유형 : 한자읽기 한자표기 문맥 유의표현 용법

35

尖る
뾰족해지다

(한자풀이) 尖 뾰족할 첨

とがる

[의미] ① (끝이) 뾰족해지다 ② 예민해지다, 골내다

★ 빈출표현 先が尖る(끝이 뾰족해지다)
神経が尖る(신경이 예민해지다)

＊출제가능유형 : 한자읽기 한자표기 문맥 유의표현 용법

Step 2 | 연관 단어 🔍

유 華やかだ 화려하다
大げさだ 과장되다
↔ 地味だ 수수하다

유 就職する 취직하다

유 続く 계속되다
継続する 계속하다
結びつく 결부되다, 이어지다
참 つなぐ 잇다, 연결하다

유 突き抜ける 관통하다, 통과하다
過ぎる 지나가다, 통과하다
참 通じる 통하다, 뚫리다

유 鋭い 날카롭다, 예리하다, 예민하다
敏感になる 민감해지다

Step 3 | 예문 💬

人前で派手に転んで恥ずかしかった。

다른 사람 앞에서 요란스럽게 굴러서 창피했다.

介護のお仕事に就くためには、専門的な資格が必要だ。

간병 업무에 종사하기 위해서는 전문적인 자격이 필요하다.

インターネットで世界とリアルタイムで双方向につながっている。

인터넷에서 세계와 실시간으로 쌍방향으로 연결되어 있다.

国会は、最終審議でその法案を通す見込みだ。

국회는 최종 심의에서 그 법안을 통과시킬 전망이다.

つま先が尖っているタイプの靴を買った。

발끝이 뾰족한 타입의 구두를 샀다.

DAY
17

표제어	Step 1	단어 풀이(용법·의미) ✏️

36

解く
풀다

(한자풀이) 解 풀 해

とく

의미 풀다

⭐빈출표현 絡まった糸を解く(얽힌 실을 풀다)
誤解/統制/問題を解く(오해/통제/문제를 풀다)

＊출제가능유형 : [한자읽기] [한자표기] [문맥] [유의표현] [용법]

37

整う
갖추어지다

(한자풀이) 整 가지런할 정

ととのう

의미 (형태가) 갖추어지다, 정돈되다

⭐빈출표현 環境/条件が整う(환경/조건이 갖추어지다)
材料/準備が整う(재료/준비가 갖추어지다)

＊출제가능유형 : [한자읽기] [한자표기] [문맥] [유의표현] [용법]

기
본
동
사

38

捕らえる
잡다

(한자풀이) 捕 잡을 포

とらえる

의미 잡다, 붙잡다

⭐빈출표현 腕/言葉尻を捕える(팔/말꼬리를 잡다)
魚/チャンスを捕える(물고기/찬스를 잡다)

＊출제가능유형 : [한자읽기] [한자표기] [문맥] [유의표현] [용법]

39

眺める
바라보다

(한자풀이) 眺 바라볼 조

ながめる

의미 바라보다, 응시하다

⭐빈출표현 海/景色を眺める(바다/경치를 바라보다)
空/風景を眺める(하늘/풍경을 바라보다)

＊출제가능유형 : [한자읽기] [한자표기] [문맥] [유의표현] [용법]

40

慰める
위로하다

(한자풀이) 慰 위로할 위

なぐさめる

의미 위로하다, 달래다

⭐빈출표현 子ども/友だちを慰める(아이/친구를 위로하다)
被害者を慰める(피해자를 위로하다)

＊출제가능유형 : [한자읽기] [한자표기] [문맥] [유의표현] [용법]

유 解^{ほど}く 풀다

解^{ほぐ}す 풀다

참 解^とかす 녹이다, (머리를) 빗다

第^{だい}1問目^{もんめ}から順番^{じゅんばん}に問題^{もんだい}を解いていく。

1번 문제부터 순서대로 문제를 풀어 나간다.

유 揃^{そろ}う 갖추어지다

まとまる 하나로 정리되다

調和^{ちょうわ}がとれる 조화를 이루다

참 整^{ととの}える 조절하다, 정돈하다

子供^{こども}が安全^{あんぜん}に通^{かよ}うことができる教育環境^{きょういくかんきょう}が整^{ととの}っている。

아이들이 안전하게 다닐 수 있는 교육 환경이 갖추어져 있다.

유 捕^{つか}まえる 붙잡다, 붙들다

捕獲^{ほかく}する 포획하다

しっかり掴^{つか}む 꽉 잡다

粘着^{ねんちゃく}シートで生^いきたままネズミを捕らえた。

점착 시트(끈끈이)로 산 채로 쥐를 잡았다.

DAY 17

유 見渡^{みわた}す 멀리 바라다보다, 전망하다

見^みつめる 응시하다, 주시하다

見^みやる 먼 곳을 바라보다

海沿^{うみぞ}いの景色^{けしき}を眺^{なが}めながら走^{はし}った。

바닷가 경치를 바라보며 달렸다.

유 労^{いたわ}る 위로하다, 친절하게 돌보다

落^おち込^こんでいる友達^{ともだち}を慰^{なぐさ}めた。

침울해하는 친구를 위로했다.

표제어	Step 1	단어 풀이(용법·의미)

41

복합동사

話し合う
의논하다

한자풀이 **話** 말씀 화, **合** 합할 합

はなしあう

의미 의논하다

⭐빈출표현 みんなで話し合う(다 같이 의논하다)
話し合って決める(의논해서 결정하다)

*출제가능유형 : 한자읽기 한자표기 문맥 유의표현 용법

42

話しかける
말을 걸다

한자풀이 **話** 말씀 화

はなしかける

의미 말을 걸다

⭐빈출표현 日本語で話しかける(일본어로 말을 걸다)
隣の人に話しかける(옆 사람에게 말을 걸다)

*출제가능유형 : 한자읽기 한자표기 문맥 유의표현 용법

43

知らず知らず
저도 모르는 사이에

한자풀이 **知** 알 지

しらずしらず

의미 저도 모르는 사이에, 어느새, 부지불식간에

⭐빈출표현 知らず知らずのうちに/間に(어느새)
知らず知らず涙が溢れる(어느새 눈물이 쏟아지다)
知らず知らず身についていく(어느새 몸에 배다)

*출제가능유형 : 문맥 유의표현 용법

44

부사

すっきり
산뜻하게

의미 ① 산뜻하게, 상쾌하게, 후련하게 ② 깔끔하게

⭐빈출표현 すっきりする(상쾌하다, 개운하다, 속이 시원하다)
すっきり片づける(깔끔하게 정리하다)

*출제가능유형 : 문맥 유의표현 용법

45

ずらっと
줄줄이

의미 줄줄이, 죽, 즐비하게

⭐빈출표현 ずらっと並ぶ(줄줄이 늘어서다)
ずらっと揃う(줄줄이 갖추어지다)

*출제가능유형 : 문맥 유의표현 용법

유 語り合う 서로 이야기를 주고받다, 의논하다

みんなで話し合って決めたい。

다 같이 의논해서 결정하고 싶다.

유 話をかける 이야기를 걸다
声をかける 말을 걸다

親がたくさん話しかけると、子供の語彙力や表現力が上がるらしい。

부모가 말을 많이 걸면 자녀의 어휘력이나 표현력이 올라간다고 한다.

유 思わず 엉겁결에, 뜻하지 않게, 무의식중에

うっかり 무심코, 멍청히, 깜박

つい 무의식중, 자신도 모르게

いつの間にか 어느샌가

참 身のほど知らず 분수를 모름

恥知らず 수치를 모름, 철면피

恩知らず 배은망덕함

知らず知らずのうちに眠りこんでいた。

어느새 잠들어 있었다.

유 さっぱり 산뜻한 모양, 맛 등이 담박한 모양

シャワーを浴びてすっきりした。

샤워를 해서 개운해졌다.

= ずらりと 줄줄이

店内にはフィギュアがずらっと並んでいた。

매장 안에는 피규어가 줄줄이 늘어서 있었다.

4주차

46

せっかく
모처럼

의미 모처럼, 애써, 일부러

⭐**빈출표현** せっかく来る(모처럼 오다)
　　　　せっかくの休み/チャンス(모처럼의 휴일/기회)

＊**출제가능유형** : 문맥 유의표현 용법

47

부사

せっせと
부지런히

의미 부지런히, 열심히(속어)

⭐**빈출표현** せっせと働く(부지런히 일하다)
　　　　せっせと稼ぐ(부지런히 돈을 벌다)

＊**출제가능유형** : 문맥 유의표현 용법

48

絶えず
끊임없이

(한자풀이) 絶 끊을 절

たえず

의미 끊임없이, 늘

⭐**빈출표현** 絶えず考える(끊임없이 생각하다)
　　　　絶えず研究する(끊임없이 연구하다)

＊**출제가능유형** : 문맥 유의표현 용법

49

의성어·의태어

くよくよ
끙끙

의미 끙끙, 사소한 일을 늘 걱정하는 모양

⭐**빈출표현** くよくよする(끙끙 앓다)
　　　　くよくよ悩む(끙끙 고민하다)

＊**출제가능유형** : 문맥 유의표현 용법

50

こつこつ
꾸준히, 똑똑

의미 ① 꾸준히 ② 똑똑, 톡톡, 뚜벅뚜벅

⭐**빈출표현** こつこつと努力する(꾸준히 노력하다)
　　　　こつこつ音がする(뚜벅뚜벅 소리가 나다)
　　　　こつこつと叩く(똑똑 두드리다)

＊**출제가능유형** : 문맥 유의표현 용법

유 無理して 무리해서

苦労して 고생해서

わざわざ 일부러

めったに得られない 좀처럼 얻을 수 없는

せっかくの休みが雨で台無しになった。

모처럼의 휴일이 비 때문에 엉망이 됐다.

유 熱心に 열심히

こつこつ 꾸준히

父は毎日休むことなくせっせと働いている。

아버지는 매일 쉬지 않고 열심히 일하고 있다.

유 いつも 늘

常に 항상

これからも絶えず研究開発を積み重ねていきたいと思います。

앞으로도 끊임없이 연구 개발을 거듭해 나가고 싶습니다.

DAY
17

유 思い悩む 이것저것 생각하고 괴로워하다

本当は考えたくないのに、小さなことにくよくよと悩んでしまう。

사실은 생각하고 싶지 않은데, 작은 일에 끙끙 고민하고 만다.

참 せっせと 열심히, 부지런히

こつこつとドアをノックする音がした。

똑똑 하고 문을 노크하는 소리가 났다.

Day 17

1 다음 단어의 뜻을 쓰고 읽는 법을 고르세요.

1. 操作　（뜻:　　　　） 　A. そうさく　　B. そうさ

2. 人込み　（뜻:　　　　） 　A. ひとごみ　　B. ひとこみ

3. 貧しい　（뜻:　　　　） 　A. まぶしい　　B. まずしい

4. 滑らかだ（뜻:　　　　） 　A. なめらかだ　B. すべらかだ

5. 尖る　　（뜻:　　　　） 　A. とおがる　　B. とがる

2 다음 빈칸에 공통으로 들어갈 수 있는 한자로 적절한 것을 고르세요.

6. 途（　）先（　）末（　） 　　　9. （　）量（　）加（　）殖
　　A. 端　B. 中　C. 進 　　　　　　A. 増　B. 繁　C. 追

7. （　）点　絶（　）（　）上 　　10. 判（　）決（　）（　）定
　　A. 対　B. 頂　C. 句 　　　　　　A. 断　B. 想　C. 心

8. （　）金　（　）蔵　（　）蓄
　　A. 家　B. 借　C. 貯

3 빈칸에 들어갈 단어로 적절한 것을 고르세요.

> A. フォーム　　B. 話し合って　　C. こつこつ　　D. せっせと　　E. ひび

11. 弓道は、いかに正しい_____を身につけるかが大切だ。

12. 生活レベルの格差で友情に_____が入ることもあるらしい。

13. みんなで_____決めたい。

14. 父は毎日休むことなく_____働いている。

15. _____とドアをノックする音がした。

정답　1. 조작. B　2. 붐빔. A　3. 가난하다. B　4. 매끄럽다. A　5. 뾰족해지다. B ／
　　　6. A　7. B　8. C　9. A　10. A ／ 11. A　12. E　13. B　14. D　15. C

Day 18

강의와
예문 듣기

매일 품사별로 골고루!   오늘의 50단어 한눈에 보기!

음독명사

01. 治療
02. 適用
03. 鉄橋
04. 徹夜
05. 展開
06. 当日
07. 盗難
08. 投票
09. 討論
10. 納得
11. 日課
12. 入荷
13. 年齢
14. 農業
15. 納税
16. 爆発
17. 犯罪
18. 判断

고유어

19. 袋
20. 双子

21. 筆
22. ほくろ
23. 瞬き

가타카나

24. ボリューム
25. マスコミ

い형용사

26. 惨い
27. 空しい
28. めでたい

な형용사

29. 微妙だ
30. 無愛想だ
31. 不思議だ
32. 不自由だ

기본동사

33. 逃す
34. 述べる

35. 上る
36. 挟む
37. 流行る
38. 老ける
39. ふざける
40. 凹む
41. 掘る

복합동사

42. 問いかける
43. 見上げる

부사

44. ちっとも
45. ちなみに
46. ちらっと
47. つい
48. ついでに

의성어・의태어

49. すらすら
50. のろのろ

| 표제어 | Step 1 | 단어 풀이(용법·의미) |

음독명사

1

治療
치료

(한자풀이) 治 다스릴 치, 療 고칠 료

ちりょう

`의미` 치료

⭐ `빈출표현` 治療する(치료하다)

* 출제가능유형 : 한자읽기 한자표기 문맥 유의표현

2

適用
적용

(한자풀이) 適 맞을 적, 用 쓸 용

てきよう

`의미` 적용

⭐ `빈출표현` 適用する(적용하다)

* 출제가능유형 : 한자읽기 한자표기 문맥 유의표현 용법

3

鉄橋
철교

(한자풀이) 鉄 쇠 철, 橋 다리 교

てっきょう

`의미` 철교, 철재로 만든 다리

⭐ `빈출표현` 鉄橋を架ける(철교를 놓다)
　　　　　 鉄橋を渡る(철교를 건너다)

* 출제가능유형 : 한자읽기 한자표기 용법

4

徹夜
철야

(한자풀이) 徹 통할 철, 夜 밤 야

てつや

`의미` 철야, 밤샘

⭐ `빈출표현` 徹夜で(철야로)
　　　　　 徹夜する(철야하다)

* 출제가능유형 : 한자읽기 한자표기 문맥 유의표현 용법

5

展開
전개

(한자풀이) 展 펼 전, 開 열 개

てんかい

`의미` 전개

⭐ `빈출표현` 展開する(전개하다)

* 출제가능유형 : 한자읽기 한자표기 단어형성 문맥 유의표현 용법

유 手当 _{て あて} 치료, 조처

診療 _{しんりょう} 진료

참 비슷한 한자

僚 동료 료, 遼 멀 료, 瞭 밝을 료, 寮 동관 료

病気は早期発見と早期治療が最も大切だ。

병은 조기 발견과 조기 치료가 가장 중요하다.

유 応用 _{おうよう} 응용

5人以上の従業員を雇用する個人事務所は、強制的に社会保険が適用される。

5인 이상의 종업원을 고용하는 개인 사무소는 강제적으로 사회 보험이 적용된다.

참 비슷한 한자

喬/僑 높을 교, 矯 바로잡을 교, 嬌 아리따울 교

列車がトンネルと鉄橋を完全に渡りきった。

열차가 터널과 철교를 완전히 다 건넜다.

DAY 18

유 夜更かし _{よ ふ} 밤늦게까지 자지 않음

夜明かし _{よ あ} 밤샘, 철야

徹夜で勉強すると効率が悪いと言われている。

밤새서 공부하면 효율이 나쁘다고 한다.

참 비슷한 한자

門 문 문, 問 물을 문, 聞 들을 문

「犯人から直接話を聞いた」と語る情報提供者の登場によって、新たな展開を迎えた。

'범인에게 직접 이야기를 들었다'고 말하는 정보 제공자의 등장에 의해 새로운 전개를 맞이했다.

표제어 | Step 1 | 단어 풀이(용법·의미)

6

当日
당일

한자풀이 **当** 마땅 당, **日** 날 일

とうじつ

의미 당일, 그날

★ 빈출표현 **当日予約**(당일 예약)
当日配達(당일 배달)

*출제가능유형 : 한자읽기 한자표기 문맥 용법

7

盗難
도난

한자풀이 **盗** 도둑 도, **難** 어려울 난

とうなん

의미 도난

★ 빈출표현 **盗難にあう**(도난당하다)
盗難される(도난당하다)

*출제가능유형 : 한자읽기 한자표기 문맥 유의표현 용법

8

음독명사

投票
투표

한자풀이 **投** 던질 투, **票** 표 표

とうひょう

의미 투표

★ 빈출표현 **投票率**(투표율)
投票する(투표하다)

*출제가능유형 : 한자읽기 한자표기 문맥 용법

9

討論
토론

한자풀이 **討** 칠 토, **論** 논할 론

とうろん

의미 토론

★ 빈출표현 **討論会**(토론회)
討論を行う(토론을 하다)

*출제가능유형 : 한자읽기 한자표기 유의표현 용법

10

納得
납득

한자풀이 **納** 들일 납, **得** 얻을 득

なっとく

의미 납득

★ 빈출표현 **納得ずく**(충분히 납득함), **納得する**(납득하다)
納得が行く(납득이 가다)

*출제가능유형 : 한자읽기 한자표기 문맥 유의표현 용법

유 その日 그날
참 前日 전일, 전날
翌日 익일, 다음 날

当日は何卒よろしくお願い致します。

당일에는 아무쪼록 잘 부탁드립니다.

유 盗まれる 도둑맞다
참 같은 발음 단어
東南 동남

自転車盗難被害にあってしまったら、警察に盗難届を出しましょう。

자전거 도난 피해를 당해 버렸다면 경찰에 도난 신고를 합시다.

참 비슷한 한자

標 표할 표, 漂 뜰 표, 剽 겁박할 표
↔ 無投票 무투표

成人して選挙権を得て、今回初めて投票することになった。

성인이 되어 선거권을 얻어서 이번에 처음으로 투표하게 되었다.

DAY
18

유 討議 토의
ディスカッション 디스커션(discussion),
토론, 토의

立場や意図をはっきりさせながら、討論することが重要だ。

입장이나 의도를 확실히 하면서 토론하는 것이 중요하다.

유 得心 납득함, 충분히 이해함
合点 수긍, 납득

最初は本当にびっくりしたが、理由を聞いて納得した。

처음에는 정말로 깜짝 놀랐지만, 이유를 듣고 납득했다.

| 표제어 | Step 1 | 단어 풀이(용법·의미) |

11

日課
일과

(한자풀이) 日 날 일, 課 공부할 과

にっか

[의미] 일과

⭐빈출표현 日課になる(일과가 되다)

*출제가능유형 : [한자읽기] [한자표기] [문맥] [유의표현] [용법]

12

入荷
입하

(한자풀이) 入 들 입, 荷 멜 하

にゅうか

[의미] 입하

⭐빈출표현 入荷する(입하하다)

*출제가능유형 : [한자읽기] [한자표기] [문맥] [유의표현] [용법]

13

음독명사

年齢
연령

(한자풀이) 年 해 년, 齢 나이 령

ねんれい

[의미] 연령

⭐빈출표현 年齢に関係なく(연령에 관계없이)

*출제가능유형 : [한자읽기] [한자표기] [문맥] [유의표현] [용법]

14

農業
농업

(한자풀이) 農 농사 농, 業 업 업

のうぎょう

[의미] 농업

⭐빈출표현 農業をする(농업을 하다)
農業を営む(농사를 짓다)

*출제가능유형 : [한자읽기] [한자표기] [문맥] [유의표현] [용법]

15

納税
납세

(한자풀이) 納 들일 납, 税 세금 세

のうぜい

[의미] 납세

⭐빈출표현 納税の義務(납세의 의무)
納税する(납세하다)

*출제가능유형 : [한자읽기] [한자표기] [문맥] [유의표현] [용법]

참 **같은 한자 사용 단어**

課題 과제

課程 과정

課税 과세

참 **비슷한 한자**

何 어찌 하. 河 물 하. 苛 가혹할 가

⇆ 出荷 출하

유 年 나이

참 **비슷한 한자**

玲 옥 소리 령. 鈴 방울 령. 怜 영리할 영

유 農林 농림

酪農 낙농

畜産 축산

⇆ 工業 공업

商業 상업

유 納付 납부

納金 금전을 납부함

⇆ 徴税 징세

収税 세금을 걷음

毎朝犬と散歩をするのが日課になっている。

매일 아침 개와 산책을 하는 것이 일과가 되어 있다.

こちらは先週入荷したばかりのアイテムです。

이쪽은 지난주에 막 입하된 아이템입니다.

年齢とともに体形は変化し、脂肪がつきやすい体になっていく。

나이와 함께 체형은 변화하고, 지방이 잘 붙는 몸이 되어 간다.

将来実家の農業を継ぐために日々勉強している。

장래에 본가의 농업을 잇기 위해서 매일 공부하고 있다.

「ふるさと納税」とは、生まれた故郷や応援したい自治体に寄付ができる制度である。

'고향 납세'란 태어난 고향이나 응원하고 싶은 지자체에 기부할 수 있는 제도다.

DAY 18

표제어	Step 1 │ 단어 풀이(용법·의미)

16

爆発
폭발

(한자풀이) 爆 터질 폭, 発 필 발

ばくはつ

의미 폭발

⭐빈출표현 爆発的(폭발적)
爆発する(폭발하다)

＊출제가능유형 : [한자읽기] [한자표기] [단어형성] [문맥] [유의표현] [용법]

17

犯罪
범죄

(한자풀이) 犯 범할 범, 罪 허물 죄

はんざい

의미 범죄

⭐빈출표현 犯罪者(범죄자)
犯罪を犯す/防ぐ(범죄를 저지르다/방지하다)

＊출제가능유형 : [한자읽기] [한자표기] [문맥] [유의표현] [용법]

18

判断
판단

(한자풀이) 判 판단할 판, 断 끊을 단

はんだん

의미 판단

⭐빈출표현 判断力(판단력), 判断に苦しむ(판단하는 데 애먹다)
判断に迷う(판단을 못 내리고 망설이다)
判断を下す/誤る(판단을 내리다/판단을 그르치다)

＊출제가능유형 : [한자읽기] [한자표기] [단어형성] [문맥] [유의표현] [용법]

19

袋
봉지

(한자풀이) 袋 자루 대

ふくろ

의미 봉지, 자루, 주머니

⭐빈출표현 袋に入れる(봉지에 넣다)
袋に詰める(봉지에 채우다)

＊출제가능유형 : [한자읽기] [한자표기] [문맥] [유의표현] [용법]

20

双子
쌍둥이

(한자풀이) 双 두 쌍, 子 아들 자

ふたご

의미 쌍둥이

⭐빈출표현 双子が生まれる(쌍둥이가 태어나다)

＊출제가능유형 : [한자읽기] [한자표기] [문맥] [유의표현] [용법]

음독명사

고유어

유 破裂 파열

참 비슷한 한자

暴 사나울 폭, 瀑 폭포 폭, 曝 쬘 폭

あまりに理不尽な出来事に、怒りが爆発しそうになった。

너무 불합리한 일에 분노가 폭발할 뻔했다.

유 犯行 범행

近年、高齢者を狙った悪質な詐欺や犯罪が増えている。

최근 고령자를 노린 악질적인 사기와 범죄가 늘고 있다.

유 決断 결단
決定 결정

主体的に動くために、的確な判断を素早く下す能力が必要だ。

주체적으로 움직이기 위해 적확한 판단을 재빨리 내리는 능력이 필요하다.

유 紙袋 종이봉투
ビニール袋 비닐봉지
レジ袋 (계산대의) 비닐봉지

참 胃袋 위

レジ袋を買わずに、常にマイバッグを持ち歩いている。

비닐봉지를 사지 않고 항상 장바구니를 가지고 다닌다.

유 双生児 쌍생아, 쌍둥이
双児 쌍둥이

참 三つ子 세 쌍둥이
四つ子 네 쌍둥이

私には双子の兄がいる。

나에게는 쌍둥이 형이 있다.

DAY 18

표제어	Step 1 │ 단어 풀이(용법·의미) ✏️

21

筆
붓

한자
풀이 筆 붓 필

ふで

의미 붓

⭐빈출표현 筆を持つ(붓을 잡다)
　　　　筆を置く(붓을 놓다)

＊출제가능유형 [한자읽기] [한자표기] [문맥] [유의표현] [용법]

22

ほくろ
점

의미 점

⭐빈출표현 ほくろが増える(점이 늘다)
　　　　ほくろを消す/取る(점을 없애다/빼다)

＊출제가능유형 [문맥] [유의표현] [용법]

23

瞬き
눈을 깜빡임

한자
풀이 瞬 깜짝일 순

まばたき

의미 눈을 깜빡임

⭐빈출표현 瞬きする(눈을 깜빡이다)

＊출제가능유형 [한자읽기] [한자표기] [문맥] [유의표현] [용법]

24

ボリューム
볼륨, 분량

volume

의미 ① 볼륨, 음량 ② 분량, 양

⭐빈출표현 ボリュームたっぷり(푸짐한 양)
　　　　ボリュームがある/ない(볼륨이 있다/없다)
　　　　ボリュームを上げる/下げる(볼륨을 올리다/내리다)

＊출제가능유형 [문맥] [유의표현] [용법]

25

マスコミ
매스컴

mass communication

의미 매스컴(マスコミュニケーション의 준말)

⭐빈출표현 マスコミの役割(매스컴의 역할)
　　　　マスコミで報道される(매스컴에서 보도되다)

＊출제가능유형 [문맥] [유의표현] [용법]

고유어

가타카나

유 筆記具 필기구

참 같은 한자 사용 단어

鉛筆 연필　　万年筆 만년필

随筆 수필　　筆者 필자

まず書道の基本姿勢と筆の持ち方を学んだ。

먼저 서예의 기본 자세와 붓 잡는 법을 배웠다.

참 しみ 기미

そばかす 주근깨

気になる顔のほくろを取りたい。

신경 쓰이는 얼굴의 점을 빼고 싶다.

참 같은 한자 사용 단어

瞬間 순간

一瞬 일순, 그 순간

瞬きの目的は、涙で目の表面を潤すことだそうだ。

눈을 깜빡이는 목적은 눈물로 눈의 표면을 적시는 것이라고 한다.

유 量 양

分量 분량

量感 중량감, 볼륨

音量 음량

声量 성량

パーマをかけて、ボリューム感のある髪型にしてみた。

파마를 해서 볼륨감 있는 머리 모양으로 해 보았다.

유 報道機関 보도 기관

マスメディア 매스미디어(mass media)

あの事件はマスコミで大々的に報道された。

그 사건은 매스컴에서 대대적으로 보도되었다.

DAY 18

표제어	Step 1 │ 단어 풀이(용법·의미) ✏

26

い형용사

惨い
잔혹하다

(한자풀이) 惨 참혹할 참

むごい

의미 잔혹하다, 무자비하다, 끔찍하다, 비참하다

⭐ **빈출표현** 惨い事件(잔혹한 사건), 惨い姿(끔찍한 모습)
惨い扱い(모진 대우)

* **출제가능유형**: 한자표기 │ 문맥 │ 유의표현 │ 용법

27

空しい
허무하다

(한자풀이) 空 빌 공

むなしい

의미 허무하다, 덧없다

⭐ **빈출표현** 空しい気持ち/言葉/努力(허무한 기분/말/노력)
空しい人生(덧없는 인생)

* **출제가능유형**: 한자표기 │ 문맥 │ 유의표현 │ 용법

28

めでたい
경사스럽다

의미 ① 경사스럽다 ② 순조롭다 ③ 어수룩하다, 속기 쉽다

⭐ **빈출표현** めでたい日(경사스러운 날)
めでたく成功する(순조롭게 성공하다)
おめでたい人/性格(어수룩한 사람/성격)

* **출제가능유형**: 문맥 │ 유의표현 │ 용법

29

な형용사

微妙だ
미묘하다

(한자풀이) 微 작을 미, 妙 묘할 묘

びみょうだ

의미 미묘하다

⭐ **빈출표현** 微妙な関係/立場(미묘한 관계/입장)
微妙な違い/変化(미묘한 차이/변화)

* **출제가능유형**: 한자읽기 │ 한자표기 │ 문맥 │ 유의표현 │ 용법

30

無愛想だ
붙임성이 없다

(한자풀이) 無 없을 무, 愛 사랑 애, 想 생각 상

ぶあいそうだ

의미 붙임성이 없다, 무뚝뚝하다

⭐ **빈출표현** 無愛想な店員/人(붙임성이 없는 점원/사람)
無愛想に振る舞う(무뚝뚝하게 행동하다)

* **출제가능유형**: 한자읽기 │ 한자표기 │ 문맥 │ 유의표현 │ 용법

유 むごたらしい 끔찍하다, 참혹하다
残酷(ざんこく)だ 잔혹하다

子供(こども)たちが惨(むご)い扱(あつか)いを受(う)けたりすることが
ないように守(まも)らなければならない。

아이들이 모진 대우를 받거나 하는 일이 없도록 지키지 않으면 안 된다.

≒ 虚(むな)しい 허무하다
유 儚(はかな)い 덧없다, 허무하다
空虚(くうきょ) 공허

ゴミの分別(ぶんべつ)は、決(けっ)して空(むな)しい努力(どりょく)ではない。

쓰레기 분류는 결코 헛된 노력이 아니다.

유 喜(よろこ)ばしい 경사스럽다, 기쁘다, 즐겁다
お人(ひと)よし 호인, 어수룩한 사람

同期入社(どうきにゅうしゃ)の同僚(どうりょう)が今度(こんど)めでたく昇進(しょうしん)することになった。

입사 동기인 동료가 이번에 경사스럽게 승진하게 되었다.

유 複雑(ふくざつ)だ 복잡하다
少々(しょうしょう) 조금, 약간

やや 약간

同(おな)じ意味(いみ)を持(も)つ単語(たんご)の微妙(びみょう)なニュアンスの
違(ちが)いと使(つか)い方(かた)がわからない。

같은 의미를 가진 단어의 미묘한 뉘앙스 차이와 사용법을 모르겠다.

DAY 18

유 素(そ)っ気(け)ない 매정하다, 쌀쌀맞다, 냉담하다
ぶっきらぼうだ 무뚝뚝하다
참 愛想(あいそう) 붙임성

無愛想(ぶあいそう)で態度(たいど)の悪(わる)い店員(てんいん)に対(たい)しては、自分(じぶん)
も無愛想(ぶあいそう)になってしまう。

붙임성이 없고 태도가 나쁜 점원에게는 나도 무뚝뚝해져 버린다.

표제어	Step 1 │ 단어 풀이(용법·의미)

31

な형용사

不思議だ
불가사의하다

(한자풀이) 不 아니 불, 思 생각 사, 議 의논할 의

ふしぎだ

의미 불가사의하다, 이상하다

☆ **빈출표현** 不思議な感覚/出来事(불가사의한 감각/사건)
不思議な経験/体験(불가사의한 경험/체험)

＊출제가능유형 : 한자읽기 한자표기 문맥 유의표현 용법

32

不自由だ
자유롭지 못하다

(한자풀이) 不 아닐 부, 自 스스로 자, 由 말미암을 유

ふじゆうだ

의미 자유롭지 못하다, 불편하다

☆ **빈출표현** 不自由な体(자유롭지 못한 몸)
不自由な環境/生活(자유롭지 못한 환경/생활)

＊출제가능유형 : 한자읽기 한자표기 문맥 유의표현 용법

33

기본동사

逃す
놓치다

(한자풀이) 逃 도망할 도

のがす

의미 놓치다

☆ **빈출표현** 犯人を逃す(범인을 놓치다)
機会を逃す(기회를 놓치다)

＊출제가능유형 : 한자읽기 한자표기 문맥 유의표현 용법

34

述べる
말하다

(한자풀이) 述 펼 술

のべる

의미 말하다, 진술하다, 기술하다

☆ **빈출표현** 意見/考え/理由を述べる(의견/생각/이유를 말하다)
論理的に述べる(논리적으로 말하다)
詳しく述べる(상세하게 말하다)

＊출제가능유형 : 한자읽기 한자표기 문맥 유의표현 용법

35

上る
오르다, 달하다

(한자풀이) 上 윗 상

のぼる

의미 ① 오르다, 올라가다 ② (수량에) 달하다

☆ **빈출표현** 階段/坂道を上る(계단/비탈길을 오르다)
20万人に上る(20만 명에 달하다)

＊출제가능유형 : 한자읽기 한자표기 문맥 유의표현 용법

<table>
<tr>
<td>

유 奇妙^{き みょう}だ 기묘하다

奇怪^{き かい}だ 기괴하다

奇異^{き い}だ 기이하다

</td>
<td>

科学的^{か がくてき}に説明^{せつめい}できないような**不思議^{ふ し ぎ}な体験^{たいけん}**をしたことがある。

과학적으로 설명할 수 없는 불가사의한 체험을 한 적이 있다.

</td>
</tr>
</table>

유 不便^{ふ べん}だ 불편하다

思^{おも}うようにならない 생각처럼 되지 않다

⇄ 自由^{じ ゆう}だ 자유롭다

新型^{しんがた}コロナウイルスの影響^{えいきょう}で**不自由^{ふ じ ゆう}な生活^{せいかつ}**が続^{つづ}いている。

코로나의 영향으로 자유롭지 못한 생활이 계속되고 있다.

유 逃^{にが}す 놓아주다, 놓치다

取^とり逃^{にが}す 놓치다

逸^{いっ}する 놓치다, 잃다

참 逃^にげる 도망치다, 달아나다

告白^{こくはく}のタイミングを**逃^{のが}してしまった**。

고백할 타이밍을 놓쳐 버렸다.

유 言^いう 말하다

語^{かた}る 말하다, 이야기하다

話^{はな}す 이야기하다

しゃべる 재잘거리다

反対^{はんたい}の立場^{たち ば}の人^{ひと}を説得^{せっとく}できるよう、理由^{り ゆう}を示^{しめ}して自分^{じ ぶん}の意見^{い けん}を述^のべてください。

반대 입장을 가진 사람을 설득할 수 있도록 이유를 제시하고 자신의 의견을 말해 주세요.

유 及^{およ}ぶ 미치다, 달하다, 이르다

達^{たっ}する 달하다, 도달하다, 이르다

참 登^{のぼ}る (산 등을) 오르다

昇^{のぼ}る (태양 등이) 떠오르다, (높은 자리에) 오르다

⇄ 下^{くだ}る 내리다, 내려가다

階段^{かいだん}を上^{のぼ}るだけで息^{いき}が切^きれてしまう。

계단을 오르는 것만으로 숨이 차 버린다.

DAY 18

표제어	Step 1 ┃ 단어 풀이(용법·의미)

36

挟む
끼우다

(한자풀이) 挟 낄 협

はさむ

의미 끼우다, 사이에 두다

★ 빈출표현 しおりを挟む(책갈피를 끼우다)

わきに挟む(겨드랑이에 끼우다)

休憩を挟む(휴식 시간을 사이에 두다)

*출제가능유형 : 한자읽기 한자표기 문맥 유의표현 용법

37

流行る
유행하다

(한자풀이) 流 흐를 류, 行 다닐 행

はやる

의미 유행하다, 번성하다, 번창하다

★ 빈출표현 風邪が流行る(감기가 유행하다)

流行りの髪型/ファッション(유행하는 머리 모양/패션)

*출제가능유형 : 한자읽기 한자표기 문맥 유의표현 용법

38

老ける
늙다

(한자풀이) 老 늙을 로

ふける

의미 늙다, 나이를 먹다

★ 빈출표현 老けて見える(늙어 보이다)

急に老ける(갑자기 늙다)

*출제가능유형 : 한자읽기 한자표기 문맥 유의표현 용법

39

ふざける
장난치다

의미 장난치다, 까불다, 깔보고 놀리다

★ 빈출표현 友だちとふざける(친구와 장난치다)

ふざけて遊ぶ(까불고 놀다)

*출제가능유형 : 문맥 유의표현 용법

40

凹む
움푹 패다, 약해지고 꺾이다

(한자풀이) 凹 오목할 요

へこむ

의미 ① 움푹 패다 ② 굴복하다, 약해지고 꺾이다 ③ 밑지다

★ 빈출표현 車体/畳が凹む(차체/다다미가 움푹 패다)

怒られて凹む(혼나서 약해지고 꺾이다)

*출제가능유형 : 한자읽기 한자표기 문맥 유의표현 용법

기본동사

유 差し入れる 안에 넣다
挟み込む 끼워 넣다

体温計をわきに挟んで熱を測った。

체온계를 겨드랑이에 끼워서 열을 쟀다.

유 流行する 유행하다
繁盛する 번성하다
広がる 퍼지다

最近風邪が流行っている。

요즘 감기가 유행하고 있다.

유 年をとる 나이를 먹다
老いる 늙다, 노쇠하다

彼は実年齢より老けて見える。

그는 실제 나이보다 늙어 보인다.

유 戯ける 익살맞은 짓을 하다
じゃれる 재롱부리다, 장난하다
はしゃぐ 까불며 떠들다

息子がふざけて、嘘の110番をした。

아들이 장난으로 거짓 110(우리나라의 112) 신고를 했다.

유 窪む 우묵하게 들어가다, 움패다
陥没する 함몰되다

車体の一部が凹んでしまった。

차체의 일부가 움푹 패여 버렸다.

표제어	Step 1	단어 풀이(용법·의미) ✎

41

기본동사

掘る
파다, 캐다

(한자풀이) 掘 팔 굴

ほる

의미 ① 파다, 구멍을 뚫다 ② 캐다

☆ 빈출표현 穴/土を掘る(구멍/땅을 파다)
芋を掘る(감자·고구마를 캐다)

*출제가능유형 : 한자읽기 │ 한자표기 │ 문맥 │ 유의표현 │ 용법

42

복합동사

問いかける
묻다

(한자풀이) 問 물을 문

といかける

의미 묻다, 질문하다, 물어보려 하다

☆ 빈출표현 相手に問いかける(상대에게 묻다)
真意を問いかける(진의를 묻다)
再度問いかける(재차 질문하다)

*출제가능유형 : 한자읽기 │ 한자표기 │ 문맥 │ 유의표현 │ 용법

43

見上げる
올려다보다

(한자풀이) 見 볼 견, 上 윗 상

みあげる

의미 올려다보다, 우러러보다, 쳐다보다

☆ 빈출표현 スカイツリーを見上げる(스카이트리를 올려다보다)
高層ビル/空を見上げる(고층 빌딩/하늘을 쳐다보다)

*출제가능유형 : 한자읽기 │ 한자표기 │ 문맥 │ 유의표현 │ 용법

44

ちっとも
조금도

의미 (부정어 수반) 조금도, 전혀

☆ 빈출표현 ちっとも変わらない(조금도 변하지 않다)
ちっとも楽しくない(전혀 즐겁지 않다)

*출제가능유형 : 문맥 │ 유의표현 │ 용법

45

부사

ちなみに
덧붙여서

의미 덧붙여서 (말하면), 이와 관련하여

☆ 빈출표현 ちなみに言うと(덧붙여서 말하면)
ちなみに申しますと(덧붙여서 말씀드리면)

*출제가능유형 : 문맥 │ 유의표현 │ 용법

유 穴_{あな}をあける 구멍을 뚫다 取_とり出_だす 꺼내다, 빼내다, 골라 내다	息子_{むすこ}は自分_{じぶん}で掘_ほったさつま芋_{いも}を嬉_{うれ}しそうに眺_{なが}めている。 아들은 자기가 캔 고구마를 흐뭇하게 바라보고 있다.
유 質問_{しつもん}する 질문하다 問_といかけ 질문	いくら問_といかけても答_{こた}えが返_{かえ}ってこない。 아무리 질문을 해도 대답이 돌아오지 않는다.
유 仰_{あお}ぎ見_みる 올려다보다, 우러러보다 ↔ 見下_{みお}ろす 내려다보다	ライトアップされた東京_{とうきょう}タワーを見上_{みあ}げた。 조명이 켜진 도쿄타워를 올려다봤다.
유 少_{すこ}しも (부정어 수반) 조금도 全_{まった}く (부정어 수반) 전혀	薬_{くすり}を飲_のんだのに、ちっともよくならない。 약을 먹었는데도 조금도 좋아지지 않는다.
유 ついでに言_いうと 덧붙여서 말하자면	ちなみに申_{もう}しますと、本年度_{ほんねんど}は昨年度_{さくねんど}よりも売_うり上_あげが伸_のびております。 덧붙여 말씀드리자면, 금년도는 작년도보다도 매출이 늘었습니다.

D A Y 18

표제어	Step 1	단어 풀이(용법·의미)

46

ちらっと
언뜻

의미 언뜻, 잠깐, 흘깃

★ **빈출표현** ちらっと見る(언뜻 보다)
　　　　　ちらっと見える(언뜻 보이다)

＊출제가능유형 : 문맥 　유의표현 　용법

47

부사

つい
그만

의미 그만, 무심결에, 무의식중에, 자신도 모르게

★ **빈출표현** つい話す/食べる(무심결에 이야기하다/먹다)
　　　　　つい怒る(자신도 모르게 화내다)

＊출제가능유형 : 문맥 　유의표현 　용법

48

ついでに
하는 김에

의미 하는 김에, 겸사로

★ **빈출표현** ついでにやる/言う(하는 김에 하다/말하다)
　　　　　買い物ついでに買う(쇼핑하는 김에 사다)

＊출제가능유형 : 문맥 　유의표현 　용법

49

의성어 · 의태어

すらすら
술술

의미 술술, 줄줄, 척척, 막힘없이 원활히 진행되는 모양

★ **빈출표현** すらすらと読む/話す(술술 읽다/이야기하다)
　　　　　すらすらと書く/解く(척척 쓰다/풀다)

＊출제가능유형 : 문맥 　유의표현 　용법

50

のろのろ
느릿느릿

의미 느릿느릿, 동작이 굼뜬 모양

★ **빈출표현** のろのろ運転(느림보 운전)
　　　　　のろのろと歩く(느릿느릿 걷다)

＊출제가능유형 : 문맥 　유의표현 　용법

| Day 18

= ちらりと 언뜻

違和感_{い わ かん}がなさすぎて、ちらっと見_みただけじゃ気_きづかない。

위화감이 너무 없어서 언뜻 본 것만으로는 눈치채지 못한다.

유 思_{おも}わず 엉겁결에, 무의식중에

うっかり 무심코, 멍청히, 깜빡

知_しらず知_しらず 어느새, 알게 모르게

ついかっとなって子供_{こ ども}に怒_{おこ}ってしまった。

나도 모르게 발끈해서 아이에게 화내고 말았다.

유 その足_{あし}で 나선 길에

ついでに言_いっておくと、遅刻_{ち こく}は3回_{かい}で欠席_{けっせき}1回_{かい}と見_みなします。

겸사로 말해 두자면, 지각은 3회에 결석 1회로 간주합니다.

유 スムーズに 순조롭게, 원활하게

息子_{むす こ}は小学生_{しょうがくせい}なのに難_{むずか}しい漢字_{かん じ}もすらすら書_かける。

아들은 초등학생인데도 어려운 한자도 척척 쓸 수 있다.

유 ぐずぐず 느릿느릿, 꾸물꾸물

もたもた 어물어물, 우물쭈물, 꾸물꾸물

のっそり 느릿느릿

混雑_{こんざつ}した駅_{えき}でスマホを見_みながらのろのろ歩_{ある}くのは迷惑_{めいわく}だ。

혼잡한 역에서 스마트폰을 보면서 느릿느릿 걷는 것은 민폐다.

DAY 18

Day 18

① 다음 단어의 뜻을 쓰고 읽는 법을 고르세요.

1. 日課　　（뜻:　　　　　）　　A. にっか　　　B. にちか
2. 双子　　（뜻:　　　　　）　　A. ふたこ　　　B. ふたご
3. 惨い　　（뜻:　　　　　）　　A. むごい　　　B. むこい
4. 微妙だ　（뜻:　　　　　）　　A. みみょうだ　B. びみょうだ
5. 凹む　　（뜻:　　　　　）　　A. かこむ　　　B. へこむ

② 다음 빈칸에 공통으로 들어갈 수 있는 한자로 적절한 것을 고르세요.

6. （　）林　酪（　）（　）業　　　9. 胃（　）　紙（　）　レジ（　）
　 A. 職　B. 農　C. 森　　　　　　　 A. 幣　B. 鞄　C. 袋

7. 当（　）　翌（　）　前（　）　　10.（　）自由だ　（　）便だ　（　）思議だ
　 A. 線　B. 日　C. 然　　　　　　　 A. 有　B. 非　C. 不

8. （　）付　（　）税　（　）金
　 A. 納　B. 料　C. 代

③ 빈칸에 들어갈 단어로 적절한 것을 고르세요.

> A. のろのろ　　B. ちらっと　　C. マスコミ　　D. 見上げた　　E. ほくろ

11. あの事件は_____で大々的に報道された。

12. 気になる顔の_____を取りたい。

13. ライトアップされた東京タワーを_____。

14. 違和感がなさすぎて、_____見ただけじゃ気づかない。

15. 混雑した駅でスマホを見ながら_____歩くのは迷惑だ。

| 정답 | 1. 일과, A　2. 쌍둥이, B　3. 잔혹하다, A　4. 미묘하다, B　5. 움푹 패다, B /
| | 6. B　7. B　8. A　9. C　10. C / 11. C　12. E　13. D　14. B　15. A

Day 19

매일 품사별로 골고루! **오늘의 50단어 한눈에 보기!**

음독명사

01. 比較
02. 筆者
03. 否定
04. 非難
05. 批評
06. 皮膚
07. 秒
08. 評価
09. 平等
10. 普及
11. 服装
12. 不正
13. 付属
14. 負担
15. 物質
16. 分解
17. 方角
18. 方言

고유어

19. 見本
20. 目印

21. 目安
22. 催し

가타카나

23. ミス
24. ライバル
25. ラッシュアワー

い형용사

26. 脆い
27. ややこしい

な형용사

28. 不慣れだ
29. 不利だ
30. 朗らかだ
31. 見事だ
32. 惨めだ

기본동사

33. またぐ
34. 真似る

35. 満ちる
36. 認める
37. 巡る
38. 儲かる
39. 用いる
40. 基づく
41. 求める

복합동사

42. 見送る
43. 見下ろす

부사

44. どっと
45. 何しろ
46. ばったり
47. 再び
48. ぼうっと

의성어·의태어

49. ふかふか
50. ぶつぶつ

표제어	Step 1	단어 풀이(용법·의미) ✏️

1

比較
비교

한자풀이 比 견줄 비, 較 견줄 교

ひかく

의미 비교

⭐빈출표현 比較的(비교적)

比較する(비교하다)

*출제가능유형 : 한자읽기 한자표기 단어형성 문맥 유의표현 용법

2

筆者
필자

한자풀이 筆 붓 필, 者 사람 자

ひっしゃ

의미 필자

⭐빈출표현 筆者の考え(필자의 생각)

筆者の主張(필자의 주장)

*출제가능유형 : 한자읽기 한자표기 문맥 유의표현 용법

3

음독명사

否定
부정

한자풀이 否 아닐 부, 定 정할 정

ひてい

의미 부정

⭐빈출표현 否定的(부정적)

否定する(부정하다)

*출제가능유형 : 한자읽기 한자표기 단어형성 문맥 유의표현 용법

4

非難
비난

한자풀이 非 아닐 비, 難 어려울 난

ひなん

의미 비난

⭐빈출표현 非難する(비난하다)

非難を浴びる(비난을 받다)

*출제가능유형 : 한자읽기 한자표기 문맥 유의표현 용법

5

批評
비평

한자풀이 批 비평할 비, 評 평할 평

ひひょう

의미 비평

⭐빈출표현 批評家(비평가)

批評する(비평하다)

*출제가능유형 : 한자읽기 한자표기 단어형성 문맥 유의표현 용법

유 比べる 비교하다

比する 비하다

複数の販売店の価格やサービスを比較して商品を購入した。

여러 판매점의 가격과 서비스를 비교해서 상품을 구입했다.

유 著者 저자

作者 작자, (예술품을) 만든 사람

この文の筆者の主張として最も適するものを選びなさい。

이 글의 필자의 주장으로서 가장 알맞은 것을 고르시오.

유 打ち消す 부정하다

否認 부인

↔ 肯定 긍정

一番大切なことは、本人の可能性を否定しないことだ。

가장 중요한 것은 본인의 가능성을 부정하지 않는 것이다.

유 責める 비난하다, 나무라다

指弾 지탄

糾弾 규탄

一方的に非難されるのは我慢できない。

일방적으로 비난받는 것은 참을 수 없다.

DAY 19

유 評論 평론

論評 논평

評価 평가

母は演劇、映画、ドラマなどの批評家として活躍している。

어머니는 연극, 영화, 드라마 등의 비평가로서 활약하고 있다.

| 표제어 | Step 1 │ 단어 풀이(용법·의미) ✏ |

6

皮膚
피부

한자풀이 皮 가죽 피, 膚 살갗 부

ひふ

의미 피부

⭐빈출표현 皮膚科(피부과)

皮膚がかゆい(피부가 가렵다)

＊출제가능유형 한자읽기 한자표기 단어형성 유의표현 용법

7

秒
초

한자풀이 秒 분초 초

びょう

의미 (시간) 초

⭐빈출표현 分秒を争う(분초를 다투다)

＊출제가능유형 한자읽기 한자표기 용법

음독명사

8

評価
평가

한자풀이 評 평할 평, 価 값 가

ひょうか

의미 평가

⭐빈출표현 評価する(평가하다)

評価が高い/いい(평가가 높다/좋다)

＊출제가능유형 한자읽기 한자표기 문맥 용법

9

平等
평등

한자풀이 平 평평할 평, 等 무리 등

びょうどう

의미 평등

⭐빈출표현 平等だ(평등하다)

平等に分ける/扱う(평등하게 나누다/대하다)

＊출제가능유형 한자읽기 한자표기 문맥 유의표현 용법

10

普及
보급

한자풀이 普 넓을 보, 及 미칠 급

ふきゅう

의미 보급

⭐빈출표현 普及率(보급률)

普及する(보급하다)

＊출제가능유형 한자읽기 한자표기 단어형성 문맥 유의표현 용법

유 肌 피부

참 비슷한 한자

被 입을 피. 疲 피곤할 피. 彼 저 피

日焼けしたわけでもないのに、皮膚がひり
ひりして痛い。

햇볕에 탄 것도 아닌데 피부가 따끔따끔 아프다.

참 時 시
　分/分 분

1分1秒を争う緊急事態が発生した。

1분 1초를 다투는 긴급 사태가 발생했다.

참 같은 한자 사용 단어
　価値 가치
　価格 가격
　定価 정가

自分を過大評価せずに正しく自己評価をす
る必要がある。

자신을 과대평가하지 말고 바르게 자기 평가를 할 필요가 있다.

유 公平 공평　　　　公正 공정
　対等 대등

참 平等는 부사나 형용사로도 사용돼요.

⟷ 不平等 불평등
　差別 차별

やる気さえあれば、チャンスは平等に与え
られる。

의욕만 있다면 기회는 평등하게 주어진다.

유 流布 유포
　大衆化 대중화

スマートフォンは国内外ともに急速に普及
してきている。

스마트폰은 국내외 모두 급속히 보급되고 있다.

표제어	Step 1 ┃ 단어 풀이(용법·의미) ✏

음독명사

11

服装
복장

(한자풀이) 服 옷 복, 装 꾸밀 장

ふくそう

〔의미〕 복장

⭐빈출표현 服装の乱れ(복장 불량)

相応しい服装(적합한 복장)

＊출제가능유형 : 한자읽기 한자표기 유의표현 용법

12

不正
부정

(한자풀이) 不 아닐 부, 正 바를 정

ふせい

〔의미〕 부정, 바르거나 옳지 못함

⭐빈출표현 不正を働く(부정한 짓을 하다)

不正を見過ごす(부정한 짓을 보고도 그냥 지나치다)

＊출제가능유형 : 한자읽기 한자표기 문맥 유의표현 용법

13

付属
부속

(한자풀이) 付 줄 부, 属 무리 속

ふぞく

〔의미〕 부속, 주된 사물이나 기관에 딸려서 붙음

⭐빈출표현 付属学校(부속 학교)

付属する(부속되다)

＊출제가능유형 : 한자읽기 한자표기 문맥 유의표현 용법

14

負担
부담

(한자풀이) 負 질 부, 担 멜 담

ふたん

〔의미〕 부담

⭐빈출표현 負担する(부담하다), 負担になる(부담이 되다)

負担に感じる(부담스럽게 느끼다)

＊출제가능유형 : 한자읽기 한자표기 문맥 유의표현 용법

15

物質
물질

(한자풀이) 物 물건 물, 質 바탕 질

ぶっしつ

〔의미〕 물질

⭐빈출표현 化学物質(화학 물질)

＊출제가능유형 : 한자읽기 한자표기 단어형성 문맥 유의표현 용법

유 身^みなり 옷차림, 복장
装^{よそお}い 치장, 단장, 옷차림

面接^{めんせつ}に相応^{ふさわ}しい服装^{ふくそう}は企業^{きぎょう}によって違^{ちが}う。

면접에 적합한 복장은 기업에 따라 다르다.

유 不当^{ふとう} 부당
邪^{よこしま} 부정함, 도리에 어긋남, 간사함
いんちき 부정, 속임, 가짜

組織内部^{そしきないぶ}の不正行為^{ふせいこうい}を未然^{みぜん}に防^{ふせ}ごう。

조직 내부의 부정행위를 미연에 방지하자.

유 付随^{ふずい} 부수, 관련됨, 종속적인 관계에 있는 것

中古^{ちゅうこ}パソコンなので、キーボードとマウスは付属^{ふぞく}していない。

중고 컴퓨터라 키보드와 마우스는 딸려 있지 않다.

참 같은 한자 사용 단어
負^おう 지다, 짊어지다, 업다
担^{かつ}ぐ 메다, 짊어지다
担^{にな}う 메다, 짊어지다

負担^{ふたん}にならない程度^{ていど}の適当^{てきとう}な運動^{うんどう}は必要^{ひつよう}だ。

부담이 되지 않을 정도의 적당한 운동은 필요하다.

DAY
19

유 物体^{ぶったい} 물체
⟷ 精神^{せいしん} 정신

物質^{ぶっしつ}は温度^{おんど}や圧力^{あつりょく}によって物質^{ぶっしつ}の状態^{じょうたい}が変^{へん}化^かする。

물질은 온도나 압력에 의해 물질의 상태가 변화한다.

표제어	Step 1 ㅣ 단어 풀이(용법·의미)

16

음독명사

分解
분해

한자풀이 **分** 나눌 분, **解** 풀 해

ぶんかい

의미 분해

⭐ 빈출표현 分解する(분해하다)

*출제가능유형 : 한자읽기 한자표기 문맥 유의표현 용법

17

方角
방위

한자풀이 **方** 모 방, **角** 뿔 각

ほうがく

의미 방위, 방향

⭐ 빈출표현 東/西/南/北の方角(동쪽/서쪽/남쪽/북쪽 방향)
方角を調べる(방위를 조사하다)

*출제가능유형 : 한자읽기 한자표기 문맥 유의표현 용법

18

方言
방언

한자풀이 **方** 모 방, **言** 말씀 언

ほうげん

의미 방언, 사투리

⭐ 빈출표현 方言を使う(방언을 사용하다)
方言で話す(사투리로 이야기하다)

*출제가능유형 : 한자읽기 한자표기 문맥 유의표현 용법

19

고유어

見本
견본

한자풀이 **見** 볼 견, **本** 근본 본

みほん

의미 견본, 표본

⭐ 빈출표현 見本がある/ない(견본이 있다/없다)
見本を見て書く(견본을 보고 쓰다)

*출제가능유형 : 한자읽기 한자표기 단어형성 문맥 유의표현 용법

20

目印
표시

한자풀이 **目** 눈 목, **印** 도장 인

めじるし

의미 표시, 안표

⭐ 빈출표현 目印をつける(표시를 하다)

*출제가능유형 : 한자읽기 한자표기 문맥 유의표현 용법

유 分裂 분열

分離 분리

解体 해체

↔ 組み立て 조립

合成 합성

専門の業者に洗濯機の分解掃除を依頼した。

전문업자에게 세탁기 분해 청소를 의뢰했다.

유 方向 방향

方位 방위

コンパスアプリで方角を調べた。

나침반 앱으로 방위를 조사했다.

유 訛り 사투리

俚言 방언, 사투리

↔ 標準語 표준어

共通語 공통어

方言で話されると親近感が沸く。

사투리로 이야기하면 친근감이 든다.

유 サンプル 샘플(sample), 견본, 표본

手本 본보기, 모범

書き方の見本もあるので、ぜひ参考にして
ください。

쓰는 법 견본도 있으니 꼭 참고해 주세요.

DAY 19

유 マーク 마크(mark), 표

印 표, 표시

記号 기호

符号 부호, 기호

標識 표식

ミシンで縫いたいところに目印をつけてお
いた。

재봉틀로 박고 싶은 곳에 표시를 해 두었다.

표제어	Step 1 ㅣ 단어 풀이(용법·의미) ✏

21

고유어

目安
목표

한자풀이 **目** 눈 목, **安** 편안 안

めやす

의미 목표, (대강의) 기준

★빈출표현 **目安とする**(목표로 하다)
目安を立てる(기준을 세우다)

＊출제가능유형 : 한자읽기 한자표기 문맥 유의표현 용법

22

催し
주최

한자풀이 **催** 재촉할 최

もよおし

의미 주최, 회합, 모임, 행사

★빈출표현 **催しを行う**(행사를 하다)
催しを開く(행사를 열다, 개최하다)

＊출제가능유형 : 한자읽기 한자표기 문맥 유의표현 용법

23

ミス
미스, 실수

miss, mistake

의미 ① 미스(ミステーク의 준말), 실수 ② 미혼 여성

★빈출표현 **ミスが多い**(실수가 많다)
ミスをする(실수를 하다)

＊출제가능유형 : 문맥 유의표현 용법

24

가타카나

ライバル
라이벌

rival

의미 라이벌, 경쟁 상대

★빈출표현 **ライバル意識/関係**(라이벌 의식/관계)
ライバルがいる/ない(경쟁 상대가 있다/없다)

＊출제가능유형 : 문맥 유의표현 용법

25

ラッシュアワー
러시아워

rush hour

의미 러시아워, 교통기관이 가장 붐비는 시간

★빈출표현 **ラッシュアワーを避ける**(러시아워를 피하다)

＊출제가능유형 : 문맥 유의표현 용법

유 目標 목표
目途 목적, 목표

サイズは、足の形による個人差がございますので、あくまでも目安としてご覧ください。

사이즈는 발 모양에 따른 개인차가 있으므로 어디까지나 기준으로 봐 주십시오.

유 行事 행사
催し物 행사

イベント 이벤트(event)

毎年季節に応じた様々な催しを行っている。

매년 계절에 맞춘 다양한 행사를 하고 있다.

유 未婚女性 미혼 여성
失敗 실패, 실수
誤る 실패하다, 실수하다

↔ ミスター 미스터(mister)

ミスを防ぐために、メモを習慣化することをおすすめします。

실수를 방지하기 위해 메모를 습관화하는 것을 추천합니다.

유 競争相手 경쟁 상대
対抗者 대항자
宿敵 숙적

ライバルがいたからこそ成長することができた。

라이벌이 있었기에 성장할 수 있었다.

DAY
19

유 混雑時 붐비는 시간
通勤ラッシュ 통근 러시

ラッシュアワーを避けるために朝早く家を出た。

러시아워를 피하기 위해서 아침 일찍 집을 나섰다.

표제어	Step 1 ㅣ 단어 풀이(용법·의미) ✏

26

い형용사

脆い
무르다, 약하다

(한자풀이) 脆 연할 취

もろい

[의미] ① 무르다 ② 여리다, 약하다

★ [빈출표현] 壁/歯/床が脆い(벽/치아/바닥이 무르다)
ストレス/情に脆い(스트레스/정에 약하다)

＊출제가능유형: [한자읽기] [한자표기] [문맥] [유의표현] [용법]

27

ややこしい
복잡하다

[의미] 복잡하다, 까다롭다

★ [빈출표현] 説明/話がややこしい(설명/이야기가 복잡하다)
ややこしい関係/計算/状況(복잡한 관계/계산/상황)
ややこしい性格(까다로운 성격)

＊출제가능유형: [문맥] [유의표현] [용법]

28

な형용사

不慣れだ
익숙하지 않다

(한자풀이) 不 아닐 부, 慣 익숙할 관

ふなれだ

[의미] 익숙하지 않다, 서투르다

★ [빈출표현] 不慣れな作業(익숙하지 않은 작업)
不慣れな手付き/部分(서툰 손놀림/부분)

＊출제가능유형: [한자읽기] [한자표기] [문맥] [유의표현] [용법]

29

不利だ
불리하다

(한자풀이) 不 아닐 불, 利 이로울 리

ふりだ

[의미] 불리하다

★ [빈출표현] 不利な契約/条件(불리한 계약/조건)
不利な立場/結果(불리한 입장/결과)

＊출제가능유형: [한자읽기] [한자표기] [문맥] [유의표현] [용법]

30

朗らかだ
명랑하다

(한자풀이) 朗 밝을 랑

ほがらかだ

[의미] 명랑하다, 쾌활하다

★ [빈출표현] 朗らかな性格/人(명랑한 성격/사람)
朗らかに生きる/笑う(쾌활하게 살다/웃다)

＊출제가능유형: [한자읽기] [한자표기] [문맥] [유의표현] [용법]

유 弱い 약하다

참 強い 강하다

硬い 단단하다

彼はストレスに弱くて脆い。

그는 스트레스에 약하고 여리다.

유 複雑だ 복잡하다

煩わしい 번거롭다, 귀찮다, 성가시다

話がややこしくなってきたので、一度論点を整理した。

이야기가 복잡해져서 한번 논점을 정리했다.

유 下手だ 서투르다, 어설프다

不器用だ 서투르다, 손재주가 없다

孫が不慣れな手付きでマッサージをしてくれた。

손자가 서툰 손놀림으로 마사지를 해 주었다.

유 不利益 불이익

↔ 有利だ 유리하다

不利な条件で契約をしてしまった。

불리한 조건으로 계약을 하고 말았다.

DAY
19

유 陽気だ 쾌활하다

明るい 밝다

兄は朗らかな性格で、あまり他人の悪口は言わない。

형은 명랑한 성격이고 다른 사람의 욕은 별로 하지 않는다.

표제어	Step 1	단어 풀이(용법·의미)

31

な형용사

見事だ
멋지다

한자풀이 見 볼 견, 事 일 사

みごとだ

의미 ① 멋지다, 훌륭하다, 뛰어나다, 볼 만하다
② (반어적으로) 완전하다

★ 빈출표현 見事に当てる(멋지게 맞히다)
見事に勝つ/咲く(멋지게 이기다/꽃이 피다)
見事に失敗する(보기 좋게 실패하다)

＊출제가능유형 : 한자읽기 한자표기 문맥 유의표현 용법

32

惨めだ
비참하다

한자풀이 惨 참혹할 참

みじめだ

의미 비참하다, 참혹하다

★ 빈출표현 惨めな思い/気持ち(비참한 마음/기분)
惨めな人生(비참한 인생)

＊출제가능유형 : 한자읽기 한자표기 문맥 유의표현 용법

33

기본동사

またぐ
뛰어넘다

의미 뛰어넘다, 넘다

★ 빈출표현 水たまりをまたぐ(웅덩이를 뛰어넘다)
溝をまたぐ(도랑을 뛰어넘다)

＊출제가능유형 : 문맥 유의표현 용법

34

真似る
흉내 내다

한자풀이 真 참 진, 似 닮을 사

まねる

의미 흉내 내다, 모방하다

★ 빈출표현 親/声を真似る(부모/목소리를 흉내 내다)
行動を真似る(행동을 흉내 내다)

＊출제가능유형 : 한자읽기 한자표기 문맥 유의표현 용법

35

満ちる
가득하다

한자풀이 満 찰 만

みちる

의미 가득하다

★ 빈출표현 希望に満ちる(희망차다)
危険/偏見に満ちる(위험/편견으로 가득하다)

＊출제가능유형 : 한자읽기 한자표기 문맥 유의표현 용법

유 立派だ 훌륭하다

　すっかり 완전히

子供はおやつを隠した場所を見事に当てた。

아이는 간식을 숨긴 장소를 멋지게 맞혔다.

유 悲惨だ 비참하다

惨めな人生から抜け出したい。

비참한 인생에서 헤어나고 싶다.

유 またがる 올라타다, 걸터타다, 걸치다

子供が小さな水たまりをまたごうとしている。

아이가 작은 웅덩이를 뛰어넘으려 하고 있다.

유 真似をする 흉내를 내다

　模倣する 모방하다

　見習う 보고 익히다, 본받다

子供は親の言動を無意識に真似るようになる。

아이는 부모의 말과 행동을 무의식적으로 흉내 내게 된다.

유 いっぱいになる 꽉 차다

　溢れる 넘치다

참 満たす 가득히 채우다, 만족시키다

希望に満ちた人生を送っている。

희망찬 인생을 보내고 있다.

36

認める
인정하다

(한자풀이) 認 알 인

みとめる

의미 인정하다, 판단하다

★ **빈출표현** 勝利/存在を認める(승리/존재를 인정하다)
罪/間違いを認める(죄/실수를 인정하다)

＊**출제가능유형 :** 한자읽기 ｜ 한자표기 ｜ 문맥 ｜ 유의표현 ｜ 용법

37

巡る
돌다, 둘러싸다

(한자풀이) 巡 돌 순

めぐる

의미 ① 돌다, 순환하다, 순회하다 ② 둘러싸다, 에워싸다

★ **빈출표현** 観光地を巡る(관광지를 돌다)
季節が巡る(계절이 돌다)
問題を巡る(문제를 둘러싸다)

＊**출제가능유형 :** 한자읽기 ｜ 한자표기 ｜ 문맥 ｜ 유의표현 ｜ 용법

38

기본동사

儲かる
벌이가 되다

(한자풀이) 儲 쌓을 저

もうかる

의미 벌이가 되다, 벌다, 수지 맞다

★ **빈출표현** お金が儲かる(돈벌이가 되다)
儲かる仕事/商売/副業(수지 맞는 일/장사/부업)

＊**출제가능유형 :** 한자읽기 ｜ 한자표기 ｜ 문맥 ｜ 유의표현 ｜ 용법

39

用いる
사용하다

(한자풀이) 用 쓸 용

もちいる

의미 사용하다, 이용하다, 쓰다

★ **빈출표현** 技術/方法を用いる(기술/방법을 이용하다)
電卓/道具を用いる(전자계산기/도구를 사용하다)

＊**출제가능유형 :** 한자읽기 ｜ 한자표기 ｜ 문맥 ｜ 유의표현 ｜ 용법

40

基づく
의거하다

(한자풀이) 基 터 기

もとづく

의미 의거하다, 기초를 두다, 기인하다

★ **빈출표현** 基準/規則に基づく(기준/규칙에 의거하다)
経験/結果に基づく(경험/결과에 기인하다)

＊**출제가능유형 :** 한자읽기 ｜ 한자표기 ｜ 문맥 ｜ 유의표현 ｜ 용법

유 受^うけ入^いれる 받아들이다
判断^{はんだん}する 판단하다

多様^{たよう}な価値観^{かちかん}を認^{みと}め、多様性^{たようせい}を尊重^{そんちょう}する。

다양한 가치관을 인정하고, 다양성을 존중한다.

유 周囲^{しゅうい}を回^{まわ}る 주위를 돌다
取^とり巻^まく 둘러싸다
巡回^{じゅんかい}する 순회하다
囲^{かこ}む 둘러싸다

桜^{さくら}の季節^{きせつ}が巡^{めぐ}ってきた。

벚꽃의 계절이 돌아왔다.

유 利益^{りえき} 이익
참 儲^{もう}ける 벌다, 이익을 보다

お金^{かね}が儲^{もう}かる仕事^{しごと}を探^{さが}している。

돈벌이가 되는 일을 찾고 있다.

유 使^{つか}う 사용하다
使用^{しよう}する 사용하다
採用^{さいよう}する 채용하다

与^{あた}えられたデータについてグラフを用^{もち}いて説明^{せつめい}する。

주어진 데이터에 관해서 그래프를 사용해서 설명한다.

DAY
19

유 基盤^{きばん}とする 기반으로 하다
起因^{きいん}する 기인하다

血液検査^{けつえきけんさ}の結果^{けっか}に基^{もと}づいて病名^{びょうめい}を判断^{はんだん}する。

혈액 검사 결과에 의거해서 병명을 판단한다.

| 표제어 | Step 1 | 단어 풀이(용법·의미) |

41

기본동사

求める
구하다

한자풀이 求 구할 구

もとめる

의미 구하다, 바라다, 요구하다

⭐ 빈출표현 許可/人材/助けを求める(허가/인재/도움을 구하다)
相手に求める(상대에게 바라다)
企業が求める(기업이 요구하다)

*출제가능유형: 한자읽기 한자표기 문맥 유의표현 용법

42

복합동사

見送る
배웅하다

한자풀이 見 볼 견, 送 보낼 송

みおくる

의미 배웅하다, 전송하다, 송별하다

⭐ 빈출표현 駅で見送る(역에서 배웅하다)
空港で見送る(공항에서 배웅하다)

*출제가능유형: 한자읽기 한자표기 문맥 유의표현 용법

43

見下ろす
내려다보다

한자풀이 見 볼 견, 下 아래 하

みおろす

의미 내려다보다

⭐ 빈출표현 絶景を見下ろす(절경을 내려다보다)
高いところから見下ろす(높은 곳에서 내려다보다)

*출제가능유형: 한자읽기 한자표기 문맥 유의표현 용법

44

どっと
우르르, 덜컥

의미 ① 우르르, 왈칵, 덜컥, 와 ② 벌렁, 털썩

⭐ 빈출표현 どっと集まる(우르르 모이다)
どっと泣き出す(왈칵 울기 시작하다)
どっと疲れた(덜컥 피로하다)

*출제가능유형: 문맥 유의표현 용법

45

부사

何しろ
어쨌든

한자풀이 何 어찌 하

なにしろ

의미 어쨌든, 여하튼, 아무튼

⭐ 빈출표현 何しろ〜だから(어쨌든 〜이니까)

*출제가능유형: 문맥 유의표현 용법

유 望^{のぞ}む 바라다

願^{ねが}う 원하다

要求^{ようきゅう}する 요구하다

助^{たす}けを求^{もと}める時^{とき}は、どのように助^{たす}けてほしいのかを具体的^{ぐたいてき}に伝^{つた}えること。

도움을 구할 때는 어떻게 도와줬으면 좋겠는지를 구체적으로 전할 것.

유 送^{おく}る 보내다

空港^{くうこう}で友人^{ゆうじん}を見送^{みおく}った。

공항에서 친구를 배웅했다.

유 下^{した}の方^{ほう}を見^みる 아래쪽을 보다

↔ 見上^{みあ}げる 올려다보다

展望台^{てんぼうだい}から見下^{みお}ろす絶景^{ぜっけい}が素晴^{すば}らしい。

전망대에서 내려다보는 절경이 멋지다.

유 どやどや 우르르, 여럿이 떼지어 들어오는 모양

テストが終^おわった後^{あと}にどっと疲^{つか}れが出^でて、家^{いえ}に帰^{かえ}ったらすぐ寝^ねてしまった。

시험이 끝난 후에 덜컥 피로해져서 집에 돌아오자마자 바로 자 버렸다.

DAY
19

유 ともかく 하여간, 어쨌든, 여하튼

とにかく 하여간, 어쨌든, 좌우간

何^{なに}しろ明日^{あした}会議^{かいぎ}だから、今日^{きょう}は準備^{じゅんび}しなければならない。

어쨌든 내일 회의니까 오늘은 준비하지 않으면 안 된다.

표제어	Step 1 │ 단어 풀이(용법·의미) ✏

46

ばったり
딱, 뚝

의미 ① 딱, 뜻밖에 마주치는 모양 ② 뚝, 갑자기 끊어지는 모양
③ 푹, 갑자기 떨어지거나 쓰러지는 모양

⭐ **빈출표현** ばったり会(あ)う(딱 만나다)
ばったり途切(とぎ)れる(뚝 끊기다)
ばったり倒(たお)れる(푹 쓰러지다)

＊**출제가능유형 :** 문맥 유의표현 용법

47

부
사

再び
다시

한자풀이 再 두 재

ふたたび

의미 다시, 재차

⭐ **빈출표현** 再(ふたた)び会(あ)う/訪(おとず)れる(다시 만나다/방문하다)
再(ふたた)び言(い)う/登場(とうじょう)する(다시 말하다/등장하다)

＊**출제가능유형 :** 문맥 유의표현 용법

48

ぼうっと
멍하니

의미 ① 멍하니 ② 흐릿하게 ③ 갑자기 소리내며 불붙는 모양

⭐ **빈출표현** ぼうっとする(멍해지다, 가물가물하다)
ぼうっと燃(も)える(갑자기 확 불길이 일다)

＊**출제가능유형 :** 문맥 유의표현 용법

49

의
성
어
·
의
태
어

ふかふか
폭신폭신

의미 폭신폭신, 말랑말랑, 부드럽게 부푼 모양

⭐ **빈출표현** ふかふかの布団(ふとん)(폭신폭신한 이불)
ふかふかのソファー(폭신폭신한 소파)

＊**출제가능유형 :** 문맥 유의표현 용법

50

ぶつぶつ
중얼중얼

의미 ① 중얼중얼, 투덜투덜 ② 좁쌀 같은 것이 많이 생긴 모양

⭐ **빈출표현** ぶつぶつ言(い)う(중얼거리다, 투덜대다)
肌(はだ)にぶつぶつができる(피부에 좁쌀 같은 것이 생기다)

＊**출제가능유형 :** 문맥 유의표현 용법

= ばたりと
  ① 탁, 픽, 물체가 떨어져 부딪치는 모양
  ② 뚝, 탁, 갑자기 끊어지는 모양

<ruby>高校<rt>こうこう</rt></ruby>の<ruby>同級生<rt>どうきゅうせい</rt></ruby>と<ruby>仕事帰<rt>しごとがえ</rt></ruby>りでばったり<ruby>会<rt>あ</rt></ruby>った。

고등학교 동창을 퇴근길에 딱 만났다.

유 また 또, 다시
  <ruby>重<rt>かさ</rt></ruby>ねて 재차, 거듭, 다시 한 번

<ruby>外国人観光客<rt>がいこくじんかんこうきゃく</rt></ruby>が<ruby>再<rt>ふたた</rt></ruby>び<ruby>訪<rt>おとず</rt></ruby>れたい<ruby>観光地<rt>かんこうち</rt></ruby>の1<ruby>位<rt>い</rt></ruby>に<ruby>日本<rt>にほん</rt></ruby>が<ruby>選<rt>えら</rt></ruby>ばれた。

외국인 관광객이 다시 방문하고 싶은 관광지 1위에 일본이 뽑혔다.

유 ぼんやり 어렴풋이

  ぼそっと 우두커니

참 ぼやける 희미해지다

<ruby>頭<rt>あたま</rt></ruby>がぼうっとして<ruby>集中<rt>しゅうちゅう</rt></ruby>できない。

머리가 멍해서 집중할 수 없다.

유 ふわふわ 푹신푹신

<ruby>羽毛布団<rt>うもうぶとん</rt></ruby>はふかふかで<ruby>気持<rt>きも</rt></ruby>ちいい。

깃털 이불은 폭신폭신해서 기분이 좋다.

DAY
19

참 つぶつぶ 많은 알맹이, 알맹이 모양의 것

  ぼつぼつ 돌기나 여드름 같은 것

<ruby>一人<rt>ひとり</rt></ruby>になるとぶつぶつ<ruby>独<rt>ひと</rt></ruby>り<ruby>言<rt>ごと</rt></ruby>を<ruby>言<rt>い</rt></ruby>ってしまう。

혼자가 되면 중얼중얼 혼잣말을 해 버린다.

Day 19

문제로 확인하기

1 다음 단어의 뜻을 쓰고 읽는 법을 고르세요.

1. 否定 　(뜻: 　　　) 　A. ふてい 　　B. ひてい

2. 見本 　(뜻: 　　　) 　A. みほん 　　B. けんぽん

3. 脆い 　(뜻: 　　　) 　A. もろい 　　B. むろい

4. 朗らかだ (뜻: 　　　) 　A. ながらかだ 　B. ほがらかだ

5. 用いる 　(뜻: 　　　) 　A. もちいる 　　B. よういる

2 다음 빈칸에 공통으로 들어갈 수 있는 한자로 적절한 것을 고르세요.

6. ( )離 ( )裂 ( )解
A. 分 　B. 正 　C. 炸

7. ( )印 ( )標 ( )安
A. 不 　B. 目 　C. 私

8. 評( ) ( )値 定( )
A. 心 　B. 価 　C. 判

9. 筆( ) 著( ) 作( )
A. 品 　B. 名 　C. 者

10. ( )平等 ( )当 ( )正
A. 不 　B. 公 　C. 然

3 빈칸에 들어갈 단어로 적절한 것을 고르세요.

A. 催し 　　B. 見送った 　　C. ライバル 　　D. ぶつぶつ 　　E. ばったり

11. _____がいたからこそ成長することができた。

12. 毎年季節に応じた様々な_____を行っている。

13. 空港で友人を_____。

14. 高校の同級生と仕事帰りで_____会った。

15. 一人になると_____独り言を言ってしまう。

정답 | 1. 부정. B 　2. 견본. A 　3. 여리다. A 　4. 명랑하다. B 　5. 사용하다. A /
6. A 　7. B 　8. B 　9. C 　10. A / 11. C 　12. A 　13. B 　14. E 　15. D

Day 20

매일 품사별로 골고루! **오늘의 50단어 한눈에 보기!**

음독명사

01. 訪問
02. 募集
03. 保証
04. 名字
05. 魅力
06. 名所
07. 用語
08. 様子
09. 要素
10. 要領
11. 予測
12. 余裕
13. 漁師
14. 列島
15. 連続
16. 労働
17. 論争
18. 論文

고유어

19. 最寄り
20. 屋根

21. 浴衣
22. 行方

가타카나

23. ランキング
24. リズム
25. レベル

い형용사

26. よそよそしい
27. 侘しい

な형용사

28. 密接だ
29. 厄介だ
30. 豊かだ
31. わずかだ

기본동사

32. 燃やす
33. 漏らす
34. 雇う

35. 破る
36. 歪む
37. 譲る
38. 寄せる
39. 略す
40. 沸く
41. 詫びる

복합동사

42. 見直す
43. 見慣れる

부사

44. もっと
45. 元々
46. 要するに
47. ろくに
48. わざわざ

의성어·의태어

49. ふわふわ
50. わくわく

표제어	Step 1	단어 풀이(용법·의미) ✏️

음독명사

1

訪問
방문

(한자풀이) 訪 찾을 방, 問 물을 문

ほうもん

[의미] 방문

⭐[빈출표현] 訪問する(방문하다)

*출제가능유형 : [한자읽기] [한자표기] [단어형성] [문맥] [유의표현] [용법]

2

募集
모집

(한자풀이) 募 모을 모, 集 모을 집

ぼしゅう

[의미] 모집

⭐[빈출표현] 人材募集(인재 모집), 募集中(모집 중)
　　　　　　　募集する(모집하다)

*출제가능유형 : [한자읽기] [한자표기] [단어형성] [문맥] [유의표현] [용법]

3

保証
보증

(한자풀이) 保 지킬 보, 証 증거 증

ほしょう

[의미] 보증

⭐[빈출표현] 保証人(보증인)
　　　　　　　保証する(보증하다)

*출제가능유형 : [한자읽기] [한자표기] [단어형성] [문맥] [유의표현] [용법]

4

名字
성씨

(한자풀이) 名 이름 명, 字 글자 자

みょうじ

[의미] 성씨, 성

⭐[빈출표현] 名字と名前(성씨와 이름)

*출제가능유형 : [한자읽기] [한자표기] [문맥] [유의표현] [용법]

5

魅力
매력

(한자풀이) 魅 매혹할 매, 力 힘 력

みりょく

[의미] 매력

⭐[빈출표현] 魅力的(매력적)
　　　　　　　魅力がある/ない(매력이 있다/없다)

*출제가능유형 : [한자읽기] [한자표기] [단어형성] [문맥] [유의표현] [용법]

유 訪ねる 방문하다
訪れる 방문하다

最近、アポなしで訪問してくる友人がいて困っている。

요즘 약속 없이 방문하는 친구가 있어서 곤란하다.

유 募る 모집하다   公募 공모
急募 급히 모집함, 급구   求人 구인

リクルート 리크루트(recruit), 인재 모집
↔ 応募 응모

今、短期アルバイトスタッフを募集している。

지금 단기 아르바이트 스태프를 모집하고 있다.

유 保障 보장

참 같은 발음 단어
補償 보상
保障 보장

保証期間中は何度も無料で修理できる。

보증 기간 중에는 몇 번이고 무료로 수리할 수 있다.

= 苗字 성, 성씨
유 姓 성, 성씨
참 名前 이름

日本では夫婦別姓は認められず、必ずどちらかの名字に変更しなければならない。

일본에서는 부부별성(부부가 각자의 성씨를 사용하는 일)은 인정되지
않으며, 반드시 어느 쪽인가의 성씨로 변경해야 한다.

유 魅惑 매혹
魅了 매료

笑顔が素敵だと、魅力的な顔に見える。

웃는 얼굴이 근사하면 매력적인 얼굴로 보인다.

표제어	Step 1	단어 풀이(용법·의미)

음독명사

6

名所
명소

한자풀이 名 이름 명, 所 바 소

めいしょ

의미 명소

☆ 빈출표현 名所を巡る(명소를 돌다)

名所を訪ねる(명소를 방문하다)

＊출제가능유형 : 한자읽기 한자표기 문맥 유의표현 용법

7

用語
용어

한자풀이 用 쓸 용, 語 말씀 어

ようご

의미 용어

☆ 빈출표현 専門用語(전문 용어)

差別用語(차별 용어)

＊출제가능유형 : 한자읽기 한자표기 문맥 유의표현 용법

8

様子
모양, 모습, 상황

한자풀이 様 모양 양, 子 아들 자

ようす

의미 ① 모양, 모습 ② 상태, 상황, 낌새

☆ 빈출표현 様子を見る/伺う(상황을 보다/살피다)

様子がおかしい(낌새가 이상하다)

＊출제가능유형 : 한자읽기 한자표기 문맥 유의표현 용법

9

要素
요소

한자풀이 要 요긴할 요, 素 본디 소

ようそ

의미 요소

☆ 빈출표현 構成要素(구성 요소)

要素を持つ/含む(요소를 가지다/포함하다)

＊출제가능유형 : 한자읽기 한자표기 문맥 용법

10

要領
요령

한자풀이 要 요긴할 요, 領 거느릴 령

ようりょう

의미 요령

☆ 빈출표현 要領がいい/悪い(요령이 좋다/나쁘다)

要領を得ない(요령부득이다, 핵심을 못 잡다)

＊출제가능유형 : 한자읽기 한자표기 문맥 유의표현 용법

유 名所 명소, 관광지
　人気スポット 인기 있는 곳
　観光スポット 관광 명소

屋形船に乗ってお台場の名所を巡った。

야가타부네를 타고 오다이바의 명소를 돌았다.

유 言葉 말, 단어
참 같은 발음 단어
　擁護 옹호
　養護 양호

差別用語を使わないようにいつも気を付けている。

차별 용어를 쓰지 않도록 항상 주의하고 있다.

유 状態 상태
　状況 상황
　情勢 정세
　有り様 모양, 상태

もう少し様子を見てから判断したい。

조금 더 상황을 보고 나서 판단하고 싶다.

危険で有害な要素を確認し、リスクを減少させる。

유 成分 성분

위험하고 유해한 요소를 확인해서 리스크를 감소시킨다.

참 같은 한자 사용 단어
　領収証 영수증
　大統領 대통령
참 같은 발음 단어
　容量 용량

もっと要領よく仕事ができるようになりたい。

좀 더 요령 좋게 일을 할 수 있게 되고 싶다.

DAY 20

| 표제어 | Step 1 ┃ 단어 풀이(용법·의미) |

11

予測
예측

한자풀이 予 미리 예, 測 헤아릴 측

よそく

의미 예측

⭐빈출표현 予測する(예측하다)
予測がつく(예측이 되다)
予測を超える(예측을 넘다)

*출제가능유형 : 한자읽기 한자표기 문맥 유의표현 용법

12

余裕
여유

한자풀이 余 남을 여, 裕 넉넉할 유

よゆう

의미 여유

⭐빈출표현 余裕がある/ない(여유가 있다/없다)
余裕を持つ(여유를 가지다)

*출제가능유형 : 한자읽기 한자표기 문맥 유의표현 용법

음독명사

13

漁師
어부

한자풀이 漁 고기 잡을 어, 師 스승 사

りょうし

의미 어부, 고기잡이

⭐빈출표현 漁師の仕事(어부의 일)
漁師になる(어부가 되다)

*출제가능유형 : 한자읽기 한자표기 단어형성 문맥 유의표현 용법

14

列島
열도

한자풀이 列 벌일 렬, 島 섬 도

れっとう

의미 열도, 줄섬

⭐빈출표현 日本列島(일본 열도)

*출제가능유형 : 한자읽기 한자표기 단어형성 문맥 유의표현 용법

15

連続
연속

한자풀이 連 잇닿을 련, 続 이을 속

れんぞく

의미 연속

⭐빈출표현 二日連続(이틀 연속)
連続する(연속되다)

*출제가능유형 : 한자읽기 한자표기 단어형성 문맥 유의표현 용법

유 予想 예상
予期 예기

人生は、いい事も悪い事も予測できない。

인생은 좋은 일도 나쁜 일도 예측할 수 없다.

유 ゆとり 여유
余地 여지

もう少し時間に余裕を持って行動した方が
いい。

좀 더 시간에 여유를 가지고 행동하는 편이 좋다.

유 漁民 어민, 어부　　漁夫 어부, 고기잡이
海人 어부　　海女 해녀
유 같은 발음 단어
猟師 사냥꾼

親の後を継ぐために漁師として修業を始めた。

부모님의 뒤를 잇기 위해 어부로서 수업을 시작했다.

유 島 섬
諸島 제도, 여러 섬
群島 군도, 일정 지역 안에 흩어져 있는 섬 무리
유 같은 발음 단어
劣等 열등

日本列島の長さは、およそ3000キロである。

일본 열도의 길이는 대략 3천 킬로미터다.

유 永続 영속, 영원히 계속함
継続 계속

東京は6週連続で週末に雨の日が続いている。

도쿄는 6주 연속으로 주말에 비 오는 날이 계속되고 있다.

16

음독명사

労働
노동

(한자풀이) 労 일할 로, 働 일할 동

ろうどう

의미 노동

☆빈출표현 労働時間(じかん)(노동 시간)
労働する(노동하다)

*출제가능유형 : 한자읽기 | 한자표기 | 문맥 | 유의표현 | 용법

17

論争
논쟁

(한자풀이) 論 논할 론, 争 다툴 쟁

ろんそう

의미 논쟁

☆빈출표현 論争を引(ひ)き起(お)こす(논쟁을 일으키다)
論争を招(まね)く(논쟁을 부르다)

*출제가능유형 : 한자읽기 | 한자표기 | 문맥 | 유의표현 | 용법

18

論文
논문

(한자풀이) 論 논할 론, 文 글월 문

ろんぶん

의미 논문

☆빈출표현 論文を読(よ)む/書(か)く(논문을 읽다/쓰다)
論文を探(さが)す(논문을 찾다)

*출제가능유형 : 한자읽기 | 한자표기 | 문맥 | 유의표현 | 용법

19

고유어

最寄り
가장 가까움

(한자풀이) 最 가장 최, 寄 부칠 기

もより

의미 가장 가까움

☆빈출표현 最寄りの駅(えき)/バス停(てい)(가장 가까운 역/버스 정류장)
最寄りのコンビニ(가장 가까운 편의점)

*출제가능유형 : 한자읽기 | 한자표기 | 용법

20

屋根
지붕

(한자풀이) 屋 집 옥, 根 뿌리 근

やね

의미 지붕, 덮개

☆빈출표현 車(くるま)の屋根(자동차 지붕)
屋根が吹(ふ)っ飛(と)ぶ(지붕이 날아가다)
屋根をかける(지붕을 씌우다)

*출제가능유형 : 한자읽기 | 한자표기 | 단어형성 | 유의표현 | 용법

유 働く 일하다
勤める 근무하다
勤務 근무
勤労 근로

日本の労働時間の上限は、1日8時間、週40時間以内だ。

일본의 노동 시간 상한은 하루 8시간, 주 40시간 이내다.

유 言い争う 말다툼하다, 언쟁하다
論戦 논전, 논쟁
争論 쟁론, 논쟁

それが事実であれば論争を招くかもしれない。

그것이 사실이라면 논쟁을 부를지도 모른다.

유 レポート 리포트(report)
小論文 소논문

学会誌に研究論文が掲載された。

학회지에 연구 논문이 게재되었다.

참 같은 한자 사용 단어
最も 가장
寄る 접근하다, 다가가다

家から最寄りの駅まで徒歩10分です。

집에서 가장 가까운 역까지 도보 10분입니다.

DAY 20

유 ルーフ 루프(roof), 지붕, 옥상
ドーム 돔(dome), 둥근 지붕

ルーフキャリアで車の屋根に荷物を載せることができる。

루프 캐리어로 자동차 지붕에 짐을 실을 수 있다.

표제어	Step 1 │ 단어 풀이(용법·의미)

21

浴衣
유카타

한자풀이 浴 목욕할 욕, 衣 옷 의

ゆかた

의미 유카타, 목욕 후 또는 여름철에 입는 무명 홑옷

★ 빈출표현 浴衣を着る(유카타를 입다)

＊출제가능유형 : 한자읽기 한자표기 용법

22

行方
행방

한자풀이 行 다닐 행, 方 모 방

ゆくえ

의미 행방

★ 빈출표현 行方不明(행방불명)

行方が分からない(행방이 묘연하다)

＊출제가능유형 : 한자읽기 한자표기 단어형성 유의표현 용법

23

ランキング
랭킹

ranking

의미 랭킹, 순위, 등급

★ 빈출표현 売れ筋ランキング(잘 팔리는 상품 랭킹)

ランキングをつける/上げる(순위를 매기다/올리다)

＊출제가능유형 : 문맥 유의표현 용법

24

リズム
리듬

rhythm

의미 리듬, 운율

★ 빈출표현 リズムに乗る(리듬을 타다)

リズムに合わせる(리듬에 맞추다)

＊출제가능유형 : 문맥 유의표현 용법

25

レベル
레벨

level

의미 레벨, 수준, 정도

★ 빈출표현 レベルが高い/低い/違う(레벨이 높다/낮다/다르다)

レベルを上げる/下げる(레벨을 올리다/내리다)

レベルを合わせる(레벨을 맞추다)

＊출제가능유형 : 문맥 유의표현 용법

고유어

가타카나

유 着物 기모노

참 같은 한자 사용 단어

入浴 입욕, 목욕을 함

衣服 의복, 옷

浴衣を着て、夏祭りや花火大会に行く。

유카타를 입고 여름 축제나 불꽃놀이에 간다.

유 行き先 행선지, 목적지, 간 곳

行く先 행선지, 목적지

彼は山に向かった後、突然行方が分からなくなった。

그는 산으로 향한 후 갑자기 행방이 묘연해졌다.

유 格付け 격이나 등급을 매김

順位 순위

序列 서열

本学は「志願したい大学」ランキングで3年連続1位となりました。

본 대학은 '지원하고 싶은 대학' 랭킹에서 3년 연속 1위가 되었습니다.

유 律動 율동, 리듬

生活リズムが乱れてしまうと、心身の健康に様々な影響を及ぼすことになる。

생활 리듬이 흐트러져 버리면 심신 건강에 여러 영향을 끼치게 된다.

DAY
20

유 水準 수준

段階 단계

一度生活レベルを上げると、なかなか下げることができないらしい。

한 번 생활 수준을 올리면 좀처럼 내릴 수 없다고 한다.

| 표제어 | Step 1 \| 단어 풀이(용법・의미) ✎ |

26

<table>
<tr><td rowspan="9">い형용사</td><td>

よそよそしい
쌀쌀하다, 서먹서먹하다

</td><td>

의미 ① 쌀쌀하다 ② 서먹서먹하다, 데면데면하다

★ **빈출표현** よそよそしい態度（쌀쌀한 태도）
　　　　　よそよそしい関係/話し方（서먹서먹한 관계/말투）

＊출제가능유형 : 문맥 유의표현 용법

</td></tr>
</table>

27

侘しい
쓸쓸하다

한자풀이 侘 낙망할 차

わびしい

의미 ① 쓸쓸하다, 적적하다, 외롭다 ② 초라하다

★ **빈출표현** 侘しい気持ち（쓸쓸한 기분）
　　　　　侘しい生活（적적한 생활）
　　　　　侘しい住まい（초라한 살림）

＊출제가능유형 : 한자표기 문맥 유의표현 용법

28

密接だ
밀접하다

한자풀이 密 빽빽할 밀, 接 이을 접

みっせつだ

의미 밀접하다, 관계가 매우 깊다

★ **빈출표현** 密接な関わり/関係/つながり（밀접한 관계）

＊출제가능유형 : 한자읽기 한자표기 문맥 유의표현 용법

29

な형용사

厄介だ
성가시다

한자풀이 厄 액 액, 介 낄 개

やっかいだ

의미 성가시다, 귀찮다

★ **빈출표현** 厄介な事態/状況（성가신 사태/상황）
　　　　　厄介なこと（성가신 일）

＊출제가능유형 : 한자표기 문맥 유의표현 용법

30

豊かだ
풍족하다

한자풀이 豊 풍년 풍

ゆたかだ

의미 풍족하다, 풍요롭다, 풍부하다, 넉넉하다

★ **빈출표현** 豊かな自然/暮らし（풍족한 자연/생활）
　　　　　豊かな才能/人間性（풍부한 재능/인간성）

＊출제가능유형 : 한자읽기 한자표기 문맥 유의표현 용법

유 そっけない 냉담하다, 쌀쌀맞다, 매정하다

つれない 무정하다, 냉정하다, 매정하다

友人のよそよそしい態度に傷ついた。

친구의 쌀쌀한 태도에 상처받았다.

유 寂しい 허전하다, 쓸쓸하다
心細い 허전하다, 불안하다

みすぼらしい 초라하다, 빈약하다

なんとも言えない侘しい気持ちになった。

무어라 말할 수 없는 쓸쓸한 기분이 들었다

유 親近だ 친근하다

哲学と人工知能は切っても切れない密接な関係だと言われている。

철학과 인공 지능은 끊으려야 끊을 수 없는 밀접한 관계라고 한다.

유 面倒い 귀찮다
手数がかかる 수고가 들다

いろいろと厄介なことに巻き込まれてしまった。

여러모로 성가신 일에 휘말려 버렸다.

유 十分だ 충분하다
余裕がある 여유가 있다
豊富だ 풍부하다

子供たちの豊かな人間性を育むために、体験活動を推進している。

아이들의 풍부한 인간성을 기르기 위해서 체험 활동을 추진하고 있다.

DAY
20

표제어	Step 1	단어 풀이(용법·의미) ✏️

31

な형용사

わずかだ
얼마 안 되다

의미 (수량·정도·가치·시간이) 얼마 안 되다, 조금, 약간, 불과

⭐ **빈출표현** わずかなお金/差(얼마 안 되는 돈/차이)

わずかな時間/隙間(약간의 시간/틈)

＊출제가능유형 : 문맥 유의표현 용법

32

燃やす
불태우다

한자풀이 燃 탈 연

もやす

의미 불태우다, 연소시키다

⭐ **빈출표현** ゴミを燃やす(쓰레기를 불태우다)

脂肪を燃やす(지방을 연소시키다)

＊출제가능유형 : 한자읽기 한자표기 문맥 유의표현 용법

33

기본동사

漏らす
새게 하다

한자풀이 漏 샐 루

もらす

의미 새게 하다, 누설하다, 드러내다

⭐ **빈출표현** 水を漏らす(물을 새게 하다)

秘密/情報を漏らす(비밀/정보를 누설하다)

本音を漏らす(본심을 드러내다)

＊출제가능유형 : 한자읽기 한자표기 문맥 유의표현 용법

34

雇う
고용하다

한자풀이 雇 품 팔 고

やとう

의미 고용하다

⭐ **빈출표현** アルバイトを雇う(아르바이트를 고용하다)

従業員/正社員を雇う(종업원/정사원을 고용하다)

＊출제가능유형 : 한자읽기 한자표기 문맥 유의표현 용법

35

破る
찢다, 깨다

한자풀이 破 깨뜨릴 파

やぶる

의미 ① 찢다 ② 깨다, 깨뜨리다, 부수다, 어기다

⭐ **빈출표현** 紙/ポスターを破る(종이/포스터를 찢다)

記録/沈黙を破る(기록/침묵을 깨다)

壁を破る(벽을 부수다), 約束を破る(약속을 어기다)

＊출제가능유형 : 한자읽기 한자표기 문맥 유의표현 용법

유 ほんの少し 아주 조금

わずかな時間を見つけて毎日積極的に練習
をした。

약간의 시간을 만들어서 매일 적극적으로 연습을 했다.

유 焼く 태우다

참 燃える 타다

屋外でゴミを燃やすことは禁止となってい
ます。

집 밖에서 쓰레기를 태우는 것은 금지되어 있습니다.

유 こぼす 흘리다, 엎지르다

知らせる 알리다

참 漏れる 새다, 누설되다

職務上、知り得た秘密を漏らしてはなりま
せん。

직무상 알게 된 비밀을 누설해서는 안 됩니다.

유 雇用する 고용하다

採用する 채용하다

会社を設立し、従業員を雇うようになると、
いろいろな手続きが必要だ。

회사를 설립하고 종업원을 고용하게 되면 여러 수속이 필요하다.

유 壊す 부수다, 고장 내다

突破する 돌파하다

更新する 갱신하다

選挙運動用のポスターが破られていた。

선거 운동용 포스터가 찢겨져 있었다.

DAY 20

표제어	Step 1	단어 풀이(용법·의미) ✏️

36

歪む
일그러지다

(한자풀이) 歪 기울 왜

ゆがむ

| 의미 | ① 일그러지다, 비뚤어지다 ② (마음·행실이) 바르지 못하다

⭐ 빈출표현 顔が歪む(얼굴이 일그러지다)
歪んだ性格(비뚤어진 성격)

*출제가능유형 : 한자읽기 한자표기 문맥 유의표현 용법

37

譲る
양도하다, 양보하다

(한자풀이) 譲 사양할 양

ゆずる

| 의미 | 양도하다, 물려주다, 양보하다

⭐ 빈출표현 財産を譲る(재산을 물려주다)
席/順番を譲る(자리/순번을 양보하다)

*출제가능유형 : 한자읽기 한자표기 문맥 유의표현 용법

38

기본동사

寄せる
바싹 대다, 보내다

(한자풀이) 寄 부칠 기

よせる

| 의미 | ① (옆으로) 바싹 대다, 밀려오다 ② 한군데로 모으다 ③ 보내다

⭐ 빈출표현 車を寄せる(차를 바싹 대다)
眉間にしわを寄せる(눈살을 찌푸리다)
メッセージを寄せる(메시지를 보내다)

*출제가능유형 : 한자읽기 한자표기 문맥 유의표현 용법

39

略す
줄이다

(한자풀이) 略 간략할 략

りゃくす

| 의미 | 줄이다, 간단히 하다, 생략하다

⭐ 빈출표현 あいさつ/言葉を略す(인사말/말을 줄이다)
名前を略す(이름을 줄이다)

*출제가능유형 : 한자읽기 한자표기 문맥 유의표현 용법

40

沸く
끓다

(한자풀이) 沸 끓을 비

わく

| 의미 | 끓다, 들끓다

⭐ 빈출표현 お湯が沸く(뜨거운 물이 끓다)
喜びに沸く(기쁨으로 들끓다)

*출제가능유형 : 한자읽기 한자표기 문맥 유의표현 용법

유 歪む 비뚤어지다, 일그러지다, 뒤틀리다

激しい痛みで顔が歪んだ。

심한 통증으로 얼굴이 일그러졌다.

유 譲渡する 양도하다
譲り渡す 양도하다, 물려주다
売る 팔다

電車でお年寄りに席を譲った。

지하철에서 어르신에게 자리를 양보했다.

유 近づく 접근하다, 가까이 가다
集める 모으다
送る 보내다

全国から応援のメッセージが寄せられた。

전국에서 응원의 메시지가 밀려들었다.

유 省略する 생략하다
省く 생략하다, 줄이다
間引く 솎아 내다

略した言葉を使わず、正式な言葉を使うようにしている。

줄임말을 쓰지 않고 본딧말을 쓰도록 하고 있다.

DAY 20

유 沸騰する 비등하다, 끓어오르다, 들끓다
感情が高ぶる 감정이 고조되다, 흥분하다
참 沸かす 끓이다, 흥분시키다, 열광시키다

オリンピックで相次いで金メダルを獲得し、国民は喜びに沸いた。

올림픽에서 잇달아 금메달을 획득하여 국민들은 기쁨으로 들끓었다.

표제어	Step 1 | 단어 풀이(용법·의미) ✏

41

기본동사

詫びる
사죄하다

(한자풀이) 詫 고할 하

わびる

의미 사죄하다, 사과하다

☆ 빈출표현 非礼/過ちを詫びる(무례/실수를 사죄하다)
丁寧に詫びる(정중하게 사죄하다)
泣いて詫びる(울며 사죄하다)

＊출제가능유형 : 한자읽기 한자표기 문맥 유의표현 용법

42

복합동사

見直す
다시 보다

(한자풀이) 見 볼 견, 直 곧을 직

みなおす

의미 다시 보다, 재검토하다, 보고 다시 평가하다

☆ 빈출표현 食生活を見直す(식생활을 재검토하다)
生活習慣を見直す(생활 습관을 재검토하다)

＊출제가능유형 : 한자읽기 한자표기 문맥 유의표현 용법

43

見慣れる
낯익다

(한자풀이) 見 볼 견, 慣 익숙할 관

みなれる

의미 낯익다, 늘 보아서 익숙하다

☆ 빈출표현 見慣れた顔(낯익은 얼굴)
見慣れた風景/街(익숙한 풍경/거리)

＊출제가능유형 : 한자읽기 한자표기 문맥 유의표현 용법

44

もっと
좀 더

의미 좀 더, 더욱더

☆ 빈출표현 もっと知りたい(좀 더 알고 싶다)
もっと頑張る(더욱더 참고 노력하다)

＊출제가능유형 : 문맥 유의표현 용법

부사

45

元々
원래

(한자풀이) 元 으뜸 원

もともと

의미 원래, 본디

☆ 빈출표현 元々入っている(원래 들어 있다)
元々持っている(본디 가지고 있다)

＊출제가능유형 : 문맥 유의표현 용법

유 謝る 사죄하다, 사과하다 あやま 謝罪する 사죄하다 しゃざい	ぶか ひれい あやま 部下の非礼や過ちを詫びる。 부하의 무례와 실수를 사죄하다.
유 見返す 다시[거듭] 보다 み かえ	しょくせいかつ みなお かいぜん 食生活を見直して改善する。 식생활을 재검토하여 개선하다.
유 馴染み深い 친숙하다, 익숙하다 なじ ぶか	まち ちが み 見慣れた街がいつもと違って見えた。 익숙한 거리가 여느 때와 다르게 보였다.
유 さらに 더욱더, 게다가 ますます 점점 더 一層 한층 더, 더욱더 いっそう	らいねん ちょうせん 来年はもっといろんなことに挑戦したい。 내년에는 좀 더 다양한 일에 도전하고 싶다.
유 元来 원래 がんらい 本来 본래 ほんらい 元から 원래부터 もと	しぜんち ゆりょく にんげん そな のう 自然治癒力は、人間に元々備わっている能 りょく ひと 力の一つである。 자연 치유력은 인간에게 원래 갖춰져 있는 능력 중 하나다.

| 표제어 | Step 1 | 단어 풀이(용법·의미) |

46

要するに
요컨대

한자풀이 要 요긴할 요

ようするに

의미 요컨대, 결국, 요약하면

★ 빈출표현 要するに～ということだ(결국 ～라는 것이다)

＊출제가능유형 : 문맥 유의표현 용법

47

부사

ろくに
제대로, 변변히

의미 제대로, 충분히, 변변히

★ 빈출표현 ろくに挨拶もしない(제대로 인사도 하지 않는다)
ろくに食べていない(변변히 먹고 있지 않다)

＊출제가능유형 : 문맥 유의표현 용법

48

わざわざ
일부러

의미 (어떤 일에 수고나 노력을 아끼지 않고) 일부러, 특별히

★ 빈출표현 わざわざ会いに来る(일부러 만나러 오다)
わざわざ話しかけてくる(일부러 말을 걸어오다)
わざわざありがとうございます(일부러 감사합니다)

＊출제가능유형 : 문맥 유의표현 용법

49

의성어·의태어

ふわふわ
둥실둥실

의미 ① 둥실둥실, 둥둥, 가볍게 뜨거나 움직이는 모양
② 마음이 들뜬 모양 ③ 푹신푹신, 부드럽게 부푼 모양

★ 빈출표현 ふわふわと浮く(둥둥 뜨다)
ふわふわした気持ち(들뜬 기분)
ふわふわのソファ(푹신푹신한 소파)

＊출제가능유형 : 문맥 유의표현 용법

50

わくわく
두근두근

의미 두근두근, 울렁울렁, 기쁨·기대·걱정으로 설레는 모양

★ 빈출표현 わくわくする(두근두근하다)

＊출제가능유형 : 문맥 유의표현 용법

유 つまり 결국, 요컨대, 다시 말하면

結局^{けっきょく} 결국

要するに、コストを最少^{さいしょう}にすることが最^{もっと}も重要^{じゅうよう}ということだ。

요컨대, 비용을 최소로 하는 것이 가장 중요하다는 것이다.

유 十分^{じゅうぶん}に 충분히

満足^{まんぞく}に 만족스럽게

彼女^{かのじょ}は、ろくに挨拶^{あいさつ}もせず帰^{かえ}ってしまった。

그녀는 제대로 인사도 하지 않고 돌아가 버렸다.

유 せっかく 모처럼, 애써

참 わざと (악의나 자신의 이익을 위해) 일부러, 고의로

このレストランはとても有名^{ゆうめい}で、遠^{とお}くからわざわざ食^たべに来^くる人^{ひと}もいるらしい。

이 레스토랑은 매우 유명해서 멀리서 일부러 먹으러 오는 사람도 있다고 한다.

유 ふわっと 폭신, 말랑, 두둥실

ふわりと 두둥실, 사뿐, 살짝

ふんわりと 폭신폭신, 살짝, 사뿐

時々^{ときどき}、体^{からだ}がふわふわ宙^{ちゅう}に浮^ういているような感^{かん}じがする。

가끔 몸이 공중에 붕 뜬 것 같은 느낌이 든다.

유 うきうき 두근두근, 신이 나서 들뜬 모양

どきどき 두근두근, 울렁울렁

兄^{あに}と二人^{ふたり}でわくわくしながらプレゼントを開^あけた。

오빠랑 둘이서 두근두근하면서 선물을 열었다.

Day 20

❶ 다음 단어의 뜻을 쓰고 읽는 법을 고르세요.

1. 保証　（뜻:　　　　）　A. ほしょう　　B. ほうしょ

2. 行方　（뜻:　　　　）　A. ゆくえ　　　B. ゆくへ

3. 侘しい　（뜻:　　　　）　A. さびしい　　B. わびしい

4. 厄介だ　（뜻:　　　　）　A. やくかいだ　B. やっかいだ

5. 歪む　（뜻:　　　　）　A. ゆらむ　　　B. ゆがむ

❷ 다음 빈칸에 공통으로 들어갈 수 있는 한자로 적절한 것을 고르세요.

6. （　）期　（　）想　（　）測
　　A. 空　B. 予　C. 時

7. （　）了　（　）惑　（　）力
　　A. 魅　B. 終　C. 迷

8. （　）戦　（　）争　（　）文
　　A. 作　B. 論　C. 終

9. （　）収証　要（　）　大統（　）
　　A. 領　B. 求　C. 約

10. 公（　）　急（　）　（　）集
　　A. 激　B. 共　C. 募

❸ 빈칸에 들어갈 단어로 적절한 것을 고르세요.

A. 見慣れた　　B. レベル　　C. ろくに　　D. 最寄り　　E. わくわく

11. 一度生活_____を上げると、なかなか下げることができないらしい。

12. 家から_____の駅まで徒歩10分です。

13. _____街がいつもと違って見えた。

14. 彼女は、_____挨拶もせず帰ってしまった。

15. 兄と二人で_____しながらプレゼントを開けた。

| 정답 | 1. 보증. A　2. 행방. A　3. 쓸쓸하다. B　4. 성가시다. B　5. 일그러지다. B / |
| | 6. B　7. A　8. B　9. A　10. C / 11. B　12. D　13. A　14. C　15. E |

WEEK
문제

드디어 4주 차까지 모두 마치셨네요, 대단합니다!
이번 주에도 무려 250단어를 배웠는데요,
다음 장의 WEEK문제를 풀면서 실력을 점검해 봅시다.
틀린 것들은 해설에 적힌 단어 위치를 따라가서
다시 한 번 읽으며 내 것으로 만드세요!

다음 장으로 GO! →

WEEK 4 : 문제

실전형 문제로 복습하기 ──────────

問題 1. ＿＿＿＿の言葉の読み方として最もよいものを、１・２・３・４から一つ選びなさい。

1 浴衣を着て花火大会に行こう。
　　① きもの　　　　② じんべい　　　　③ はかま　　　　④ ゆかた

2 イライラして爆発しそうになった。
　　① ばくはつ　　　② ぼくはつ　　　　③ はくばつ　　　④ ほくばつ

問題 2. ＿＿＿＿の言葉を漢字で書くとき、最もよいものを１・２・３・４から一つ選びなさい。

3 スマホのふきゅうにより、SNSの利用が急速に増えている。
　　① 譜汲　　　　　② 普及　　　　　　③ 普汲　　　　　④ 譜級

4 腰をそらすと、痛みを感じる。
　　① 反らす　　　　② 返らす　　　　　③ 逆らす　　　　④ 坂らす

問題 3. （　　）に入れるのに最もよいものを、１・２・３・４から一つ選びなさい。

5 難しい問題を（　　）解いた。
　　① ぺらぺら　　　② ぶつぶつ　　　　③ すらすら　　　④ うろうろ

6 体が（　　）と浮くような感じがする。
　　① のろのろ　　　② ふわふわ　　　　③ くよくよ　　　④ わくわく

問題 4. （　　）に入れるのに最もよいものを、１・２・３・４から一つ選びなさい。

7 その場の状況に応じて（　　）判断を下す。
　　① 苦手な　　　　② 微妙な　　　　　③ 見事な　　　　④ 適切な

8 二人の関係に（　　）が入った。

　　① ほくろ　　　　② あな　　　　　③ ひび　　　　　④ あご

9 疲労が（　　）に達している。

　　① ピーク　　　　② ハード　　　　③ ミス　　　　　④ パート

問題 5. ＿＿＿＿の言葉に意味が最も近いものを、1・2・3・4から一つ選びなさい。

10 要するに、努力不足ということです。

　　① 次第に　　　　② ちなみに　　　③ つまり　　　　④ 再び

11 現状に満足せず、絶えずチャレンジを続けたい。

　　① 常に　　　　　② 早速　　　　　③ 元々　　　　　④ 何しろ

問題 6. 次の言葉の使い方として最もよいものを、1・2・3・4から一つ選びなさい。

12 ラッシュアワー

　　① 都内だとラッシュアワーできる場所もあまりない。

　　② 駅のラッシュアワーで電車を待っている。

　　③ ラッシュアワーを着てプールに入る。

　　④ ラッシュアワーの満員電車に乗って通勤する。

13 どっと

　　① 最近どっとしている時間が増えた。

　　② 家に着くと、どっと疲れが出た。

　　③ 作業の効率がどっと上がった。

　　④ 友達の暖かい言葉が心にどっときた。

WEEK 4 : 정답 및 해설

: 정답 :

1 ④　**2** ① / **3** ② 　**4** ① / **5** ③ 　**6** ②

7 ④ 　**8** ③ 　**9** ① / **10** ③ 　**11** ① / **12** ④ 　**13** ②

: 해석 :

문제 1.

1 浴衣(ゆかた)を着て花火大会に行こう。 `Day 20 - 21번`

유카타를 입고 불꽃 축제에 가자.

2 イライラして爆発(ばくはつ)しそうになった。 `Day 18 - 16번`

짜증이 나서 폭발할 뻔했다.

문제 2.

3 スマホのふきゅう(普及)により、SNSの利用が急速に増えている。 `Day 19 - 10번`

스마트폰의 보급으로 SNS 이용이 급속히 증가하고 있다.

4 腰をそらす(反らす)と、痛みを感じる。 `Day 16 - 33번`

허리를 젖히면 통증을 느낀다.

문제 3.

5 難しい問題を(すらすら)解いた。 `Day 18 - 49번`

어려운 문제를 술술 풀었다.

6 体が(ふわふわ)と浮くような感じがする。 `Day 20 - 49번`

몸이 둥둥 뜨는 것 같은 느낌이 든다.

문제 4.

7 その場の状況に応じて(適切な)判断を下す。 `Day 16 - 28번`

그 장소의 상황에 따라 적절한 판단을 내린다.

8 二人の関係に(ひび)が入った。 `Day 17 - 22번`

두 사람 관계에 금이 갔다.

9 疲労が(ピーク)に達している。 `Day 17 - 23번`

피로가 절정에 달해 있다.

문제 5.

10 要するに(＝つまり)、努力不足ということです。 `Day 20 - 46번`

요컨대 노력이 부족하다는 것입니다.

11 現状に満足せず、絶えず(＝常に)チャレンジを続けたい。 `Day 17 - 48번`

현재 상황에 만족하지 않고 끊임없이 도전을 계속하고 싶다.

문제 6.

12 ラッシュアワーの満員電車に乗って通勤する。 `Day 19 - 25번`

러시아워의 만원 전철을 타고 통근한다.

13 家に着くと、どっと疲れが出た。 `Day 19 - 44번`

집에 도착하자 덜컥 피로가 몰려왔다.